Fundamentos da Qualidade de Dados

Guia prático para criar pipelines de dados confiáveis

Barr Moses, Lior Gavish, e Molly Vorwerck

ALTA BOOKS
GRUPO EDITORIAL
Rio de Janeiro, 2024

Fundamentos da Qualidade de Dados

ISBN: 978-85-508-2113-9

Impresso no Brasil — 1ª Edição, 2024 — Edição revisada conforme o Acordo Ortográfico da Língua Portuguesa de 2009.

Dados Internacionais de Catalogação na Publicação (CIP)
(BENITEZ Catalogação Ass. Editorial, MS, Brasil)

M865c
1.ed. Moses, Barr
Fundamentos da qualidade de dados : guia prático para criar Pipelines de dados confiáveis / Barr Moses, Lior Gavish, Molly Vorwerck ; tradução Cibelle Ravaglia. - 1.ed. - Rio de Janeiro : Alta Books, 2024.
288 p.; 15,7 x 23 cm.

Título original: Data quality fundamentals.
ISBN 978-85-508-2113-9

1. Arquitetura da informação. 2. Automatização da informação. 3. Dados - Análise. 4. Dados (Processamento). 5. Informações - Gestão - Qualidade. 6. Informações (Qualitativa e quantitativa). 7. Planejamento estratégico. 8. Tomada de decisões. I. Gavish, Lior. II. Vorwerck, Molly. III. Ravaglia, Cibelle.

05-2024/42 CDD 004.07

Índice para catálogo sistemático:

1.Data Quality : Automatização da informação : Informática 004.07

Aline Graziele Benitez - Bibliotecária - CRB-1/3129

Produção Editorial: Grupo Editorial Alta Books
Diretor Editorial: Anderson Vieira
Vendas Governamentais: Cristiane Mutüs
Gerência Comercial: Claudio Lima
Gerência Marketing: Andréa Guatiello

Produtora Editorial: Isabella Gibara
Tradução: Cibelle Ravaglia
Copidesque: Rafael Surgek
Revisão: Kamila Wozniak
Diagramação: Joyce Matos
Revisão Técnica: Ismael Soares (Cientista de Dados)

ALTA BOOKS
GRUPO EDITORIAL

Rua Viúva Cláudio, 291 — Bairro Industrial do Jacaré
CEP: 20.970-031 — Rio de Janeiro (RJ)
Tels.: (21) 3278-8069 / 3278-8419
www.altabooks.com.br — altabooks@altabooks.com.br
Ouvidoria: ouvidoria@altabooks.com.br

Editora **afiliada à:**

Para Rae e Robert, que sempre têm o pé no chão, não importa em que lugar pisamos.

À pessoa indecisa da empresa Monte Carlo e aos pioneiros do data reliability, vocês sabem bem quem são. Muito grato por estar nessa jornada com vocês.

Elogios ao *Fundamentos da Qualidade de Dados*

Engenheiros de dados, programadores ETL e equipes inteiras de pipeline de dados precisam de um guia de teste e de referência como este! Como eu, todos aprenderão os blocos de construção, os processos e as ferramentas que ajudam a garantir a qualidade das aplicações com uso intensivo de dados. Este livro nos brinda com novas perspectivas e cenários de teste práticos que ampliam nosso conhecimento para testar pipelines de dados modernos.

— *Wayne Yaddow, Analista de Qualidade de dados e ETL*

Os investimentos em dados, em infraestrutura e em insights de nada servem se não podemos confiar nos dados. Barr, Lior e Molly fizeram um trabalho extraordinário ao desmantelarem os fundamentos do que significa confiar nos dados e criaram um modelo muito prático para implementar a qualidade de dados nas empresas. Leitura obrigatória para quem se preocupa com a qualidade de dados.

— *Debashis Saha, Data Leader da AppZen, da Intuit e do eBay*

À medida que a arquitetura de dados se torna cada vez mais distribuída e a responsabilidade pelos dados cada vez mais descentralizada, o foco em qualidade de dados continuará a crescer. O livro *Fundamentos da Qualidade de Dados* fornece um recurso importante para equipes de engenharia que levam a sério a melhoria das métricas de acurácia, de confiabilidade e a confiança de seus dados por meio de algumas das tecnologias e processos imprescindíveis da atualidade.

— *Mammad Zadeh, Data Leader e Ex-vice-presidente de engenharia da Intuit*

Sumário

Prefácio

Se você já passou por algum dos seguintes cenários, levante a mão (ou, apenas acene em solidariedade — não temos como saber):

- Cinco mil linhas em uma tabela crítica (e relativamente previsível) de repente se transformam em quinhentas, sem nenhum motivo aparente.
- Um dashboard com falhas faz com que um dashboard executivo gere valores null.
- Uma mudança de esquema oculto interrompe um pipeline downstream.
- E a lista continua.

Este livro se destina a todos que são vítimas de dados não confiáveis, que falham sem acusar erros ou que abafam os gritos de desespero e querem fazer algo a respeito. Esperamos que nosso público-alvo tenha formação em engenharia de dados, em análise de dados ou em ciência de dados e esteja ativamente envolvido na criação, no escalonamento e gerenciamento dos pipelines de dados de suas empresas. À primeira vista, pode parecer que *Fundamentos da Qualidade de Dados* é um manual sobre como limpar, organizar e, em geral, entender os dados — e é. No entanto, o mais importante é que este livro aborda as melhores práticas, tecnologias e processos relativos ao desenvolvimento de sistemas de dados mais confiáveis e, no processo, cultiva o data trust [confiança de dados, em tradução livre] com sua equipe e com as partes interessadas. Vale também lembrar que a maioria dos dados, conteúdos disponibilizados e os links fornecidos em cada capítulo estão em inglês. Desse modo, todas as queries desta obra seguirão a proposta inicial dos autores.

No Capítulo 1, analisaremos por que a qualidade de dados [data quality] merece atenção nos dias de hoje e como as tendências de arquitetura e de tecnologias estão contribuindo para a redução geral da governança e da confiabilidade. Apresentaremos o conceito de "tempo de inatividade de dados" e explicaremos como esse conceito remonta aos primórdios das equipes de engenharia de confiabilidade de sites (SRE) e como os mesmos princípios de DevOps também podem ser aplicados aos seus fluxos de trabalho de engenharia de dados.

No Capítulo 2, evidenciaremos como criar sistemas de dados mais resilientes, mostrando como encontrar respostas e mensurar a qualidade de dados relacionadas a diversas tecnologias importantes de pipeline de dados, incluindo data warehouses, data lakes e data catalogs [catálogos de dados, em tradução livre]. Essas três tecnologias fundamentais armazenam, processam e rastreiam a pré-produção de integridade de dados, o que naturalmente nos leva ao Capítulo 3, em que mostraremos como coletar, limpar, transformar e testar os dados, considerando a qualidade e a confiabilidade.

No Capítulo 4, abordaremos um dos aspectos imprescindíveis do fluxo de trabalho de confiabilidade de dados — detecção e monitoramento proativos de anomalias — compartilhando como criar um monitoramento de qualidade de dados com um conjunto de dados publicamente disponível sobre exoplanetas. Com esse tutorial, os leitores terão a oportunidade de aplicar diretamente as lições que aprenderam neste livro em seu trabalho de campo, ainda que em escala limitada.

No Capítulo 5, os leitores terão uma perspectiva panorâmica do que é necessário para organizar essas tecnologias críticas e arquitetar sistemas e processos robustos, garantindo, assim, a manutenção e a medição da qualidade de dados, independentemente do caso de uso. Além disso, compartilharemos como as melhores equipes de dados do Airbnb, Uber, Intuit e outras empresas integram a confiabilidade de dados em seus fluxos de trabalho diários, incluindo a definição de SLAs, SLIs e SLOs e a criação de plataformas de dados que otimizam a qualidade de dados em cinco pilares fundamentais: atualização [data freshness], volume, distribuição, esquema e data lineage [linhagem de dados, em tradução livre].

No Capítulo 6, nos aprofundaremos nas etapas necessárias para efetivamente responder e corrigir problemas de qualidade de dados em ambientes de produção, incluindo gerenciamento de incidentes de dados, análise de causa-raiz (RCA), análise postmortem e estabelecimento de práticas recomendadas de comunicação de incidentes. Em seguida, no Capítulo 7, os leitores darão um passo adiante na compreensão da análise de causa-raiz: aprenderão a criar linhagem de dados em nível de campo com ferramentas open source populares e amplamente adotadas, que devem fazer parte do arsenal de todos os engenheiros de dados.

No Capítulo 8, analisaremos algumas das barreiras culturais e organizacionais que as equipes de dados devem ultrapassar ao evangelizar e democratizar a qualidade de dados em escala, incluindo os melhores princípios de resposta, como tratar os dados como um produto, entender a matriz RACI da empresa levando em conta a qualidade de dados e como estruturar sua equipe de dados para obter o máximo impacto nos negócios.

No Capítulo 9, compartilharemos inúmeros estudos de caso do mundo cotidiano e conversas com as principais mentes do mundo de engenharia de dados, incluindo Zhamak Dehghani, criadora do data mesh, António Fitas, cuja equipe corajosamente compartilha sua história de como estão migrando para uma arquitetura de dados descentralizada (e qualidade de dados em primeiro lugar!), e Alex Tverdohleb, vice-presidente de data service da Fox e pioneiro da técnica de gerenciamento de dados "liberdade controlada". Esse emaranhado de teorias e de exemplos práticos ajudarão os leitores a visualizarem como diversos dos conceitos técnicos e de qualidade de dados orientada a processos, destacados nos Capítulos 1 a 8, podem ganhar vida em cores impressionantes.

E, por último, no Capítulo 10, finalizaremos nosso livro com um cálculo tangível a fim de mensurar o impacto financeiro de dados ineficientes nos negócios, em horas humanas, como uma forma de ajudar os leitores (muitos dos quais têm a tarefa de corrigir o tempo de inatividade de dados) a argumentar com a liderança para investir em mais ferramentas e em processos com o intuito de resolver problemas. Ressaltaremos também quatro de nossas previsões para o futuro da qualidade de dados no que diz respeito à tendências mais adotadas do setor, como gerenciamento de dados distribuídos e a ascensão do data lakehouse.

Na pior das hipóteses, esperamos que os leitores terminem a leitura desta obra com alguns truques na manga quando se trata de defender a priorização da qualidade e confiabilidade de dados em toda a sua organização. Como qualquer líder experiente de dados lhe dirá, o data trust nunca é construído de um dia para o outro, mas com a abordagem adequada, o progresso incremental pode ser feito — pipeline por pipeline.

Convenções Usadas Neste livro

As seguintes convenções tipográficas são usadas neste livro:

Itálico
: Indica condições novas, URLs, endereços de e-mail, nomes de arquivos e extensões de arquivos.

`Fonte monoespaçada`
: Usada para listagens de programas, bem como dentro de parágrafos para referenciar elementos do programa: nomes de variáveis ou funções, bancos de dados, tipos de dados, variáveis de ambiente, declarações e palavras reservadas.

> Este elemento significa uma dica ou uma sugestão.

> Este elemento significa uma nota geral.

Usando Exemplos de Códigos

O material complementar (exemplos de código, exercícios etc.) está disponível para download em: *https://oreil.ly/data-quality-fundamentals-code*.

Se você tiver uma pergunta técnica ou um problema ao usar os exemplos de código, envie um e-mail para *bookquestions@oreilly.com*.

O propósito deste livro é ajudá-lo a alcançar seus objetivos. Em geral, se um código de exemplo for apresentado, você poderá utilizá-lo nos programas e documentações. Não é necessário entrar em contato conosco para obter permissão de uso, a menos que esteja reproduzindo uma parte significativa do código. Por exemplo, escrever um programa que utiliza vários blocos de código deste livro não requer permissão. Vender ou distribuir exemplos dos livros da Alta Books exigirá permissão. Responder a uma pergunta citando este livro e mencionando um exemplo de código não requer permissão, mas a inserção de uma quantidade substancial de exemplos de código referentes a esta obra na documentação do seu produto exige permissão.

Agradecemos, mas não exigimos que você use citações ou referência. Uma referência geralmente inclui o autor, o título, o editor e a data de publicação. Por exemplo: Moses, Barr; Gavish, Lior; Vorwerck, Molly. *Fundamentos da Qualidade de Dados*, Rio de Janeiro, Alta Books, 2024.

O leitor também encontrará o material no site da editora em *https://altabooks.com.br*. Basta procurar pelo ISBN ou nome do livro.

Agradecimentos

Este livro foi um trabalho feito com amor e, por esse motivo, temos muitas pessoas a quem agradecer. Primeiro, gostaríamos de agradecer à Jess Haberman, nossa destemida editora de aquisições, que acreditou em nós durante todo o processo de escrita do livro. Quando Jess nos procurou com a ideia de um livro sobre qualidade de dados, ficamos surpresos — uma surpresa muito boa. Não tínhamos ideia de que um tópico — confiabilidade de dados — tão conhecido e querido por nós encontraria vida fora de nossos artigos de blog pessoais. Com sua dedicação e incentivo, conseguimos esboçar uma proposta que se diferenciava do que já havia sido publicado e, por fim, escrever um livro que agregaria valor a outros profissionais de dados que lutam contra o tempo de inatividade de dados.

Queremos agradecer à Jill Leonard, nossa editora de desenvolvimento, que foi nosso Yoda durante todo o processo de escrita. Desde fornecer orientação inestimável sobre os fluxos editoriais até estar disponível para conversas estimulantes e sessões de brainstorming ("Este capítulo deveria ir aqui? E ali? O que é um prefácio?"), Jill foi a Jedi que nos levou até a linha de chegada. Nosso amor mútuo por gatos só ajudou a selar nosso vínculo.

Somos eternamente gratos a nossos revisores técnicos, Tristan Baker, Debashis Saha, Wayne Yaddow, Scott Haines, Sam Bail, Joy Payton e Robert Ansel, por suas edições perspicazes e feedback valioso sobre numerosos rascunhos do livro. A paixão deles pelas melhores práticas de DevOps e boa higienização de dados no campo é fonte de inspiração, e ficamos gratos por trabalhar com vocês.

Gostaríamos de agradecer — e agradecer um milhão de vezes — a Ryan Kearns, colaborador deste livro cujo nome poderia estar na capa. Desde encabeçar vários capítulos até oferecer insights críticos sobre as tecnologias e processos discutidos, não conseguiríamos concluir esta obra sem sua ajuda. Todos os dias aprendemos com ele e temos a sorte de chamá-lo de estimado colega. Nos próximos anos, Ryan sem dúvida se tornará uma das vozes mais importantes em engenharia e em ciência de dados.

Inúmeros especialistas do setor e pioneiros foram entrevistados para este livro e falamos de muitos outros projetos que realizamos no ano passado.

Sem ordem específica, nossos agradecimentos a Brandon Beidel, Alex Tverdohleb, António Fitas, Gopi Krishnamurthy, Manu Raj, Zhamak Dehghani, Mammad Zadeh, Greg Waldman, Wendy Turner Williams, Zosia Kossowski, Erik Bernhardsson, Jessica Cherny, Josh Wills, Kyle Shannon, Atul Gupte, Chad Sanderson, Patricia Ho, Michael Celentano, Prateek Chawla, Cindi Howson, Debashis Saha, Melody Chien, Ankush Jain, Maxime Beauchemin, DJ Patil, Bob Muglia, Mauricio de Diana, Shane Murray, Francisco Alberini, Mei Tao, Xuanzi Han e Helena Munoz.

Gostaríamos também de agradecer a Brandon Gubitosa, Sara Gates e Michael Segner por sua ajuda com esboços e rascunhos — e por sempre nos incentivar a "matar nossos queridinhos".

Somos gratos a nossos pais, Elisha e Kadia Moses, Motti e Vira Gavish, e Gregg e Barbara Vorwerck, por nos incentivar a perseguir nossas paixões por engenharia de dados e por qualidade de dados desde, o lançamento de uma empresa e categoria dedicada ao conceito, até escrevendo este livro. Gostaríamos também de agradecer a Rae Barr Gavish (RBG) por ser nosso fã número um e a Robert Ansel por ser nosso SRE residente, consultor de WordPress e guru de DevOps.

E somos eternamente gratos a nossos clientes, que estão nos ajudando a ser pioneiros na categoria de observabilidade de dados e, ao longo do processo, estabelecendo os alicerces para o futuro de dados confiáveis em escala.

CAPÍTULO 1

Por que a Qualidade de Dados Merece Atenção Imediata

Levante a mão (ou engasgue com o café, suspire profundamente e balance a cabeça) se o seguinte cenário lhe parece familiar.

Os dados são prioridades para sua CEO [Diretora-executiva], como ocorre muitas vezes com empresas essencialmente digitais, e ela domina as melhores e mais recentes ferramentas de business intelligence. Já seu CTO [Diretor de Tecnologia] está animado com a migração para a nuvem e envia constantemente artigos à sua equipe, ressaltando as métricas de desempenho relacionadas a algumas das tecnologias mais atuais. Em contrapartida, seus usuários de dados [data consumers], incluindo analistas de produtos, líderes de marketing e equipes de vendas, dependem de ferramentas orientadas a dados, como plataformas de gerenciamento de relacionamento com o cliente/experiência do cliente (CRMs/CXPs), sistemas de gerenciamento de conteúdo (CMSs) e qualquer outro acrônimo que se possa imaginar para realizar o trabalho de forma rápida e eficaz.

Como analista ou engenheiro de dados responsável por gerenciar esses dados e torná-los utilizáveis, acessíveis e confiáveis, você raramente passa um dia sem que seja necessário atender a alguma solicitação de suas partes interessadas. Mas o que acontece quando os dados estão errados?

Por um acaso, você já esteve prestes a encerrar o expediente após um longo dia executando queries ou criando pipelines de dados, quando seu chefe de marketing avisa que "existem dados ausentes" em um relatório decisivo? Já recebeu um e-mail alucinado do seu CTO sobre "dados duplicados" em um dashboard de business intelligence? Ou um recado de sua CEO, sempre tão otimista em relação aos dados, sobre algum número confuso ou sem acurácia em seus últimos slides de uma apresentação ao conselho da empresa? Se qualquer uma dessas situações lhe caiu como uma luva, você não é o único.

Esse problema, muitas vezes chamado de "data downtime [tempo de inatividade de dados, em tradução livre]", ocorre até mesmo com as companhias mais inovadoras e que priorizam os dados e, em nossa opinião, é um dos maiores desafios enfrentados pelas empresas no século XXI. O tempo de inatividade de dados diz respeito aos períodos de tempo em que os dados estão ausentes, imprecisos ou errados e são apresentados em dashboards obsoletos, em relatórios inexatos e até mesmo em tomadas inadequadas de decisão. Qual é a causa do tempo de inatividade de dados? Dados não confiáveis, uma infinidade deles.

O tempo de inatividade de dados pode custar às empresas mais de centenas de milhões de dólares por ano (*https://oreil.ly/FF8kC*) sem mencionar a confiança do cliente. Na verdade, em 2019, a ZoomInfo descobriu que uma em cada cinco empresas perdeu um cliente devido a problemas relacionados à qualidade de dados (termo também conhecido como data quality, conforme mencionado no início deste livro).

Como todos devem saber, os resultados financeiros da sua empresa não são os únicos afetados pelo tempo de inatividade de dados. Lidar com problemas de qualidade de dados consome mais de 40% do tempo de uma equipe de dados (*https://oreil.ly/HEpED*), que poderia ser gasto em projetos mais interessantes ou na busca de inovações para a empresa. É bem provável que você não tenha ficado surpreso com essas informações. Nós com certeza não ficamos.

Anteriormente, Barr Moses era vice-presidente de operações em uma empresa customer success de software. Sua equipe era responsável por gerenciar os relatórios dos clientes maiores, desde a geração de dashboards para o CEO usar durante as reuniões gerais até a definição de estratégias a fim de reduzir a rotatividade de clientes com base nas métricas do usuário. Ela era responsável por gerenciar as operações de dados da empresa e garantir que as partes interessadas fossem bem-sucedidas ao trabalhar com dados. Barr nunca esquecerá o dia em que retornou à sua mesa depois de passar horas em uma sessão extenuante de planejamento e se deparou com o seguinte post-it "Os dados estão errados" no monitor de seu computador. Uma descoberta não apenas constrangedora; infelizmente, também não era incomum. Vez após vez, ela e sua equipe se deparavam com esses pequenos problemas silenciosos, mas potencialmente nocivos, em seus dados.

Deveria existir uma solução melhor.

Há décadas, as organizações enfrentam problemas relacionados à baixa qualidade de dados e a dados não confiáveis, quer sejam causados por relatórios precários, informações falsas ou erros técnicos. E à medida que elas utilizam cada vez mais dados e constroem ecossistemas e infraestruturas de dados cada vez mais complexos esse problema tende a aumentar.

O conceito de "dados ruins" e de dados de baixa qualidade existe desde a existência dos humanos, embora de formas diferentes. A baixa qualidade de dados (ou melhor, a tomada de decisões desinformadas pelos dados) levou o capitão Robert Falcon Scott e outros primeiros exploradores a preverem inadequadamente onde e quanto tempo demorariam para chegarem ao Polo Sul, seu destino-alvo.

Na história recente, diversos casos também merecem destaque. Um deles foi o famigerado acidente da sonda Mars Climate Orbiter, em 1999. A sonda foi destruída por causa de um erro de entrada de dados: as saídas foram geradas em unidades que não faziam parte do Sistema Internacional de Unidades (SI), fazendo com que a sonda se aproximasse demais do planeta. Esse acidente custou à NASA a quantia colossal de US$125 milhões. Assim como as espaçonaves, os pipelines analíticos podem ser extremamente vulneráveis às mudanças mais inofensivas em qualquer etapa do processo. Outro exemplo seria a crise financeira de 2008, estimulada em parte por dados imprecisos que sobreavaliavam a quantidade de títulos com garantia hipotecária e outros derivativos. E isso é apenas a ponta do iceberg.

O infeliz incidente com o post-it de Barr a fez pensar: "Não devo ser a única a passar por isso!" Com Lior Gavish, Barr começou a investigar a causa-raiz do problema de "tempo de inatividade de dados". Juntos, entrevistaram centenas de equipes de dados sobre os maiores problemas e a qualidade de dados aparecia repetidamente como problema principal. Do e-commerce aos serviços de assistência médica, empresas de diversos setores enfrentavam problemas semelhantes: mudanças de esquema estavam fazendo com que pipelines de dados quebrassem, linhas ou colunas duplicadas apareciam em relatórios críticos de negócios e dados desapareciam dos dashboards, ocasionando perda substancial de tempo, dinheiro e recursos para corrigi-los. Eles também se deram conta de que era necessário uma forma melhor de comunicar e abordar os problemas relacionados à qualidade de dados, como parte de um ciclo iterativo para melhorar a confiabilidade de dados — e criar uma cultura orientada à data trust. Essas entrevistas nos inspiraram a escrever este livro. Assim, podemos difundir algumas das melhores práticas que aprendemos e desenvolvemos, relacionadas à gestão da qualidade de dados em cada etapa do pipeline de dados, desde a ingestão até a análise, e podemos compartilhar como equipes de dados em situações semelhantes podem evitar o tempo de inatividade de dados.

Nesta obra, "dados em produção" se refere a dados oriundos de sistemas de origem (como CRMs, CSMs, bancos de dados ou qualquer uma das outras analogias mencionadas anteriormente), ingeridos por data warehouses, data lakes ou outras soluções de armazenamento e processamento de dados, assim como fluxos por meio de pipeline de dados (ETL: Extrair, Transformar e Carregar), apresentados pela camada de análise para usuários de negócios. Os pipelines de dados podem manipular dados em lote e dados em streaming, e, em alto nível, os métodos para mensurar a qualidade de dados em qualquer tipo de ativo são praticamente os mesmos.

O tempo de inatividade de dados traça paralelos com a engenharia de software e DevOps, um mundo em que o tempo de disponibilidade [uptime] ou de indisponibilidade [downtime] das aplicações (ou seja, com que frequência o software ou o serviço fica "disponível" ou "ativo" ou "indisponível" ou "inativo") é calculado minuciosamente para garantir que o software seja acessível e performático. Muitos engenheiros de confiabilidade de site usam o "tempo de disponibilidade" como medida, pois se correlaciona diretamente com o impacto de baixo desempenho do software para o cliente nos negócios. Em um mundo no qual "cinco dígitos nove" (ou seja, 99,999% de disponibilidade) de confiabilidade está se tornando o padrão da indústria, como podemos aplicar isso aos dados?

Neste livro, abordaremos como as equipes modernas de dados podem desenvolver tecnologias, equipes e processos mais resilientes para garantir a alta qualidade e confiabilidade de dados em toda a organização.

E neste capítulo, começaremos definindo o que significa qualidade de dados no contexto deste livro. Em seguida, delimitaremos o momento atual a fim de entender melhor por que a qualidade de dados é mais importante do que nunca para os líderes de dados. Finalmente, analisaremos como as melhores equipes da categoria podem alcançar elevada qualidade de dados em cada estágio do pipeline de dados e o que é necessário para manter o data trust em escala. Nosso foco principal é a qualidade de dados que alimentam os pipelines e sistemas de produção, ao contrário das plataformas de ciência de dados ou outros trabalhos mais voltados à área de pesquisa acadêmica.

O Que É Qualidade de Dados?

O conceito de qualidade de dados não é inédito — "qualidade de dados" existe desde que os humanos começaram a coletar dados!

Nas últimas décadas, no entanto, a definição de qualidade de dados começou a se concretizar como função de mensurar a confiabilidade, a completude [data completeness] e a acurácia de dados em relação ao estado do que está sendo informado. Como dizem, não podemos gerenciar o que não podemos mensurar, e alta qualidade de dados é o primeiro estágio de qualquer programa robusto de análise. A qualidade de dados também é uma forma extremamente poderosa de entender se nossos dados atendem às necessidades do negócio.

Neste livro, definimos a qualidade de dados como o estado dos dados em qualquer estágio de seu ciclo de vida. A qualidade de dados pode sofrer impacto em qualquer estágio do pipeline de dados, antes da ingestão, na produção ou mesmo durante a análise. Em nossa opinião, a qualidade de dados muitas vezes tem má reputação. As equipes de dados sabem que precisam priorizá-la, mas o conceito não parece tão natural quanto "aprendizado de máquina", "ciência de dados" ou até mesmo "analytics [inteligência analítica]", e muitas equipes não têm a capacidade ou os recursos para contratar alguém em tempo integral para gerenciá-la. As empresas com recursos limitados dependem dos analistas e dos engenheiros de dados para gerenciá-la, desviando-os de projetos, considerados mais interessantes ou inovadores.

Mas se não podemos confiar nos dados e nos produtos de dados fornecidos, como os usuários de dados podem confiar em sua equipe para agregar valor? A expressão "nenhum dado é melhor do que dados ruins" é muito usada por profissionais do setor, e embora tenha mérito, geralmente não é realidade. Problemas de qualidade de dados (ou tempo de inatividade de dados) são basicamente inevitáveis, considerando o ritmo de crescimento e consumo de dados da maioria das empresas. Contudo, ao entendermos como definimos a qualidade de dados, fica mais fácil mensurar e impedir problemas nas etapas seguintes.

Delimitando o Momento Atual

Equipes técnicas têm rastreado e buscado melhorar a qualidade de dados há tanto tempo quanto têm acompanhado o analytical data, mas somente em 2020 a qualidade de dados se tornou prioridade de faturamento para muitas empresas. À medida que os dados se tornam não apenas saída, como também commodity financeira para muitas organizações, é importante que essas informações sejam confiáveis.

Como resultado, as empresas estão cada vez mais tratando dados como código, aplicando estruturas e paradigmas há muito consagrados entre as equipes de engenharia de software às organizações e às arquiteturas de dados. As Operações de Desenvolvimento (DevOps), área técnica dedicada a reduzir o ciclo de vida de desenvolvimento de sistemas, deu origem às melhores e principais práticas do setor, como a engenharia de confiabilidade de sites (SRE), CI/CD (integração contínua/entrega contínua) e arquiteturas baseadas em microsserviços. Em resumo, o objetivo do DevOps é lançar software mais confiável e com melhor desempenho por meio da automação.

Nos últimos anos, mais empresas têm aplicado esses conceitos aos dados na forma de "DataOps". DataOps se refere ao processo de melhorar a confiabilidade e desempenho dos dados por meio de automação, reduzindo os silos de dados e fomentando análises mais rápidas e tolerantes à falhas.

Desde 2019, empresas como Intuit (*https://oreil.ly/NhMtB*), Airbnb (*https://oreil.ly/fbHlY*), Uber (*https://oreil.ly/0GhQC*) e Netflix (*https://oreil.ly/Ai2zC*) têm escrito prolificamente sobre o compromisso de garantir dados confiáveis e altamente disponíveis para as partes interessadas em toda a empresa, aplicando as melhores práticas de DataOps. Além de alimentar a tomada de decisões baseada em analytics (ou seja, estratégia de produto, modelos financeiros, estratégia growth marketing etc.), os dados gerados por essas empresas alimentam suas aplicações e serviços digitais. Dados imprecisos, ausentes ou errados podem custar tempo, dinheiro e a confiança dos clientes.

À medida que os gigantes tecnológicos destacam a importância e os desafios de alcançar alta qualidade de dados, outras empresas de todos os tamanhos e setores estão começando a prestar atenção e a replicar essas iniciativas, desde a implementação de testes mais robustos até o investimento em melhores práticas de DataOps, como monitoramento e observabilidade de dados. Mas o que levou a essa necessidade de maior qualidade de dados? O que mudou no cenário de dados para facilitar o surgimento do DataOps e, assim, a ascensão da qualidade de dados? A seguir, investigaremos a fundo essas questões.

Entendendo a "Ascensão do Tempo de Inatividade de Dados"

Com foco maior na monetização de dados, aliado ao desejo constante de aumentar a acurácia de dados, precisamos compreender melhor alguns dos fatores que podem resultar no tempo de inatividade de dados. A seguir, analisaremos as variáveis que podem impactar nossos dados.

Migração para a nuvem

Há 20 anos, um data warehouse (lugar para transformar e armazenar dados estruturados) provavelmente ficaria em um porão de escritório, não na AWS ou no Azure. Atualmente, devido à ascensão do analytics baseado em dados, equipes de dados multifuncionais e, o mais importante, a nuvem, as soluções de data warehousing em nuvem, como Amazon Redshift, Snowflake e Google BigQuery, tornaram-se opções cada vez mais populares para empresas com alta demanda por dados. Em muitos aspectos, a nuvem facilita o gerenciamento e o acesso a uma variedade maior de usuários e processamento mais rápido.

Pouco tempo após os data warehouses migrarem para a nuvem, os data lakes (lugar para transformar e armazenar dados não estruturados) também migraram, fornecendo às equipes de dados ainda mais flexibilidade quando se trata de gerenciar seus ativos de dados. À medida que as empresas e seus dados migraram para a nuvem, a tomada de decisão baseada em analytics (e a necessidade de dados de alta qualidade) tornou-se prioridade ainda maior para os negócios.

Mais fontes de dados

Hoje em dia, as empresas usam de dezenas a centenas de fontes de dados internas e externas a fim de gerar análises e modelos de aprendizado de máquina. Qualquer uma dessas fontes pode mudar inesperadamente e sem aviso prévio, comprometendo os dados usados para tomar decisões. Por exemplo, uma equipe de engenharia pode fazer uma mudança no site da empresa, modificando, assim, a saída de um conjunto de dados fundamental para as análises de marketing. Como resultado, métricas importantes de marketing podem estar erradas, levando a firma a tomar decisões insatisfatórias sobre campanhas publicitárias, metas de vendas e outros projetos indispensáveis que geram receita.

Pipelines de dados cada vez mais complexos

Os pipelines de dados têm se tornado cada vez mais complexos, com múltiplos estágios sofisticados de processamento e dependências entre diversos ativos de dados, consequência de ferramentas mais avançadas (e díspares), mais fontes de dados e maior diligência proporcionada aos dados pela liderança executiva. No entanto, sem visibilidade dessas dependências, qualquer mudança efetuada em um conjunto de dados pode ter consequências imprevistas, impactando a veracidade dos ativos dependentes de dados.

Em suma, muita coisa acontece em um pipeline de dados. As fontes de dados passam por extração, ingestão e transformação. São carregadas, armazenadas, processadas e entregues, dentre outras possíveis etapas, com muitas APIs e integrações entre diferentes estágios do pipeline. Em cada circunstância existe oportunidade para o tempo de inatividade de dados, assim como existe oportunidade para tempo de inatividade da aplicação sempre que fazemos o merge do código. Além do mais, as coisas podem dar errado mesmo quando não se trata de circunstâncias críticas. Por exemplo, quando os dados são migrados entre warehouses ou são inseridos manualmente em um sistema de origem.

Equipes de dados mais especializadas

Como dependem cada vez mais de dados para orientar a tomada inteligente de decisões, as empresas estão contratando mais analistas de dados, cientistas de dados e engenheiros de dados para criar e fazer a manutenção de pipelines de dados, análises e modelos de aprendizado de máquina, que alimentam seus serviços, produtos e operações de negócio.

Apesar de os analistas de dados serem os principais responsáveis por coletar, limpar e consultar conjuntos de dados a fim de ajudar as partes interessadas a gerar insights acionáveis sobre o negócio, os engenheiros de dados são responsáveis por garantir que as tecnologias e os sistemas fundamentais que alimentam essas análises sejam rápidos, performáticos e confiáveis. No setor, os cientistas de dados normalmente coletam, processam o data wrangling e o data augmentation, além de darem sentido aos dados não estruturados para melhorar os negócios. A distinção entre analistas de dados e cientistas de dados pode ser um pouco vaga, já que o nome do cargo e as responsabilidades variam com frequência, dependendo das necessidades da empresa. Por exemplo, no final da década de 2010, a Uber mudou o nome do cargo de todos os analistas de dados para cientistas de dados após reestruturação organizacional.

À medida que os dados se tornam cada vez mais os alicerces das empresas, as equipes de dados tendem a crescer. Na verdade, empresas grandes podem custear funções adicionais, como data stewards [gestores de dados de negócios, em tradução livre], líderes de governança de dados, analistas de operações e até mesmo analytics engineers [engenheiros analíticos, em tradução livre] — função híbrida de engenheiro de dados e analista, popular em startups e empresas de médio porte que não têm recursos para sustentar uma equipe grande de dados. Como muitos usuários diferentes acessam os dados, a falta de comunicação ou coordenação insuficiente é inevitável e fará com que esses sistemas complexos quebrem à medida que as mudanças são efetuadas. Por exemplo, um campo novo adicionado a uma tabela de dados por uma equipe pode fazer com que o pipeline de outra equipe falhe, resultando em dados ausentes ou parciais. Quando se trata de downstream, dados ruins podem levar a milhões de dólares em perda de receita, perda da confiança do cliente e até mesmo pôr em risco os processos de compliance.

Equipes descentralizadas de dados

À medida que os dados se tornam essenciais às operações de negócios, mais equipes funcionais em toda a empresa se envolvem na gestão e análise de dados para otimizar e acelerar o processo de obtenção de insights. Como resultado, cada vez mais equipes de dados estão adotando o modelo distribuído e descentralizado, que imita a migração generalizada da arquitetura monolítica para a arquitetura de microsserviços, que dominou o mundo da engenharia de software em meados dos anos 2010.

O que é uma arquitetura descentralizada de dados? Não devemos confundi-la com data mesh (*https://oreil.ly/Vga7I*), paradigma organizacional que faz uso de um design distribuído e orientado a domínio. A arquitetura descentralizada de dados pressupõe que as equipes de dados trabalhem a partir de uma infraestrutura de dados centralizada (ETL) gerenciada por uma equipe de plataforma de dados, com equipes analíticas e de ciência de dados distribuídas pela empresa. Progressivamente, descobrimos que cada vez mais equipes que adotam o modelo de analista de dados incorporado dependem desse tipo de arquitetura.

Por exemplo, talvez a empresa em que trabalhe tenha duzentas pessoas e uma equipe com três engenheiros de dados e dez analistas de dados distribuídos entre as equipes funcionais para melhor atender às necessidades do negócio. Esses analistas podem se reportar às equipes operacionais ou às equipes de dados centralizadas, mas têm os próprios conjuntos de dados e se reportam a pessoas específicas. Como múltiplos domínios gerarão e utilizarão os dados, isso leva à inevitabilidade de que os conjuntos de dados usados por múltiplas equipes sejam duplicados, fiquem ausentes ou obsoletos com o tempo. Como leitor deste livro, provavelmente você já passou pela experiência de usar um conjunto de dados que não é mais relevante sem saber!

Outras Tendências que Contribuem para o Momento Atual

Além dos fatores mencionados anteriormente que costumam resultar em tempo de inatividade de dados, diversas mudanças no setor também ocorrem em decorrência de inovações tecnológicas que estão impulsionando a transformação do cenário de dados. Essas mudanças contribuem para maior atenção à qualidade de dados.

Data mesh

Da mesma forma que as equipes de engenharia de software passaram de aplicações monolíticas para arquiteturas de microsserviços, o data mesh é, em muitos aspectos, a versão da plataforma de dados de microsserviços. É importante ressaltar que o conceito de data mesh é incipiente e a comunidade de dados discute bastante sobre como implementar um data mesh (ou se faz sentido), considerando os níveis culturais e técnicos.

Conforme definido inicialmente por Zhamak Dehghani, consultora da ThoughtWorks e criadora do termo, o data mesh, ilustrado na Figura 1-1, é um paradigma sociotécnico que reconhece as interações entre pessoas e a arquitetura técnica e soluções em organizações complexas. O data mesh adota a ubiquidade de dados na empresa, aproveitando um projeto self-serve orientado a domínio. Dehghani recorre à teoria de design orientado a domínios de Eric Evans, paradigma flexível e escalável de desenvolvimento de software que combina a estrutura e a linguagem do seu código com seu domínio de negócios correspondente. Ao contrário das infraestruturas de dados monolíticas tradicionais que lidam com o consumo, armazenamento, transformação e saída de dados em um data lake central, um data mesh suporta usuários de dados distribuídos e específicos de domínio e visualiza os "dados como um produto", em que cada domínio gerencia os próprios pipelines de dados. O tecido que conecta esses domínios e seus ativos de dados associados é uma camada de interoperabilidade universal que usa a mesma sintaxe e padrões de dados. Os data meshes federam a propriedade de dados entre os proprietários de dados do domínio, responsáveis por fornecer dados como produtos, ao mesmo tempo que facilitam a comunicação entre dados distribuídos em diferentes locais.

Embora a infraestrutura de dados seja responsável por fornecer a cada domínio as soluções para processá-los, os domínios são encarregados de gerenciar a ingestão, limpeza e agregação de dados, gerando ativos que podem ser usados por aplicações de business intelligence. Mesmo que cada domínio seja responsável pela propriedade de seus pipelines, usa-se um conjunto de capacidades em todos os domínios visando armazenar, catalogar e manter os controles de acesso para os dados brutos. Após os dados terem sido atendidos e transformados por um determinado domínio, os proprietários do domínio podem então usá-los conforme suas necessidades analíticas ou operacionais.

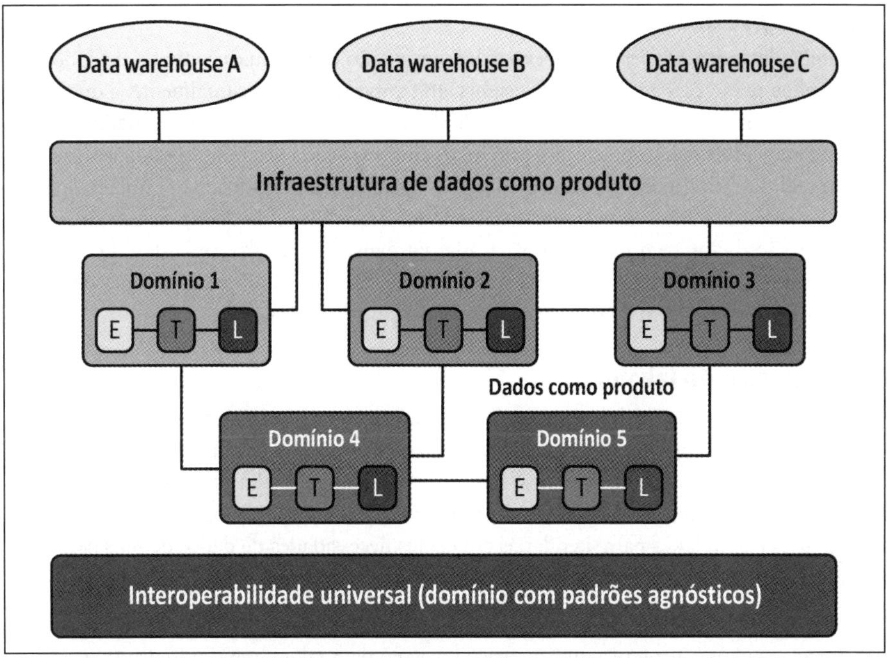

Figura 1-1. O data mesh, introduzido por Zhamak Dehghani, impulsiona a arquitetura de dados descentralizada e orientada a domínios que depende de dados confiáveis de alta qualidade e governança universal.

O paradigma data mesh é bem-sucedido apenas se os dados forem confiáveis e fidedignos e se a chamada "camada de interoperabilidade universal" for aplicada em todos os domínios. Qual é a única maneira de os dados serem confiáveis e fidedignos? Atenção cuidadosa à qualidade de dados por meio de testes, monitoramento e observabilidade.

Muitas empresas estão adotando o paradigma de data mesh, sobretudo organizações maiores com a necessidade de múltiplos domínios de dados. Por exemplo, em um artigo de blog de janeiro de 2021 (*https://oreil.ly/oxTyk*) escrito por Mammad Zadeh, ex-vice-presidente de Engenharia de Dados da Intuit, e Raji Arasu, vice-presidente sênior de Core Services & Experiences da Intuit, a organização se posiciona como "empresa de plataforma especializada e orientada por IA", cuja plataforma "coleta, processa e transforma um fluxo contínuo de dados em um data mesh conectado com alta qualidade de dados". Outro exemplo é o JPMorgan Chase (*https://oreil.ly/Tga4W*), que desenvolveu uma arquitetura de data mesh com a intenção de ajudar a delinear a propriedade de dados entre funções analíticas discretas e melhorar a visibilidade do compartilhamento de dados em toda a empresa. Independentemente de sua opinião, o data mesh sem dúvidas causou grande impacto na comunidade de dados e gerou excelentes discussões e artigos de blog (*https://oreil.ly/rcFTp*) sobre o futuro de nossas arquiteturas de dados distribuídos e estruturas de equipe.

Streaming de dados

Streaming de dados se refere ao processo de transmissão de um fluxo contínuo de dados em um pipeline para gerar rapidamente insights em tempo real. Tradicionalmente, a qualidade de dados foi imposta por meio de testes de dados em lote antes que esses dados fossem inseridos nos pipelines de produção, porém, as empresas cada vez mais buscam análises em tempo real. Embora tenha o potencial de gerar insights mais rápidos, isso também levanta questões e desafios mais importantes relacionados à qualidade de dados, já que streaming de dados são dados "em movimento". Cada dia mais, as organizações estão adotando o processamento em lote e o processamento em fluxo, fazendo com que as equipes de dados repensem sua abordagem de teste e de observabilidade de dados.

Ascensão do data lakehouse

Data warehouse ou data lake? Eis a questão, pelo menos se perguntarmos a um engenheiro de dados. Os data warehouses, repositórios de dados estruturados, e os data lakes, conjuntos de dados brutos não estruturados, dependem de dados de alta qualidade para processamento e transformação. As equipes de dados estão cada vez mais optando por usar data warehouses e data lakes para atender às crescentes necessidades de dados de seus negócios. Apresentamos a todos o data lakehouse.

Os data lakehouses surgiram quando provedores de warehouse em nuvem começaram a adicionar recursos que ofereciam benefícios no estilo data lakes, como o Redshift Spectrum ou Delta Lake. Da mesma forma, os data lakes têm adicionado tecnologias que oferecem recursos no estilo de data warehouse, como funcionalidades e esquema SQL. Hoje, as diferenças históricas entre data warehouses e data lakes estão se estreitando para que possamos acessar o melhor dos dois mundos em um único pacote. Migrar para o modelo lakehouse sugere que os pipelines estão se tornando mais complexos e, embora alguns possam escolher um fornecedor dedicado para lidar com ambos, outros estão migrando os dados para múltiplas camadas de armazenamento e de processamento, resultando em mais oportunidades para os dados do pipeline alcançarem o ponto de equilíbrio com testes amplos.

Recapitulando

A ascensão da nuvem, arquiteturas e equipes de dados distribuídas e a mudança rumo à produtização de dados atribuíram aos líderes de dados a responsabilidade de ajudar suas empresas a buscar dados mais fidedignos (levando a análises mais fidedignas). Obter dados confiáveis é uma maratona, não um sprint, e envolve muitos estágios relacionados ao pipeline de dados. Além disso, comprometer-se com a melhoria da qualidade de dados vai além do desafio técnico; também envolve níveis culturais e organizacionais. No próximo capítulo, analisaremos algumas tecnologias que sua equipe pode usar para evitar pipelines quebrados e criar processos e estruturas repetitivos e iterativos com os quais se comunicar melhor, abordar e até mesmo evitar o tempo de inatividade de dados.

CAPÍTULO 2

Reunindo os Componentes Essenciais de Um Sistema Confiável de Dados

Com Ryan Kearns

Apesar de a resolução de problemas associados à qualidade de dados ser conjunto de habilidades imprescindíveis a qualquer profissional da área, o tempo de inatividade de dados pode ser evitado quase que totalmente com os sistemas e processos adequados. Como os softwares, os dados podem depender de inúmeras influências operacionais, programáticas ou até mesmo relacionadas aos próprios dados em diversas etapas do pipeline. Basta uma mudança de esquema ou um push de código para gerar um relatório de downstream confuso.

Como analisaremos no Capítulo 8, a solução para a qualidade de dados e para a criação de pipelines mais confiáveis se divide em três componentes principais: processo, tecnologias e pessoas. Neste capítulo, abordaremos o componente tecnológico dessa equação, mapeando as partes discrepantes do pipeline de dados e o que é necessário para mensurar, corrigir e prevenir o tempo de inatividade de dados em cada etapa.

Os sistemas de dados são absurdamente complexos, já que diversas etapas do pipeline de dados contribuem para o caos generalizado. E ao mesmo tempo que as empresas investem progressivamente em dados e em analytics, aumenta também a pressão para se desenvolver em escala, fazendo com que os engenheiros de dados considerem a qualidade antes mesmo de os dados entrarem no pipeline.

Neste capítulo, destacaremos os inúmeros componentes essenciais, impulsionados por metadados — desde catálogos de dados até data warehouses e data lakes — para assegurar que sua infraestrutura de dados esteja preparada para o sucesso quando se trata de garantir alta qualidade de dados em cada etapa do pipeline.

Entendendo a Diferença Entre Dados Operacionais e Dados Analíticos

Se perguntarmos a um engenheiro de dados qual é a maior diferença possível entre os dados em sua organização, podemos ouvir os termos "dados operacionais" e "dados analíticos". A diferença entre operacional e analítico tem a ver com as inúmeras maneiras de decompor os dados em um ecossistema. Mas se trata de uma diferença importante, que você precisará entender, caso esteja interessado em adotar a cultura de qualidade de dados. Ainda que nos aprofundemos um pouco mais nos dados operacionais neste capítulo, vale ressaltar que, neste livro, temos focado e continuaremos a focar a qualidade de dados referente aos dados analíticos. O gerenciamento da qualidade e da confiabilidade de dados operacionais normalmente é responsabilidade do DevOps, da engenharia de confiabilidade de site e de outras disciplinas de software mais preocupadas em criar produtos de software baseados em dados analíticos.

Dados operacionais
: Dados gerados operacionalmente, ou seja, gerados pelas operações cotidianas de sua organização (*https://oreil.ly/kZmui*). Snapshots de estoque em momentos específicos, opiniões de clientes e registros de transações são exemplos de dados operacionais.

Dados analíticos
: Dados usados de forma analítica. Ou seja, é o tipo de dados por trás das decisões de negócios orientadas a dados. Churn de marketing, taxas de cliques e opiniões por região global são exemplos de categorias de dados analíticos.

Em resumo, os dados operacionais registram dados provenientes dos processos reais de negócio visando atualizações rápidas em sistemas e processos, ao passo que os dados analíticos são usados para análises mais robustas e eficientes. Podemos pensar da seguinte forma: os dados operacionais *operacionalizam* os negócios, enquanto os dados analíticos *gerenciam* os negócios. Considerando que os dados analíticos impulsionam o business intelligence de uma forma que os operacionais não impulsionam, alguém pode cair na tentação de suspeitar que aqueles sejam mais importantes ou mais "essenciais" para o sucesso de uma organização. No entanto, na maioria das vezes, os dados analíticos se baseiam em um backbone de transformações e agregações de dados operacionais.

> A distinção entre operacional e analítico é a mesma feita pela comparação entre sistemas de processamento de transações e sistemas de dados analíticos (OLTP [Processamento de Transações Online] versus OLAP [Processamento Analítico Online]), por exemplo, no livro *Designing Data-Intensive Applications* [Projetando Aplicações Com Data Intensive, em tradução livre].

O Que Diferencia Esses Dados?

Como se pode imaginar, os dados analíticos e operacionais se diferenciam de algumas maneiras críticas que informam como gerenciamos sua confiabilidade, conforme ilustrado na Figura 2-1.

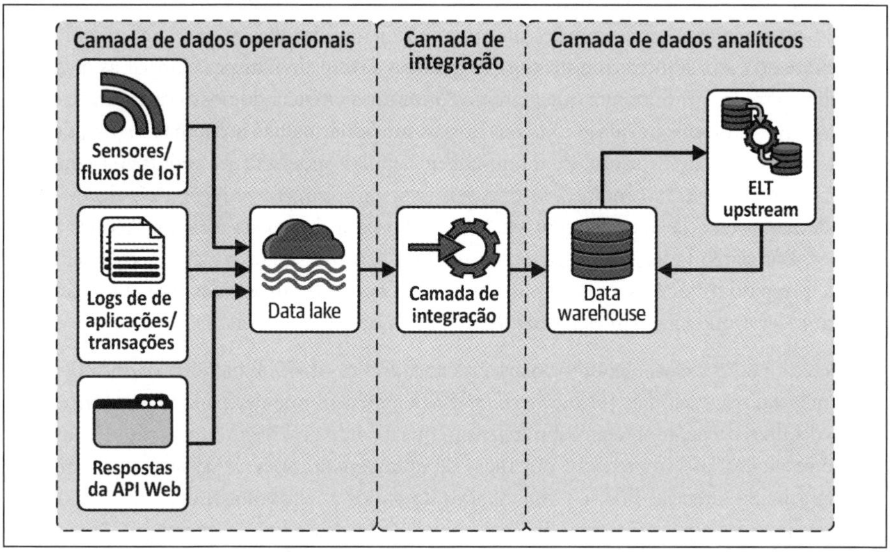

Figura 2-1. Um exemplo de plataforma de dados, ilustrando somente uma maneira de distinguir dados operacionais e dados analíticos.

Quase sempre, os dados operacionais aparecem *upstream* dos dados analíticos nos pipelines de dados. Isso ocorre porque os dados analíticos podem conter, e geralmente contêm, agregações ou expansões (via data augmentation) de data stores de dados operacionais. A taxa de cliques de um usuário em um navegador às 5h da manhã é um dado operacional, e a de uma campanha de marketing de dezembro é um dado analítico correspondente. Uma das razões fundamentais pela qual a diferença entre dados operacionais e analíticos é importante é o chamado *trade-off entre taxa de requisição e latência*. A restrição de taxa de requisição-latência impacta qualquer sistema com poder computacional limitado. Tradicionalmente, a *taxa de requisição* se refere à quantidade de dados processados em alguma unidade de tempo e a *latência* se refere ao delay antes que os dados sejam processados.

Imagine um cibercafé popular com uma fila do lado de fora. Quanto tempo leva para alguém no final da fila receber seu café? Esse processo envolve ficar na fila, fazer o pedido, pagar e esperar que o barista prepare a bebida. A soma total desse tempo representa a *latência* do café. Em contrapartida, o número de clientes bebendo seus cafés dentro do estabelecimento em, digamos, uma hora, representa a *taxa de requisição* do café.

Infelizmente, essas duas medidas de desempenho de processamento de dados estão fadadas a competir. Não podemos ter alta taxa de requisição e baixa latência em nosso cibercafé.

"Mas por quê?", talvez você pergunte. Não é que taxa de requisição e a latência representem ideais *opostos*. A resposta reside no fato de como os sistemas de processamento de dados são arquitetados na realidade (*https://oreil.ly/nf0nq*) — especificamente, com um número *limitado* de handlers de requisição [request handlers].

De novo, imagine nosso cibercafé. Temos um número fixo de funcionários em nosso estabelecimento, e aqueles robôs atendentes que pedimos estão atrasados devido à escassez de chips. Como gerentes, temos que decidir quantos funcionários devem operar as máquinas de café expresso e as máquinas registradoras e quantos devem circular para limpar as mesas. Já percebeu o trade-off? Suponha que tentemos otimizar a latência do nosso café a todo custo. Isso envolveria mobilizar quase *todos* os nossos funcionários nas máquinas registradoras e nas máquinas de café expresso, de modo que as bebidas pudessem ser pedidas e retiradas o mais rápido possível. No entanto, se fizermos isso, garantimos a redução drástica de nossa taxa de requisição, já que ninguém está por perto para limpar as mesas e atender novos clientes. Por outro lado, se delegarmos a maioria dos funcionários para circular entre as mesas, pegando as xícaras vazias no momento em que já foram usadas, nossa latência aumentará — porque ninguém está operando a máquina registradora!

Em determinados casos, o equilíbrio a ser alcançado fica óbvio. Bancos de dados operacionais, ou seja, transacionais (*https://oreil.ly/IZfuX*), exigem que determinadas informações, como detalhes do pedido, sejam obtidas assim que a página carregar o mais rápido possível. Como resultado, as arquiteturas, por meio de inúmeras decisões de design, serão otimizadas para baixa latência. Por sua vez, bancos de dados analíticos atendem a usuários que realizam grandes agregações em conjuntos gigantescos de dados, e por isso, devem ser otimizados para alta taxa de requisição. Essa heurística não recebe orientações infalíveis sobre quais serviços usar em quê, mas pelo menos explica por que geralmente não consultamos o Snowflake ou o Redshift em uma interface do usuário ou porque não executamos agregações de trilhões de linhas em uma instância do MySQL ou do Postgres.

Data Warehouses Versus Data Lakes

Data warehouses e data lakes: talvez nenhuma outra palavra esteja tão presente na mente e no vocabulário cotidiano de uma equipe de engenharia de dados como essas duas. Embora data warehouses e data lakes não sejam intercambiáveis, essas tecnologias estão rapidamente convergindo e cada uma oferece o melhor dos dois mundos.

Muitas organizações efetivamente precisam de ambos os tipos de sistemas em seus pipelines de dados, porém com diferentes campos de atuação. Em geral, os data *warehouses* armazenam dados em um formato estruturado (linha-coluna). Esses dados são altamente transformados (resultado de procedimentos de pré-processamento definidos) e estão presentes somente porque têm um *motivo* determinado para estarem lá — pelo menos, em teoria.

Os data *lakes*, por outro lado, armazenam *qualquer coisa* — dados estruturados, semiestruturados e não estruturados. Ao contrário dos data warehouses, os data lakes não precisam ter procedimentos altamente especificados para que os dados cheguem. É possível usar qualquer formato que quisermos em um data lake e acessá-lo diretamente. O resultado é um sistema que normalmente tem maior volume e, não raro, que é mais complexo em termos de governança e de dados.

Data Warehouses: Tipos de Tabela Em Nível de Esquema

Os data warehouses exigem acesso "schema on write", significando que definimos a estrutura de dados no momento em que são inseridos no data warehouse. Transformações adicionais nesses dados devem explicitar sua estrutura nova em cada etapa. Além do mais, os data warehouses são soluções totalmente integradas e gerenciadas, sendo mais fácil criá-los e operá-los sem complicações. Ao contrário dos data lakes, os data warehouses normalmente exigem mais estrutura e esquema, o que muitas vezes promove melhor higienização de dados e resulta em menos complexidade na leitura e no consumo dos dados.

O conceito moderno de data warehouse deve parte de sua concepção ao Kimball Group, que desenvolveu a Metodologia do Ciclo de Vida de Business Intelligence/Data Warehouse (*https://oreil.ly/uxbcY*) na década de 1980. Essa inovação em design de sistemas fomentou o *business value* [valor de negócio] em todos os níveis da empresa, incluindo as etapas de ingestão de dados e pré-processamento, frequentemente atribuídas a engenheiros. Ralph Kimball desempenhou papel importante na identificação de técnicas de armazenamento de dados como *business assets* [ativos de negócios], em vez de meras preferências tecnológicas.

Os data warehouses modernos adotam essa metodologia com suas arquiteturas de schema on write e integrações prontas com ferramentas de business intelligence, como Looker e Tableau. Em resumo, os dados em um data warehouse *têm motivos para estarem lá*, e esses motivos devem ser condizentes com algum objetivo de negócio. Atualmente, as tecnologias comuns de data warehouse incluem:

Amazon Redshift
: O primeiro data warehouse na nuvem bastante popular (e prontamente disponível). O Amazon Redshift se baseia no Amazon Web Services (AWS) e usa conectores de fonte de dados a fim de direcionar os dados de fontes de dados brutas para armazenamento relacional. A estrutura de armazenamento em colunas do Redshift e o processamento em paralelo o tornam ideal para cargas de trabalho analíticas.

Google BigQuery
: Assim como o Redshift, o Google BigQuery utiliza a plataforma em nuvem proprietária exclusiva (Google Cloud Platform ou GCP), usa um formato de armazenamento em colunas e se beneficia do processamento em paralelo quando se trata de consultas rápidas. Ao contrário do Redshift, o BigQuery é uma solução serverless que escala conforme os padrões de uso.

Snowflake
: Diferentemente do Redshift ou do GCP, que dependem das próprias nuvens proprietárias para operar, as capacidades de data warehouse em nuvem do Snowflake são impulsionadas por infraestruturas de nuvem pública da AWS, da Google, do Azure e outras. Ao contrário do Redshift, o Snowflake possibilita que os usuários paguem taxas separadas para processamento computacional e armazenamento, fazendo do data warehouse ótima opção para equipes que procuram estrutura de pagamento mais flexível.

Devido às suas funcionalidades pré-empacotadas e forte suporte para SQL, os data warehouses facilitam consultas rápidas e acionáveis, o que os torna ótimos para equipes de análise de dados. Ainda que os data warehouses possam ser extremamente valiosos para casos de uso de business analytics, existem algumas desvantagens que devemos considerar, sobretudo em relação à gestão da qualidade de dados:

Flexibilidade limitada
: Os data warehouses não são a solução de armazenamento de dados mais flexível disponível no mercado. Não é que não escalam bem, pois muitas das melhores soluções modernas são famosas por sua escalabilidade, e sim que o formato dos dados nos data warehouses é limitado. Em um data warehouse, os registros devem ser convertidos em formato tabular com um esquema definido. Em geral, dados semiestruturados, como JSON, e a consulta desses dados, não são naturalmente suportados, e dados ruins muitas vezes passam despercebidos.

Suporte apenas ao SQL
: Consultar um data warehouse exigirá o uso de uma linguagem de consulta como SQL. Geralmente, não há suporte para manipulação de dados com linguagens imperativas como o Python, útil para aprendizado de máquina, graças ao sólido ecossistema de bibliotecas. Assim, muitas implementações de aprendizado de máquina exigem que os dados sejam movidos *para fora* do data warehouse, via SQL, para processamento posterior. Mais uma vez, nesse movimento de dados, ocorrem muitas vezes problemas relacionados ao volume, à atualização e a anomalias de esquema.

Fluxos de trabalho conflituosos
: Uma equipe pequena de cientistas de dados trabalhando colaborativamente em um produto de rápida iteração pode achar que a limpeza fornecida pelo sistema schema on write é mais onerosa do que benéfica. Quando se quer trabalhar com rapidez, é vantajoso ter padrões flexíveis em relação à estrutura de dados. Essa estrutura mudará constantemente, e alterações constantes do esquema não são suportadas com facilidade pelos data warehouses.

Por essas razões, não é incomum que equipes de dados adotem tanto data warehouses quanto data lakes para cargas de trabalho analíticas, cada um atendendo a um propósito diferente.

Data Lakes: Manipulações Em Nível de Arquivo

Os data lakes, outra opção de armazenamento e processamento computacional cada vez mais popular para sistemas de dados modernos, também dependem de dados analíticos de alta qualidade para fornecer resultados ideais. Ao contrário dos data warehouses, as arquiteturas de data lake possibilitam acesso "schema on read". Ou seja, inferimos a estrutura de dados quando estamos prontos para usá-los.

Os data lakes são a versão "faça você mesmo" de um data warehouse, possibilitando que as equipes escolham as diversas tecnologias de metadados, armazenamento e processamento computacional que querem usar, dependendo das necessidades de seus sistemas. Os data lakes são ideais para equipes de dados que procuram desenvolver plataformas mais customizadas, muitas vezes atribuídas a um grupo (ou mais) de engenheiros de dados. Com os data lakes, cientistas de dados, engenheiros de aprendizado de máquina e engenheiros de dados podem tirar proveito de um pool muito maior de dados que inclui formatos semiestruturados e não estruturados.

O conceito de data lake foi originado por James Dixon, fundador e ex-CTO da empresa de software Pentaho, que descreveu (*https://oreil.ly/M2rLh*) o termo como "um grande curso de água em um estado mais natural. O conteúdo do data lake flui de uma fonte para preencher o lago e diversos usuários do lago podem examinar, mergulhar ou extrair amostras".

Os primeiros data lakes foram desenvolvidos essencialmente com o Apache Hadoop MapReduce e com o HDFS, aproveitando o Apache Hive para consultar os dados com um mecanismo SQL. No início dos anos 2010, o Apache Spark viabilizou ainda mais os data lakes, fornecendo um framework generalizado para processamentos computacionais distribuídos em conjuntos grandes de dados no data lake. Vejamos algumas características comuns dos data lakes:

Armazenamento e processamento desacoplados
: Funcionalidade que não somente possibilita redução substancial de custo, como também facilita a análise e o enriquecimento dos dados para streaming e consulta em tempo real.

Suporte para processamento distribuído
: O processamento distribuído ajuda a suportar o desempenho do processamento de dados em grande escala, possibilitando melhor desempenho de consulta segmentada, design tolerante a falhas e processamento paralelo superior de dados.

Customização e interoperabilidade
: Devido à sua natureza "plug and chug"[1], os data lakes suportam a escalabilidade da plataforma de dados, facilitando o bom funcionamento de diferentes elementos de sua pilha à medida que as necessidades de dados da empresa evoluem e amadurecem.

Desenvolvido principalmente com base em tecnologias open source
: Isso facilita a redução do bloqueio de fornecedor, proporcionando customizações maiores, o que funciona bem para empresas com grandes equipes de engenharia de dados.

Capacidade de lidar com dados não estruturados ou fracamente estruturados
: Os data lakes podem suportar dados brutos, ou seja, temos maior flexibilidade ao trabalhar com os dados, sendo ideal para cientistas de dados e engenheiros de dados. Trabalhar com dados brutos oferece mais controle sobre agregações e sobre processamentos computacionais.

Suporte para modelos sofisticados de programação não SQL
: Ao contrário da maioria dos data warehouses, os data lakes suportam o Apache Hadoop, o Apache Spark, o PySpark e outros frameworks para ciência de dados e aprendizado sofisticado de máquina.

Mesmo que os data warehouses forneçam estrutura facilitadora às equipes de dados para operacionalizar os dados de modo eficiente (ou seja, extrair insights analíticos e suportar capacidades de aprendizado de máquina), essa estrutura pode torná-los inflexíveis e caros para determinadas aplicações. Por outro lado, os data lakes são imensamente flexíveis e

1 N. da. T.: Termo conhecido como técnica plug and chug, em que os valores são inseridos para obter resposta numérica sem a necessidade de habilidades de resolução de problemas.

customizáveis, suportando uma ampla variedade de casos de uso, mas essa maior agilidade é acompanhada por uma série de outras questões relacionadas à organização e à governança de dados. Vejamos os desafios proeminentes que as equipes de dados enfrentam ao tentar garantir dados mais confiáveis em seus ambientes de data lake:

Integridade de dados
: Recursos sendo manipulados em nível de arquivo em um data lake não têm garantias quanto ao esquema de seus dados. Caso você esteja transformando dados em um data lake com alguma suposição em relação ao esquema, está fazendo algo chamado "ETL cego", o que é extremamente perigoso, pois as transformações podem falhar a qualquer momento devido a mudanças imprevistas de upstream.

Swampificação
: Swampificação é o aportuguesamento da palavra em inglês *swampification* e se refere à tendência dos data lakes de acumular dívida técnica e conhecimento tácito ao longo do tempo. Não raro, dependemos de um engenheiro de dados ou de um cientista de dados habilidoso para saber onde determinados dados estão, quem são as partes interessadas e como as coisas podem mudar. Se depender muito disso, seu data lake se "swampificará". Ou seja, ninguém conseguirá fazer absolutamente nada, visto que a curva de aprendizado da alfabetização de dados é alta.

Mais endpoints
: Não raro, a confiabilidade de dados costuma ser um desafio maior em data lakes porque há mais maneiras de os dados serem coletados, manipulados e transformados. No pipeline, mais etapas significa mais oportunidades de erros.

Os data lakes são usados com frequência como pontos de coleta para grandes quantidades de dados não estruturados, como dados de aplicações ou dados gerados automaticamente para alguma tarefa de aprendizado de máquina. No data lake, esses dados podem permanecer em formato bruto ou serem destinados a alimentar algum recurso upstream, possivelmente um data warehouse ou uma ferramenta de business intelligence, via camada de integração, como o AWS Glue. Como opção, equipes menores podem operar com um data lake como única fonte de dados para movimentação rápida e sem a necessidade de uma infraestrutura robusta — os profissionais que recorrem a essa prática devem estar cientes do problema "data swamp" [pântano de dados, em tradução livre].

E Quanto aos Data Lakehouses?

Os data Lakehouses surgiram quando os provedores de data warehouses em nuvem começaram a adicionar recursos que ofereciam benefícios no estilo do data lake, como o Redshift Spectrum ou o Delta Lake. Da mesma forma, os data lakes têm adicionado tecnologias que oferecem recursos no estilo de data warehouse, como funcionalidades e esquema SQL. Hoje, as diferenças históricas entre data warehouses e data lakes estão se estreitando para que possamos acessar o melhor dos dois mundos em um único pacote. A seguir, veremos as funcionalidades que estão ajudando os data Lakehouses a atenuar ainda mais as diferenças entre as duas tecnologias:

SQL de alta performance

Tecnologias como Presto e Spark disponibilizam interface SQL com velocidades interativas e semelhantes às do data lakes. Isso abriu a possibilidade de os data lakes atenderem diretamente às necessidades de análise e exploração, sem exigir a sumarização e o ETL dos data warehouses tradicionais.

Esquema

Formatos de arquivo, como Parquet, introduziram esquemas mais rígidos para tabelas de data lake, assim como um formato colunar para queries mais eficientes.

Atomicidade, Consistência, Isolamento e Durabilidade (ACID)

Tecnologias de data lake, como Delta Lake e Apache Hudi, introduziram maior confiabilidade em transações de gravação/leitura e levaram os data lakes a um passo mais próximo das propriedades altamente desejáveis ACID, padrão das tecnologias de banco de dados tradicionais.

Serviços gerenciados

Para equipes que almejam reduzir o esforço operacional associado à criação e à execução de um data lake, os provedores de nuvem oferecem uma variedade de serviços gerenciados de data lake. Por exemplo, a Databricks disponibiliza versões gerenciadas do Apache Hive, do Delta Lake e do Apache Spark, ao passo que a Amazon Athena oferece um mecanismo de consulta SQL totalmente gerenciado para data lake e o Amazon Glue disponibiliza um serviço de metadados totalmente gerenciado.

Com o aumento da agregação de dados em tempo real e do streaming para reportar análises na velocidade da luz (pense nas velocidades dos gigantes tecnológicos do Vale do Silício: Uber, DoorDash e Airbnb), é provável que, nos próximos anos, os data lakehouses ganhem popularidade e relevância por parte das equipes de dados em diversos setores.

Sincronizando Dados Entre Data Warehouses e Data Lakes

Diferentes data warehouses e data lakes são interligados por uma *camada de integração de dados*. Ferramentas de integração de dados, como AWS Glue, Fivetran e Matillion, coletam dados de fontes diversas, unificam esses dados e os transformam em uma fonte upstream. Um clássico caso de uso de integração de dados seria coletar dados de um data lake e carregá-los em formato estruturado no data warehouse de alguém.

Dentro da integração de dados, o processo de ETL é bastante conhecido. Via de regra, o ETL representa as etapas de integração em que os dados são primeiro *extraídos* de um ou mais data stores, *transformados* em uma estrutura ou formato novos e, por último, *carregados* em um data store de destino. Agora que já analisamos os principais elementos do pipeline modernos de dados, investigaremos a fundo como todos funcionam juntos e o que podemos fazer para assegurar a alta qualidade de dados em cada etapa.

Coletando Métricas de Qualidade de Dados

Até o momento, analisamos as numerosas diferenças, como dados operacionais versus dados analíticos, bancos de dados transacionais versus analíticos e data lakes versus data warehouses. Compreender todas essas diferenças nos ajuda a saber exatamente onde nossos dados podem estar armazenados. Além disso, temos uma ideia das diversas vantagens e riscos de diferentes formatos de armazenamento e etapas em um pipeline de dados. Mas quando se trata de qualidade de dados, quais métricas específicas devemos considerar?

Na próxima seção, falaremos sobre *as métricas de qualidade de dados* — o que são, onde podem ser encontradas e como saber se estamos as utilizando corretamente.

O Que São Métricas de Qualidade de Dados?

Não é possível corrigir o que não se pode mensurar. Da mesma forma, não se pode ter qualidade de dados sem métricas de qualidade de dados, ou seja, indicadores-chave de desempenho (KPIs) ou outros indicadores que comprovem que os dados estão íntegros e confiáveis o bastante para serem usados pelas partes interessadas.

Defendemos a medição da qualidade de dados no que diz respeito ao tempo de inatividade de dados — períodos de tempo em que os dados estão incompletos, incorretos, ausentes ou sem acurácia. Como mencionado anteriormente, chamamos isso de "tempo de inatividade" com o intuito de relembrarmos os primórdios da internet. Naquela época, aplicações online eram objeto de desejo e, se ficassem inativas por um tempo, não era nada demais. Era possível se dar ao luxo de ter tempo de inatividade, já que os negócios não dependiam muito dele. Atualmente, estamos há duas décadas na Era da Internet (ou além dela, dependendo a quem você perguntar!), as aplicações online são essenciais para quase todos os negócios. Como resultado, as empresas mensuram rigorosamente o tempo de inatividade e investem muitos recursos para evitar interrupções no serviço.

Além do mais, as empresas dependem cada vez mais de dados para conduzir suas operações diárias e tomar decisões críticas. No entanto, ainda não estamos tratando o tempo de inatividade de dados com a diligência que exige. Embora algumas empresas estejam estabelecendo acordos de nível de serviço (SLAs) a fim de responsabilizar as equipes de dados pela acurácia e confiabilidade dos dados, isso ainda não é a norma. Nos próximos anos, esperamos que haja escrutínio crescente em relação ao tempo de inatividade de dados e um foco maior em minimizá-lo. Para avaliar se seus dados estão inativos, é possível criar uma lista de perguntas:

- Os dados estão atualizados?
- Os dados estão completos?
- Os campos estão dentro dos intervalos esperados?
- A taxa de valores null é maior ou menor do que deveria ser?
- O esquema mudou?

Mesmo que essa lista não seja abrangente a suas necessidades de qualidade de dados, é um bom ponto de partida. Isso faz com que deixemos de responder a uma pergunta generalizada e difícil ("Meus dados estão inativos?") para responder a uma sequência de perguntas mais específicas. Estamos no caminho certo para as *métricas* de qualidade de dados, que devem responder a perguntas como as anteriores com resultados quantitativos e mensuráveis.

Como Obter Métricas de Qualidade de Dados

As respostas para as perguntas anteriores resultam da análise de *ativos* de dados específicos que, na maioria das vezes, assumem a forma dos recursos abordados anteriormente neste capítulo: data warehouses, data lakes, camadas de transformação entre eles, e assim por diante. Como podemos definir métricas de qualidade de dados a partir de um ambiente de data warehouse? Lembre-se da seção "Data Warehouses: Tipos de Tabela Em Nível de Esquema, que diferenciam data warehouses por seu conteúdo estruturado e arquitetura 'schema on write'".

Escalabilidade

Rastrear um grande número de tabelas e conjuntos de dados pode ser complicado. É necessário pensar em agrupar as chamadas, otimizar queries para escalabilidade, deduplicar, normalizar os diversos esquemas e armazenar todas essas informações em um repositório escalável para que possamos dar sentido a elas. Isso exige a criação de um pipeline de dados dedicado que possamos operar, atualizar e manter ao longo do tempo.

> Não se esqueça de acompanhar o consumo de crédito no Snowflake (você não quer receber uma ligação do seu CFO).

Monitorando outras partes de sua pilha

Criar pipelines de dados efetivamente confiáveis e alcançar a observabilidade de dados exige mais do que coletar métricas. Na prática, à medida que a abordagem *modern data stack* [pilha de dados moderna, em tradução livre] evolui, tornou-se fundamental monitorar a confiabilidade do streaming de dados em tempo real, data lakes, dashboards, modelos de aprendizado de máquina e outros ativos. Monitorar métricas de qualidade de dados à medida que sua pilha de dados cresce para incorporar tecnologias e fontes de dados adicionais é o principal desafio. Como os dados podem literalmente quebrar em qualquer lugar do pipeline, precisaremos de uma maneira de extrair métricas e metadados não apenas do data warehouse, como também de outros ativos.

Investir em soluções que possibilitem essas integrações trabalharem efetivamente juntas e com seus usuários finais, sejam engenheiros de dados, engenheiros analíticos, equipes de AM ou cientistas de dados, deve ser prioridade máxima. A verdadeira observabilidade de dados (*https://oreil.ly/Zbtj3*) se estende para além do data warehouse, visando fornecer insights sobre os estados dos dados em seus data lakes, ETL, dashboards de business intelligence e além, antes que dados corrompidos se tornem problemas maiores no futuro. Na próxima seção, destacamos como se pode extrair métricas de qualidade de dados do Snowflake para mensurar o estado dos dados em um data warehouse. Embora usemos o Snowflake como exemplo específico, extrair informações de qualidade de dados do Redshift, do BigQuery e de outros data warehouses OLAP populares segue um processo semelhante.

Exemplo: extraindo métricas de qualidade de dados do Snowflake

O Snowflake é uma das ferramentas de data warehouse em nuvem mais populares e seu design prioriza a qualidade e integridade de dados desde o início. Uma das características mais importantes do data warehouse, quando se trata de criar pipelines de dados mais confiáveis, é a capacidade de extrair métricas de qualidade de dados diretamente do data warehouse e visualizá-las facilmente para análise (veja a Figura 2-2).

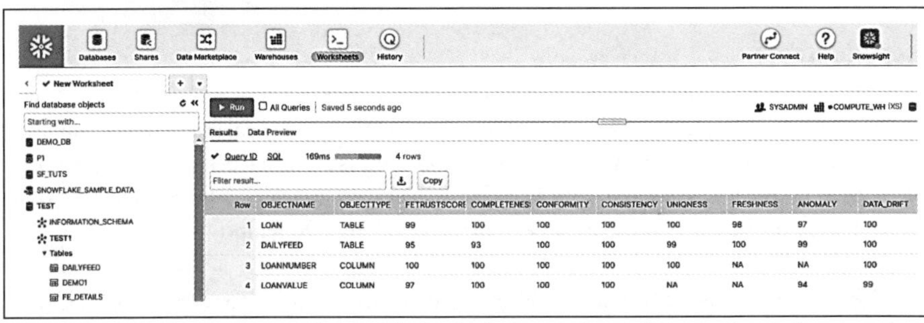

Figura 2-2. Extrair métricas de qualidade de dados no Snowflake pode ajudar a renderizar um snapshot da integridade de dados no warehouse em um determinado momento.

Vejamos os quatro passos que você precisa seguir a fim de extrair métricas de qualidade de dados do Snowflake com sucesso. (Não se esqueça de que este tutorial também é aplicável a outros provedores de data warehouse, basta ajustá-lo).

Passo 1: Mapeie seu inventário. Neste tutorial, suponha que você tenha um único banco de dados no Snowflake chamado `ANALYTICS` (embora, como na maioria das pilhas de dados, este raramente seja o caso). Para executar as seguintes queries em seu ambiente, basta substituir `ANALYTICS` pelo nome do banco de dados que quer rastrear. Para listar os bancos de dados em sua conta, execute o comando `SHOW DATABASES`. O primeiro passo será mapear todas as tabelas em seu data warehouse para saber o que precisa ser rastreado. Ao fazer isso, o mapeamento de esquemas pode ser uma ferramenta poderosa para entender o que está em cada tabela e como os valores mudam ao longo do tempo. Veja como fazer isso com o Snowflake, conforme mostrado no Exemplo 2-1.

Exemplo 2-1. Query para extrair uma lista de tabelas com seus metadados relevantes.

```
SELECT
 TABLE_CATALOG,
 TABLE_SCHEMA,
 TABLE_NAME,
 TABLE_OWNER,
 TABLE_TYPE,
 IS_TRANSIENT,
 RETENTION_TIME,
 AUTO_CLUSTERING_ON,
 COMMENT
FROM "ANALYTICS".information_schema.tables
WHERE
 table_schema NOT IN ('INFORMATION_SCHEMA')
 AND TABLE_TYPE NOT IN ('VIEW', 'EXTERNAL TABLE')
ORDER BY TABLE_CATALOG, TABLE_SCHEMA, TABLE_NAME;
```

Essa query buscará uma lista de todas as tabelas com metadados úteis sobre suas configurações. A propriedade *comentário* ajuda muito se você for cuidadoso ao documentar seus dados com `COMMENT` (*https://oreil.ly/CZvoU*). Para obter o esquema das tabelas — entender como evolui pode ajudar a prevenir e solucionar problemas de data breakages — use a query do Exemplo 2-2.

Exemplo 2-2. Acessando o esquema para tabelas no Snowflake.

```
SELECT
 '"' || TABLE_CATALOG || '"."' || TABLE_SCHEMA || '"."' || TABLE_NAME
   || '"' AS FULL_NAME,
 COLUMN_NAME,
 DATA_TYPE,
 COLUMN_DEFAULT,
 IS_NULLABLE,
 COMMENT,
 CHARACTER_MAXIMUM_LENGTH,
 NUMERIC_PRECISION,
 NUMERIC_SCALE,
 DATETIME_PRECISION
FROM "ANALYTICS".information_schema.columns;
```

Veja que os trechos anteriores ajudam com as tabelas, mas omitimos de propósito as views e tabelas externas. Para extrair metadados deles, recomendamos usar as seguintes queries:

```
SHOW VIEWS IN DATABASE "ANALYTICS";
SHOW EXTERNAL TABLES IN DATABASE "ANALYTICS";
```

Por mais que isso possa deixar sua implementação complexa, essas queries extrairão informações valiosas que estão indisponíveis ao consultar `information_schema.tables`. Você terá a propriedade text para views, que fornecerá insights sobre a query do SQL subjacente para suas views.

Passo 2: Monitore a atualização e o volume dos dados. Rastrear o volume e a atualização de dados nas tabelas é importantíssimo (*https://oreil.ly/ICi96*) para entender a observabilidade de dados do Snowflake e o estado geral dos pipelines de dados. Felizmente, o Snowflake rastreia essas informações à medida que grava valores nas tabelas no data warehouse. Obtemos o tamanho em bytes e o número de linhas das tabelas, como o horário em que foram atualizadas pela última vez, com a seguinte query (Exemplo 2-3).

Exemplo 2-3. Query que gera resultados correlacionados com a atualização da tabela.

```
SELECT
 TABLE_CATALOG,
 TABLE_SCHEMA,
 TABLE_NAME,
 ROW_COUNT,
 BYTES,
 CONVERT_TIMEZONE('UTC', CREATED) as CREATED,
 CONVERT_TIMEZONE('UTC', LAST_ALTERED) as LAST_ALTERED
FROM "ANALYTICS".information_schema.tables
WHERE
 table_schema NOT IN ('INFORMATION_SCHEMA')
 AND TABLE_TYPE NOT IN ('VIEW', 'EXTERNAL TABLE')
ORDER BY TABLE_CATALOG, TABLE_SCHEMA, TABLE_NAME;
```

Ao armazenar essas métricas e observar como mudam ao longo do tempo, é possível mapear com que frequência as tabelas são atualizadas, quantos dados são esperados em cada atualização e, mais importante, identificar atualizações ausentes ou anômalas. Mensurar a atualização e o volume de views não é simples, pois é função das tabelas incluídas nas queries subjacentes. No caso de tabelas externas, recomendamos usar as informações de atualizações a partir do comando `SHOW EXTERNAL TABLES`....

Passo 3: Crie um histórico de queries. Ter um histórico sólido de todas as queries executadas em seu ambiente do Snowflake é ferramenta valiosa ao solucionar problemas, possibilitando analisar exatamente como e quando uma tabela foi escrita pela última vez. Além disso, a análise dos logs de query [query logs] pode ajudar a mapear a linhagem (dependências entre tabelas), entender quais usuários usam quais ativos e até otimizar o desempenho e o custo de sua instância do Snowflake.

No Exemplo 2-4, temos a query que usamos para extrair logs de queries. Repare que estaremos filtrando queries de sistema e com falhas para reduzir o ruído. Isso pode fornecer informações vitais sobre quem estava usando determinada tabela e para que propósito.

Exemplo 2-4. Extraindo logs de query.

```
SELECT
    "QUERY_TEXT",
    "DATABASE_NAME",
    "SCHEMA_NAME",
    "QUERY_TYPE",
    "USER_NAME",
    "ROLE_NAME",
    "EXECUTION_STATUS",
    "START_TIME",
    "END_TIME",
    "TOTAL_ELAPSED_TIME",
    "BYTES_SCANNED",
    "ROWS_PRODUCED",
    "SESSION_ID",
    "QUERY_ID",
    "QUERY_TAG",
    "WAREHOUSE_NAME",
    "ROWS_INSERTED",
    "ROWS_UPDATED",
    "ROWS_DELETED",
    "ROWS_UNLOADED"
FROM snowflake.account_usage.query_history
WHERE
    start_time BETWEEN to_timestamp_ltz('2021-01-01 00:00:00.000000+00:00')
      AND to_timestamp_ltz('2021-01-01 01:00:00.000000+00:00')
    AND QUERY_TYPE NOT IN ('DESCRIBE', 'SHOW')
    AND (DATABASE_NAME IS NULL OR DATABASE_NAME NOT IN ('UTIL_DB', 'SNOWFLAKE'))
    AND ERROR_CODE is NULL
ORDER BY start_time DESC;
```

Talvez você também ache vantajoso conferir o histórico das operações de cópia e carregamento para entender como os dados são carregados e movidos (Exemplo 2-5). Isso pode fornecer insights sobre a atualização da tabela.

Exemplo 2-5. Query para reunir informações sobre como os dados são carregados.

```
SELECT
   "FILE_NAME",
   "STAGE_LOCATION",
   "LAST_LOAD_TIME",
   "ROW_COUNT",
   "FILE_SIZE",
   "ERROR_COUNT",
   "STATUS",
   "TABLE_CATALOG_NAME",
   "TABLE_SCHEMA_NAME",
   "TABLE_NAME",
   "PIPE_CATALOG_NAME",
   "PIPE_SCHEMA_NAME",
   "PIPE_NAME",
   "PIPE_RECEIVED_TIME"
FROM snowflake.account_usage.copy_history
WHERE
   LAST_LOAD_TIME between to_timestamp_ltz('2021-01-01 00:00:00.000000+00:00')
     AND to_timestamp_ltz('2021-01-01 01:00:00.000000+00:00')
   AND STATUS != 'load failed'
ORDER BY LAST_LOAD_TIME DESC;
```

No próximo passo, nos aprofundaremos em nossa análise da qualidade de dados no Snowflake, executando queries para monitorar valores null e zero, indícios de que algo pode estar errado.

Passo 4: health check [verificação de sanidade]. Por último, talvez você queira executar em algumas tabelas críticas verificações de qualidade de dados a fim de garantir que todos os campos estejam preenchidos corretamente e tenham valores íntegros. Ao rastrear as métricas de sanidade ao longo do tempo e compará-las com lotes anteriores, é possível identificar uma gama de problemas de qualidade de dados assim que aparecem em seus dados. O Exemplo 2-6 mostra uma query para um registro histórico de seus dados do Snowflake, que o ajudará a entender onde pode haver anomalias em uma determinada tabela.

Exemplo 2-6. Consultando um registro histórico de dados do Snowflake.

```
SELECT
  DATE_TRUNC('HOUR', created_on) as bucket_start,
  DATEADD(hr, 1, DATE_TRUNC('HOUR', created_on)) as bucket_end,

  COUNT(*) as row_count,

  -- campos de string
  COUNT(account_id) / CAST(COUNT(*) AS NUMERIC) as account_id__completeness,
  COUNT(DISTINCT account_id) as account_id__approx_distinct_count,
  COUNT(DISTINCT account_id) / CAST(COUNT(*) AS NUMERIC)
    as account_id__approx_distinctness,
  AVG(LENGTH(account_id)) as account_id__mean_length,
  MAX(LENGTH(account_id)) as account_id__max_length,
  MIN(LENGTH(account_id)) as account_id__min_length,
  STDDEV(CAST(LENGTH(account_id) as double)) as account_id__std_length,
  SUM(IFF(REGEXP_COUNT(TO_VARCHAR(account_id),
    '^([-+]?[0-9]+)$', 1, 'i') != 0, 1, 0)) / CAST(COUNT(*) AS NUMERIC)
    as account_id__text_int_rate,
  SUM(IFF(REGEXP_COUNT(TO_VARCHAR(account_id),
    '^([-+]?[0-9]*[.]?[0-9]+([eE][-+]?[0-9]+)?)$', 1, 'i') != 0, 1, 0))
    / CAST(COUNT(*) AS NUMERIC) as account_id__text_number_rate,
  SUM(IFF(REGEXP_COUNT(TO_VARCHAR(account_id),
    '^([0-9a-fA-F]{8}-[0-9a-fA-F]{4}-[0-9a-fA-F]{4}-[0-9a-fA-F]{4}
    -[0-9a-fA-F]{12})$', 1, 'i') != 0, 1, 0)) / CAST(COUNT(*) AS NUMERIC)
    as account_id__text_uuid_rate,
  SUM(IFF(REGEXP_COUNT(TO_VARCHAR(account_id),
    '^(\\s+)$', 1, 'i') != 0, 1, 0)) / CAST(COUNT(*) AS NUMERIC)
    as account_id__text_all_spaces_rate,
  SUM(IFF(UPPER(account_id) IN ('NULL', 'NONE', 'NIL', 'NOTHING'), 1, 0))
    / CAST(COUNT(*) AS NUMERIC) as account_id__text_null_keyword_rate,
```

Em seguida, é possível rastrear a acurácia de um campo numérico específico (ou distribuição) dos dados, como destacado no Exemplo 2-7. Nesse exemplo, estamos especificamente reunindo informações sobre a distribuição dos nossos dados em dois campos: `account_id` and `num_of_users`.

Exemplo 2-7. Reunindo informações sobre a distribuição de dados para `account_id` *e* `num_of_users`.

```
    -- campo numérico
    COUNT(num_of_users) / CAST(COUNT(*) AS NUMERIC)
      as num_of_users__completeness,
    SUM(IFF(num_of_users = 0, 1, 0)) / CAST(COUNT(*) AS NUMERIC)
      as num_of_users__zero_rate,
    SUM(IFF(num_of_users < 0, 1, 0)) / CAST(COUNT(*) AS NUMERIC)
      as num_of_users__negative_rate,
    COUNT(DISTINCT num_of_users) / CAST(COUNT(*) AS NUMERIC)
      as num_of_users__approx_distinctness,
    AVG(num_of_users) as num_of_users__numeric_mean,
    MIN(num_of_users) as num_of_users__numeric_min,
    MAX(num_of_users) as num_of_users__numeric_max,
    STDDEV(CAST(num_of_users as double)) as num_of_users__numeric_std,
    ARRAY_CONSTRUCT(APPROX_PERCENTILE(num_of_users, 0.00),
      APPROX_PERCENTILE(num_of_users, 0.20),
      APPROX_PERCENTILE(num_of_users, 0.40),
      APPROX_PERCENTILE(num_of_users, 0.60),
      APPROX_PERCENTILE(num_of_users, 0.80),
      APPROX_PERCENTILE(num_of_users, 1.00))
      as num_of_users__approx_quantiles

FROM analytics.prod.client_hub
WHERE
    DATE_TRUNC('HOUR', measurement_timestamp)
      >= DATEADD(day, -1, CURRENT_TIMESTAMP())
GROUP BY bucket_start, bucket_end
ORDER BY bucket_start ASC;
```

Neste exemplo, estamos coletando métricas de sanidade para dois campos em nossa tabela `client_hub`.

Para o campo `account_id`, uma string, rastreamos métricas como completude (% de valores não null), distinção [distinctness] (% de valores exclusivos) e taxa de identificador universalmente exclusivo (UUID) (% de registros que correspondem a um formato UUID). Rastrear essas métricas ao longo do tempo ajudaria a identificar problemas comuns, como contas sem IDs, registros duplicados e IDs com formato incorreto.

Para o campo `num_of_users`, campo numérico, rastreamos outros tipos de métricas como taxa zero (% de registros com valor 0), média e quantis. Essas métricas, quando observadas ao longo do tempo, podem nos ajudar a identificar problemas comuns, como dados ausentes que fazem com que nossas contagens sejam zeradas ou bugs que fariam com que nossas contagens de usuários fossem muito baixas. Para escalabilidade, repare que rastreamos apenas dados recentes (um dia, neste exemplo) e assumimos que os dados anteriores já foram consultados e armazenados. Essa prática, com a amostragem, se necessário, possibilitará rastrear conjuntos de dados consideráveis com mais eficácia e com baixo custo.

As informações que extraímos para rastrear as métricas de qualidade de dados precisam estar prontamente disponíveis para outros membros da equipe, sobretudo quando as coisas saem errado ou quando estamos no meio de uma análise de causa-raiz nos pipelines de dados (*https://oreil.ly/Z3Nm5*). Incluir notificações automáticas quando os problemas são detectados e uma interface do usuário centralizada (e fácil de navegar) para lidar melhor com esses fluxos de trabalho pode fazer a diferença entre uma resolução rápida e uma catástrofe de dados que pode durar dias.

Logs de Query: Entendendo a Qualidade de Dados no Data Warehouse

Uma fonte poderosa de metadados acessíveis em ambientes de data warehouse são os *logs de query* — registros das transformações feitas no data warehouse. Os logs de query possibilitam responder perguntas como:

- Quem está acessando esses dados?
- De onde os dados estão vindo, upstream ou downstream?
- Qual a cadência, em média, da implementação dessa transformação?
- Quantas linhas são afetadas?

Essas informações vêm empacotadas em tabelas do sistema, na maioria dos principais fornecedores de data warehouse. As famílias de tabelas `QUERY_HISTORY` do Snowflake (*https://oreil.ly/NcspE*), os recursos de AuditLogs do BigQuery e a família de tabelas `STL_QUERY` do Redshift (*https://oreil.ly/00KBm*) são bons lugares para se começar. Basta pesquisar no Google "[vendor-name] query logs". Provavelmente, é o bastante para encontrar um provedor de data warehouse parecido com o seu.

Em geral, as tabelas de log de query (1) armazenam somente alguns dias de histórico de query e (2) contêm muito mais informações do que você precisará em seu empenho de qualidade de dados. Ou seja, uma solução robusta para lidar com logs de queries para métricas de qualidade de dados precisará ser proativa e armazenar as métricas e agregações desejadas em um local mais permanente. No Snowflake e no Redshift, as métricas prontas para uso incluem:

- O ID do usuário que executou a query
- O texto SQL da query, bem como um hash que a identifica
- O tempo total decorrido da query, do início ao fim
- Um código de erro, caso tenha ocorrido
- O tamanho da entrada/saída da query, em linhas ou em bytes

Talvez isso não pareça lá muita coisa, mas pense nas perguntas que agora têm respostas se aplicarmos nossa coleta de metadados de maneira inteligente:

- Quando foi a última vez que essa tabela foi consultada?
- Aquela atualização foi parte de uma cadência regular ou sai fora do padrão?
- Qual é a carga nesse data warehouse em função do horário do dia?
- Essa query está demorando mais tempo do que há dois meses?
- Quem (ou qual bot) tem acesso a esse recurso que não deveria?

Os logs de query podem responder a essas perguntas e a muitas outras. A seguir, veremos como.

Query de Logs: Entendendo a Qualidade de Dados no Data Lake

Os data lakes, conforme analisado na seção "Data Lakes: Manipulações Em Nível de Arquivo", se diferenciam dos data warehouses sobretudo em termos de flexibilidade de formato permitido de armazenamento, já que aceitam protocolos de acesso "schema on read" (*https://oreil.ly/SZpui*), possibilitando que os dados sejam armazenados em formatos de arquivo brutos e manipulados como tal. Por mais que isso tenha vantagens óbvias, como visto anteriormente, tem também um risco maior de o data lake "se swampificar". Como os esquemas não são forçados pelo sistema quando os dados são inseridos, nesses casos, muitas métricas de qualidade de dados presentes nas arquiteturas de data warehouse são mais difíceis ou impossíveis de se obter. Mas não precisa perder a esperança, pois um data lake moderno pode fazer muitas coisas para garantir a qualidade de dados.

Em um data lake, é possível obter gratuitamente um pouco de metadados. Os data lakes coletam e armazenam metadados de objeto quando dados novos são adicionados. É possível se beneficiar "acidentalmente" de alguns desses metadados. Por exemplo, o Amazon S3 exige o armazenamento de horários de inserção de objeto e tamanho do payload para o próprio gerenciamento de objetos. No entanto, podemos aproveitar esses metadados para responder a perguntas como "Quando esse objeto foi atualizado pela última vez?" ou "Qual é o tamanho médio dos arquivos desse tipo e que tem aumentado recentemente?" Os metadados do sistema presentes na maioria dos data lakes modernos incluem:

- Horário de inserção de objetos
- Tamanho dos objetos em bytes
- Formato de arquivo do objeto, se reconhecido
- Se a criptografia está habilitada

Além dos metadados armazenados pelo sistema para nós, é possível especificar cabeçalhos adicionais de objeto no momento da criação. Aqui, a solução para qualidade de dados é mais ampla. Pense no que está faltando nos metadados definidos pelo sistema que você precisará para avaliar o tempo de inatividade de dados. Vejamos alguns exemplos:

- Qual pipeline de trabalho ou usuário foi responsável pela criação desse objeto?
- O objeto está usando ou dependendo de qual esquema? Por exemplo, é possível criar um hash do esquema de uma transformação upstream para determinar se o recurso está configurado para um determinado fluxo de trabalho de ETL ou se um lado da transformação foi depreciado.

No entanto, não se esqueça de que outra maneira comum (e talvez mais holística) de responder à pergunta "Quem foi responsável pela criação desse objeto?" é implementar permissões de acesso mais rigorosas e conceder permissões de gravação apenas a um único pipeline.

Ainda que ambiciosa, essa abordagem garante que a qualidade de dados seja tratada de forma mais proativa.

Outro elemento importante de sua pilha de dados que desempenha papel na compreensão da qualidade de dados é o catálogo de dados.

Projetando Um Catálogo de Dados

Semelhantes aos catálogos físicos de bibliotecas, os catálogos de dados servem como inventário de metadados e fornecem aos investidores as informações necessárias para avaliar a acessibilidade, a integridade e a localização dos dados. Empresas como Alation, Collibra e Informatica oferecem soluções que não somente monitoram os dados, como também se integram ao aprendizado de máquina e à automação para tornar os dados mais detectáveis, colaborativos e, atualmente, adotam também as regulamentações organizacionais, do setor ou até mesmo governamentais.

Como os catálogos de dados fornecem uma única fonte de verdade sobre as fontes de dados de uma empresa, é muito fácil aproveitá-los para gerenciar os dados em seus pipelines. Os catálogos de dados podem ser usados para armazenar metadados que fornecem as partes interessadas compreensão melhor sobre a linhagem de uma fonte específica, instilando maior confiança nos dados propriamente ditos. Além disso, facilitam rastrear onde as informações pessoais identificáveis podem ser armazenadas e disseminadas em downstream, assim como quem na organização tem permissão para acessá-las em todo o pipeline. Os catálogos de dados são projetados para responder aos seguintes tipos de perguntas:

- Onde devo procurar meus dados?
- Esses dados são relevantes?
- O que esses dados representam?
- Esses dados são relevantes e importantes?
- Como posso usar esses dados?

Se você fosse o primeiro a projetar um catálogo de dados em sua empresa, certamente a abordagem mais simples para responder às perguntas anteriores seria reunir todas as informações de dados em uma enorme planilha. E tradicionalmente, foi assim que a catalogação de dados foi resolvida — com o Excel. Os problemas com a catalogação manual de dados são fáceis de identificar. Como os data warehouse usam dezenas de milhares de tabelas, a necessidade de automação é inevitável. Em geral, os catálogos de dados tradicionais e metodologias de governança dependem das equipes de dados para realizar o trabalho pesado da entrada manual de dados, atribuindo-lhes a responsabilidade por atualizar o catálogo conforme os ativos de dados evoluem. Essa abordagem não somente é demorada, como também requer trabalho manual significativo que poderia ser automatizado. Ou seja, os engenheiros e analistas de dados poderiam empregar esse tempo se concentrando em projetos que fazem a diferença.

Além do mais, a maioria dos dados armazenados hoje são não estruturados e altamente fluidos — o tipo perfeito de dados para ser ingerido em pipelines de aprendizado de máquina e armazenados em um data lake. É simplesmente impossível manter um catálogo manual com esses formatos de dados, a menos que seja possível designar um grupo de engenheiros para a tarefa em tempo integral. E em vez de apenas descrever os dados que os usuários acessam e usam, temos a crescente necessidade de entender os dados com base em sua intenção e finalidade. O produtor de dados descreve um ativo de forma diferente de um usuário de dados. E até mesmo entre usuários de dados, pode haver grande diferença em termos de compreensão do significado atribuído aos dados. Em resumo, os catálogos de dados manuais simplesmente não são mais suficientes. Felizmente, a catalogação de dados pode ser uma questão de *identificar* e *organizar* os metadados adequados que explicam seu pipeline de dados. Já estabelecemos que é algo que podemos automatizar.

Criando Um Catálogo de Dados

Digamos que você queira criar um catálogo de dados do zero (que a força esteja com você!) — por onde começar? Antes de criar ou investir em um catálogo, é necessário trabalhar com as partes interessadas downstream das equipes de operações e de análise para entender quais dados são mais importantes para o negócio e, assim, quais dados precisam ser documentados e catalogados. Muitas equipes abordam a primeira etapa (alinhamento) com uma planilha que destaca a fonte de dados, com o que se conecta e quando foi atualizada pela última vez. Após alinhamento, as equipes devem atribuir proprietários que sejam responsáveis por manter suas colunas (e dados!) atualizados. Algumas equipes atribuem a propriedade com base na fonte, esquema ou até mesmo com base no domínio de dados.

Em essência, um catálogo de dados é uma coleção de dados sobre seus dados (metadados) que fornece contexto e insight sobre localização, propriedade e possíveis casos de uso dos dados. Para popular o catálogo de dados, como mostrado em sua forma mais básica na Tabela 2-1, as equipes de dados podem examinar manualmente cada tabela no data warehouse ou recorrer aos parsers automatizados do SQL para fazer isso. Sqlparse (*https://oreil.ly/5zhUG*), ANTLR (*https://oreil.ly/XTGr5*), Apache Calcite (*https://oreil.ly/wl7ok*) e o SQL Parser do MySQL (*https://oreil.ly/55PCH*) são soluções populares e open source de parses SQL.

Tabela 2-1. Um catálogo de dados básico, bruto e improvisado.

Nome da tabela	Dashboard/ report	Última atualização	Proprietário	Notas
LIOR_GOOD_TABLE_3.csv	Exec Forecasting V3 (Looker)	March 3, 2022	Lior Gavish (*lior@internet.org*)	Tabela do Lior; usada para forecasts executivos financeiros, como ARR.
MEETINGS_DOWNTIME_2022.csv	Report 1234 (Tableau)	February 2, 2022	Barr Moses (*barr@internet.org*)	Indisponibilidades ocorridas nas reuniões presenciais.
DONT_USE_4_MV.csv	Dashboard Yikes (Chartio)	October 30, 2021	Molly Vorwerck (*molly@internet.org*)	Sabe-se lá!
RYANS_DATA.csv	Marketing Model (Looker)	March 3, 2022	Ryan Kearns (*ryan@internet.org*)	Pra modelos de geração de demanda para informar gastos com anúncios em canais sociais.

Os parsers SQL separam as partes de uma instrução SQL (ou seja, palavras-chave, identificadores, cláusulas etc.) em uma estrutura de dados que outras rotinas podem processar. Depois de parsear o SQL, é necessário ter um lugar para armazená-lo e processá-lo. Bancos de dados open source como o open ELK stack (*https://oreil.ly/JarRL*), PostgreSQL (*https://oreil.ly/QdVve*), MySQL (*https://oreil.ly/TwfWw*) e MariaDB (*https://oreil.ly/M027O*) são ótimas opções quando criamos um catálogo de dados do zero.

Embora cada parser e aplicação de banco de dados funcione de maneira diferente, o Exemplo 2-8 ilustra o código que você pode escrever para obter uma query (neste caso, extraindo uma query de um arquivo CSV usando ANTLR e transferindo a "saída" da query para o MySQL) que porta informações sobre os dados em um determinado banco de dados.

Exemplo 2-8. Query de banco de dados para coletar metadados para armazenamento em um catálogo ou ferramenta de descoberta (conhecidas como discovery tool).

```
String sql = "SELECT CUST_NAME FROM CUSTOMERS WHERE CUST_NAME LIKE 'Kash%'";

MySqlLexer lexer = new MySqlLexer(CharStreams.fromString(sql));
MySqlParser parser = new MySqlParser(new CommonTokenStream(lexer));
ParseTree root = parser.dmlStatement();

System.out.println(root.toStringTree(parser));
```

A saída dessa query renderiza metadados sobre dados em um determinado banco de dados para serem armazenados em um catálogo de dados ou ferramenta de descoberta, conforme mostrado no Exemplo 2-9.

Exemplo 2-9. Saída da query do Exemplo 2-8.

```
(dmlStatement
   (selectStatement
     (querySpecification SELECT
     (selectElements
          (selectElement
          (fullColumnName
          (uid
             (simpleId CUST_NAME)))))
     (fromClause FROM
     (tableSources
          (tableSource
          (tableSourceItem
          (tableName
             (fullId
             (uid
             (simpleId CUSTOMERS))))))) WHERE (expression (predicate

     (predicate
          (expressionAtom
          (fullColumnName
          (uid (simpleId CUST_NAME))))) LIKE
     (predicate
          (expressionAtom
          (constant
          (stringLiteral 'Kash%'))))))))))
```

Ferramentas open source de linguagem de consulta como GraphQL (*https://oreil.ly/Wb-FAK*), REST (*https://oreil.ly/MT2pR*) e Cube.js (*https://oreil.ly/LlBTt*) possibilitam usar queries SQL no banco de dados e as renderizar em um serviço de visualização de catalogação, como Amundsen (*https://oreil.ly/Svhlg*), Apache Atlas (*https://oreil.ly/Q1X7F*), DataHub (*https://oreil.ly/CCH6M*) ou CKAN (*https://oreil.ly/K2HVG*).

Os catálogos de dados funcionam bem quando temos modelos rígidos, porém, à medida que os pipelines de dados se tornam cada vez mais complexos e os dados não estruturados se tornam o padrão de excelência, nossa compreensão dos dados (o que fazem, quem os usa, como são usados) não retrata a realidade. Os catálogos de próxima geração terão a capacidade de aprender, entender e inferir dados, possibilitando que os usuários aproveitem seus insights de maneira autoatendida [self-service]. Mais importante ainda, os catálogos de dados oferecerão suporte à descoberta de dados automatizada e ao metadata ativo. Imagine poder usar o Slack, o Teams ou qualquer outro canal de comunicação para consultar dados em seu warehouse — empolgante, não é? Mas isso ainda está longe de acontecer.

Além da catalogação de dados, as estratégias de gerenciamento de dados também devem incorporar a descoberta de dados, abordagem nova para entender a integridade de ativos de dados distribuídos em tempo real. Com base na arquitetura orientada a domínio distribuído proposta por Zhamak Dehghani e no modelo de data mesh da Thoughtworks, a descoberta de dados postula que diferentes proprietários de dados são responsáveis por seus dados como produtos e por facilitar a comunicação entre dados distribuídos em diferentes locais. Depois que os dados são disponibilizados e transformados por um determinado domínio, os proprietários de dados do domínio podem utilizá-los para suas necessidades operacionais ou analíticas.

A descoberta de dados substitui a necessidade de um catálogo de dados fornecendo compreensão dinâmica e específica do domínio de dados, com base em como estão sendo ingeridos, armazenados, agregados e usados por um conjunto específico de usuários. Assim como ocorre em um catálogo de dados, os padrões e ferramentas de governança são federados em toda a empresa (viabilizando maior acessibilidade e interoperabilidade), mas, ao contrário de um catálogo de dados, a descoberta de dados apresenta compreensão em tempo real do estado atual dos dados em vez de seu estado ideal ou "catalogado". A descoberta de dados pode responder a perguntas relacionadas não somente ao estado ideal dos dados, como também relacionadas ao estado atual deles em cada domínio:

- Qual é o conjunto mais recente de dados? Quais conjuntos de dados podem estar obsoletos?
- Quando foi a última vez que essa tabela foi atualizada?
- Qual é o significado de determinado campo em meu domínio?
- Quem tem acesso a esses dados? Quando foi a última vez que foram usados? Por quem?
- Quais são as dependências upstream e downstream desses dados?
- São dados com qualidade para produção?
- Quais dados são importantes para os requisitos de negócios do meu domínio?
- Quais são minhas suposições sobre esses dados? Elas estão sendo atendidas?

Um catálogo de dados com foco na qualidade de dados apresenta as seguintes características:

Descoberta e automação de autoatendimento

As equipes de dados devem conseguir utilizar facilmente o catálogo de dados sem precisar de uma equipe de suporte dedicada. Autoatendimento, automação e orquestração de fluxo de trabalho para as ferramentas de dados removem silos entre as etapas do pipeline de dados e, nesse processo, facilitam o entendimento e acesso aos dados. Maior acessibilidade naturalmente leva ao aumento da adoção de dados, reduzindo a carga da equipe de engenharia de dados.

Escalabilidade à medida que os dados evoluem

À medida que as empresas ingerem cada vez mais dados e os dados não estruturados se tornam a norma, a capacidade de escalar para atender as demandas será fundamental para o sucesso das iniciativas de dados. A descoberta de dados recorre ao aprendizado de máquina para obter visão panorâmica dos ativos de dados à medida que escalam, garantindo que sua compreensão se adapte conforme evoluem. Assim, os usuários de dados ficam preparados para tomar decisões mais inteligentes e embasadas em vez de depender da documentação desatualizada (ou seja, dados sobre dados que se tornam obsoletos!) ou, pior ainda, depender de tomadas de decisão baseadas em intuições.

Linhagem de dados para descoberta distribuída

A descoberta de dados depende muito da tabela automatizada e da linhagem em nível de campo para mapear dependências upstream e downstream entre ativos de dados. A linhagem ajuda a apresentar as informações corretas no momento certo (funcionalidade principal da descoberta de dados) e estabelece conexões entre ativos de dados para que você possa solucionar problemas de forma mais eficiente quando os pipelines de dados quebram. Isso está se tornando um problema cada vez mais comum à medida que a pilha de dados moderna evolui para acomodar casos de uso mais complexos. No Capítulo 7, vamos nos aprofundar em como criar uma linhagem para nossos pipelines de dados.

A verdade é que, de uma forma ou de outra, sua equipe provavelmente já está investindo na descoberta de dados, seja por meio do trabalho manual que está fazendo para verificar os dados, as regras customizadas de validação que os engenheiros estão criando ou simplesmente o custo de decisões tomadas com base em dados incorretos ou erros silenciosos que passaram despercebidos. As equipes modernas de dados começaram a utilizar abordagens automatizadas para garantir dados altamente confiáveis em todas as etapas do pipeline, desde o monitoramento da qualidade de dados até plataformas de observabilidade de dados mais robustas e abrangentes que monitoram e alertam sobre problemas em seus pipelines de dados. Soluções como essas notificam quando os dados quebram e, assim, é possível identificar a causa-raiz e as possíveis soluções rapidamente, como prevenir futuros tempos de inatividade. A descoberta de dados capacita as equipes de dados a confiar que suas suposições sobre os dados correspondem à realidade, viabilizando a descoberta dinâmica e alto grau de confiabilidade em sua infraestrutura de dados, independentemente do domínio.

Recapitulando

Para obter dados realmente detectáveis, é importante que seus dados não sejam apenas "catalogados", como também tenham acurácia, estejam limpos e sejam totalmente observáveis para a ingestão e para o consumo, em outras palavras, sejam confiáveis. Só quando entendemos os dados, o estado deles e como estão sendo usados, em todos os estágios de seu ciclo de vida e em todos os domínios, é que podemos começar a confiar neles. No próximo capítulo, analisaremos como gerenciar a qualidade de dados em todo o pipeline e compartilharemos os fundamentos de como coletar, limpar, transformar e testar dados em escala.

CAPÍTULO 3

Coletando, Limpando, Transformando e Testando os Dados

Com Ryan Kearns

Agora que compreendemos melhor as inúmeras ferramentas necessárias para priorizar a confiabilidade de dados, abordaremos como preparar os dados para casos de uso de produção, considerando a qualidade de dados. No Capítulo 2, analisamos de forma breve a terminologia de domínio e vimos minuciosamente a taxonomia de onde encontrar informações relevantes sobre a qualidade de dados (principalmente os metadados). Ainda assim, para se ter uma noção completa da qualidade de dados em um pipeline de dados, é necessário analisar *todo* o ciclo de vida dos dados, desde o momento em que são criados até o momento em que são armazenados (persistência de dados) em toda a organização.

Neste capítulo, examinaremos como gerenciar os dados antes de entrarem e enquanto estão no pipeline por meio de quatro etapas importantes que impactam a qualidade geral de dados: coleta, limpeza, transformação e teste. Embora a coleta e a limpeza de dados estejam relacionadas à primeira etapa do pipeline de produção, a transformação e o teste abordam a qualidade de dados enquanto estão no meio do caminho para se tornarem análises acionáveis.

Coletando Dados

Quando se trata de coletar dados, talvez nenhum aspecto do pipeline seja tão importante quanto o *ponto de entrada* (entrypoint), o local mais upstream em qualquer pipeline de dados. Definimos ponto de entrada como o *ponto inicial de contato em que os dados do mundo exterior entram no pipeline*. Caso esteja familiarizado com a containerização Docker, talvez conheça a palavra-chave `ENTRYPOINT`. É o comando inicial executado sempre que iniciamos um contêiner. Da mesma forma, "ponto de entrada" no jargão de engenharia de software geralmente se refere ao ponto inicial de execução em um programa, como um método main. Em engenharia de dados, o sentido é parecido.

No ponto de entrada, os dados são os mais brutos possíveis, pois contêm o ruído e a irregularidade típicos do mundo exterior que estão modelando. Esses dados podem ser coletados em logs de aplicações ou de serviços, fontes de sequência de clique ou de sensores ativos. Provavelmente, os dados serão altamente heterogêneos. Ou seja, serão estruturados e não estruturados, gerando oportunidade para problemas ao longo do pipeline.

As fontes em que coletamos nossos dados raramente dependem de nós como engenheiros de dados. Na maioria das vezes, dependem de algum objetivo de negócio ou de uma ferramenta upstream, como um serviço de analytics ou uma API. As fontes de dados se dividem em três categorias extremamente abrangentes e, neste capítulo, abordaremos cada uma delas. Compreender as diferentes vantagens e desvantagens de cada categoria pode ajudar a arquitetar uma solução de processamento.

Dados Oriundos de Logs da Aplicação

Dados oriundos de logs da aplicação se referem aos dados gerados por ações realizadas em um software. A aplicação pode ser usada por um cliente ou internamente e as ações podem ser iniciadas pelo usuário ou por programas. Além das descrições dos eventos, geralmente com timestamps, pode haver mensagens de erro ou avisos gerados pelo software da aplicação. Vale ressaltar que, ao contrário dos logs de sistema — que podem registrar a sequência de eventos conforme o sistema operacional é inicializado —, o que está incluído ou é excluído dos logs das aplicações depende dos desenvolvedores da própria aplicação. Como resultado, os logs talvez não representem um histórico abrangente do uso da aplicação. Ainda assim, continuam sendo fonte determinante de dados para muitos usos empresariais. Vejamos alguns exemplos desse caso de uso de coleta de dados:

- Um usuário lendo um blog passa dez minutos em uma página web, clica em três links externos no texto do blog e navega até o final do documento.
- Um engenheiro cria uma instância de máquina virtual em seu serviço de computação em nuvem. Ele escolhe o tipo de instância com seis vCPUs, mas esse tipo não está disponível em sua região. Assim, precisa voltar e alterar a configuração.
- Um modelo de aprendizado de máquina está sendo ajustado a um conjunto de dados. Os logs registram as diferentes épocas de treinamento, a atual acurácia e um link para o dashboard externo em que a perda é plotada.

Possivelmente, sua empresa coletará logs de aplicações de uma variedade de fontes e em muitos formatos diferentes. É necessário considerarmos alguns elementos ao lidar com dados de log:

Estrutura
: É provável que você use logs de aplicações em formatos ASCII ou binários, já que são simplesmente textos serializáveis. Isso restringe *pouco* como os logs de aplicações são estruturados, ou até mesmo o tamanho deles (e, consequentemente, o tamanho de seus arquivos de log). Como os programadores de aplicações decidem o que entra nos logs, a estrutura pode variar bastante.

Timestamps
: A maioria dos textos de log de aplicações serão eventos discretos, com descrições separadas por caracteres `\n`. Caso os programadores estejam trabalhando adequadamente, esses eventos terão timestamps. Ao contrário das descrições de eventos, os timestamps devem ser padronizados, geralmente no formato padrão ISO (`yyyy-mm-ddThh:mm:ss[.mmm]`) ou algo similar.

Níveis de log

Bons logs de aplicações usam *níveis* para categorizar o tipo de log de cada evento. Os níveis de log usados com frequência são INFO: (log que contém informações puramente descritivas), WARN: (log que é um aviso da aplicação, mas não um erro crítico) e ERROR: (log que é um erro crítico).

Finalidade

Os logs de aplicações não são coletados de modo indiscriminado. Como extrair todos esses dados custa dinheiro, os logs devem ter alguma *serventia*. Na prática, coletamos os logs de aplicações por um dos dois motivos:

Diagnósticos

Com que frequência a requisição tem time out? Carregar as páginas está cada vez mais lento? Estamos usando uma função de alguma biblioteca obsoleta? Todas essas perguntas abordam critérios diagnósticos e são respondidas quando coletamos e parseamos os logs de forma inteligente. Se estiver coletando dados de log para diagnóstico, as respostas às suas perguntas podem estar em logs específicos de nível WARN ou ERROR. Além disso, é bem provável que boa parte de sua coleta não esteja relacionada com *nenhuma* pergunta específica neste *momento*.

Auditoria

Quem gerou essa requisição? Quantas vezes? Como o sistema respondeu? Esse comportamento também ocorre aos finais de semana ou o padrão é diferente? Ao contrário dos logs de diagnóstico, os *logs de auditoria* se concentram em registrar um histórico de eventos dentro da aplicação. Muitos logs de nível INFO serão úteis com essa tarefa e, em geral, o poder da auditora resulta do volume de agregações de sessões de aplicações.

Respostas da API

A aplicação não consegue fazer tudo. Sendo assim, delegamos determinadas funcionalidades para diferentes aplicações. E, por isso, usamos o método padrão API ou *interface de programação de aplicação*. APIs são intermediários entre dois programas, exigindo *requisições* formatadas especificamente e fornecem *respostas* que, para nossos propósitos, são apenas dados semiestruturados. Além dos logs de aplicações, é possível armazenar dados obtidos a partir de endpoints da API. Precisamos ficar atentos a algumas diferenças importantes relacionadas ao formato desses tipos de dados. Com os dados da API, preste atenção a:

Estrutura

Os objetos de resposta da API são *objetos*: podem ser serializáveis, como logs, mas são desempacotados em um formato estruturado ou semiestruturado. Um formato de objeto comum que você verá, especialmente com APIs web, é o JavaScript Object Notation (JSON). Por mais que sejam bastante flexíveis, em muitos aspectos, os objetos JSON são limitados por sua estrutura. Dentro de um objeto JASON (ou de um arquivo JSON), tudo é um *par chave-valor* ou uma *lista de valores*. Os dados de log são consideravelmente diferentes, já que podem ser apenas uma sequência de texto! Outros tipos de resposta da API têm formatos parecidos, como as especificações de resposta HTTP, como HTTP/1.1, que podem conter JSON ou XML no corpo da requisição ou resposta HTTP.

Códigos de resposta

Já que as requisições de API podem ser bem-sucedidas ou falhar, a maioria das especificações de API tem códigos para diferentes tipos de respostas. Os mais famosos são os códigos de status HTTP (200 OK, 404 Not Found, 500 Internal Server Error), mas existem outros padrões de código (por exemplo, APIs SOAP, que podem usar HTTP ou outros protocolos de transporte). São códigos significativos. Por exemplo, a taxa de respostas HTTP 500 é um indicador-chave para saber se um servidor está indisponível. Se armazenar dados de resposta da API, você deve considerar as especificações de código, se existirem.

Finalidade

Como o mundo dos possíveis casos de uso das APIs é gigantesco, não podemos prever todos os casos com os quais podemos nos deparar. E mesmo sendo usadas de inúmeras formas, os detalhes específicos do uso de cada API impactam o significado dos dados armazenados. Por exemplo, as respostas HTTP geralmente incluem códigos de resposta, informações de pares chave-valor e, às vezes, um longo "corpo", que é o conteúdo solicitado. Por exemplo, se estivermos interessados na taxa de erros do servidor, nos preocuparemos fundamentalmente com o código de resposta. Se, em vez disso, estivermos extraindo dados de um servidor externo por meio de uma API, talvez o código de resposta seja irrelevante. Podemos precisar somente do corpo. Resumindo, o caso de uso pode afetar a relevância das informações no objeto de resposta da API. Dependendo do contexto, algumas informações transferidas podem não ter serventia alguma.

Dados Coletados de Sensores

A terceira forma de dados que podemos coletar é a partir de *sensores*, como dispositivos IoT (Internet das Coisas) ou equipamentos de pesquisa. Sensores não são necessariamente aplicações, pois sua lógica interna pode ser absurdamente simples. Por exemplo, um sensor de temperatura registra a temperatura com um equipamento e a envia para coleta, sem o benefício adicional de logs de nível INFO. Caso trabalhe com dados de sensores, é necessário prestar atenção em algumas considerações importantes:

Ruído

Os dados coletados de sensores do mundo cotidiano provavelmente serão *extremamente* ruidosos. Na fase da coleta, não necessariamente devemos focar os ruídos. No entanto, isso ressalta a importância da taxa de requisição ao lidar com sensores. A grosso modo, um pouco dos dados do sensor será provavelmente lixo. O processamento downstream (que veremos na próxima seção) removerá muitos outliers, suavização e outras transformações nos dados do sensor. Ou seja, um fluxo estável e consistente é quase sempre fundamental.

Modos de falha

Já que não são inteligentes como as aplicações, os sensores podem não saber informar quando falham. Por exemplo, um sensor de temperatura quebrado não gerará um "ERRO: Dispositivo offline", mas talvez comece a enviar valores insanos de temperatura ou, simplesmente, não envia nada. Isso faz com que seja mais desafiador lidar com sensores do que com aplicações. Como não se pode confiar na boa vontade de um designer de aplicações, devemos agir com inteligência e verificar o volume dos dados recebidos e o time delta entre os lotes.

Finalidade

Os dados dos sensores, assim como os logs de aplicações e as respostas de API, são usados em muitas tarefas downstream. Muitos dados de sensores são processados com sistemas de aprendizado de máquina. Para essa finalidade, o volume de dados coletados pode ser fator importante. Em geral, os melhores sistemas de aprendizado de máquina consomem e se ajustam aos maiores conjuntos de dados. Como resultado, a taxa de requisição de dados do sensor usado para AM é imprescindível. No entanto, preste atenção também quando os dados do sensor são usados para tarefas baseadas em inferência: por exemplo, alertar um usuário quando há movimentos à sua porta. Nesses casos, a *latência* deve ser de extrema importância.

Após coletar adequadamente os dados, o próximo passo é limpá-los.

Limpando os Dados

Pergunte a qualquer profissional de dados: um dos maiores obstáculos para alta qualidade de dados é a limpeza de dados — ou seja, remover dados sem acurácia ou não representativos de um conjunto de dados utilizáveis. Existem muitos tipos de limpeza de dados, dependendo do tipo, do estado do processamento e do desenvolvimento do produto de dados.

Como vimos com sensores, é bem provável que os dados em um ponto de entrada não estejam *limpos*. Afinal, os dados *acabaram* de chegar do caos do mundo exterior! Haverá omissões, mensagens de erro, valores extremos e formatos incompatíveis, mas com a abordagem correta para a limpeza de dados esses problemas podem ser facilmente evitados. A limpeza de dados é uma área de interesse recente, ainda mais em aprendizado de máquina. É necessário um grande empenho para decidir como fazê-la adequadamente. A seguir, exploraremos algumas das maneiras comuns pelas quais os dados precisam ser limpos e o que pode ser feito em cada caso:

Remoção de outliers
: Como o mundo é ruidoso, os dados também serão. Via de regra, dados com *muitos* ruídos fazem com que os pipelines de aprendizado de máquina falhem ou fazem com que os dashboards de negócios pareçam absurdamente imprecisos. Dependendo do contexto, convém identificar e remover outliers dos dados o mais rápido possível. Obviamente, isso não faz sentido se, por exemplo, a tarefa downstream for *detecção de outliers*. Vamos retomar o exemplo dos dados de um sensor: *não se* pode considerar a leitura de um valor de temperatura como 99999°. Considere técnicas estatísticas como score padrão (*https://oreil.ly/N60ol*) ou técnicas algorítmicas mais sofisticadas, como florestas de isolamento (*https://oreil.ly/J9kTW*), para remover outliers. Caso seu conjunto de dados seja grande, preste atenção especial à complexidade temporal do procedimento de detecção. No Capítulo 5, nos aprofundaremos na detecção de anomalias.

Avaliando as features do conjunto de dados
: Analise a estrutura dos dados que coletou. Tudo (minimamente) é relevante? Conforme vimos com os códigos de status HTTP, às vezes seções inteiras de dados são irrelevantes para uma tarefa downstream. Basta descartá-los. Sabemos que o custo de armazenamento em nuvem está diminuindo, porém armazenar dados sem sentido é mais do que um simples problema de armazenamento. Talvez outros engenheiros fiquem confusos com determinados campos. Em geral, mais features significa mais documentação ou mais conhecimento de domínio necessário para entender o sistema, o que pode complicar a análise e afetar a qualidade de dados. Analise com cuidado quais features do conjunto de dados são necessárias para resolver seu problema.

Normalização
: Não tem problema examinar separadamente alguns pontos de dados. Alguns dados são mais significativos quando comparados a *outros* do mesmo tipo. Nesses casos, isso o ajuda (e ajuda seu sistema de AM) a *normalizar* os dados durante a etapa de limpeza ou de transformação. As normalizações mais populares são Norma L1 ("distância de Manhattan") (*https://oreil.ly/0z-wO2*), Norma L2 ("Unidade") (*https://oreil.ly/BOhNm*), estimação por demeaning (*https://oreil.*

ly/mMk3D) e variância unitária (*https://oreil.ly/aY8Cy*), a melhor escolha dependerá do caso de uso para os dados.

Reconstrução de dados
: Não raro, determinados campos dos dados coletados estão ausentes. Isso pode acontecer com chamadas de API propensas a erros ou sensores que podem ficar offline. Às vezes, essas omissões não causam problemas, mas outras vezes podemos exigir que todos os campos tenham *algum* valor associado a eles. Nesses casos, é possível recuperar valores ausentes, com um pouco de ruído, usando técnicas semelhantes como interpolação (*https://oreil.ly/AJFGz*), extrapolação (*https://oreil.ly/FsNTx*) ou categorização/rotulagem de dados (*https://oreil.ly/sAwB3*).

Conversão de fuso horário
: A conversão de fuso horário pode ser considerada como uma espécie de normalização. No entanto, essa etapa é tão importante para muitas tarefas de limpeza de dados que merece entrada própria. Como estarão em todo o mundo, os usuários ou sensores da aplicação registram os timestamps locais que podem diferir um dos outros. Comparar *os* timestamps só é possível com o padrão de verdade [standard of truth]. Isso é feito normalmente com o Tempo Universal Coordenado (UTC). O UTC não é um *fuso horário*, mas um *padrão* de tempo (países que usam o Horário Médio de Greenwich [GMT] sempre concordam com o UTC, mas não o *usam*). Caso você remova as informações do fuso horário durante a coleta como um maníaco, nunca saberá quando dois eventos internacionais aconteceram em relação um ao outro. Além disso, pode-se atribuir as confusões de fusos horários a muitos bugs de software (talvez, o bug do milênio [Y2K] seja o exemplo mais famoso). Portanto, verifique cuidadosamente os fusos horários para garantir que convertam/capturem a hora como UTC.

Coerções de tipo
: Como a maioria dos dados estruturados é *tipada*, é necessário obedecer a um formato específico. Em geral, na computação, é necessário atenuar as diferenças entre esses formatos para que as aplicações funcionem. Números de ponto flutuante podem ser truncados para inteiros, caracteres podem se tornar strings, e assim por diante. Se uma aplicação downstream exige dados de determinado tipo, considere *a coerção*. Ou seja, converter automática e implicitamente valores de um tipo de dados para outro, como parte do processo de limpeza. A coerção de tipo (conhecida como conversão de tipos) também é essencial caso esteja combinando dados de diferentes formatos. Não raro, muitas bibliotecas e aplicações têm os próprios tipos de dados para diferentes usos, que precisam ser explicitamente convertidos para um formato mais adequado.

As maneiras pelas quais podemos (e geralmente devemos) limpar os dados não para por aí. Qual é o próximo passo? Processamento de dados.

Processamento em Lote versus Processamento de Fluxo

Existe um debate tão antigo quanto o tempo (pelo menos, na engenharia de dados): processar dados em lotes ou em tempo real. Existem duas maneiras principais de coletar dados analíticos: processamento em lote versus processamento de fluxo. Fundamentalmente, o processamento em lote coleta dados ao longo de um período de tempo, "agrupando" enormes volumes em pacotes discretos, ao passo que o processamento de fluxo é um processo mais demorado e processa dados quase imediatamente.

Até meados da década de 2010, o processamento em lote era a abordagem mais comum para o processamento de dados analíticos. Significativamente mais barato do que o processamento de fluxo, o processamento em lote era suficiente até mesmo para as necessidades de processamento mais pontuais. À medida que as empresas de todos os setores se tornam cada vez mais dependentes de dados em tempo real, tecnologias como Apache Kafka e Amazon Kinesis tornam os streaming de dados mais acessíveis e econômicos em escala. O processamento em lote é o padrão consagrado e ainda é maneira popular e comum de as empresas ingerirem grandes quantidades de dados. Mas quando elas querem obter insights em tempo real, o processamento em lote deixa a desejar.

É aí que o processamento de fluxo entra em cena. O processamento de fluxo foi um divisor de águas, pois resulta em acesso aos dados em tempo real e pode levar ao aumento do retorno do investimento em produtos e em serviços que dependem de dados para serem constantemente atualizados. Um exemplo simples de processamento em lote versus processamento de fluxo é o processamento de cartão de crédito. Do lado do fornecedor, pode demorar horas ou mesmo dias para processar os pagamentos durante determinado período de tempo, atividade geralmente realizada em lote. Por exemplo, você pode comprar um cachecol novo em uma boutique local na segunda-feira, mas a cobrança apenas será processada na quarta-feira à noite. Do lado da operadora de cartão de crédito, uma vez que as transações são autorizadas, pode-se identificar imediatamente possíveis transações fraudulentas para alertar o titular do cartão de crédito. No entanto, se os dados dessas transações não tiverem acurácia e não forem atualizados (ou seja, no caso do uso de streaming em lote), a detecção de fraudes pode sofrer atrasos ou falhar.

O Apache Hadoop é um dos frameworks open source de processamento em lote mais populares para armazenamento distribuído e processamento de grandes conjuntos de dados. O Hadoop opera dividindo arquivos em pacotes menores de dados e, em seguida, distribui os pacotes mais gerenciáveis entre os nós em um cluster. As alternativas ao Hadoop incluem o Google BigQuery, o Snowflake (conforme abordado no Capítulo 2), o Microsoft Azure e o Amazon Redshift.

O processamento de fluxo remete às requisições de aplicativos de compartilhamento de viagens em tempo real, por exemplo, quando alguém solicita um Uber ou Lyft por meio do aplicativo, sendo atribuído a um motorista disponível em tempo real (ou melhor, assim que um motorista fica disponível!). Como usam streaming de dados em tempo real, esses aplicativos de compartilhamento de viagens conseguem reunir dados de localização, preços e motoristas, atribuindo instantaneamente um usuário a uma viagem.

Algumas das tecnologias open source mais comuns para processamento de fluxo incluem soluções da Apache, como Spark, Kafka, Flink, Storm, Samza e Flume. Embora existam muitas soluções disponíveis, uma das opções mais utilizadas é o Apache Spark e o Kafka. O Apache Spark emprega a abordagem de processamento em microlote, dividindo os fluxos de entrada em pacotes menores. Já o Apache Kafka analisa os eventos à medida que se desenrolam quase em tempo real [near real time]. Alternativas incluem Databricks, Cloudera e Azure. Para mais informações, recomendamos o livro *Streaming Systems: The What, Where, When, and How of Large-Scale Data Processing* [Sistemas de Streaming: O Quê, Onde,

Quando e Como Usar o Processamento de Dados Em Larga Escala, em tradução livre] que apresenta muito mais detalhes sobre essas abordagens, tecnologias e casos de uso.

Qualidade de Dados Para Processamento de Fluxo

Em resumo, a principal diferença entre processamento em lote e processamento de fluxo é a quantidade de dados sendo processados por lote e a velocidade com que esses dados estão sendo processados. O processamento em lote se encarrega de coletar o máximo de dados possíveis, mesmo que haja lags. Já o processamento de fluxo se encarrega de coletar dados o mais rápido possível, levando a alguma perda. Como resultado, a qualidade de dados (ou seja, a integridade de dados em determinada etapa no pipeline) tende a ser maior para os sistemas de streaming em lote, mas quando os dados são transmitidos em tempo real, a margem de erro (e baixa qualidade de dados) aumenta.

Por exemplo, as equipes de marketing posicionam anúncios com base no comportamento dos usuários, usando dados que fluem em tempo real entre os produtos, CRMs e plataformas de publicidade de uma marca. Basta uma pequena mudança de esquema em uma API para resultar em dados incorretos, fazendo com que as empresas tenham gastos excessivos, comprometam possíveis lucros ou veiculem anúncios irrelevantes, criando uma experiência insatisfatória para o usuário. Esse cenário e o exemplo anterior de detecção de fraude de cartão de crédito são apenas a ponta do iceberg do que pode ocorrer quando dados ruins alimentam pipelines em perfeitas condições. Mas como abordar a qualidade de dados com o processamento de fluxo?

Tradicionalmente, a qualidade de dados era implementada por meio de testes: bastava ingerir os dados em lotes e esperar que chegassem ao intervalo considerado necessário (ou seja, a cada 12 ou 24 horas). A equipe escrevia testes com base em suposições sobre os dados. Contudo, é impossível criar testes que considerem todos os resultados possíveis. Assim, quando surgia um erro novo, os engenheiros se apressavam em suas análises de causa-raiz antes que o problema impactasse as tabelas e os usuários downstream. Os engenheiros de dados acabavam corrigindo o problema e escreviam testes para evitar que isso acontecesse de novo.

Resumindo, era difícil escalar o teste e, como descobrimos após conversar com centenas de equipes de dados, cobria apenas cerca de 20% dos possíveis problemas de qualidade de dados — sua incógnita desconhecida. Devido à complexidade cada vez maior dos ecossistemas modernos de dados — em que as empresas ingerem de dezenas a centenas de fontes de dados internas e externas — os métodos tradicionais de processamento e de teste começaram a ficar ultrapassados. Apesar disso, em meados da década de 2010, quando começaram a ingerir dados em tempo real com o Amazon Kinesis, o Apache Kafka, o Spark Streaming e outras ferramentas, as empresas continuavam usando a mesma abordagem. Ainda que tenha sido ótima aos negócios, a mudança para insights em tempo real gerou uma fonte nova de problemas com os quais a qualidade de dados precisava lidar.

Se for difícil garantir a confiabilidade de dados em lote, imagine executar e dimensionar testes para dados que evoluem a cada minuto ou segundo! Campos ausentes, imprecisos e antigos podem impactar negativamente os sistemas downstream e, sem uma maneira de detectar problemas de dados em tempo real, os efeitos podem se alastrar em toda a empresa. Embora os modelos tradicionais de qualidade de dados, como testes unitários, testes funcionais e de integração, contemplem o básico, não se pode escalá-los com conjuntos de dados difíceis de prever e que evoluem em tempo real. É necessário que a equipe de dados repense a abordagem à qualidade de dados ao se deparar com o processamento de fluxo, a fim de garantir a confiabilidade de dados que alimentam os casos de uso em tempo real.

Agora que conhecemos os desafios, nas próximas seções, compartilhamos como gerenciar a qualidade de dados em sistemas de processamento de fluxo, com ênfase nas plataformas AWS Kinesis e Apache Kafka.

AWS Kinesis

O serviço Kinesis da Amazon, conforme ilustrado na Figura 3-1, é uma ferramenta serverless popular de streaming para aplicações que dependem de dados em tempo real. A capacidade do Kinesis é escalada "on-demand", reduzindo a necessidade de provisionar e escalar recursos antes que o volume de dados aumente.

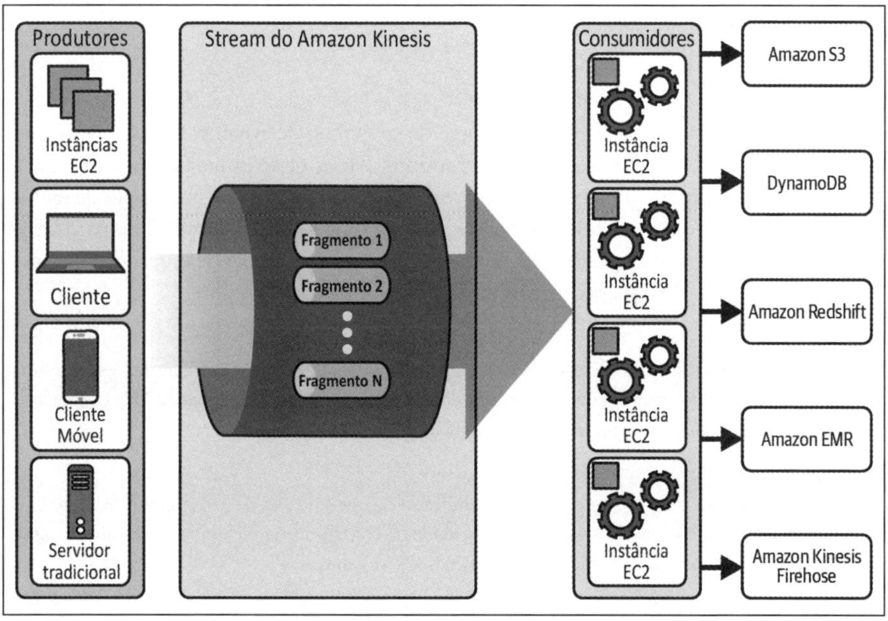

Figura 3-1. O AWS Kinesis transmite dados para diversos consumidores estruturados, incluindo data warehouses, bancos de dados e plataformas customizadas de big data.

O Kinesis (e outros serviços de streaming) pode ser configurado para capturar dados de outros serviços da AWS, microsserviços, logs de aplicação, dados móveis e de sensores, entre outros. O serviço pode ser escalado para transmitir gigabytes de dados por segundo. Vejamos as diversas vantagens do Kinesis:

Disponibilidade on-demand

A AWS define o padrão do setor para o provisionamento on-demand, ou seja, os grupos de recursos podem ser escalados verticalmente (scale up) quando as cargas aumentam. Isso torna o serviço mais confiável e robusto quando se tem picos inesperados no volume de dados, além de eliminar a necessidade de um engenheiro de dados experiente para lidar com o gerenciamento de cluster e particionamento.

Eficiência de custos

O modelo de pagamento do Kinesis é calculado conforme o uso dos recursos. Além de ser vantagem geral para as arquiteturas serverless de outros tipos, é especialmente interessante para os serviços de streaming, em que o volume de dados pode mudar radicalmente em virtude do tempo.

SDK Completo

O Kinesis suporta desenvolvimento em Java, Android, .NET, e Go, mais linguagens do que alguns concorrentes (em comparação ao Kafka, que suporta apenas Java).

Integração com a infraestrutura da AWS

Um dos principais motivos para preferir o Kinesis é quando já temos integração com a pilha da AWS. A hegemonia da Amazon tem lá suas vantagens; por exemplo, o Kinesis é mais fácil de integrar com o S3, com o Redshift e com outros serviços de dados da Amazon do que alternativas de terceiros ou open source.

Apache Kafka

Apache Kafka é uma plataforma open source de streaming de eventos. Kafka Streams, especificamente, é a biblioteca do cliente que suporta dados de streaming de e para clusters Kafka. O serviço fornece uma camada de streaming e uma camada de integração de dados, assim como análise de streaming. Os serviços de streaming Kafka são otimizados para baixa latência, oferecendo latências de até 2 milissegundos, sujeitas à taxa de requisição limitada pela rede. Vejamos as inúmeras vantagens da biblioteca Kafka Streams:

Comunidade open source

O Kafka é um software open source. Ou seja, a ferramenta é gratuita. Além disso, existe uma comunidade online e engajada que compartilha as melhores práticas e aprendizados por meio de fóruns, de encontros e de materiais de referência.

Maior customização

Embora o Kafka tenha maior curva de aprendizado do que soluções de streaming mais integradas, como o Kinesis, os usuários têm mais capacidade de configuração, incluindo a especificação manual do período de retenção de dados (no Kinesis, são 7 dias).

Taxa de requisição alta

Nos testes, o Kafka demonstrou suportar uma taxa de requisição de até 30 mil registros por segundo, ao passo que o Kinesis suporta apenas centenas de registros por segundo.

Soluções de streaming em tempo real, como AWS Kinesis e Apache Kafka, são capazes de transferir dados diretamente para sistemas analíticos ou para data warehouses, a fim de armazená-los, processá-los e transformá-los. Às vezes, as equipes de dados optam por "transmitir" essas entradas diretamente para sistemas downstream, ou seja, no caso de um aplicativo de compartilhamento de viagens ou de uma ferramenta de detecção de fraude em tempo real. Mas, devido à alta latência dos sistemas de streaming, os dados analíticos desse tipo são normalmente propensos a mais erros, e pode ser mais difícil entendê-los em tempo real ou quase real. Por isso, o processamento em lote costuma ser o método de escolha para casos de uso analítico.

Quando se trata de escolher entre o AWS Kinesis e o Apache Kafka, tudo se resume às necessidades da equipe de dados. Dada a facilidade de configuração de soluções gerenciadas, como o AWS Kinesis, equipes menores de dados buscando rápido time to value (TTV) se beneficiam de um produto de software como serviço (SaaS), enquanto equipes maiores com requisitos mais específicos podem achar adequado usar o Apache Kafka. Independentemente da escolha entre coletar dados em lote ou em fluxo, é necessário compreendê-los por meio de transformações. Quando se trata de gerenciar a qualidade de dados, geralmente a primeira etapa é a normalização dos dados.

Normalizando os Dados

A primeira camada de transformação de dados operacionais se chama estágio de *normalização de dados*, embora essa terminologia possa divergir em cada organização. Em geral, a transformação de dados é um programa que transfere os dados com um ou mais formatos de origem para um formato de destino. A normalização costuma ser a primeira de muitas transformações pelas quais os dados passam ao longo do pipeline. Como a normalização ocorre nos dados do ponto de entrada, em que o ruído, a ambiguidade e a heterogeneidade são mais acentuados, é necessário considerar os desafios especiais dessa etapa.

Lidando Com Fontes Heterogêneas de Dados

Quase sempre, os profissionais de dados coletam dados de fontes diferentes na tentativa de pintar uma imagem holística do usuário, produto ou aplicação — alguns dados são úteis, outros não servem para nada. Vejamos as principais features que provavelmente descrevem os dados no ponto de normalização do pipeline:

Otimização para latência

Os dados dos endpoints de streaming são otimizados para estarem disponíveis imediatamente após a criação. Como analisado anteriormente, a otimização ocorre à custa da *taxa de requisição* devido ao desempenho da rede fixa que, na prática, determina a *completude* dos dados. Deve-se esperar, portanto, lotes de dados incompletos, pois os dados serão enviados pelo pipeline imediatamente, não importando o estado final.

Formato não hierárquico

Os dados encaminhados para a normalização provavelmente estarão armazenados em um formato "flat" e não hierárquico para maior facilidade de uso e de eficiência. Em vez de estarem em um data warehouse + esquema + regime de armazenamento de tabela limpos, é mais provável que os dados sejam "despejados" em algum bucket de um repositório central para transformação, como o AWS S3.

Arquivos em formato bruto

Além de serem armazenados em formato "flat", é bem provável que os dados do ponto de entrada estejam no formato do arquivo original de onde foram transmitidos. Não vale a pena converter dados de log de aplicações e dados de sensores em formato tabular; seria muito caro, e a maioria desses dados não precisa ser convertido para ser útil.

Campos opcionais de dados

Os dados em formato de arquivo bruto, como o JSON, podem ter campos opcionais, ao contrário dos dados do warehouse, em que esquemas exigem um valor para cada campo. Consegue deduzir o que significa a ausência de um campo? NULL? 0? O timestamp atual, ou um delta time de 0? Dependendo do campo em questão, qualquer valor pode ser considerado como padrão, e sua ausência pode ou não ser um problema para processamento upstream.

Heterogeneidade

Todas as features anteriores indicam certo tipo de heterogeneidade. Como se originam de *inúmeras* fontes, os dados podem ter variados formatos de arquivo original e podem estar em quantidades diferentes em comparação com dados anteriores do mesmo tipo.

Neste estágio do pipeline, aprender a entender os dados em relação a um tipo previsível de heterogeneidade é fundamental e garante que, uma vez armazenados e processados, possam ser facilmente transformados para obter o máximo de impacto.

Dados no data warehouse versus dados no data lake: edição de heterogeneidade

Talvez você tenha percebido que muitas das features anteriores descrevem dados armazenados em um data lake. Lembre-se de nossa análise do Capítulo 2 sobre a diferença entre data warehouses e data lakes. Os data lakes costumam ser a solução de armazenamento preferida para dados de ponto de entrada, pois têm restrições menos rigorosas sobre o tipo de dados que podem aceitar. Por isso, não raro, nos deparamos com a divisão do processo de coleta e de transformação de dados: os serviços de streaming (AWS Kinesis, Apache Kafka etc.) coletam dados não estruturados e semiestruturados de diferentes fontes, despejam esses dados em um data lake, em seguida, usam uma camada inicial de transformações operacionais para converter partes desses dados em um formato estruturado que seja aceito por um data warehouse. As formas típicas de aplicar normalizações desse tipo são por meio de funções do AWS Lambda para AWS Kinesis, ou consumers Apache Kafka para Kafka Streams. Além disso, neste estágio, caso esteja transferindo os dados para um data warehouse em intervalos regulares, uma camada de transformação como o AWS Glue (*https://oreil.ly/1TTHB*) ajuda bastante.

Verificação de Esquema e Coerção de Tipo

Quando se trata de normalização de dados, podemos usar mais duas técnicas: verificação de esquema e coerção de tipo. A *verificação de esquema* se refere ao processo em que validamos se a estrutura de dados corresponde ao esperado. Os campos obrigatórios estão presentes e contêm dados no formato exigido? A *coerção de tipo* ocorre — às vezes explicitamente, às vezes implicitamente — quando os dados não estão no formato exigido e devem ser "compelidos" em um formato novo. Em algumas linguagens de programação, esse comportamento é chamado de "casting" ou "conversão".

Por que devemos verificar os esquemas? Na maioria das vezes, os dados chegam em algum formato empacotado — JSON, com valores separados por vírgula e assim por diante. Os esquemas nos possibilitam saber o que esperar quando "desempacotamos" nossos dados pela primeira vez. A mudança de esquemas é uma das principais fontes de data breakage. Talvez um campo no qual você dependia não esteja mais presente naquela chamada de API devido a uma atualização de versionamento. Talvez sua equipe de engenharia tenha renomeado um campo por uma questão de consistência — os dados apresentados são "os mesmos", porém os scripts customizados não rodam mais. Precisamos adotar uma abordagem proativa e verificar esses tipos de erros, mantendo registros dos esquemas esperados e registrando quaisquer mudanças visíveis ocorridas.

A coerção de tipo pode ser a forma mais insidiosa de falha de dados. Em algumas aplicações, os tipos podem ser compelidos ou convertidos implicitamente sem lançar erros. É simples converter a string "4" em um inteiro 4. Mas e quando precisamos converter o número de ponto flutuante 4.00 em um inteiro 4? Desconsiderar algarismos relevantes não é nada bom. Pior ainda é quando um inteiro é convertido em um float, como converter o float 4.99 em um inteiro 4 (isso se chama *arredondamento de números inteiros*, e não funciona como aprendemos nas aulas matemáticas. Ao contrário, todos os algarismos após a casa decimal são truncados). Em algumas aplicações de dados, é importante estar atento aos problemas de coerção e de conversão de tipo, pois mesmo que pareçam simples, eles podem definitivamente gerar alguns bugs maliciosos.

Ambiguidade Sintática Versus Ambiguidade Semântica nos Dados

O tipo de análise que nos leva a uma distinção que, embora não seja tão técnica por natureza, vale a pena ser mencionada a qualquer pessoa alfabetizada em dados. Como todos sabemos, os dados podem ser ambíguos. No entanto, a ambiguidade pode assumir variações diferentes. *A ambiguidade sintática* se refere à confusão em como os dados são apresentados. Em um data warehouse, pode-se encontrar a mesma métrica em múltiplos locais com diferentes nomes de campo. O "clickthrough_annual" do seu colega pode ser o seu "clickthrough_rate_yr", que acabou de ser renomeado em alguma transformação operacional. A mesma métrica pode ser encontrada como um inteiro em um data lake e como um float em um data warehouse, sempre terminando com ".00"para que o *valor* dos dados não seja alterado, apenas o tipo. E as ambiguidades sintáticas nos dados podem ocasionar conflitos nas equipes de dados.

Ainda mais perniciosas são *as ambiguidades semânticas*, que se referem a confusões sobre a *finalidade* dos dados em um sistema. Um engenheiro de dados pode pensar que o campo X está presente em uma tabela porque rastreia uma métrica de desempenho do pipeline. Um analista de negócios pode analisar o mesmo campo, decidir nomeá-lo com um nome vago para que rastreie o objetivo de negócios em que está interessado e para adicioná-lo a um dashboard. Esse campo é semanticamente ambíguo, já que não há um consenso sobre qual é sua finalidade. Pior do que conflitos, esses casos podem levar a dados que representam de *forma equivocada* as principais métricas da organização. Uma ferramenta essencial para evitar esses casos é a documentação, que deve ser proativa por natureza. Como pode aparecer de imediato e sorrateiramente, é difícil eliminar a ambiguidade, ainda mais em equipes que escalam rápido.

Gerenciando Transformações de Dados Operacionais no AWS Kinesis e no Apache Kafka

Embora manipulem dados brutos, não devemos confiar cegamente nas transformações de dados operacionais. Muitas aplicações de streaming e de processamento de dados disponibilizam alertas built-in e possibilidade de configurar alertas mais complexos, conforme necessário. Nas próximas seções, veremos alguns exemplos técnicos e concretos de verificações built in populares de qualidade de dados.

AWS Kinesis

Os fluxos do AWS Kinesis são gerenciados por meio de funções do AWS Lambda. Podemos configurar o Lambdas para diversas tarefas de pré-processamento, pois seu uso generalizado garante que uma dose de qualidade de dados seja incorporada a esse pré-processamento (*https://oreil.ly/wZMTx*). As funções do AWS Lambda podem ser escritas em .NET (PowerShell, C#), Go, Java, Node.js, Python e Ruby. Basta carregá-las no console AWS para serem invocadas. Para conectar o AWS Lambda a uma instância em execução do AWS Kinesis, selecione "Connect to a Source" na página do aplicativo Kinesis e selecione "Record pre-processing with AWS Lambda". Lá, você terá a oportunidade de criar uma função nova do Lambda, que é executada antes que qualquer código SQL da aplicação seja executado ou antes que Amazon crie snapshots dos esquemas de dados recebidos.

Apache Kafka

O Apache Kafka é uma aplicação com alta curva de aprendizagem, ou seja, expõe muitas configurações granulares para os Streams, Producers e Consumers do Kafka em determinada aplicação. A Confluent, a Instacluster e a AWS disponibilizam versões totalmente gerenciadas do Apache Kafka, facilitando com que as equipes comecem a trabalhar com o poderoso framework de streaming. Essas versões também incluem recursos de prevenção de tempo de inatividade de dados, frequentemente necessários e já prontos para uso. Leva-se tempo para examinar todos os aspectos minuciosamente, mas vale destacar que o Apache Kafka oferece ampla gama de configurações para garantir a qualidade de dados — inclusive, como solução gerenciada pela Confluent, o Apache Kafka disponibiliza um Schema Registry (*https://oreil.ly/yZjfS*) possibilitando a verificação e evolução de esquemas visando prevenir problemas de qualidade de dados. Para mais informações sobre como otimizar o Apache Kafka a fim de melhorar a qualidade de dados, confira a documentação do projeto (*https://oreil.ly/mJ4FG*).

Por padrão, os fluxos do Apache Kafka geram métricas de streaming por meio do JMX, a especificação Java Management Extensions. É possível visualizar os dados JMX com ferramentas gráficas como o JConsole, ou talvez seja melhor acessar diretamente a instância de classe Java `KafkaStreams` e conferir as métricas com o método `KafkaStreams#metrics()`.

Em geral, as verificações feitas na etapa de transformação operacional estão relacionadas com a prioridade de latência e não com a taxa de requisição. Em outras palavras, pode-se evitar os tipos de verificações de agregação com intensa taxa de requisição, como o data drift. Tenha como foco o monitoramento de verificações com baixa latência, como comparar esquemas históricos com os recebidos, ou rastrear o volume de bytes verificados à medida que variam ao longo do tempo. Muito do "monitoramento" aqui abordado não garante a qualidade de dados, pois será focado em garantir que os dados recebidos não sobrecarreguem a capacidade, o armazenamento e as restrições de memória existentes.

Executando Transformações de Dados Analíticos

Transformações de dados analíticos são transformações de dados feitas em dados analíticos. A mesma lógica pode ser aplicada à camada de integração de dados entre fontes operacionais e analíticas, como o AWS Glue conectado a um data lake S3 e a um data warehouse do Redshift. Ao transformar os dados é importante ressaltar que existem diferenças correspondentes entre os dados operacionais e os dados analíticos que devemos considerar.

Garantindo a Qualidade de Dados Durante o ETL

Em muitos contextos, é possível ouvir "ETL" sendo usado como sinônimo de transformações de dados analíticos. O acrônimo ETL significa "extrair, transformar e carregar" e se refere ao processo de três etapas que está se tornando cada vez mais comum em organizações com dados complexos:

1. Na etapa de *extração*, os dados brutos são exportados de algumas fontes upstream e transferidos para uma staging area [área temporária, em tradução livre] Os exemplos de fontes são servidores MySQL e NoSQL, sistemas CRM ou arquivos brutos em um data lake.
2. Em seguida, na etapa de *transformação*, componente mais eficiente do ETL, os dados na staging area são combinados e processados conforme as especificações de um engenheiro de dados. Em alguns casos, a etapa de transformação pode ser simples e quase se resumir a copiar os dados da fonte. Em outros, as transformações podem ser bastante intensas. Na próxima seção, falaremos mais sobre o teor dessas transformações.
3. Por último, na etapa de *carregar*, movemos os dados transformados da staging area para o destino, normalmente para uma tabela específica em um data warehouse.

Garantindo a Qualidade de Dados Durante a Transformação

Como dito anteriormente, a etapa de "transformação" no ETL ou no ELT pode ser a mais intensiva e pode variar entre diferentes aplicações. ETL se refere ao processo de carregar os dados primeiro para o staging server [servidor intermediário, em tradução livre] e depois para sistema de destino, enquanto o ELT (extrair, carregar e transformar) exige que os dados sejam carregados diretamente para o sistema de destino. Ainda que o ETL ofereça aos engenheiros de dados a oportunidade de validar os dados antes de serem enviados para a produção, o ELT facilita processamento mais rápido — e, caso não esteja realizando testes e monitoramento adequados, a qualidade de dados pode ser comprometida. Vejamos algumas das diversões razões para transformar os dados de origem:

- É possível simplesmente renomear os campos para atender aos requisitos de esquema do local de destino.
- É possível *filtrar*, *agregar*, *sumarizar*, *deduplicar* ou limpar e consolidar os dados de origem.

- Talvez as conversões de *tipo* e de *unidade* sejam necessárias, como, por exemplo, padronizar os campos de diferentes moedas correntes para que todos sejam dólares americanos e do tipo float.
- Nesta etapa, é possível *criptografar* os campos de dados confidenciais para satisfazer regulamentações do setor ou do governo.
- E o mais importante, podemos realizar *auditorias de governança de dados ou verificações de qualidade* de dados.

Criando Alertas e Executando Testes

Como todos os softwares e aplicações de dados, sistemas ETL como dbt, WhereScape ou Informatica são propensos a falhas. Precisamos de um sistema robusto de testes e de alertas para executar essas aplicações em ambientes de produção de alto volume. Nesta seção, falaremos sobre os típicos alertas dos sistemas ETL/ELT e sobre algumas práticas recomendadas para a qualidade de dados. Muitos sistemas de transformação de dados têm mecanismos built-in para a qualidade de dados que podem assumir a forma de testes unitários, de métricas de visibilidade da integridade do pipeline, de alertas ou outros. Nas próximas seções, analisaremos algumas das ferramentas built-in integradas às ferramentas populares de transformações, assim como algumas ferramentas de terceiros que fornecem qualidade de dados.

O teste de dados desempenha papel fundamental na identificação de problemas relacionados à qualidade de dados, antes mesmo de esses dados entraram em um pipeline de dados de produção. Com os testes, os engenheiros preveem possíveis falhas e escrevem a lógica para detectar o problema de forma preventiva. Além disso, é o processo de validação das suposições da organização sobre os dados, antes ou durante a produção. As organizações podem testar as suposições básicas sobre os dados de origem por meio de testes simples que verificam valores not null e dimensões da qualidade de dados, como uniqueness [unicidade]. É prática comum as organizações garantirem que os dados estejam em formato adequado para que suas equipes possam trabalhar e para que os dados atendam às suas necessidades de negócios. Vamos conferir alguns dos testes mais comuns de qualidade de dados:

Valores null
: Existe algum valor desconhecido (NULL)?

Volume
: Obtive algum dado? O volume é alto ou baixo?

Distribuição
: Os dados estão dentro de um intervalo aceito? Os valores estão dentro do intervalo de uma determinada coluna?

Unicidade
: Os valores estão duplicados?

Invariantes conhecidas
: Dois objetos são fundamentalmente diferentes um do outro? Por exemplo, o lucro é sempre a diferença entre receita e custo?

Pela nossa própria experiência, duas das melhores ferramentas disponíveis para testar os dados são os testes dbt e o framework Great Expectations (ferramenta de uso mais geral). Ambas as ferramentas são open source e possibilitam identificar problemas de qualidade de dados antes que os dados cheguem às partes interessadas. Apesar de não ser uma solução de teste propriamente dita, o dbt disponibiliza testes prontos que funcionam bem, especialmente se você já está usando o framework para modelar e transformar os dados. Para executar testes de qualidade de dados, precisamos fazer duas coisas simples:

- Carregar os dados transformados em uma tabela/conjunto temporário de dados.
- Executar testes para garantir que os dados na tabela temporária estejam dentro dos thresholds exigidos de produção (ou seja, a resposta da pergunta "esses dados são confiáveis?" dever ser "sim").

Se um teste de qualidade de dados falhar, um alerta será enviado ao engenheiro de dados ou ao analista responsável por esse ativo e o pipeline não será executado. Isso possibilita que os engenheiros de dados detectem problemas inesperados de qualidade de dados antes de impactarem os usuários/sistemas finais. O teste de dados pode ser feito antes da transformação e após cada etapa do processo de transformação.

Testes Unitários dbt

O dbt é uma das escolhas mais populares para ELT moderno, pois possibilita adicionar testes unitários às tabelas transformadas. O comando `dbt run` executa transformações de modelo usando SQL e o comando `dbt test` executa testes unitários em modelos transformados. Os testes unitários do dbt podem ser definidos em queries customizadas do SQL e atribuídos a modelos individuais em arquivos de esquema *.yml*. Um teste unitário dbt em SQL é desenvolvido para buscar linhas "com falha", por exemplo, registros que não correspondem à asserção do testador. Trata-se de um paradigma de teste comum no SQL: escrevemos uma query para identificar a condição que queremos evitar e, basicamente, "afirmamos" por meio de uma asserção que a query está vazia. Mesmo sendo flexível e efetiva, essa técnica de teste tem suas limitações, abordadas no final desta seção.

Em nossa opinião, a noção de "teste unitário" versus "teste de integração" é um pouco confusa no dbt. Por um lado, os modelos dbt são instruções SQL independentes — recebem os dados de entrada, aplicam transformações e carregam o resultado das transformações em uma tabela de destino. Como essa lógica de transformação independente pode falhar, faz sentido definir "testes unitários" para avaliar individualmente a qualidade de cada modelo dbt. Ao mesmo tempo, os modelos dbt (e, de fato, qualquer ELT) ficam dentro de longas sequências de transformações. Por isso, também faz sentido testar a integração deles em todo o pipeline. Sendo assim, é possível escrever testes unitários e de integração para modelos dbt que compartilhem o mesmo repositório de `tests`. Não tem problema. A Documentação é o segredo. Existem dois tipos de testes dbt:

Testes singulares:
: São testes SQL independentes que referenciam modelos específicos. Se escrever um teste singular em SQL e salvá-lo em um diretório de teste (indicado por sua variável de configuração

test-paths), ele será executado sempre que chamar dbt test. O Exemplo 3-1 verifica um único modelo dbt ('fct_payments') para validar se algum registro de pagamento tem valores negativos.

Exemplo 3-1. Teste singular para validar registros de pagamento.
Fonte: Documentação dbt(https://oreil.ly/huapD).

```
tests/assert_total_payment_amount_is_positive.sql
------------------------------------------------
-- Os reembolsos têm um valor negativo,
-- logo o valor total sempre deve ser >= 0.
-- Ou seja, retorna os registros em que isso não for true para fazer o teste falhar.
select
    order_id,
    sum(amount) as total_amount
from {{ ref('fct_payments' )}}
group by 1
having not(total_amount >= 0)
```

Testes genéricos

São testes "templatizados" que podem ser reutilizados em diferentes modelos. Esses testes assumem a forma de queries SQL parametrizadas, que podem receber argumentos. Nos arquivos de esquema *.yml*, podemos aplicar testes genéricos a modelos específicos e também inserir parâmetros como nomes de colunas ou thresholds/SLAs. O Exemplo 3-2 usa um nome de modelo e coluna, e falha sempre que os valores dessa coluna são NULL após a execução do modelo.

Exemplo 3-2. Verificação de teste genérico para NULLs.
Fonte: Documentação dbt (https://oreil.ly/huapD).

```
tests/test_not_null.sql
----------------------
{% test not_null(model, column_name) %}

    select *
    from {{ model }}
    where {{ column_name }} is null

{% endtest %}
```

O dbt disponibiliza quatro testes genéricos padrão: unique, not_null, accepted_values e relationships. O teste unique verifica se duas linhas têm o mesmo valor em uma determinada coluna. O teste not_null verifica se há valores NULL em uma coluna específica. O teste accepted_values garante que todos os valores de uma coluna pertencem a um conjunto finito. E o teste relationships verifica a "integridade referencial" entre tabelas, basicamente garantindo correspondência um-para-um para campos críticos como ids.

Apesar de, normalmente, serem ótimos como padrões de teste para ELT, os testes dbt não são uma solução mágica (nem todos os softwares de teste). Vejamos algumas limitações que podemos perceber com os testes do dbt:

Dívida técnica e manutenção

Os testes dbt são mantidos manualmente como código, pelos desenvolvedores da organização. Conforme as necessidades de negócios e os dados evoluem, é comum que os modelos ELT sofram alterações graduais e implícitas, conhecidas como "drift". Por isso, atualizações nos modelos implicam atualizações nos testes feitos nesses modelos. Por mais que garantam dados de alta qualidade, testes complexos podem se tornar um desperdício de tempo, pois levam quase o mesmo tempo que o desenvolvimento do próprio modelo.

Fadiga de teste e conhecimento tácito
: Uma falha de teste deve ser *significativa* para ser eficaz. Um desenvolvedor pode adicionar um teste a um modelo sem base sólida, acreditando que o código testado é "melhor" do que o não testado. Outro desenvolvedor pode aparecer (meses depois) e fazer o push de mudanças que invalidam o teste. Se nenhum dos dois conseguir entender porque o teste existe, ambos podem removê-lo apenas para que a compilação do build de integração contínua (CI) seja concluída e para que possam finalizar mais uma tarefa. Culturalmente, testes são considerados obstáculos a ser superados para que o desenvolvimento seja concluído, em vez de serem vistos como insights sobre o desempenho dos modelos. Caso enxergue os testes dessa forma, tome cuidado: testes inadequadamente escritos não acrescentam nada à qualidade de dados e simplesmente atrasam os desenvolvedores. Sinceramente, é melhor não fazer nenhum teste se não for para levá-los a sério.

Visibilidade limitada
: Um teste dbt pode falhar devido a problemas upstream. Por exemplo, uma incompatibilidade de esquema no armazenamento de dados operacionais, como uma função mal configurada do AWS Glue Lambda, pode comprometer os dados antes de chegarem ao data warehouse. Nesse caso, a falha de teste é um bom *indicador* de que algo está errado, mesmo não significando solução rápida. Ainda será necessário investigar sua pilha a fim de solucionar o bug, já que o esquema de teste ELT não abrange todo o processo.

Testes Unitários do Great Expectations

O Great Expectations (*https://oreil.ly/zFwJz*) é uma ferramenta open source que fornece um outro modo para "fazer asserções do que você espera" nos dados na forma de testes unitários. É mais extensível do que o teste dbt, pois os testes são escritos em Python e podem ser aplicados a diversas soluções ETL/ELT. Além de fornecer uma biblioteca comum de "testes unitários" que podemos aplicar aos dados, o Great Expectations facilita e flexibiliza o uso desses testes. Por exemplo, vejamos como podemos garantir que a coluna `zip_code` represente um código postal válido:

```
expect_column_values_to_be_between(
    column="zip_code",
    min_value=1,
    max_value=99999
)
```

O Great Expectations possibilita que os testes unitários sejam executados em um intervalo com diferentes volumes de dados, desde pequenos lotes até transformações completas. Após aplicar os testes, a ferramenta pode renderizar uma página de resultados legível por humanos chamada de "Data Doc", que apresenta análises pertinentes sobre as taxas de falha de diferentes testes e permite amostragem aleatória de linhas com falha. Vejamos um exemplo na Figura 3-2. Em comparação aos concorrentes de teste unitários de dados, o Great Expectations tem uma série de vantagens:

Facilidade geral de uso

Já que é disponibilizado como um pacote Python, o Great Expectations estende uma interface de linha de comando útil e usa ferramentas como Jupyter para validação de dados. Além de ser mais fácil de usar, o software é amigável aos cientistas de dados mais familiarizados com o ecossistema Python. Além disso, embora o número de fontes de dados com as quais o Great Expectations se integra seja imenso, é possível indicar todas as fontes em um único arquivo de configuração *.yaml* e abstrair informações sobre a ingestão de dados.

Integração com o Slack

A documentação do Great Expectations explica como configurar alertas altamente configuráveis do Slack quando as etapas de validação forem concluídas. A mesma configuração também pode enviar e-mails e, em geral, o esquema de notificação do Great Expectations é melhor desenvolvido e sem fatiga.

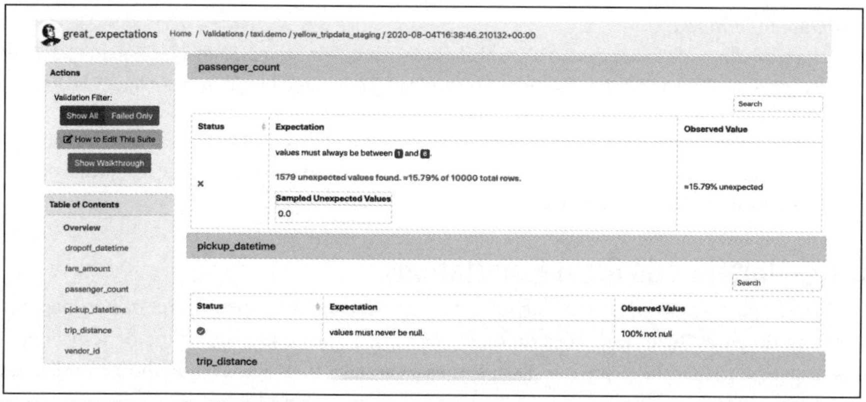

Figura 3-2. Exemplo do Data Doc do Great Expectations mostrando um teste de falha e análises descrevendo a falha.

No entanto, como ocorre com qualquer ferramenta, precisamos estar atentos às limitações do Great Expectations:

Limitado ao Python

Por ser uma ferramenta Python, o ambiente do Great Expectations usa predominantemente SQL, R ou alguma outra linguagem que, talvez, não seja a que você use.

Separado da ferramenta de orquestração de job/transformação

Ao contrário dos testes unitários dbt, estritamente relacionados às partes de transformação (modelos dbt) e à orquestração (dbt Cloud) da pilha de engenharia de dados, o Great Expectations é uma ferramenta totalmente separada com curva de aprendizado diferente. Essa ligeira diferença pode ser motivo para preferir algo integrado, como os testes dbt, caso sua organização tenha uso limitado para as análises de Data Docs ou ampla customização nos testes.

Teste Unitário Deequ

O Deequ é uma biblioteca open source desenvolvida pela AWS que executa testes unitários para dados. O software é criado com base no Apache Spark, por isso, tem muita flexibilidade de formato. Qualquer coisa que caiba em um DataFrame do Spark — dados em formato CSV ou JSON, dados de tabela de warehouse, dados de log de aplicações — pode ser testada unitariamente no Deequ. Os desenvolvedores também podem usar um pacote PyDeequ em Python, que pode ser encontrado no GitHub e no PyPI.

Assim como os testes dbt e Great Expectations, o Deequ faz asserções de condições de teste e retorna linhas ou lotes de dados com falha. Como o Deequ pode ser integrado a um ambiente de transformação e de streaming na AWS, a aplicação foi desenvolvida para "colocar em quarentena" os dados ruins antes de fornecê-los às fontes upstream. Isso pode tornar o Deequ uma ferramenta melhor integrada para deploy e testes.

Tecnicamente, o ponto de entrada para um conjunto de testes Deequ é a classe `VerificationSuite`, conforme descrito no Exemplo 3-3. Com um objeto `VerificationSuite`, é possível atribuir dados a serem testados com `.onData (data)` e adicionar testes unitários `Checks` com `addCheck()`. Por exemplo, podemos testar se os dados testados têm um tamanho específico, colunas únicas e não NULL e quantis dentro de intervalos respeitados. Uma vez chamado, o Deequ transforma o `VerificationSuite` em uma série de jobs [tarefas] do Spark para executar e relatar erros quando as suposições são violadas.

Exemplo 3-3. Exemplo de código Deequ (em Scala) definindo testes unitários simples em um conjunto de dados fictícios.

```
import com.amazon.deequ.VerificationSuite
import com.amazon.deequ.checks.{Check, CheckLevel, CheckStatus}

val verificationResult = VerificationSuite()
  .onData(data)
  .addCheck(
    Check(CheckLevel.Error, "unit testing my data")
      .hasSize(_ == 5) // esperamos 5 linhas
      .isComplete("id") // nunca deve ser NULL
      .isUnique("id") // não deve conter valores duplicados
      .isComplete("productName") // nunca deve ser NULL
      // deve conter apenas os valores "high" e "low"
      .isContainedIn("priority", Array("high", "low"))
      .isNonNegative("numViews") // não deve conter valores negativos
      //pelo menos metade das descrições deve conter um url
      .containsURL("description", _ >= 0.5)
      // metade dos itens deve ter menos de 10 views
      .hasApproxQuantile("numViews", 0.5, _ <= 10))
    .run()
```

Usar o Deequ em vez de outro software de teste unitário, como dbt e Great Expectations, tem as seguintes vantagens:

Integração com AWS
: Caso use o AWS e mantenha a maior parte de sua engenharia de dados dentro da pilha da AWS, o Deequ pode ser o ideal. A integração do Deequ com o AWS Glue é fácil e amplamente documentada em blogs técnicos online.

Alta escalabilidade
: A execução baseada no Scala possibilita que o Deequ aproveite a orquestração e o paralelismo do Scala, tornando-o altamente eficiente. Os dados são armazenados nos DataFrames do Scala, arquitetados especificamente para o ecossistema de big data e seus desafios.

Cálculo stateful
: O Deequ pode calcular métricas de metadados, armazená-los localmente e recalcular as principais métricas à medida que mais dados são ingeridos. Essa abordagem incremental de cálculo de métricas faz com que a biblioteca seja capaz de trabalhar com conjuntos de dados que não poderiam ser recalculados em sua totalidade, recurso útil com conjuntos massivos de dados de streaming, que tendem a ser comuns em fluxos de trabalho de engenharia de dados.

Detecção built-in de anomalias
: O Deequ se destaca devido sua capacidade built-in para detecção avançada de anomalias. O Great Expectations pode ser configurado para "detectar" anomalias com base em taxas de alteração ou thresholds simples. No entanto, a detecção de anomalias do Deequ é um pouco mais sofisticada, possibilitando a detecção de médias e desvios de métricas em execução. Não é tão poderoso quanto algo desenvolvido por um cientista de dados, mas fornece uma camada adicional de sofisticação para uma ferramenta já bem integrada.

Claro que o Deequ tem algumas desvantagens que vale a pena mencionar:

Curva de aprendizagem Scala
: O Scala não é uma linguagem amigável para aqueles que não fazem parte da comunidade de engenharia de dados. Para sua organização, isso pode não ser um problema. No entanto, é importante considerar que os cientistas de dados e outras pessoas felizes com o Python têm mais facilidade de uso com o Great Expectations ou com o PyDeequ.

Aplicabilidade limitada aos testes de integração
: Ao contrário do teste dbt, que é executado por modelo e que integra naturalmente asserções de teste em um pipeline ELT, o Deequ é executado de forma flexível em qualquer lote fornecido de dados. O Deequ não se posiciona como um software de teste de integração. Caso queira usar o Deequ para testes que se parecem com testes de integração, talvez seja necessário dedicar consideravelmente mais tempo de desenvolvimento em comparação aos testes dbt.

Ausência de interface do usuário intuitiva
: Os criadores do Deequ não se orgulham de uma interface elegante. O software não tem frescuras, sendo funcional para fins de engenharia de dados. Se sua organização obtém vantagens de relatórios assimiláveis, como Data Doc do Great Expectations ou o roteamento de notificação do Slack, talvez o Deequ seja um básico demais.

O teste é parte importante do fluxo de trabalho de qualidade de dados, mas não é a única medida proativa que as equipes devem usar ao resolver problemas de qualidade de dados. Em seguida, analisaremos o Apache Airflow para criar circuit breakers e outras verificações na camada de orquestração.

Gerenciando a Qualidade de Dados Com o Apache Airflow

Ferramentas como Apache Airflow, Luigi, Matillion e Stitch oferecem às equipes a capacidade de gerenciar melhor a qualidade de dados na camada de orquestração, que cria, agenda e monitora programaticamente fluxos de trabalho em seus pipelines de dados. Dados os múltiplos "checkpoints" em um fluxo de trabalho (geralmente chamado DAG ou grafo acíclico direcionado), oportunidades para falhas ou mudanças errôneas na estrutura dos dados não são incomuns.

Neste capítulo, focaremos como melhorar a qualidade de dados com o Apache Airflow, uma das ferramentas de orquestração de engenharia de dados mais populares disponíveis hoje. Os tipos mais comuns de tempo de inatividade de dados para DAGs do Apache Airflow (e outras orquestrações) são queries corrompidas e código Python errôneo. É provável que o código bugado seja resultado de erro humano, como uma indentação incorreta, enquanto as queries corrompidas ocorrem quando os jobs do Apache Airflow são executados e levam mais tempo do que o esperado, indicando que o pipeline não está escalando adequadamente.

Os usuários do Apache Airflow têm a opção de agendar acordos de nível de serviço (SLAs) para limitar o tempo máximo que uma tarefa pode levar para ser concluída. Caso demore mais tempo para executar, a tarefa aparecerá como "SLA missed" na interface do usuário do Apache Airflow, ou poderá ser notificada por meio de canais como Slack, Microsoft Teams, e-mail ou outros canais preferidos, basta customizar um pouco de código Python.

Scheduler de SLAs

Os usuários do Apache Airflow definem um SLA para uma tarefa/operador passando um objeto `datetime.timedelta` para o parâmetro SLA. Se quiser executar a própria lógica para o SLA, pode incluir um `sla_miss_callback` para ser acionado por uma trigger quando um SLA for perdido. A assinatura de função de um `sla_miss_callback` exige cinco parâmetros:

`dag`
: Objeto DAG pai para a execução do DAG em que as tarefas perderam seu SLA.

`task_list`
: Lista de todas as tarefas que perderam seu SLA desde a última vez que `sla_miss_callback` foi executado.

`blocking_task_list`
: Qualquer tarefa na execução do DAG que não esteja no estado SUCCESS no momento em que o `sla_miss_callback` é executado, ou seja, execuções que falharam.

`slas`
: Lista de objetos `SlaMiss` associados às tarefas na lista de tarefas

`blocking_tis`
: Lista dos objetos `TaskInstance` associados às tarefas nos thresholds `blocking_task_list`.

O Exemplo 3-4 apresenta uma query `sla_callback`, extraída dos documentos do Apache Airflow, que pode pausar pipelines de dados se não atenderem a determinados SLAs.

Exemplo 3-4. Query `sla_callback`.

```
def sla_callback(dag, task_list, blocking_task_list, slas, blocking_tis):
    print(
        "Os argumentos de callback são:",
        {
            "dag": dag,
            "task_list": task_list,
            "blocking_task_list": blocking_task_list,
            "slas": slas,
            "blocking_tis": blocking_tis,
        },
    )

@dag(
    schedule_interval="*/2 * * * *",
    start_date=pendulum.datetime(2021, 1, 1, tz="UTC"),
    catchup=False,
    sla_miss_callback=sla_callback,
    default_args={'email': "email@example.com"},
)
def example_sla_dag():
    @task(sla=datetime.timedelta(seconds=10))
    def sleep_20():
        """Pausa de 20 segundos"""
        time.sleep(20)

    @task
    def sleep_30():
        """Pausa de 20 segundos"""
        time.sleep(30)

    sleep_20() >> sleep_30()

dag = example_sla_dag()
```

Outra abordagem cada vez mais popular para evitar incidentes de dados na camada de orquestração é aplicar a metodologia "circuit breaker" para executar pipelines de dados. Resumindo, o circuit breaker implica que os pipelines param de executar quando os dados não atendem a um conjunto de thresholds de qualidade. Circuit breakers são prática comum em fluxos de trabalho de CI/CD como meio de impedir que os sistemas quebrem devido a novos deploys de software, e muitos dos mesmos conceitos também podem ser aplicados a pipelines de dados. Em ecossistemas de dados, as equipes podem integrar os circuit breakers além de testes e outras etapas do processo de CI/CD, como controle de versão/versionamento.

Por exemplo, um circuit breaker útil pode ser implementado após a conclusão de uma atualização de métricas para executar testes de integridade antes de permitir a execução de qualquer job downstream, conforme ilustrado na Figura 3-3. Isso pode evitar que analistas ou cientistas de dados recebam notificações falsas positivas quando as métricas mais recentes apresentarem tempo de inatividade de dados. Outro caso de uso comum dos circuit breakers é pausar os fluxos de trabalho de dados no meio de um pipeline caso os dados upstream que alimentam o pipeline não tiverem acurácia.

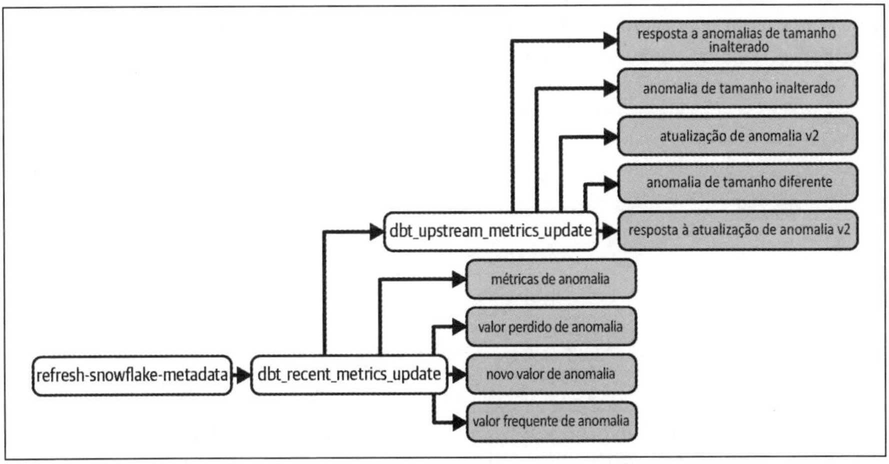

Figura 3-3. Os circuit breakers impedem que dados não confiáveis em lote ou em tempo real fluam para os pipelines de dados de produção se determinados thresholds de qualidade de dados não forem atendidos.

Os circuit breakers impedem que os produtos de dados misturem dados de alta e de baixa qualidade, assegurando garantia implícita de que os dados disponíveis serão confiáveis. Existem dois estados no padrão circuit breaker (Figura 3-3):

- Circuito fechado: os dados estão fluindo pelo pipeline.
- Circuito aberto: os dados não estão fluindo pelo pipeline.

Segundo Sandeep Uttamchandi, ex-arquiteto chefe de dados da Intuit, o uso de circuit breakers exige três soluções principais:

- Linhagem de dados
- Criação de perfil de dados [data profiling] em todo o pipeline
- Capacidade de acionar automaticamente o circuito por meio de problemas descobertos por meio de criação de perfil

Em casos inusitados, vemos circuit breakers sendo usados para evitar problemas de atualização, volume e distribuição em pipelines de dados em silos, mas princípios semelhantes podem ser aplicados com automação em escala.

Instalando Circuit Breakers Com Apache Airflow

Uma forma mais proativa de evitar problemas de qualidade de dados é instalar os circuit breakers nos DAGs do Apache Airflow, pois, assim, se os dados não atenderem aos requisitos de atualização, de volume e de thresholds do esquema, os pipelines de dados na camada de orquestração são interrompidos. Os circuit breakers não apenas evitam que dados ruins corrompam pipelines em perfeitas condições, como também garantem que não tenhamos custos de backfilling quando DAGs com problemas de qualidade de dados (silenciosos) são executados. Vejamos um exemplo na Figura 4.

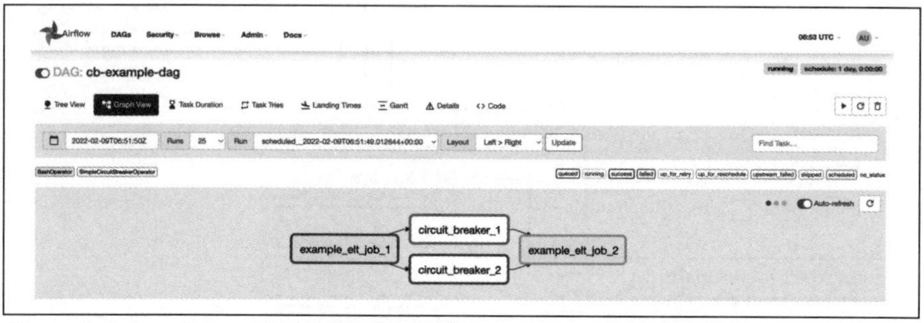

Figura 3-4. Instalar um circuit breaker Python customizado é uma forma de pausar um pipeline de dados quebrado e evitar que problemas de qualidade de dados migrem para as etapas downstream.

Vejamos algumas formas de criar circuit breaks para os DAGs do Apache Airflow:

- Defina o parâmetro catchup[1] de um DAG como False.
- Inclua o operador `LatestOnlyOperator` dentro do DAG, interrompendo a execução do DAG.
- Insira o código Python customizado na camada de orquestração para acionar os "breaks" e exibir metadados relevantes e associados à análise de causa-raiz diretamente em uma plataforma de observabilidade de dados ou catálogo de dados.

O circuit break é uma ferramenta valiosa — e potencialmente econômica — para equipes que lidam com rápida movimentação de dados, porém, geralmente, é usada apenas para os incidentes mais críticos de tempo de inatividade de dados. Em seguida, examinaremos os operadores de verificação SQL, maneira comumente usada e proativa de gerenciar a qualidade de dados com o Apache Airflow.

[1] N. da. T.: No Apache Airflow, "backfill" e "catchup" são conceitos relacionados ao gerenciamento e à execução de tarefas passadas em um fluxo de trabalho. Backfill é o processo que possibilita executar tarefas passadas em um DAG que não foram executadas ou falharam. Já o parâmetro catchup é uma configuração do DAG que determina como o Airflow deve lidar com a execução de tarefas passadas quando uma instância nova do DAG é criada ou quando o pipeline é retomado após interrupção.

Operadores de Verificação SQL

Os operadores de verificação SQL são outra forma de verificar manualmente a qualidade de dados em um DAG do Apache Airflow ou mesmo em todo o pipeline de dados. Da mesma forma que o Great Expectations, o dbt ou outros testes de qualidade de dados, os operadores de verificação SQL validam se o conteúdo de determinado DAG corresponde às expectativas em vários elementos-chave, incluindo valores, intervalos e thresholds. Além disso, o Apache Airflow permite executar operadores de verificação SQL customizados que retornam uma única linha de determinada query SQL para verificar se algum dos valores retornados nessa linha é False. Vejamos um exemplo de um operador de verificação SQL que podemos aplicar aos DAGs do Apache Airflow:

```
SQLCheckOperator(
    task_id="orange_carddata_row_quality_check",
    sql="row_quality_blue_bankdata_check.sql",
    params={"dropoff_datetime": "2021-01-01"},
)
```

Assim como com um circuit breaker, podemos configurar o código Python customizado para interromper o pipeline se a verificação não passar. Ainda assim, devemos "interromper o pipeline" apenas com incidentes de dados que causem consequências graves à empresa. Caso não sejam implementados de maneira estratégica e cuidadosa, os operadores de circuit break e de verificação de SQL podem interromper a execução de jobs não relacionados, porém de alta qualidade, e impedir que os dados analíticos fluam para sistemas downstream.

Recapitulando

Lidar com o tempo de inatividade de dados não se resume a responder às partes interessadas sobre a ocorrência de valores null em um dashboard downstream ou reformular queries do Snowflake quando recebemos um e-mail desesperado do CEO sobre "dados ausentes". O tempo de inatividade de dados pode — e deve! — ser evitado proativamente, integrando verificações de qualidade de dados em cada estágio do pipeline de dados, desde a ingestão no data warehouse ou no data lake até a camada de business intelligence.

Apesar de não conseguirmos abordar a qualidade de dados somente com a tecnologia, coletar, limpar, ingerir, processar e orquestrar dados considerando a confiabilidade pode ajudar. Felizmente, muitas das tecnologias listadas neste capítulo podem identificar proativamente quando as suposições sobre dados não correspondem à realidade e, com as integrações e customizações adequadas, enviar alertas sobre incidentes para os canais de comunicação adequados.

Ainda assim, mesmo com as verificações SQL mais rígidas, incógnitas desconhecidas podem passar despercebidas. Como acontece com muitas coisas na vida, os dados nunca serão perfeitamente confiáveis, e quanto mais cedo aceitarmos esse fato, melhor. É nesse momento que a detecção de anomalias entra em cena. No Capítulo 4, exploraremos em detalhes as tecnologias críticas e os processos de ponta a ponta, compartilhando como monitoramentos de qualidade de dados podem ir além dos recursos tradicionais de detecção de anomalias. Em seguida, no Capítulo 5, veremos como desenvolver uma arquitetura com maior confiabilidade de dados, criando fluxos de trabalho de dados mais confiáveis, incluindo CI/CD, alertas e triagens e gerenciamento de incidentes.

CAPÍTULO 4

Monitoramento e Detecção de Anomalias Para Pipelines de Dados

Com Ryan Kearns

Imagine que acabou de comprar um carro novo. Com base na verificação rotineira antes da compra, todos os sistemas estão funcionando conforme o manual, os reservatórios de óleo e de fluido de freio estão quase cheios, e as peças estão novas — porque, de fato, são novas.

Após pegar as chaves com o vendedor, você começa a dirigir. "Não existe nada como o cheiro de um carro novo!" você pensa enquanto entra na rodovia. Tudo está indo bem até você ouvir um estouro. *Oops*. E seu carro começa a trepidar. Você encosta no acostamento, acende o pisca-alerta e sai do carro. Após breve investigação, você identifica o suposto culpado pelo estouro — um pneu furado. Não importa quantos testes ou verificações a concessionária possa ter feito para validar a condição do seu carro, não há como prever incógnitas desconhecidas (ou seja, pregos ou detritos na rodovia) que possam afetar seu veículo.

A mesma coisa acontece com os dados: todos os possíveis testes e verificações de qualidade de dados não podem protegê-lo completamente contra períodos de tempo de inatividade de dados, que podem se manifestar em todas as etapas do pipeline e surgir por uma variedade de razões que, muitas vezes, não estão relacionadas diretamente com os próprios dados. Se quisermos entender quando os dados quebram, o melhor procedimento é contar com o monitoramento, especificamente com as técnicas de detecção de anomalias que identificam quando os thresholds esperados de volume, de atualização, de distribuição e de outros valores não atendem às expectativas.

A detecção de anomalias (*https://oreil.ly/m8q3B*) se refere à identificação de eventos ou observações que se desviam da norma — por exemplo, comportamento fraudulento de cartão de crédito ou uma falha técnica, como site fora do ar. Supondo que o site esteja normalmente funcionando, é claro.

Gigantes da indústria, como Meta, Google, Uber e outros, usam inúmeras técnicas, algoritmos e frameworks (ou as desenvolvem). Para aprofundamento técnico, recomendamos o relatório de Preetam Jinka e Baron Schwartz chamado *Anomaly Detection for Monitoring*

[Detecção de Anomalias Para Monitoramento, em tradução livre] (O'Reilly), disponível em *https://www.oreilly.com/library/view/anomaly-detection-for/9781492042341*.

Até recentemente, a detecção de anomalias era considerada um plus — e não obrigatória — para muitas equipes de dados. Agora, à medida que os sistemas de dados se tornam cada vez mais complexos e as empresas capacitam os funcionários, independentemente de suas funções, para utilizarem os dados, é imperativo que as equipes adotem abordagens proativas e reativas para abordar a qualidade de dados. Apesar de serem muito diferentes dos pipelines de dados, carros e outros sistemas mecânicos também têm as próprias capacidades de monitoramento e de detecção de anomalias. A maioria dos veículos modernos alerta quando o óleo, o fluido de freio, a gasolina, a pressão dos pneus e outras entidades vitais estão abaixo do recomendado, incentivando-o a agir. O monitoramento de dados e a detecção de anomalias funcionam da mesma forma.

Neste capítulo, analisaremos como criar os próprios monitores de qualidade de dados para um ambiente de data warehouse, visando monitorar e alertar sobre os pilares da observabilidade de dados: atualização, volume, distribuição e esquema. No processo, apresentaremos conceitos e termos importantes e necessários a fim de potencializar a compreensão de técnicas fundamentais de detecção de anomalias.

Conhecendo Incógnitas Conhecidas e Incógnitas Desconhecidas

Neste mundo, nos deparamos com dois tipos de problemas de qualidade de dados: aqueles que conseguimos predizer (incógnitas conhecidas) e aqueles que não conseguimos predizer (incógnitas desconhecidas). Incógnitas conhecidas são problemas que conseguimos predizer com facilidade, ou seja, valores null, problemas específicos de atualização ou mudanças de esquema disparadas por um sistema regularmente atualizado. Talvez esses problemas nem ocorram, mas com a dose adequada de testes, é possível resolvê-los antes que causem problemas downstream. Na Figura 4-1, destacamos exemplos populares de ambos. Incógnitas desconhecidas se referem ao tempo de inatividade de dados que mesmo os testes mais abrangentes não conseguem identificar, problemas que surgem em todo o pipeline de dados, não apenas nas seções cobertas por testes específicos. Incógnitas desconhecidas podem incluir:

- Uma anomalia de distribuição em um campo crítico que ocasiona problemas no dashboard de Tableau
- Uma mudança de esquema JSON feita por outra equipe que transforma 6 colunas em 600
- Uma alteração acidental no ETL (ou ETL reverso, caso prefira) fazendo com que os testes não sejam executados e dados incorretos sejam perdidos
- Dados incompletos ou desatualizados que passam despercebidos por semanas, afetando as principais métricas de marketing

- Uma alteração de código que faz com que uma API pare de coletar dados que alimentam um novo produto importante
- Data drift ao longo do tempo, que pode ser desafiador de detectar, especialmente se seus testes observarem apenas os dados sendo escritos no momento das tarefas de ETL, que normalmente não levam em consideração os dados que já estão em uma determinada tabela

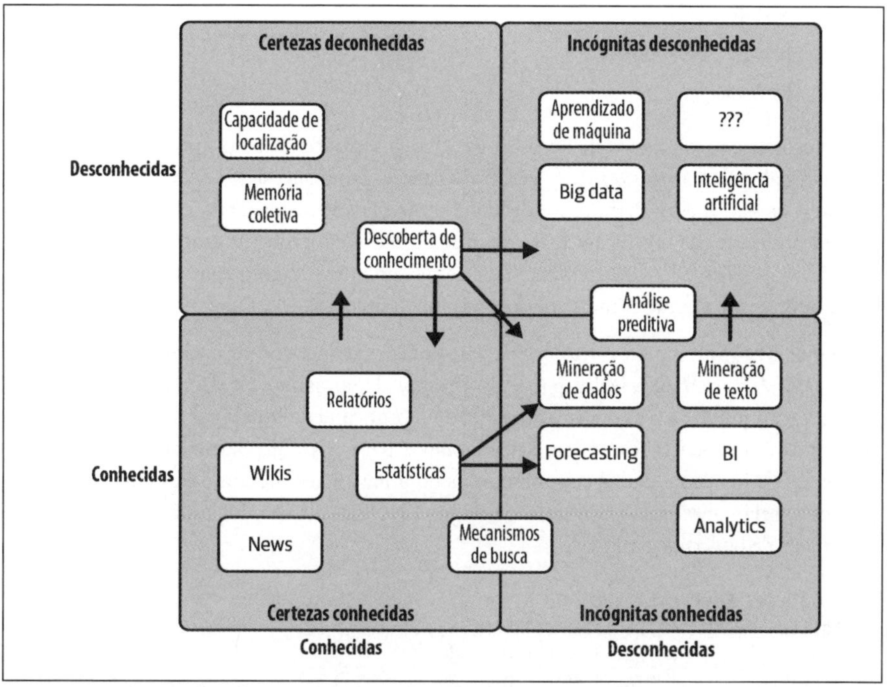

Figura 4-1. Exemplos de incógnitas conhecidas e incógnitas desconhecidas.

Embora os testes e os circuit breakers possam lidar com muitas das incógnitas conhecidas, o monitoramento e a detecção de anomalias podem identificar as incógnitas desconhecidas.

Em geral, as equipes de dados aproveitam o monitoramento e a detecção de anomalias para identificar e alertar sobre o comportamento dos dados que se desvia do que é historicamente esperado de um determinado pipeline de dados. Ao entender como são os dados "bons", é mais fácil identificar proativamente os dados "ruins".

Agora que apresentamos as diferenças entre os dois tipos de problemas de dados, vamos nos aprofundar em como é a detecção de anomalias para incógnitas desconhecidas na prática.

Criando Um Algoritmo de Detecção de Anomalias

Para elucidar como funciona a detecção de anomalias, examinaremos detalhadamente um tutorial do mundo cotidiano sobre o desenvolvimento de um detector de anomalias para um conjunto altamente anômalo de dados. Lembre-se de que você pode usar diversas tecnologias e abordagem para criar monitores de qualidade de dados, e as escolhas que fizer dependerão da sua pilha de tecnologia. Neste exemplo, utilizaremos as seguintes linguagens e ferramentas:

- SQLite e SQL
- Jupyter Notebooks
- Python

Nosso ecossistema de dados de amostra usa dados astronômicos do tipo mock sobre exoplanetas habitáveis (*https://oreil.ly/gLO5n*). Para o propósito deste exercício, geramos o conjunto de dados com Python, modelando anomalias de incidentes reais que nos deparamos em ambientes de produção. Este conjunto de dados é totalmente gratuito, e a pasta *utils* que está no repositório (*https://oreil.ly/VZEgg*) contém o código que gerou os dados, caso esteja interessado em saber mais sobre como foi compilado.

Usaremos o SQLite 3.32.3 (*https://oreil.ly/zz0wR*), que deve tornar o banco de dados (*https://oreil.ly/zNocO*) acessível a partir do prompt de comando ou de arquivos SQL com configuração mínima. Os conceitos se aplicam a praticamente qualquer linguagem de consulta, e as implementações podem ser adaptadas para MySQL, Snowflake e para outros ambientes de banco de dados com mudanças mínimas. A seguir, compartilhamos informações de tabela sobre nosso conjunto de dados EXOPLANETS , incluindo cinco registros específicos de banco de dados:

```
$ sqlite3 EXOPLANETS.db
sqlite> PRAGMA TABLE_INFO(EXOPLANETS);
_id             | TEXT | 0 | | 0   ❶
distance        | REAL | 0 | | 0   ❷
g               | REAL | 0 | | 0   ❸
orbital_period  | REAL | 0 | | 0   ❹
avg_temp        | REAL | 0 | | 0   ❺
date_added      | TEXT | 0 | | 0   ❻
```

Um registro do banco de dados `EXOPLANETS` contém as seguintes informações:

❶ `_id`: um UUID correspondente ao planeta

❷ `distance`: distância da Terra, em anos-luz

❸ `g`: gravidade superficial como um múltiplo de *g*, a constante de força gravitacional

❹ `orbital_period`: duração de um único ciclo orbital em dias

❺ avg_temp: temperatura média da superfície em graus Kelvin

❻ date_added: a data em que nosso sistema descobriu o planeta e o adicionou automaticamente aos nossos bancos de dados

Observe que um ou mais distance, g, orbital_period e avg_temp podem ser NULL para determinado planeta, como resultado de dados ausentes ou errôneos.

Se usarmos a query sqlite> SELECT * FROM EXOPLANETS LIMIT 5; podemos extrair cinco linhas do nosso banco de dados. No Exemplo 4-1, compartilhamos cinco registros de banco de dados (*https://oreil.ly/ZTS1q*) em nosso conjunto de dados EXOPLANETS para destacar o formato e a distribuição dos dados.

Exemplo 4-1. Cinco linhas do conjunto de dados EXOPLANETS.

```
_id,distance,g,orbital_period,avg_temp,date_added
c168b188-ef0c-4d6a-8cb2-f473d4154bdb,34.6273036348341,,476.480044083599, ...
e7b56e84-41f4-4e62-b078-01b076cea369,110.196919810563,2.52507362359066, ...
a27030a0-e4b4-4bd7-8d24-5435ed86b395,26.6957950454452,10.2764970016067, ...
54f9cf85-eae9-4f29-b665-855357a14375,54.8883521129783,,173.788967912197, ...
4d06ec88-f5c8-4d03-91ef-7493a12cd89e,153.264217159834,0.922874568459221, ...
```

Repare que este exercício (*https://oreil.ly/M7Y7a*) é retroativo — estamos analisando dados históricos. Em um ambiente de produção de dados, a detecção de anomalias é em tempo real e aplicada em cada estágio do ciclo de vida dos dados. Ou seja, envolve uma implementação ligeiramente diferente do que é feito aqui. Para este exercício, desenvolveremos algoritmos de observabilidade de dados para atualização e para distribuição, mas nas próximas páginas, abordaremos o restante de nossos cinco pilares — e muito mais.

Monitoramento de Atualização

O primeiro pilar da observabilidade de dados que monitoramos é a atualização, que pode nos fornecer um indicador claro de quando os ativos de dados críticos foram atualizados pela última vez. Caso um relatório, atualizado a cada hora, mostre sinais repentinos de desatualização, este tipo de anomalia é um forte indicador de que algo não está correto ou está impreciso.

Primeiro, observe a coluna DATE_ADDED. O SQL não armazena metadados quando registros individuais são adicionados. Ou seja, neste cenário retroativo, para visualizarmos a atualização, precisamos rastrear essas informações. Fazer um group by da coluna DATE_ADDED pode nos fornecer insights de como o conjunto EXOPLANETS é atualizado diariamente. Como representado no Exemplo 4-2, podemos consultar o número de novos IDs adicionados por dia.

Exemplo 4-2. Uma query sobre o número de novos exoplanetas adicionados diariamente ao nosso conjunto de dados.

```
SELECT
  DATE_ADDED,
  COUNT(*) AS ROWS_ADDED
FROM
  EXOPLANETS
GROUP BY
  DATE_ADDED;
```

Podemos executar essa query no repositório com `$ sqlite3 EXOPLANETS.db < queries/ freshness/ rows-added.sql`. Obtemos novamente os dados no Exemplo 4-3.

Exemplo 4-3. Dados extraídos do Exemplo 4-2.

```
date_added      ROWS_ADDED
2020-01-01      84
2020-01-02      92
2020-01-03      101
2020-01-04      102
2020-01-05      100
... ...
2020-07-14      104
2020-07-15      110
2020-07-16      103
2020-07-17      89
2020-07-18      104
```

Com base nessa representação gráfica do nosso conjunto de dados, parece que `EXOPLANETS` é atualizado consistentemente com cerca de 100 novos registros por dia, embora existam lacunas em que nenhum dado chega durante múltiplos dias.

Lembre-se de que, quanto se trata de atualização, queremos fazer a pergunta "Meus dados estão atualizados?". Por isso, conhecer essas lacunas nas atualizações de tabelas é essencial para entender a confiabilidade de nossos dados. A query a seguir, Exemplo 4-4, operacionaliza a atualização (conforme representado na Figura 4-2) introduzindo uma métrica para `DAYS_SINCE_LAST_UPDATE`. (Observação: como este tutorial usa SQLite3, a sintaxe SQL para calcular as diferenças temporais será diferente no MySQL, Snowflake e em outros ambientes.)

Exemplo 4-4. Query que extrai o número de dias desde a última atualização do conjunto de dados.

```
WITH UPDATES AS(
  SELECT
    DATE_ADDED,
    COUNT(*) AS ROWS_ADDED
  FROM
    EXOPLANETS
  GROUP BY
    DATE_ADDED
)

SELECT
  DATE_ADDED,
  JULIANDAY(DATE_ADDED) - JULIANDAY(LAG(DATE_ADDED) OVER(
    ORDER BY DATE_ADDED
  )) AS DAYS_SINCE_LAST_UPDATE
FROM
  UPDATES;
```

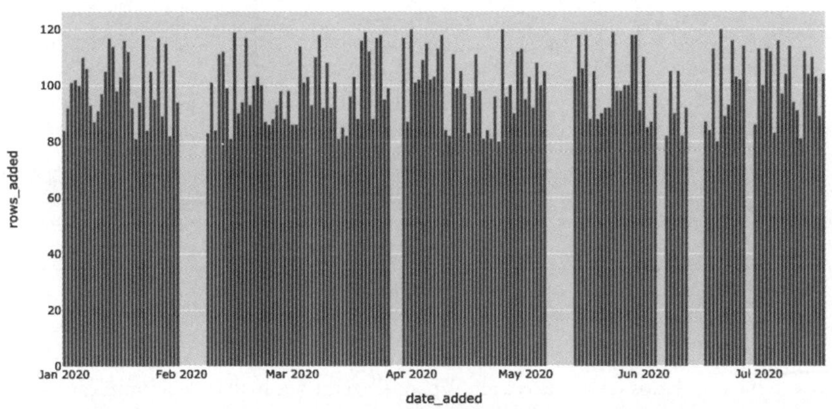

Figura 4-2. Renderizando padrões de atualização em nosso conjunto de dados usando um Jupyter Notebook

A tabela resultante, Exemplo 4-5, informa: "Na data X, os dados mais recentes em EXOPLANETS tinham Y dias". Apesar de essas informações não estarem explicitamente disponíveis na coluna DATE_ADDED da tabela, usar a observabilidade de dados nos fornece as ferramentas para identificá-las. Podemos visualizá-las na Figura 4-3, em que as anomalias de atualização são representadas pelos altos valores de Y. Isso ocasiona lags de atualização de tabela, que podemos consultar com um simples detector.

Exemplo 4-5. Tabela de atualização de dados de exoplanetas da query do Exemplo 4-4.

```
DATE_ADDED    DAYS_SINCE_LAST_UPDATE
2020-01-01
2020-01-02    1
2020-01-03    1
2020-01-04    1
2020-01-05    1
...           ...
2020-07-14    1
2020-07-15    1
2020-07-16    1
2020-07-17    1
2020-07-18    1
```

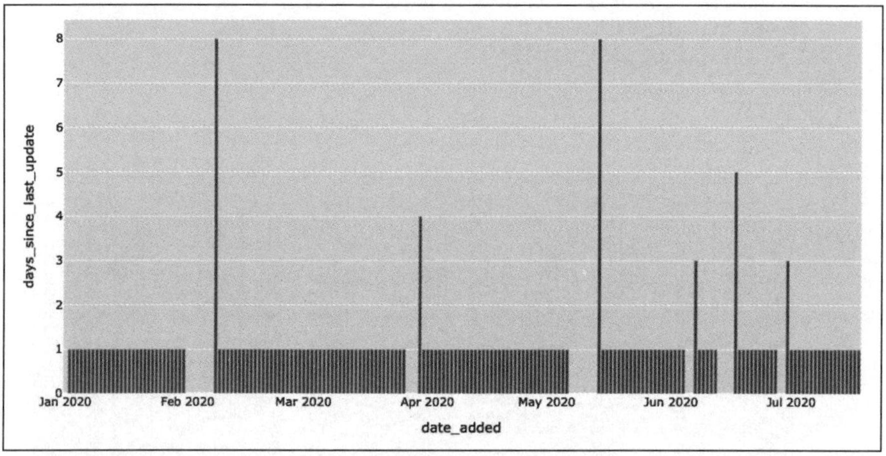

Figura 4-3. Visualização de anomalias de atualizações representadas por altos valores de Y.

Agora, temos os dados de que precisamos para detectar anomalias de atualização. Tudo o que resta a fazer é definir um parâmetro de threshold para Y — quantos dias são demais? Um parâmetro transforma uma query, Exemplo 4-6, em um detector, pois decide o que é considerado anômalo (leia-se: vale a pena alertar) e o que não é.

Exemplo 4-6. Query modificada para alertar sobre dados que estão além da atualização esperada para dados de exoplanetas.

```
WITH UPDATES AS(
  SELECT
    DATE_ADDED,
    COUNT(*) AS ROWS_ADDED
  FROM
    EXOPLANETS
  GROUP BY
    DATE_ADDED
),

NUM_DAYS_UPDATES AS (
  SELECT
    DATE_ADDED,
    JULIANDAY(DATE_ADDED) - JULIANDAY(LAG(DATE_ADDED)
      OVER(
        ORDER BY DATE_ADDED
      )
    ) AS DAYS_SINCE_LAST_UPDATE
      FROM
        UPDATES
    )

    SELECT
      *
    FROM
      NUM_DAYS_UPDATES
    WHERE
      DAYS_SINCE_LAST_UPDATE > 1;
```

Os dados retornados para nós, Exemplo 4-7, representam datas em que ocorreram incidentes de atualização.

Exemplo 4-7. Dados retornados da query do Exemplo 4-6.

```
DATE_ADDED      DAYS_SINCE_LAST_UPDATE
2020-02-08      8
2020-03-30      4
2020-05-14      8
2020-06-07      3
2020-06-17      5
2020-06-30      3
```

Na data 2020–05–14, os dados mais recentes da tabela tinham 8 dias! Uma falha desse tipo pode representar uma quebra em nosso pipeline de dados, e seria bom conhecê-la se estivermos usando esses dados para algo de grande impacto (e se estivermos usando eles em um ambiente de produção, que é mais provável). Conforme ilustrado na Figura 4-4, podemos renderizar anomalias de atualização definindo thresholds para um período de tempo aceitável desde a última atualização.

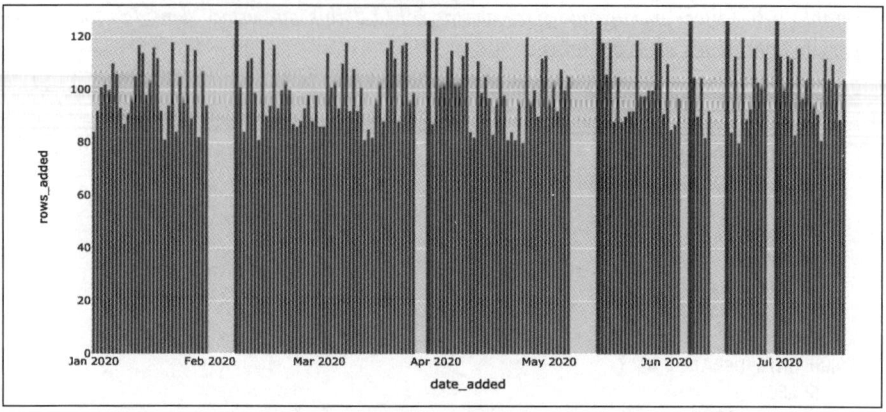

Figura 4-4. Visualização de anomalias de atualização usando thresholds.

Observe, especificamente a última linha da query: `DAYS_SINCE_LAST_UPDATE > 1;`.

Aqui, 1 é um parâmetro do modelo — esse número não está "correto", mas alterá-lo impactará as datas que consideramos incidentes. Quanto menor o número, mais anomalias reais detectaremos (recall alto). No entanto, é provável que muitas dessas "anomalias" não retratem as indisponibilidades reais. Quanto maior o número, maior a probabilidade de todas as anomalias que detectamos retratarem anomalias verdadeiras (de alta precisão), mas é possível que deixemos passar algumas.

Para este exemplo, poderíamos alterar 1 para 7 e, assim, capturar somente as duas piores indisponibilidades (em 2020–02–08 e 2020–05–14). Qualquer escolha retratará o caso de uso e os objetivos específicos; é um equilíbrio importante a ser alcançado, que surge repetidamente quando aplicamos a observabilidade de dados em escala a ambientes de produção. Na Figura 4-5, aproveitamos o mesmo detector de atualização, mas com a query do SQLite `DAYS_SINCE_LAST_UPDATE > 3;` disponibilizada como threshold. Agora, duas das menores indisponibilidades passam despercebidas.

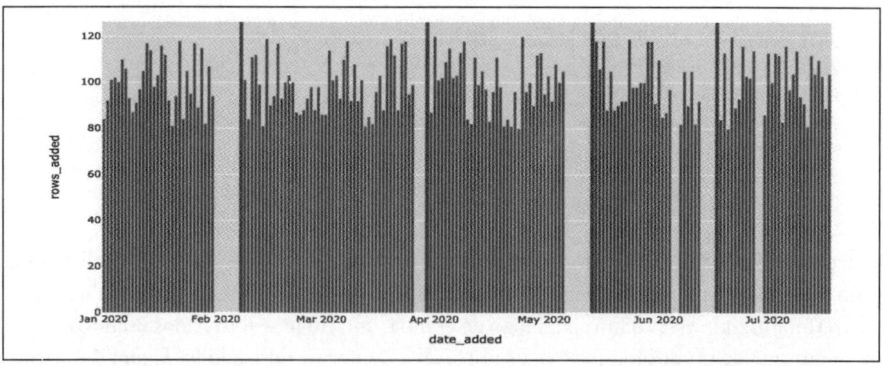

Figura 4-5. Restringindo a pesquisa de anomalias (`DAYS_SINCE_LAST_UPDATE > 3`)

Agora, visualizamos o mesmo detector de atualização, mas com `DAYS_SINCE_LAST_UPDATE > 7;` disponibilizado como threshold. Todas, exceto as duas indisponibilidades maiores, agora passam despercebidas (Figura 4-6). Assim como os planetas, os parâmetros ideais do modelo ficam em uma "zona do tipo Goldilocks " ou "zona ideal" entre valores considerados muito baixos e muito altos.

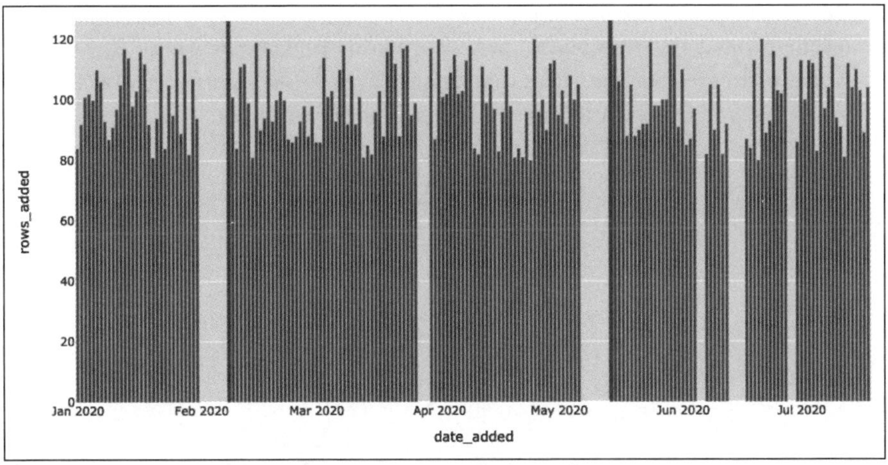

Figura 4-6. Restringindo ainda mais pesquisa de anomalias (`DAYS_SINCE_LAST_UPDATE > 7`)

Entendendo a Distribuição

Em seguida, queremos avaliar a integridade distribucional em nível de campo de nossos dados. A distribuição nos informa todos os valores esperados de nossos dados, bem como a frequência em que cada valor ocorre. Uma das perguntas mais simples é: "Com que frequência meus dados são NULL?" Em muitos casos, certo nível de dados incompletos é aceitável, mas se uma taxa null de 10% se transformar em 90%, vamos querer saber.

Em estatística, gostamos de assumir que conjuntos de observações são extraídos a partir de distribuições de referência, que obedecem a regras matemáticas. Chame as primeiras de "distribuições de amostra" e as últimas de "distribuições verdadeiras". A estatística elenca uma observação sobre os processos naturais, chamada de Teorema Central do Limite (TCL) (*https://oreil.ly/ZwzeU*), que afirma que as distribuições de *amostras aleatórias geradas independentemente* se aproximam de determinada distribuição à medida que o número de amostras aumenta.

Teorema Central do Limite

O Teorema Central do Limite sugere que, se você tiver uma amostra suficientemente aleatória de um determinado conjunto de dados com média μ e desvio-padrão σ, a distribuição das médias amostrais será distribuída aproximada e normalmente. A distribuição normal, ou gaussiana — a famosa curva em forma de sino, que todos conhecem das aulas de estatística, mostrada na Figura 4-7 — pode nos informar qual é o comportamento normal para determinado conjunto de dados. As gaussianas podem ser bem resumidas com duas variáveis — sua média, μ, e variância, σ — o que as torna poderosas e onipresentes na análise estatística.

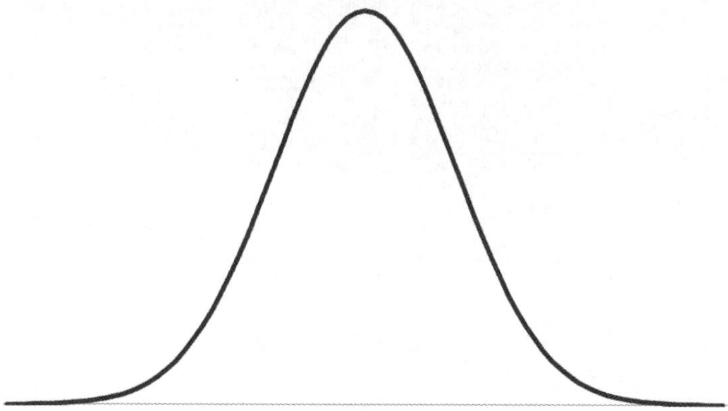

Figura 4-7. Uma distribuição normal (gaussiana) representa a forma mais básica de detecção de anomalias (quem dera fosse tão fácil).

Usar a distribuição gaussiana pode levar a uma abordagem inicial para detecção de anomalias, apesar de bastante ingênua, é surpreendentemente eficaz: calcular o score padrão ou pontuação padrão (*https://oreil.ly/V618A*) para cada observação. Ou seja, subtraia μ e depois divida por σ. Esse score (também chamada de z-score) fornece uma métrica quantificável para determinar a "distância" de cada observação na curva em forma de sino. Detecção de anomalias: resolvida! Basta traçar uma linha em algum ponto a partir do centro do sino e chamar tudo fora dessa linha de "anômalo". Da perspectiva estatística, estaremos corretos. Infelizmente, a teoria estatística não é uma abordagem convincente para a detecção de anomalias no campo nada teórico da qualidade de dados, por dois motivos.

Primeiro, o Teorema Central do Limite estabelece uma característica fundamental do processo de geração de dados que muitas pessoas ignoram: observações *independentes e aleatórias* geram distribuições normais no limite (ou seja, à medida que o número de observações se aproxima do infinito). Trata-se de uma ótima suposição a se fazer se, por exemplo, calcularmos o volume do vento por meio da grama ou do comprimento da passada de um nova-iorquino médio. Não é tão ótima assim para dados de business intelligence, em que as observações tendem a ser *altamente correlacionadas* e confundidas com outras variáveis. Por exemplo, os "clientes diários" não terão uma distribuição normal nas redes Chick-Fil-A, que fecham aos domingos, já que 1/7 de todas as observações será 0. Apesar de não serem geradas aleatoriamente, essas observações são impactadas pelo dia da semana.

Segundo, existe uma distinção entre observações "anômalas" e "interessantes" que não pode ser compreendida com raciocínio puramente estatístico. Para exemplificar isso, considere o z-score, mencionado alguns parágrafos antes. Dissemos (em tom de brincadeira) que a detecção de anomalias pode ser resolvida com um simples z-score. Infelizmente, isso é raro.

Se decidirmos definir "anomalia" como qualquer coisa, por exemplo, três desvios-padrão da média de distribuição, podemos ter a garantia de obter o "correto" para quaisquer dados. Mas nosso intuito *não* é apenas identificar métricas simplesmente anômalas. Por um lado, nossa série temporal armazena informações contextuais importantes (que dia da semana foi? O padrão se repete?). No entanto, e o mais importante, é que nem todas as observações anômalas são interessantes — elas não nos ajudam a identificar e corrigir o tempo de inatividade de dados. O Exemplo 4-8 consulta dados com uma distribuição anômala.

Exemplo 4-8. Query para extrair dados sobre distribuições anômalas.

```
SELECT
  DATE_ADDED,
  CAST(
    SUM(
      CASE
        WHEN DISTANCE IS NULL THEN 1
        ELSE 0
      END
    ) AS FLOAT) / COUNT(*) AS DISTANCE_NULL_RATE,
  CAST(
    SUM(
      CASE
        WHEN G IS NULL THEN 1
        ELSE 0
      END
    ) AS FLOAT) / COUNT(*) AS G_NULL_RATE,
  CAST(
    SUM(
      CASE
        WHEN ORBITAL_PERIOD IS NULL THEN 1
        ELSE 0
      END
    ) AS FLOAT) / COUNT(*) AS ORBITAL_PERIOD_NULL_RATE,
  CAST(
    SUM(
      CASE
        WHEN AVG_TEMP IS NULL THEN 1
        ELSE 0
      END
    ) AS FLOAT) / COUNT(*) AS AVG_TEMP_NULL_RATE
FROM
  EXOPLANETS
GROUP BY
  DATE_ADDED;
```

Esta query retorna muitos dados, conforme representado no Exemplo 4-9.

Exemplo 4-9. Dados da query do Exemplo 4-8.

```
date_added    DISTANCE_NULL_RATE    G_NULL_RATE           ORBITAL_PERIOD_NULL_RATE
2020-01-01    0.0833333333333333    0.178571428571429     0.214285714285714
2020-01-02    0.0                   0.152173913043478     0.326086956521739
2020-01-03    0.0594059405940594    0.188118811881188     0.237623762376238
2020-01-04    0.0490196078431373    0.117647058823529     0.264705882352941
...           ...                   ...                   ...
2020-07-13    0.0892857142857143    0.160714285714286     0.285714285714286
2020-07-14    0.0673076923076923    0.125                 0.269230769230769
2020-07-15    0.0636363636363636    0.118181818181818     0.245454545454545
2020-07-16    0.058252427184466     0.145631067961165     0.262135922330097
2020-07-17    0.101123595505618     0.0898876404494382    0.247191011235955
2020-07-18    0.0673076923076923    0.201923076923077     0.317307692307692
```

A fórmula geral `CAST(SUM(CASE WHEN SOME_METRIC IS NULL THEN 1 ELSE 0 END) AS FLOAT) / COUNT(*)`, quando agrupada pela coluna `DATE_ADDED`, nos informa a taxa de valores NULL para `SOME_METRIC`, nos lotes diários de dados novos no conjunto `EXOPLANETS`. Fica difícil ter uma noção se olharmos a saída bruta, mas uma representação visual (Figura 4-8) pode ajudar a evidenciar essa anomalia.

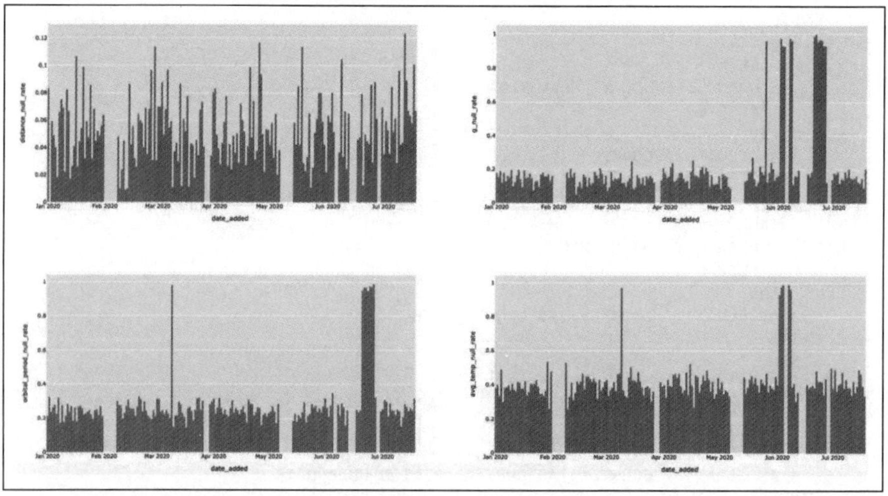

Figura 4-8. Ao renderizar diversos eventos disparados por taxas null, podemos identificar claramente quais datas eram anômalas.

As visualizações deixam claro que existem eventos de "picos" na taxa de valores null que devemos detectar. Por ora, focaremos apenas a última métrica, `AVG_TEMP`. Podemos detectar picos null basicamente com um threshold simples e com a query do Exemplo 4-10.

Exemplo 4-10. Detectando valores null na coluna `AVG_TEMP` *do conjunto de dados* `EXOPLANETS`*.*

```
WITH NULL_RATES AS(
  SELECT
    DATE_ADDED,
    CAST(
      SUM(
        CASE
          WHEN AVG_TEMP IS NULL THEN 1
          ELSE 0
        END
      ) AS FLOAT) / COUNT(*) AS AVG_TEMP_NULL_RATE
  FROM
    EXOPLANETS
  GROUP BY
    DATE_ADDED
)

SELECT
  *
FROM
  NULL_RATES
WHERE
  AVG_TEMP_NULL_RATE  > 0.9;
```

No Exemplo 4-11, compartilhamos os dados correspondentes extraídos em sua forma bruta, exemplificando as linhas com valores null na coluna `AVG_TEMP` do conjunto de dados.

Exemplo 4-11. Linhas da coluna `AVG_TEMP` *com valores null.*

```
DATE_ADDED     AVG_TEMP_NULL_RATE
2020-03-09     0.967391304347826
2020-06-02     0.929411764705882
2020-06-03     0.977011494252874
2020-06-04     0.989690721649485
2020-06-07     0.987804878048781
2020-06-08     0.961904761904762
```

Na Figura 4-9, destacamos em que lugar estavam os picos anômalos, correlacionando-se à taxa de valores null na coluna de temperatura do nosso conjunto de dados `EXOPLANETS`.

Quando se trata de algoritmos de detecção, essa abordagem para identificar valores null é uma espécie de ferramenta rudimentar. Às vezes, os padrões em nossos dados serão simples o suficiente para que um threshold como esse resolva o problema. Em outros casos, porém, os dados serão ruidosos ou terão outras complicações, como a sazonalidade, obrigando-nos a mudar nossa abordagem.

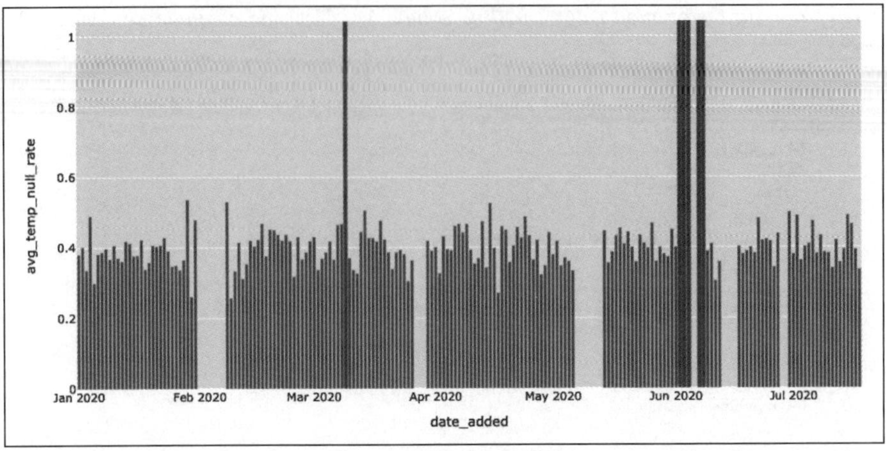

Figura 4-9. Detectando picos null na temperatura média.

> *Sazonalidade* se refere à tendência de uma série temporal de observar flutuações previsíveis em determinados intervalos. Por exemplo, os dados para "frequentadores de igrejas" podem apresentar uma sazonalidade semanal com forte tendência para o domingo, e os dados de vendas de casacos de uma loja de departamentos provavelmente apresentarão sazonalidade anual, com um pico no outono e uma queda na primavera.

Por exemplo, detectar 2020–06–02, 2020–06–03 e 2020–06–04 parece redundante. Podemos filtrar as datas que ocorrem imediatamente após outros alertas para reduzir a duplicação por meio da query no Exemplo 4-12.

Exemplo 4-12. Query para filtrar datas que ocorrem imediatamente após outros alertas.

```
WITH NULL_RATES AS(
  SELECT
    DATE_ADDED,
    CAST(
      SUM(
        CASE
          WHEN AVG_TEMP IS NULL THEN 1
          ELSE 0
        END
      ) AS FLOAT
    ) / COUNT(*) AS AVG_TEMP_NULL_RATE
  FROM
    EXOPLANETS
  GROUP BY
    DATE_ADDED
),

ALL_DATES AS (
  SELECT
    *,
    JULIANDAY(DATE_ADDED) - JULIANDAY(LAG(DATE_ADDED)
      OVER(
        ORDER BY DATE_ADDED
      )
    ) AS DAYS_SINCE_LAST_ALERT
  FROM
    NULL_RATES
  WHERE
    AVG_TEMP_NULL_RATE > 0.9
)

SELECT
  DATE_ADDED,
  AVG_TEMP_NULL_RATE
FROM
  ALL_DATES
WHERE
  DAYS_SINCE_LAST_ALERT IS NULL OR DAYS_SINCE_LAST_ALERT > 1;
```

O conjunto correspondente de dados está listado no Exemplo 4-13. Esses resultados destacam datas que não precisam ser levadas em consideração em nosso detector de anomalia de valor null, conforme query do Exemplo 4-12.

Exemplo 4-13. Resultados da query do Exemplo 4-12.

```
DATE_ADDED      AVG_TEMP_NULL_RATE
2020-03-09      0.967391304347826
2020-06-02      0.929411764705882
2020-06-07      0.987804878048781
```

Repare que, em ambas as queries, o parâmetro-chave é 0.9. Na verdade, estamos dizendo: "Qualquer taxa null superior a 90% é um problema e preciso saber a respeito." Visualizamos esses resultados na Figura 4-10. Isso nos ajuda a reduzir o ruído branco e gerar resultados com mais acurácia. Neste caso, podemos (e devemos) ser um pouco inventivos aplicando o conceito de média móvel com um parâmetro mais inteligente à query do Exemplo 4-14 a fim de melhorar ainda mais a precisão.

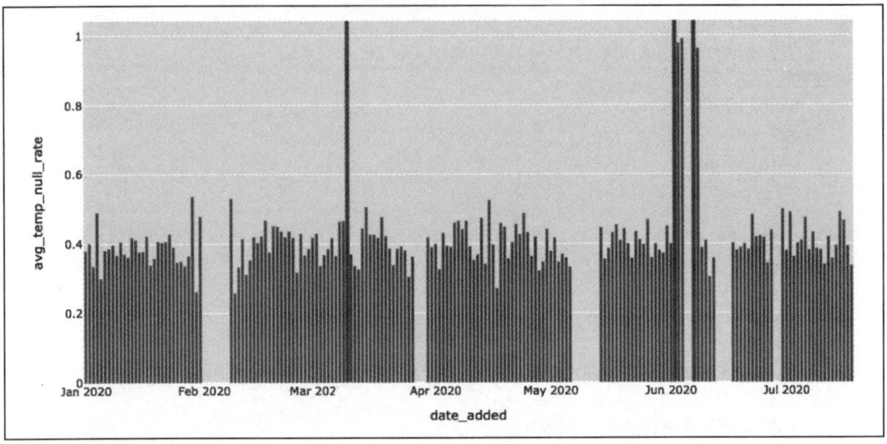

Figura 4-10. Visualizando quaisquer taxas null superiores a 90%.

Exemplo 4-14. Query para aplicar uma média móvel à taxa null.

```
WITH NULL_RATES AS(
  SELECT
    DATE_ADDED,
    CAST(SUM(CASE WHEN AVG_TEMP IS NULL THEN 1 ELSE 0 END) AS FLOAT) /
      COUNT(*) AS AVG_TEMP_NULL_RATE
  FROM
    EXOPLANETS
  GROUP BY
    DATE_ADDED
),

NULL_WITH_AVG AS(
  SELECT
    *,
    AVG(AVG_TEMP_NULL_RATE) OVER (
      ORDER BY DATE_ADDED ASC
      ROWS BETWEEN 14 PRECEDING AND CURRENT ROW) AS TWO_WEEK_ROLLING_AVG
  FROM
    NULL_RATES
  GROUP BY
    DATE_ADDED
)

SELECT
  *
FROM
  NULL_WITH_AVG
WHERE
  AVG_TEMP_NULL_RATE - TWO_WEEK_ROLLING_AVG > 0.3;
```

Os resultados da query são mostrados no Exemplo 4-15 e representados na Figura 4-11. Vemos valores null que podem gerar alertas maiores (ou seja, com uma taxa null superior a 90%).

Exemplo 4-15. Resultados da query do Exemplo 4-14.

```
DATE_ADDED      AVG_TEMP_NULL_RATE     TWO_WEEK_ROLLING_AVG
2020-03-09      0.967391304347826      0.436077995611105
2020-06-02      0.929411764705882      0.441299602441599
2020-06-03      0.977011494252874      0.47913211475687
2020-06-04      0.989690721649485      0.515566041654715
2020-06-07      0.987804878048781      0.554753033524633
2020-06-08      0.961904761904762      0.594966974173356
```

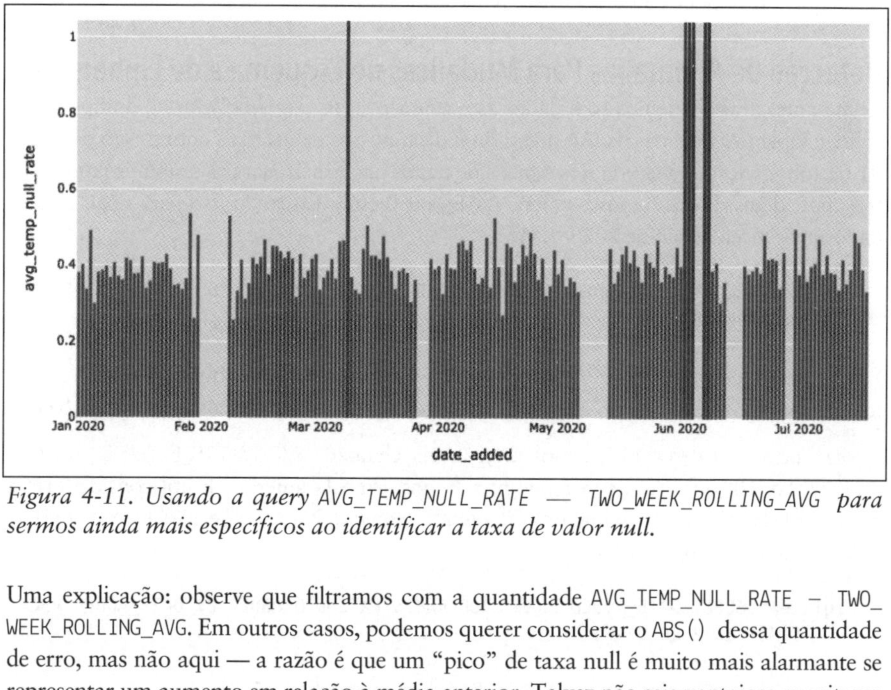

Figura 4-11. Usando a query AVG_TEMP_NULL_RATE — TWO_WEEK_ROLLING_AVG *para sermos ainda mais específicos ao identificar a taxa de valor null.*

Uma explicação: observe que filtramos com a quantidade `AVG_TEMP_NULL_RATE - TWO_WEEK_ROLLING_AVG`. Em outros casos, podemos querer considerar o `ABS()` dessa quantidade de erro, mas não aqui — a razão é que um "pico" de taxa null é muito mais alarmante se representar um aumento em relação à média anterior. Talvez não seja vantajoso monitorar quando os valores nulls diminuem abruptamente de frequência, mas detectar um aumento da taxa de valores null claramente tem vantagens.

Criando Monitores Para Esquema e Linhagem

Na seção anterior, analisamos os dois primeiros pilares de observabilidade, atualização e distribuição de dados, e mostramos como um pouco de código SQL pode operacionalizar esses conceitos. São o que eu chamaria de problemas mais "clássicos" de detecção de anomalias de dados — considerando um fluxo constante de dados, algo parece fora de ordem?

Sem dúvidas, uma boa detecção de anomalias faz parte do quebra cabeça da observabilidade de dados, mas isso não é tudo. O contexto (*https://oreil.ly/bqpxe*) é igualmente importante. Se uma anomalia de dados ocorrer, ótimo. Mas onde? Quais pipelines upstream podem ser a causa? Quais dashboards downstream serão afetados por uma anomalia de dados? A estrutura formal dos meus dados mudou? Uma boa observabilidade de dados depende da nossa capacidade de utilizar adequadamente os metadados para responder a essas questões relativas à anomalias de dados.

Na próxima seção, examinaremos os dois pilares de observabilidade de dados, desenvolvidos para responder a essas perguntas — esquema e linhagem. Mais uma vez, usaremos ferramentas simples, como Jupyter e SQLite. Assim, podemos rodar nosso ambiente com facilidade e você pode tentar fazer os exercícios de anomalia de dados. Vamos começar.

Detecção de Anomalias Para Mudanças de Esquema e de Linhagem

Como antes, trabalharemos com dados astronômicos (*https://oreil.ly/qMpvj*) do tipo mock sobre exoplanetas habitáveis. Ao que tudo indica, nossos dados mais antigos são de 2020-01-01 (observação: a maioria dos bancos de dados não armazenará timestamps para registros individuais. Por isso, nossa coluna `DATE_ADDED` está rastreando isso para nós). Nossos dados mais recentes são de 2020-07-18:

```
sqlite> SELECT DATE_ADDED FROM EXOPLANETS ORDER BY DATE_ADDED DESC LIMIT 1;
    2020-07-18
```

Claro que é a mesma tabela que usamos na seção anterior. Se quisermos explorar os pilares mais ricos em contexto, como esquema e linhagem, precisaremos expandir nosso ambiente.

Agora, além de `EXOPLANETS`, temos uma tabela chamada `EXOPLANETS_EXTENDED` (*https://oreil.ly/hYqxU*), que é um superconjunto da nossa tabela anterior. É útil considerá-las a mesma tabela, só que *em momentos diferentes no tempo*. Na verdade, `EXOPLANETS_EXTENDED` tem dados de 2020-01-01:

```
sqlite> SELECT DATE_ADDED FROM EXOPLANETS_EXTENDED ORDER BY DATE_ADDED ASC
    LIMIT 1; 2020-01-01
```

Mas também contém dados até 2020-09-06, além de `EXOPLANETS`:

```
sqlite> SELECT DATE_ADDED FROM EXOPLANETS_EXTENDED ORDER BY DATE_ADDED DESC
    LIMIT 1; 2020-09-0
```

Essas tabelas têm outra coisa diferente, como representado no Exemplo 4-16. Existem dois campos adicionais, fazendo com que a oportunidade de anomalias seja ainda maior.

Exemplo 4-16. Dois campos adicionais no conjunto de dados EXOPLANETS_EXTENDED.

```
sqlite> PRAGMA TABLE_INFO(EXOPLANETS_EXTENDED);
_ID             | VARCHAR(16777216)  | 1 | | 0
DISTANCE        | FLOAT              | 0 | | 0
G               | FLOAT              | 0 | | 0
ORBITAL_PERIOD  | FLOAT              | 0 | | 0
AVG_TEMP        | FLOAT              | 0 | | 0
DATE_ADDED      | TIMESTAMP_NTZ(6)   | 1 | | 0
ECCENTRICITY    | FLOAT              | 0 | | 0  ❶
ATMOSPHERE      | VARCHAR(16777216)  | 0 | | 0  ❷
```

Além dos seis campos em EXOPLANETS, a tabela EXOPLANETS_EXTENDED contém dois campos adicionais:

❶ ECCENTRICITY: a excentricidade orbital do planeta em torno de sua estrela hospedeira

❷ ATMOSPHERE: a composição química dominante da atmosfera do planeta

Perceba que, assim como DISTANCE, G, ORBITAL_PERIOD e AVG_TEMP, tanto ECCENTRICITY quanto ATMOSPHERE podem ser NULL para um determinado planeta, como resultado de dados ausentes ou incorretos. Por exemplo, planetas errantes (*https://oreil.ly/dxcL7*) têm excentricidade orbital indefinida e muitos planetas não têm atmosferas. Perceba também que os dados não são preenchidos retroativamente, ou seja, as entradas de dados desde o início da tabela (dados contidos também na tabela EXOPLANETS) não terão informações de excentricidade e de atmosfera. No Exemplo 4-17, compartilhamos uma query para destacar que os dados mais antigos não são preenchidos retroativa [backfill] e novamente; esperamos que isso mostre a mudança de esquema que se sucedeu.

Exemplo 4-17. Query destacando que os dados mais antigos não são preenchidos retroativa e novamente

```
SELECT
 DATE_ADDED,
 ECCENTRICITY,
 ATMOSPHERE
FROM
 EXOPLANETS_EXTENDED
ORDER BY
 DATE_ADDED ASC
LIMIT 10;
```

Podemos tornar este arquivo elegante e pesquisável (*https://oreil.ly/W0k7V*) se corrigirmos o seguinte erro: este arquivo CSV (*https://oreil.ly/F8fhc*) não tem nenhuma vírgula na linha 0 (representada no Exemplo 4-18).

Exemplo 4-18. Adicionando duas colunas novas para sinalizar uma mudança de esquema em nosso conjunto de dados EXOPLANETS.

```
2020-01-01 | |
2020-01-01 | |
2020-01-01 | |
2020-01-01 | |
2020-01-01 | |
2020-01-01 | |
2020-01-01 | |
2020-01-01 | |
2020-01-01 | |
2020-01-01 | |
```

Adicionar dois campos é exemplo de uma mudança de esquema — o modelo formal de nossos dados foi modificado. As mudanças de esquema (*https://oreil.ly/JrcLM*) ocorrem quando uma alteração é feita na estrutura de dados, sendo uma anomalia de dados frustrante de debugar manualmente. As mudanças de esquema podem indicar diversas coisas sobre seus dados, incluindo:

- Adição de novos endpoints de API
- Campos supostamente desatualizados que ainda não foram descontinuados
- Adição ou subtração de colunas, linhas ou tabelas inteiras

Em um mundo ideal, gostaríamos de ter um registro dessa mudança, já que ela representa um vetor para possíveis problemas com nosso pipeline. Infelizmente, nosso banco de dados não está configurado de forma inerente para acompanhar essas mudanças. Ele não tem histórico de versionamento, como representado no Exemplo 4-19. Uma mudança de esquema pode facilmente nos pegar de surpresa.

Exemplo 4-19. O conjunto de dados sem histórico de versionamento

```
sqlite> PRAGMA TABLE_INFO(EXOPLANETS_COLUMNS);

DATE    | TEXT | 0 | | 0

COLUMNS | TEXT | 0 | | 0
```

Deparamo-nos com esse problema ao consultar com uma query a idade de registros individuais. Adicionamos também a coluna DATE_ADDED para lidar com isso. Nesse caso, faremos algo semelhante, mas adicionando uma tabela inteira.

A tabela EXOPLANETS_COLUMNS "versiona" nosso esquema registrando as colunas em EXOPLANETS_EXTENDED em qualquer data. Analisando o primeiro e o último registro, vemos que as colunas definitivamente mudaram em algum momento, conforme destacado no Exemplo 4-20. No Exemplo 4-20, os dois registros destacam que houve uma adição de duas colunas novas em nosso conjunto de dados EXOPLANETS — em outras palavras, uma mudança de esquema.

Exemplo 4-20. Dois registros destacando uma mudança de esquema.

```
sqlite> SELECT * FROM EXOPLANETS_COLUMNS ORDER BY DATE ASC LIMIT 1;
2020-01-01 | [
   (0, '_id', 'TEXT', 0, None, 0),
   (1, 'distance', 'REAL', 0, None, 0),
   (2, 'g', 'REAL', 0, None, 0),
   (3, 'orbital_period', 'REAL', 0, None, 0),
   (4, 'avg_temp', 'REAL', 0, None, 0),
   (5, 'date_added', 'TEXT', 0, None, 0)
 ]

sqlite> SELECT * FROM EXOPLANETS_COLUMNS ORDER BY DATE DESC LIMIT 1;
2020-09-06 | [
   (0, '_id', 'TEXT', 0, None, 0),
   (1, 'distance', 'REAL', 0, None, 0),
   (2, 'g', 'REAL', 0, None, 0),
   (3, 'orbital_period', 'REAL', 0, None, 0),
   (4, 'avg_temp', 'REAL', 0, None, 0),
   (5, 'date_added', 'TEXT', 0, None, 0),
   (6, 'eccentricity', 'REAL', 0, None, 0),
   (7, 'atmosphere', 'TEXT', 0, None, 0)
 ]
```

Agora, retomando nossa pergunta original: quando, exatamente, o esquema mudou? Como nossas listas de colunas são indexadas por datas, podemos encontrar a data da mudança e também obter uma boa pista das possíveis anomalias com um script SQL rápido, conforme ilustrado no Exemplo 4-21.

Exemplo 4-21. Uma query da tabela `EXOPLANETS` *estendida, que mostra quando o esquema para o conjunto de dados mudou*

```
WITH CHANGES AS(
  SELECT
    DATE,
    COLUMNS AS NEW_COLUMNS,
    LAG(COLUMNS) OVER(ORDER BY DATE) AS PAST_COLUMNS
  FROM
    EXOPLANETS_COLUMNS
)

SELECT
    *
FROM
    CHANGES
WHERE
    NEW_COLUMNS != PAST_COLUMNS
ORDER BY
    DATE ASC;
```

O exemplo 4-22 inclui os dados retornados, que reformatamos para legibilidade. Ao analisar os dados, vemos que o esquema mudou em 2022-07-19.

Exemplo 4-22. Resultados extraídos da query do Exemplo 4-21.

```
DATE:          2020-07-19
NEW_COLUMNS:  [
               (0, '_id', 'TEXT', 0, None, 0),
               (1, 'distance', 'REAL', 0, None, 0),
               (2, 'g', 'REAL', 0, None, 0),
               (3, 'orbital_period', 'REAL', 0, None, 0),
               (4, 'avg_temp', 'REAL', 0, None, 0),
               (5, 'date_added', 'TEXT', 0, None, 0),
               (6, 'eccentricity', 'REAL', 0, None, 0),
               (7, 'atmosphere', 'TEXT', 0, None, 0)
          ]
PAST_COLUMNS: [
               (0, '_id', 'TEXT', 0, None, 0),
               (1, 'distance', 'REAL', 0, None, 0),
               (2, 'g', 'REAL', 0, None, 0),
               (3, 'orbital_period', 'REAL', 0, None, 0),
               (4, 'avg_temp', 'REAL', 0, None, 0),
               (5, 'date_added', 'TEXT', 0, None, 0)
          ]
```

Com essa query, retornamos a data problemática: 2020–07–19. Assim como a observabilidade de atualização e de distribuição, alcançar a observabilidade de esquema segue um padrão: identificamos os metadados úteis (*https://oreil.ly/sIM86*) que sinalizam a integridade do pipeline, rastreamos e criamos detectores para nos alertar sobre possíveis problemas. Fornecer uma tabela adicional como `EXOPLANETS_COLUMNS` é um modo de rastrear o esquema, mas existem muitos outros. Incentivamos você a pensar em como poderia implementar um detector de mudanças de esquema para seu pipeline de dados!

Visualizando a Linhagem

Consideramos a linhagem como o mais holístico (*https://oreil.ly/Canj0*) dos cinco pilares da observabilidade de dados, e por boas razões. A linhagem contextualiza os incidentes nos informando (1) quais fontes downstream podem ser impactadas e (2) quais fontes upstream podem ser a causa-raiz. Embora não seja intuitivo "visualizar" a linhagem com o código SQL, um exemplo rápido pode ilustrar como isso ajuda. (No Capítulo 6, ensinaremos como desenvolver seu sistema de linhagem em nível de campo a partir do zero, usando frameworks comuns open-source).

Para demonstrar como isso funciona, adicionaremos outra tabela ao nosso banco de dados. Até agora, temos registrado dados sobre exoplanetas. Uma pergunta divertida: quantos desses planetas podem abrigar vida?

A tabela HABITABLES utiliza dados de EXOPLANETS para nos ajudar a responder a essa pergunta, entre outras características, conforme apresentado no Exemplo 4-23.

Exemplo 4-23. HABITABLES fornece informações sobre se os planetas listados em EXOPLANETS são habitáveis.

```
sqlite> PRAGMA TABLE_INFO(HABITABLES);
_id           | TEXT | 0 | | 0   ❶
perihelion    | REAL | 0 | | 0   ❷
aphelion      | REAL | 0 | | 0   ❸
atmosphere    | TEXT | 0 | | 0   ❹
habitability  | REAL | 0 | | 0   ❺
min_temp      | REAL | 0 | | 0   ❻
max_temp      | REAL | 0 | | 0   ❼
date_added    | TEXT | 0 | | 0   ❽
```

Um registro de HABITABLES contém o seguinte:

❶ _id: um UUID correspondente ao planeta

❷ perihelion: a distância mais próxima (*https://oreil.ly/y3twi*) do corpo celeste durante um período orbital

❸ aphelion: a maior distância (*https://oreil.ly/2EdB8*) do corpo celeste durante um período orbital

❹ atmosphere: a composição química dominante da atmosfera do planeta

❺ habitability: um número real entre 0 e 1, indicando a probabilidade de o planeta abrigar vida

❻ min_temp: a temperatura mínima na superfície do planeta

❼ max_temp: a temperatura máxima na superfície do planeta

❽ date_added: a data em que nosso sistema descobriu o planeta e o adicionou automaticamente aos nossos bancos de dados

Assim como as colunas em EXOPLANETS, os valores para perihelion, aphelion, atmosphere, min_temp e max_temp podem ser NULL. Na verdade, perihelion e aphelion serão NULL para qualquer_id em EXOPLANETS em que eccentricity seja NULL, já que usamos a excentricidade orbital para calcular essas métricas. Isso explica por que esses dois campos são sempre NULL em nossos registros de dados mais antigos.

Para vermos quais exoplanetas são mais habitáveis, podemos usar a seguinte query a fim de renderizar a saída no Exemplo 4-24:

```
sqlite> SELECT * FROM HABITABLES LIMIT 5;
```

Exemplo 4-24. Saída de query para termos uma noção dos exoplanetas mais habitáveis.

```
_id,perihelion,aphelion,atmosphere,habitability,min_temp,max_temp,date_added
c160b100-ef0c-4d6a-0cb2-f173d1151bdb,,,0.291139672855134,,2020-01-01
e7b56e84-41f4-4e62-b078-01b076cea369,,,0.835647137991933,,2020-01-01
a27030a0-e4b4-4bd7-8d24-5435ed86b395,,,0.894000806332343,,2020-01-01
54f9cf85-eae9-4f29-b665-855357a14375,,,0.41590200852556,103.71374885412 ...
4d06ec88-f5c8-4d03-91ef-7493a12cd89e,,,0.593524201489497,,2020-01-01
```

Portanto, sabemos que `HABITABLES` depende dos valores em `EXOPLANETS` (ou, igualmente, em `EXOPLANETS_EXTENDED`) e também em `EXOPLANETS_COLUMNS`. Um grafo de dependência de nosso banco de dados é representado na Figura 4-12.

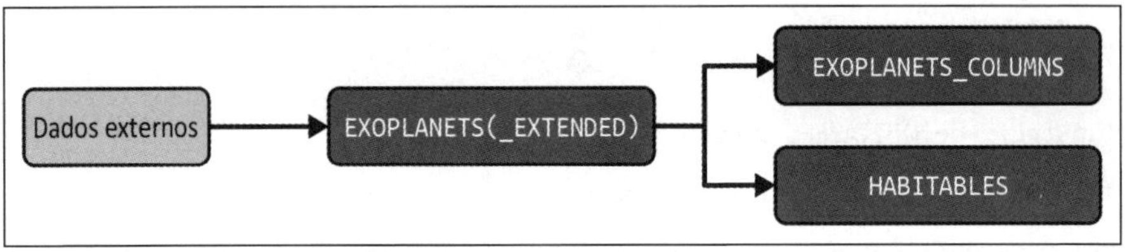

Figura 4-12. Grafo de dependência representando a linhagem entre os dados de origem e os "produtos" downstream.

Apesar de bastante simples, essas informações de linhagem são bem úteis. Vamos analisar uma anomalia de dados em `HABITABLES` no contexto desse grafo e ver o que podemos descobrir.

Investigando Uma Anomalia de Dados

Quando temos uma métrica importante, como `habitability` em `HABITABLES`, podemos avaliar a integridade dessa métrica de diversas formas. Para começar, qual é o valor médio de `habitability` para dados novos em determinado dia? No Exemplo 4-25, consultamos com uma query o valor médio de habitabilidade para novos dados de exoplanetas.

Exemplo 4-25. Query que extrai o valor médio de habitabilidade para novos dados de exoplanetas.

```
SELECT
  DATE_ADDED,
  AVG(HABITABILITY) AS AVG_HABITABILITY
FROM
  HABITABLES
GROUP BY
  DATE_ADDED;
```

O exemplo 4-26 é o arquivo CSV (*https://oreil.ly/o4kZF*) gerado pela query.

Exemplo 4-26. Resultados da query do Exemplo 4-25.

```
DATE_ADDED,AVG_HABITABILITY
2020-01-01,0.435641365919993
2020-01-02,0.501288741945045
2020-01-03,0.512285861062438
2020-01-04,0.525461586113648
2020-01-05,0.528935065722722
...,...
2020-09-02,0.234269938329633
2020-09-03,0.26522042788867
2020-09-04,0.267919611991401
2020-09-05,0.298614978406792
2020-09-06,0.276007150628875
```

Quando analisamos esses dados, percebemos que algo está errado. Parece que temos uma anomalia de dados. Normalmente, o valor médio de habitabilidade fica em torno de 0.5, mas depois, cai para cerca de 0.25 nos dados registrados (Figura 4-13).

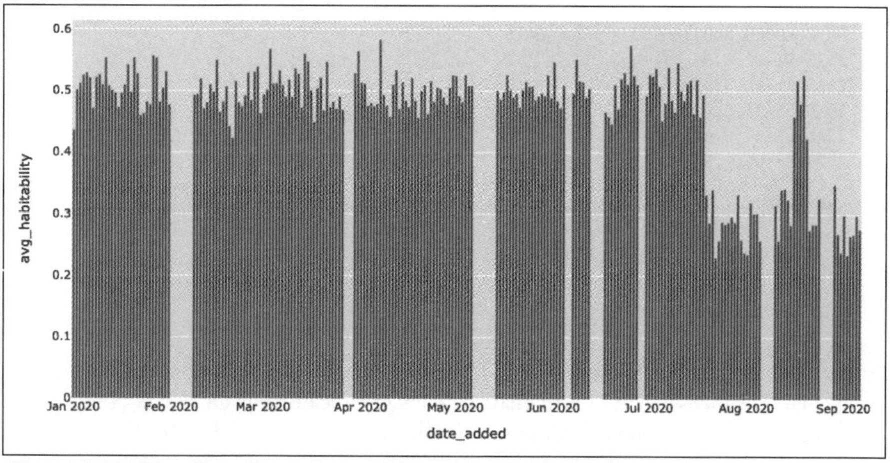

Figura 4-13. Visualizando o arquivo CSV para entender melhor onde ocorreu a anomalia nos dados e por quê.

Na Figura 4-13, podemos ver claramente que o problema é uma anomalia de distribuição dos dados, mas o que exatamente está acontecendo? Em outras palavras, qual é a *causa-raiz* dessa anomalia de dados?

Por que não analisamos a taxa null de habitabilidade, como fizemos quando detectamos anomalias de distribuição no início deste capítulo? Podemos fazer isso aproveitando a query do Exemplo 4-27, que extrai a taxa null para nosso conjunto novo e expandido de dados, informando-nos sobre possíveis anomalias de dados.

Exemplo 4-27. Query de taxa null para o conjunto novo de dados.

```
SELECT
 DATE_ADDED,
 CAST(
   SUM(
    CASE
    WHEN HABITABILITY IS NULL THEN 1
    ELSE 0
    END
   ) AS FLOAT) / COUNT(*) AS HABITABILITY_NULL_RATE
FROM
 HABITABLES
GROUP BY
 DATE_ADDED;
```

Felizmente, nada parece incoerente aqui, como podemos verificar nos resultados, conforme destacado no Exemplo 4-28.

Exemplo 4-28. Resultados da query do Exemplo 4-27.

```
DATE_ADDED,HABITABILITY_NULL_RATE
2020-01-01,0.0
2020-01-02,0.0
2020-01-03,0.0
2020-01-04,0.0
2020-01-05,0.0
...,...
2020-09-02,0.0
2020-09-03,0.0
2020-09-04,0.0
2020-09-05,0.0
2020-09-06,0.0
```

Como podemos ver no Exemplo 4-28, isso não parece promissor como causa do nosso problema. E se analisássemos outra métrica de integridade distribucional, a taxa de valores zero? Trata-se de outra possível causa-raiz de uma anomalia de distribuição. Vamos executar outra query, como mostrado no Exemplo 4-29, para nos ajudar a fazer justamente isso.

Exemplo 4-29. Query para entender a taxa de valores zero

```
SELECT
 DATE_ADDED,
 CAST(
   SUM(
    CASE
    WHEN HABITABILITY IS 0 THEN 1
    ELSE 0
    END
   ) AS FLOAT) / COUNT(*) AS HABITABILITY_ZERO_RATE
FROM
 HABITABLES
GROUP BY
 DATE_ADDED;
```

Algo parece mais errado aqui, conforme evidenciado pelo arquivo CSV (*https://oreil.ly/GSOoS*) apresentado no Exemplo 4-30. A habitabilidade de diversos exoplanetas tem uma taxa zero, que pode ser a causa-raiz de uma anomalia de dados.

Exemplo 4-30. Resultados da nossa query do Exemplo 4-29.

```
DATE_ADDED,HABITABILITY_ZERO_RATE
2020-01-01,0.0
2020-01-02,0.0
2020-01-03,0.0
2020-01-04,0.0
2020-01-05,0.0
...,...
2020-09-02,0.442307692307692
2020-09-03,0.441666666666667
2020-09-04,0.466666666666667
2020-09-05,0.46218487394958
2020-09-06,0.391304347826087
```

Na Figura 4-14, visualizamos os resultados de nossa query de taxa zero usando `AS FLOAT) / COUNT (*) AS HABITABILITY_ZERO_RATE`; que ilustra os resultados anômalos em agosto e setembro de 2020.

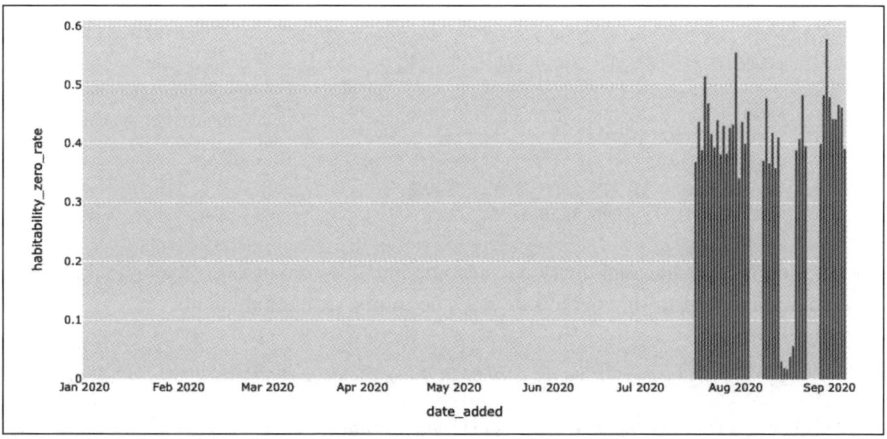

Figura 4-14. Visualizando as taxas de valor zero e a provável causa-raiz da anomalia.

Podemos adaptar um dos detectores de distribuição que criamos anteriormente neste capítulo para obter a primeira data significativa de taxas zero no campo de habitabilidade, conforme ilustrado no Exemplo 4-31.

Exemplo 4-31. Query para primeira data de taxas zero no campo de habitabilidade.

```
WITH HABITABILITY_ZERO_RATES AS(
  SELECT
    DATE_ADDED,
    CAST(
      SUM(
        CASE
          WHEN HABITABILITY IS 0 THEN 1
          ELSE 0
        END
      ) AS FLOAT) / COUNT(*) AS HABITABILITY_ZERO_RATE
        FROM
          HABITABLES
        GROUP BY
          DATE_ADDED
      ),

      CONSECUTIVE_DAYS AS(
      SELECT
        DATE_ADDED,
        HABITABILITY_ZERO_RATE,
        LAG(HABITABILITY_ZERO_RATE) OVER(ORDER BY DATE_ADDED)
          AS PREV_HABITABILITY_ZERO_RATE
      FROM
        HABITABILITY_ZERO_RATES
      )

      SELECT
        *
      FROM
        CONSECUTIVE_DAYS
      WHERE
        PREV_HABITABILITY_ZERO_RATE = 0 AND
        HABITABILITY_ZERO_RATE != 0;
```

Podemos então executar esta query por meio da linha de comando do Exemplo 4-32, que buscará a primeira data significativa de zeros no campo de habitabilidade.

Exemplo 4-32. Interface de linha de comando que executa a query do Exemplo 4-31

```
$ sqlite3 EXOPLANETS.db < queries/lineage/habitability-zero-rate-detector.sql
DATE_ADDED | HABITABILITY_ZERO_RATE | PREV_HABITABILITY_ZERO_RATE
2020-07-19 | 0.369047619047619 | 0.0
```

2020–07–19 foi a primeira data em que a taxa zero começou a mostrar resultados anômalos. Lembre-se de que esse é o mesmo dia da detecção de mudança de esquema em EXOPLANETS_EXTENDED. Como EXOPLANETS_EXTENDED está a upstream de HABITABLES, é bem possível que esses dois incidentes estejam relacionados.

Desse modo, as informações de linhagem podem nos ajudar a identificar a causa-raiz dos incidentes, de modo que possamos avançar mais rápido para resolvê-los. Compararemos as duas explicações a seguir com o incidente em `HABITABLES`:

1. Em 2020–07–19, a taxa zero da coluna de habitabilidade na tabela `HABITABLES` disparou de 0% para 37%.
2. Em 2020–07–19, começamos a rastrear dois campos adicionais, `eccentricity` e `atmosphere`, na tabela `EXOPLANETS`. Isso teve efeito adverso na tabela downstream `HABITABLES`, muitas vezes definindo os campos `min_temp` e `max_temp` com valores extremos sempre que `eccentricity` não era `NULL`. Por sua vez, isso causou um pico de taxa zero no campo `habitability`, que detectamos como uma diminuição anômala no valor médio.

Vamos detalhar essas explicações. A explicação 1 apenas recorre ao fato de que uma anomalia de dados aconteceu. A explicação 2 recorre à linhagem, em termos de dependências entre tabelas e campos, para contextualizar o incidente e determinar a causa-raiz. Na segunda explicação, tudo está correto. Incentivamos você a explorar o ambiente para entender por si mesmo o que está acontecendo. Mesmo que sejam apenas simples exemplos, um engenheiro com suporte da Explicação 2 entenderia e solucionaria com mais rapidez a causa do problema, e tudo isso se deve à observabilidade adequada.

O rastreamento de mudanças de esquema e de linhagem pode proporcionar visibilidade inigualável no que diz respeito à integridade e aos padrões de uso de dados, fornecendo informações contextuais indispensáveis sobre quem, o que, onde, por que e como seus dados foram usados. Na realidade, esquema e linhagem são os dois pilares mais importantes da observabilidade de dados quando se trata de entender as implicações downstream (e, não raro, as consequências reais) do tempo de inatividade de dados.

Escalando a Detecção de Anomalias Com Python e Com Aprendizado de Máquina

Em alto nível, o aprendizado de máquina é imprescindível para a observabilidade e para o monitoramento em escala de dados. Detectores com aprendizado de máquina podem ser usados com mais flexibilidade em um número maior de tabelas, eliminando a necessidade de verificações e de regras manuais à medida que seu data warehouse ou data lake cresce. Além do mais, os detectores de aprendizado de máquina podem aprender e adaptar-se aos dados em tempo real e capturar padrões sazonais complicados que, de outra forma, seriam invisíveis aos olhos humanos. Vamos nos aprofundar: não é necessária experiência anterior em aprendizado de máquina.

Conforme você deve se lembrar das duas seções anteriores deste exercício, estamos trabalhando de novo com dados astronômicos do tipo mock (*https://oreil.ly/3FLuD*) sobre exoplanetas habitáveis. Agora, limitaremos nossa atenção à tabela `EXOPLANETS`, como já fizemos antes neste capítulo, a fim de entender melhor como escalar a detecção de anomalias com aprendizado de máquina, representado no Exemplo 4-33.

Exemplo 4-33. Nosso confiável conjunto de dados `EXOPLANETS`.

```
$ sqlite3 EXOPLANETS.db
sqlite> PRAGMA TABLE_INFO(EXOPLANETS);
_id               | TEXT | 0 | | 0
distance          | REAL | 0 | | 0
g                 | REAL | 0 | | 0
orbital_period    | REAL | 0 | | 0
avg_temp          | REAL | 0 | | 0
date_added        | TEXT | 0 | | 0
```

Observe que `EXOPLANETS` está configurado para rastrear de forma manual uma parte importante dos metadados — a coluna `date_added` — que registra a data em que nosso sistema descobriu e adicionou o planeta automaticamente aos nossos bancos de dados. A fim de detectar anomalias de atualização e de distribuição, usamos uma simples query SQL para visualizar o número de novos registros adicionados por dia, conforme destacado no Exemplo 4-34.

Exemplo 4-34. Query para extrair o número de novos registros adicionados por dia em `EXOPLANETS`.

```
SELECT
 DATE_ADDED,
 COUNT(*) AS ROWS_ADDED
FROM
 EXOPLANETS
GROUP BY
 DATE_ADDED;
```

Ao que parece, essa query gera um conjunto de dados íntegro, conforme representado no Exemplo 4-35. Existe mais alguma coisa que devemos saber?

Exemplo 4-35. Resultados do Exemplo 4-34 (que parecem totalmente padrão).

```
date_added,ROWS_ADDED
2020-01-01,84
2020-01-02,92
2020-01-03,101
2020-01-04,102
2020-01-05,100
...,...
2020-07-14,104
2020-07-15,110
2020-07-16,103
2020-07-17,89
2020-07-18,104
```

Podemos visualizar estes resultados na Figura 4-15.

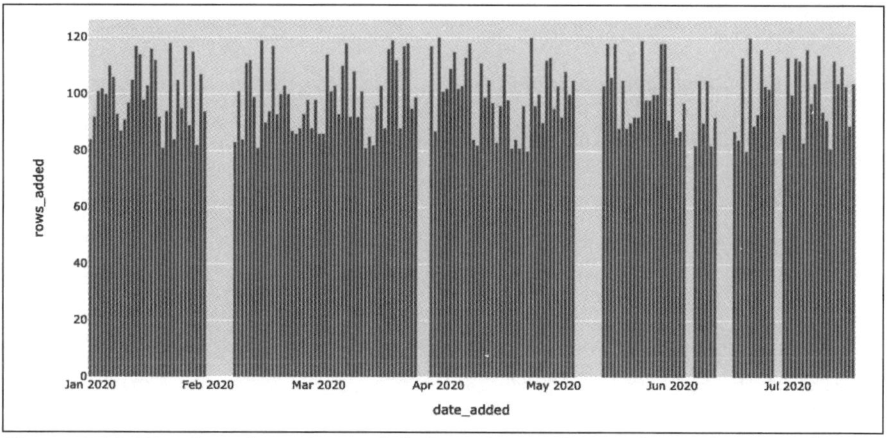

Figura 4-15. Visualizando o número de linhas adicionadas por dia em determinado mês.

Em termos claros, a tabela EXOPLANETS é atualizada rotineiramente com cerca de 100 registros por dia, mas, em alguns dias, fica "offline" quando nenhum dado é inserido, conforme ilustrado na Figura 4-15. Introduzimos uma métrica chamada DAYS_SINCE_LAST_UPDATE para rastrear esse aspecto da tabela por meio de nosso modelo de query de detecção de anomalias, conforme ilustrado no Exemplo 4-36. Isso nos informará quantos dias se passaram desde que o conjunto de dados EXOPLANETS foi atualizado, entre registros distintos.

Exemplo 4-36. Query sobre quantos dias se passaram desde a última atualização do conjunto de dados EXOPLANETS.

```
WITH UPDATES AS(
  SELECT
    DATE_ADDED,
    COUNT(*) AS ROWS_ADDED
  FROM
    EXOPLANETS
  GROUP BY
    DATE_ADDED
)

SELECT
  DATE_ADDED,
  JULIANDAY(DATE_ADDED) - JULIANDAY(LAG(DATE_ADDED) OVER(
    ORDER BY DATE_ADDED
  )) AS DAYS_SINCE_LAST_UPDATE
FROM
  UPDATES;
```

Os resultados são listados em um arquivo CSV (*https://oreil.ly/NI3fz*), representado no Exemplo 4-37 e visualizados na Figura 4-16. Vemos uma lista de datas com novos registros de dados.

Exemplo 4-37. Resultados do Exemplo 4-36.

```
DATE_ADDED,DAYS_SINCE_LAST_UPDATE
2020-01-01,
2020-01-02,1
2020-01-03,1
2020-01-04,1
2020-01-05,1
...,...
2020-07-14,1
2020-07-15,1
2020-07-16,1
2020-07-17,1
2020-07-18,1
```

Na Figura 4-16, podemos ver claramente que houve algumas datas em fevereiro, abril, maio, junho e julho de 2020 em que os dados não foram adicionados ao nosso conjunto de dados `EXOPLANETS`, sinalizando uma anomalia.

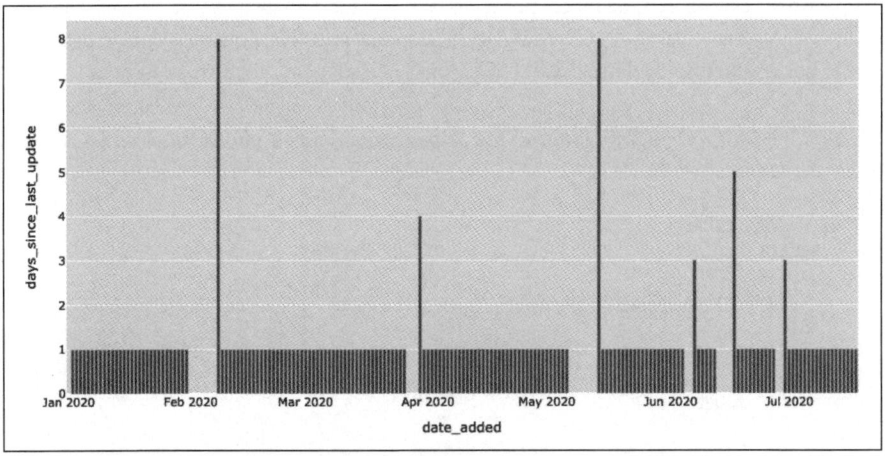

Figura 4-16. Com uma query de detecção de anomalias de atualização, podemos identificar quando os dados ficam "offline".

Com uma pequena modificação, introduzimos um parâmetro de threshold em nossa query para criar um detector de atualização, possibilitando-nos refinar ainda mais nossa detecção de anomalias. Nosso detector retorna todas as datas em que os dados mais recentes em `EXOPLANETS` tinham mais de um dia, como destacado no Exemplo 4-38.

Exemplo 4-38. Query para identificar quando uma coluna em nosso conjunto de dados `EXOPLANETS` *não foi atualizada há mais de um dia.*

```
WITH UPDATES AS(
  SELECT
    DATE_ADDED,
    COUNT(*) AS ROWS_ADDED
  FROM
    EXOPLANETS
  GROUP BY
    DATE_ADDED
),

NUM_DAYS_UPDATES AS (
  SELECT
    DATE_ADDED,
    JULIANDAY(DATE_ADDED) - JULIANDAY(LAG(DATE_ADDED)
      OVER(
        ORDER BY DATE_ADDED
      )
    ) AS DAYS_SINCE_LAST_UPDATE
  FROM
    UPDATES
)

SELECT
  *
FROM
  NUM_DAYS_UPDATES
WHERE
  DAYS_SINCE_LAST_UPDATE > 1;
```

O arquivo CSV gerado (*https://oreil.ly/KDNiX*) por essa query é representado no Exemplo 4-39, destacando anomalias de atualização.

Exemplo 4-39. Resultados da query do Exemplo 4-38.

```
DATE_ADDED,DAYS_SINCE_LAST_UPDATE
2020-02-08,8
2020-03-30,4
2020-05-14,8
2020-06-07,3
2020-06-17,5
2020-06-30,3
```

Na Figura 4-17, podemos visualizar claramente as datas específicas em que nosso conjunto de dados estava coletando dados desatualizados, provavelmente de um orbitador de exoplanetas ou de outra sonda espacial.

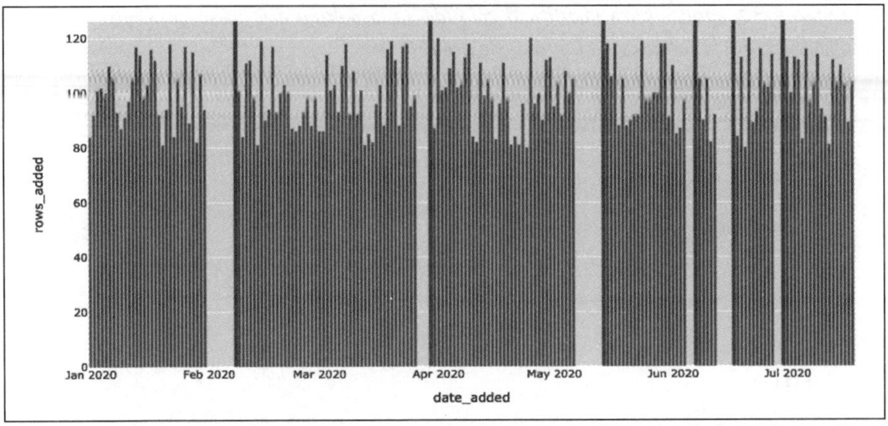

Figura 4-17. Visualizando datas em que a tabela estava coletando dados "desatualizados", indicando tempo de inatividade de dados.

Na Figura 4-17, os picos representam exemplos em que a tabela `EXOPLANETS` estava trabalhando com dados antigos ou "desatualizados". Em alguns casos, essas indisponibilidades podem ser um procedimento operacional padrão — talvez nosso telescópio estivesse precisando de manutenção; por isso, nenhum dado foi registrado durante um final de semana. Em outros, porém, uma ocorrência de indisponibilidade pode representar um problema real com a coleta ou com transformação de dados — talvez tenhamos mudado nossas datas para o formato ISO e, agora, a tarefa que habitualmente enviava dados novos está falhando. Podemos adotar a regra prática (heurística) de que indisponibilidades mais longas são piores, mas, além disso, como garantimos que detectamos apenas os problemas reais em nossos dados?

Resposta direta: não podemos garantir. Criar um preditor perfeito é impossível (pelo menos, para qualquer problema significativo de predição). No entanto, podemos recorrer a alguns conceitos de aprendizado de máquina para delimitar o problema de forma mais estruturada e, como resultado, fornecer observabilidade e confiança de dados em escala.

Melhorando os Alertas de Monitoramento de Dados Com Aprendizado de Máquina

Sempre que emitimos um alerta sobre um pipeline de dados com problemas, precisamos questionar se o alerta era certeiro. O alerta sinaliza um problema real? É necessário nos preocuparmos com dois cenários:

- Um alerta de monitoramento de dados foi emitido, mas não ocorreu nenhum problema real. Desperdiçamos o tempo do usuário ao responder ao alerta.
- Ocorreu um problema real, mas nenhum alerta de monitoramento de dados foi emitido. Deixamos um problema real passar despercebido.

Esses dois cenários são conhecidos como falsos positivos (preditos como anômalos, mas corretos) e falsos negativos (preditos como corretos, mas anômalos), e queremos evitá-los. Emitir um falso positivo é como dar um alarme falso — ficamos desesperados sem necessidade. Do mesmo modo, emitir um falso negativo é como um guarda que dorme durante a vigília — algo estava errado, mas não tomamos nenhuma atitude. Nosso objetivo é evitar essas circunstâncias o máximo possível, focando a maximização dos verdadeiros positivos (preditos como anômalos, sendo um problema, na verdade) e verdadeiros negativos (preditos como corretos, sendo corretos).

Considerando Falsos Positivos e Falsos Negativos

A detecção de anomalias é uma tarefa *não supervisionada*. O aprendizado não supervisionado é uma tarefa de aprendizado de máquina em que o comportamento ideal não pode ser conhecido no momento do treinamento. Em outras palavras, os dados que estamos treinando não vêm com rótulos anexados. Por isso, talvez você seja obrigado a chamar a detecção de anomalias de não supervisionada, já que as anomalias não vêm com rótulo ground truth [considerados como verdade fundamental, em tradução livre]. Sem rótulos ground truth, não podemos obter um *sinal de erro*, ou seja, a diferença entre o que predizemos e o que deveria ter sido predito.

Mesmo que algumas tarefas de detecção de anomalias sejam melhor compreendidas como problemas de aprendizado não supervisionado, *ainda* faz sentido considerar o termo sinal de erro supervisionado como falso negativo, falso positivo, precisão etc. Caso contrário, não podemos comparar diferentes algoritmos de detecção uns com os outros ou ter qualquer métrica de melhoria e de sucesso.

Para qualquer ponto de dados, um detector de anomalias gera uma predição "anômala" ou "não anômala". Além do mais, considere que exista uma *verdade* sobre o assunto — o ponto de dados em questão é um problema real ou não é um problema. Imagine uma medição que indique que sua tabela de análise principal não foi atualizada em nenhum momento nos últimos três dias. Se sua tabela deve ser atualizada a cada hora, temos um problema real! Quando um ponto de dados é problemático *e* nosso detector o considera "anômalo", chamamos isso de *verdadeiro positivo*. Quando um ponto de dados não apresenta problemas e nosso detector não o identifica (ou seja, problemas "não anômalos"), chamamos isso de *verdadeiro negativo*. A Tabela 4-1 ilustra esse conceito.

Tabela 4-1. Quatro possíveis resultados da detecção de anomalias.

		Predito	
		Negativo	**Positivo**
Real	**Negativo**	Verdadeiro Negativo	Falso Positivo
	Positivo	Falso Negativo	Verdadeiro Positivo

Falsos negativos são casos em que o ponto de dados era efetivamente problemático, mas nosso detector não o identificou. Uma detecção de falso negativo é como um cão de guarda que dorme em vigília — o algoritmo deixa um problema passar despercebido. *Falsos positivos* são casos em que detectamos uma anomalia, mas o ponto em questão não era efetivamente problemático. Uma detecção de falso positivo é como um alarme falso — o algoritmo gerou um resultado "anômalo", mas o ponto de dados subjacente não apresentava problemas. Falsos positivos e falsos negativos são realidades até mesmo para os algoritmos de detecção de anomalias mais bem treinados.

Falsos positivos e falsos negativos são preocupantes. Supostamente, as melhores técnicas de detecção de anomalias deveriam evitar ambos. Infelizmente, por razões relacionadas à estatística, não podemos "simplesmente evitar os dois". Na prática, menos falsos positivos ocorrem à custa de *mais* falsos negativos — e vice-versa.

Para entender o porquê, imagine novamente uma pessoa que deu um alarme falso — pela perspectiva do detector de anomalias! A pessoa que deu o alarme falso detecta cada ponto de dados como uma anomalia. Como resultado, a detecção é altamente *sensível* (provavelmente não deixará passar nenhum falso negativo), e nem um pouco *específica* (suscetível de gerar muitos falsos positivos). Os profissionais de dados não gostam de detectores do tipo alarme falso, pois geram detecções não *verossímeis*. Quando um detector de anomalia com alta taxa de falsos positivos identifica algo, é provável que acreditemos que o alerta não é real.

"O cão de guarda que dorme em vigília" é outro tipo de detector de anomalias — na verdade, o tipo oposto. É o tipo de detector que *nunca* considera pontos de dados anômalos. O algoritmo resultante de detecção de anomalias é altamente *específico* (nenhum falso positivo será gerado), e nem um pouco sensível (ocorrerão muitos falsos negativos). Os profissionais de dados também não gostam de detectores do tipo cão de guarda que dorme em vigília, pois os resultados não são *confiáveis*. Detectores excessivamente conservadores nunca gerarão detecções anômalas. Ou seja, eles certamente falharão quando as coisas derem errado.

O segredo, ao que parece, é focar algum ponto intermediário entre esses dois esquemas de detecção.

Melhorando a Precisão e o Recall/Revogação

Para determinada coleção de dados, depois de aplicar um algoritmo de detecção de anomalias, teremos uma coleção de verdadeiros positivos (TPs), verdadeiros negativos (TNs), falsos positivos (FPs) e falsos negativos (FNs). Normalmente, não analisamos esses "scores" propriamente ditos — é possível combiná-los estatisticamente com métricas significativas. Nós focamos a precisão e o recall/revogação, métricas de acurácia que quantificam o desempenho do detector de anomalias.

A *precisão* é definida como a taxa de predições corretas efetuadas, logo:

$$\text{Precisão} = \frac{\text{TPs}}{\text{TPs} + \text{FPs}}$$

Dito de outro modo: de todos os "positivos" (predições efetuadas), quantos estão corretos?

O *recall* é definido como a taxa de anomalias reais detectadas, logo:

$$\text{Recall} = \frac{\text{TPs}}{\text{TPs} + \text{FNs}}$$

Em outras palavras: de todas as anomalias reais, quantas capturamos?

Esses termos são métricas populares de acurácia para sistemas de classificação, sendo semanticamente expressivos. Um detector com alta precisão é "preciso" pois, quando prediz anomalias, na maioria das vezes, está correto. Da mesma forma, um detector com alto recall "recupera" — captura uma alta taxa de todas as anomalias reais.

O problema, claro, é que não se pode ter o melhor dos dois mundos. Repare que existe um trade-off explícito entre esses dois. Como obtemos a precisão perfeita? Simples: alerta para nada — tipo o cão de guarda que dorme o tempo todo — nos obrigando a ter uma taxa de falsos positivos de 0%. O problema? O recall será atroz, já que nossa taxa de falsos negativos será enorme. Do mesmo modo, como obtemos um recall perfeito? É simples também: alerta para tudo — tipo a pessoa que dá alarme falso — forçando uma taxa de falso negativo de 0%. A questão, como esperado, é que nossa taxa de falsos positivos será prejudicada, afetando a precisão.

Nosso mundo de dados é regido por objetivos quantificáveis e, na maioria dos casos, queremos um objetivo único para otimizar, e não dois. Podemos combinar precisão e recall em uma única métrica chamada F-score. A fórmula geral para β real não negativo é:

$$F_\beta = \frac{\left(1 + \beta^2\right) \cdot (\text{Precisão} \cdot \text{Recall})}{\left(\beta^2 \cdot \text{Precisão} + \text{Recall}\right)}$$

Fβ é chamado de F-score ponderado, uma vez que diferentes valores para beta ponderam a precisão e recuperam de forma diferente no cálculo. Em geral, um Fβ-score diz: "Considero o recall beta vezes mais importante do que precisão."

Quando $\beta = 1$, a equação avalia cada um igualmente. Defina $\beta > 1$ e o recall será mais importante para um score maior. Em outras palavras, $\beta > 1$ diz: "Preocupo-me mais em detectar todas as anomalias do que em gerar ocasionalmente um alarme falso." Do mesmo modo, defina $\beta < 1$ e a precisão será mais importante. $\beta < 1$ diz: "Preocupo-me mais com o fato de meus alarmes serem reais do que com a detecção de todos os problemas reais."

Podemos usar diversos frameworks para aplicar a detecção de anomalias em escala sem ter que programar manualmente os algoritmos em Python. Veja a seguir alguns dos nossos favoritos:

Facebook Prophet

Modelo de forecasting desenvolvido para lidar com sazonalidades diárias, semanais, mensais e anuais em dados de séries temporais em escala. Os usuários podem carregar modelos Prophet de base e ajustar parâmetros do modelo interpretáveis por humanos, adicionando conhecimento de domínio via feature augmentation [aumento artificial de features]. O pacote é fornecido em Python e em R.

TensorFlow

Biblioteca popular de aprendizado de máquina para uma variedade de tarefas, incluindo processamento de linguagem natural, visão computacional e detecção de anomalias em séries temporais. O pacote fornece implementações úteis e bem documentadas de algoritmos de detecção de anomalias mais sofisticados. O pacote Keras do TensorFlow, por exemplo, implementa um modelo de autoencoder, que pode ser usado para uma forma neural de autorregressão, mais poderoso do que um modelo básico de média móvel integrada autorregressiva (ARIMA).

PyTorch

Desenvolvida no Facebook, é outra biblioteca Python de aprendizado de máquina que atende a casos de uso semelhantes ao TensorFlow (desenvolvida pelo Google). Em geral, a PyTorch tem maior aceitação no âmbito acadêmico do setor, enquanto a TensorFlow desfruta de maior popularidade nos ambientes de produção.

scikit-learn

Outro pacote popular de software de aprendizado de máquina com implementações para todos os tipos de algoritmos. Além de métodos de detecção de anomalias de séries temporais, como ARIMA, o scikit-learn tem versões do algoritmo *k*-vizinho mais próximo e do algoritmo floresta de isolamento, dois métodos populares de clusterização. Assim como a TensorFlow, o scikit-learn é desenvolvido em Python.

MLflow

Ferramenta popular de rastreamento de experimentos desenvolvida como open-source pelos criadores do Databricks. O rastreamento de experimentos se refere ao processo de gerenciamento de modelos de aprendizado de máquina em desenvolvimento e em produção. O MLflow é sobretudo um software de rastreamento e de reprodução de experimentos. As instâncias do MLflow têm registries de modelos compartilhados, em que os experimentos podem ser copiados e comparados lado a lado. Cada modelo pertence a um projeto, que é um ambiente de software empacotado, projetado para garantir a reprodutibilidade do modelo, conforme ilustrado na Figura 4-18. Um aspecto importante do desenvolvimento de software de detecção de anomalias é a garantia de que *o código seja executado da mesma forma em máquinas diferentes*. Não queremos passar pela seguinte situação: achar que resolvemos um bug localmente apenas para que a correção não seja aplicada em produção. Além do mais, se um colega relatar uma métrica de acurácia para seu modelo atualizado, queremos conseguir replicar os resultados de qualidade. E também quando se trata de projetos, o registry do MLflow auxilia no deploy de modelos em ambientes de produção, incluindo Azure ML e Amazon SageMaker, ou em clusters Spark, como Apache Spark UDF.

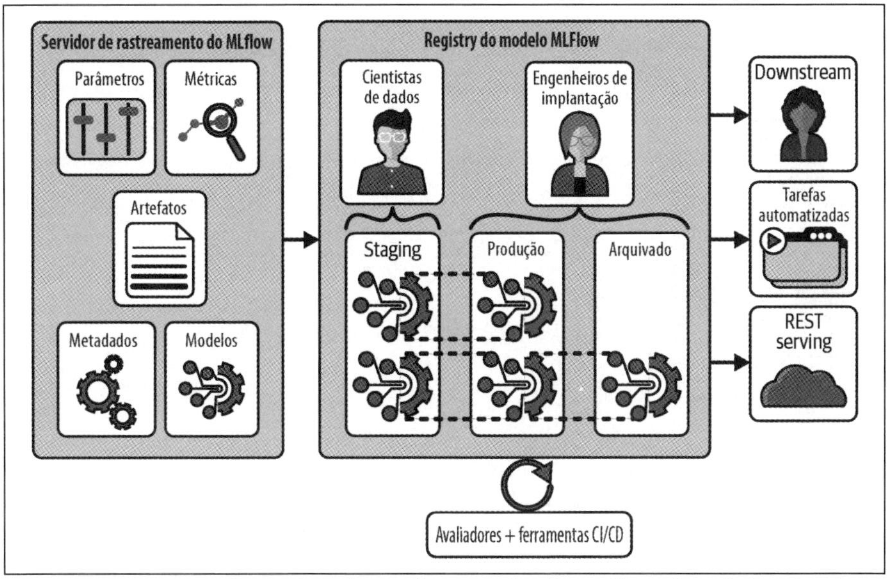

Figura 4-18. Registry do modelo do MLflow visualizado no fluxo de trabalho de ciência de dados.

O *rastreamento de experimentos*, processo de gerenciamento de desenvolvimento e de treinamento de modelos de aprendizado de máquina, envolve comparação de hiperparâmetros, verificação de dependências, gerenciamento e orquestração de tarefas de treinamento, além de salvar os snapshots de modelos e coletar os logs — entre outras tarefas! Em princípio, isso pode ser feito usando planilhas absurdamente complicadas, embora, obviamente, existam ferramentas melhores.

TensorBoard

É o kit de ferramentas de visualização da TensorFlow, mas não precisamos modelar com a TensorFlow para aproveitar as vantagens do software. Com o TensorBoard, conforme mostrado na Figura 4-19, é possível visualizar métricas comuns de aprendizado de máquina, como perda por época de treinamento [loss], matrizes de confusão e análise de erros individuais.

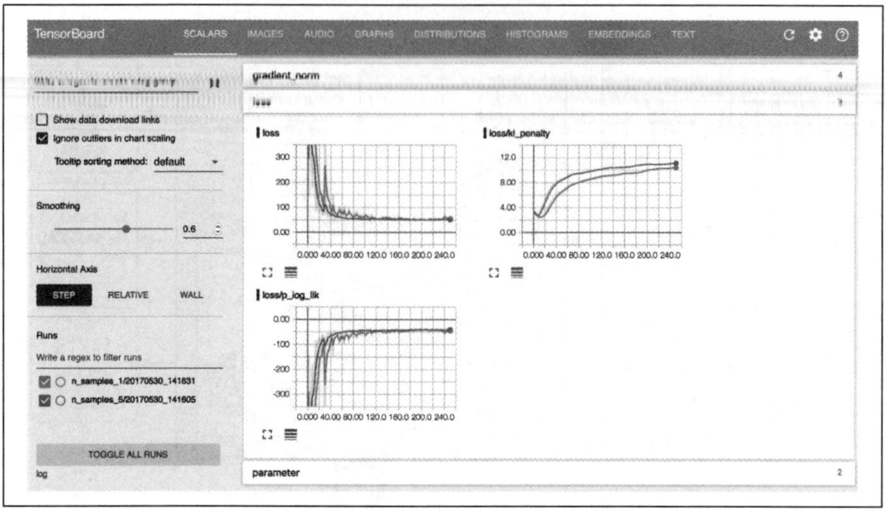

Figura 4-19. Visualização padrão do TensorBoard durante o treinamento do modelo. Fonte: Tran et al.[1]

Os frameworks mencionados, assim como outros, podem elevar o patamar dos detectores de anomalias, eliminando falsos negativos e positivos e reduzindo a necessidade de ajuste do modelo ao longo do tempo.

Detectando Incidentes de Atualização Com Monitoramento de Dados

Com nosso novo vocabulário em mãos, vamos retomar a tarefa de detectar incidentes de atualização na tabela `EXOPLANETS`. Estamos usando um simples algoritmo de predição, pois transformamos nossa query em um detector definindo um parâmetro de modelo X. Nosso algoritmo diz: "Qualquer indisponibilidade com duração superior a X dias é uma anomalia e emitiremos um alerta." Mesmo em um caso tão simples como esse, as métricas de precisão, de recall e de F-score podem nos ajudar!

A fim de demonstrar isso, pegamos as indisponibilidades de atualização em `EXOPLANETS` e atribuímos rótulos ground truth, que codificam se cada indisponibilidade é um incidente real ou não. É impossível calcular a acurácia de um modelo sem algum tipo de ground truth, por isso, é sempre útil pensar em como você geraria os rótulos para seu caso de uso. Lembre-se de que, na tabela `EXOPLANETS`, temos um total de seis períodos de indisponibilidade que duram mais de um dia, conforme destacado nos dados representados no Exemplo 4-40.

Exemplo 4-40. Resultados da query do Exemplo 4-38 sobre períodos de indisponibilidade com duração superior a um dia.

[1] Dustin Tran, Alp Kucukelbir, Adji B. Dieng, Maja Rudolph, Dawen Liang e David M. Blei, "Edward: A Library for Probabilistic Modeling, Inference, and Criticism", arXiv preprint arXiv:1610.09787, 2016, *https://oreil.ly/CvuKL*.

```
DATE_ADDED,DAYS_SINCE_LAST_UPDATE
2020-02-08,8
2020-03-30,4
2020-05-14,8
2020-06-07,3
2020-06-17,5
2020-06-30,3
```

Digamos que, por um acaso, os incidentes de 2020-02-08 e de 2020-05-14 sejam reais. Como cada um tem oito dias de duração, faz sentido que sejam problemáticos. Por outro lado, suponha que os períodos de indisponibilidade em 2020-03-30 e em 2020-06-07 não sejam incidentes reais. Como eles duram quatro e três dias, respectivamente, isso não é estranho. Por último, deixe que os períodos de indisponibilidade em 2020-06-17 e em 2020-06-30, cinco e três dias, respectivamente, *também* sejam incidentes reais, conforme representado no Exemplo 4-41.

Exemplo 4-41. Classificando as anomalias "reais".

```
INCIDENT,NOT INCIDENT
2020-02-08 (8 days),2020-03-30 (4 days)
2020-05-14 (8 days),2020-06-07 (3 days)
2020-06-17 (5 days),
2020-06-30 (3 days),
```

Tendo escolhido nossos ground truths dessa maneira, vemos que indisponibilidades mais longas têm maior probabilidade de serem problemas reais, mas não temos garantia disso. Mesmo que essa correlação fraca torne um bom modelo eficaz, ele será imperfeito, assim como seria em casos mais complexos e reais de uso. Para melhorar a acurácia do modelo, não precisamos procurar mais do que uma das ferramentas mais comuns em um kit de ferramentas de engenheiro de dados ou AM: o F-score.

F-Scores

F-scores são métricas de acurácia de classificação desenvolvidas para otimizar conjuntamente a precisão e o recall. O "padrão" delas é o F_1-score, definido (para os estatísticos) como média harmônica entre precisão e recall:

$$F_1 = \frac{2}{\frac{1}{\text{Precisão}} + \frac{1}{\text{Recall}}}$$

Isso significa que F_1-score foi desenvolvido para dar peso igual à precisão e ao recall, ou seja, recompensamos os ganhos em ambas as métricas. Em alguns contextos, esse tipo de avaliação pode ser apropriado. Em outros, porém, o recall ou a precisão podem assumir importância maior.

Vejamos um exemplo real que ilustra a questão: no sábado pela manhã, 13 de janeiro de 2018 (*https://oreil.ly/aW05x*), os moradores do Havaí receberam mensagens de texto informando que um míssil balístico estava a caminho e que eles deveriam buscar abrigo subterrâneo imediatamente. O alerta foi emitido às 8h07 e terminava sinistramente com "Isso não é um exercício". Após 30 minutos, depois que a rede telefônica havaiana e a linha de emergência 911 entraram em colapso devido ao uso excessivo, o governo do estado havaiano emitiu que o alerta havia sido um equívoco. Embora um havaiano tenha sofrido um ataque cardíaco ao ouvir a notícia, não houve mortes imediatas no evento.

O incidente no Havaí foi planejado como um teste do sistema *real* de alerta da ilha — o problema foi que, por engano, o sistema emitiu um *alerta real*. Nesse caso, o alerta real é um exemplo de detecção de anomalia que deu errado no mundo cotidiano — um falso positivo. Agora, mesmo que certamente assustador, considere o *falso negativo* equivalente e as possíveis repercussões que isso acarretou. Ao considerar os impactos em nosso mundo cotidiano, as consequências, quando as coisas não funcionam como previsto, podem ser graves.

O que isso significa para o design de produtos e o que podemos fazer para mitigá-los? Em termos do que estamos analisando aqui: um falso positivo é *melhor* do que um falso negativo para o sistema de detecção de mísseis. Significado: o recall é *mais* importante do que a precisão. Se estivermos examinando o desempenho de um sistema como esse, deveríamos usar uma métrica diferente do F_1-score. Em termos específicos, uma F_β score geral nos possibilita dizer: "o recall é *beta* vezes mais importante do que a precisão para o meu detector":

$$F_\beta = \frac{1+\beta^2}{\frac{\beta^2}{\text{Precisão}} + \frac{1}{\text{Recall}}}$$

Quando $\beta = 1$, veja que essa equação é a mesma que a equação do F_1-score. Ela também diria que: "o recall é uma vez mais importante do que a precisão" — ponderando igualmente ambos. No entanto, se estivéssemos testando algo como um sistema de alerta de mísseis em que o recall fosse duas ou três vezes mais importante, poderíamos considerar a avaliação usando um F_2 ou um F_3.

A Acurácia do Modelo É Importante?

Nas últimas páginas, talvez você tenha percebido que usamos moderadamente a palavra "acurácia". Algoritmos de aprendizado de máquina, incluindo detectores de anomalias, devem ter "acurácia" — ou, pelo menos, foi o que você já ouviu por aí. Por que, então, não estamos usando acurácia desse o início?

Veja parte da resposta (exemplo extraído de um professor de Stanford, Mehran Sahami). Imagine que esteja desenvolvendo um sistema sofisticado de detecção de anomalias com aprendizado de máquina para testar a síndrome da imunodeficiência adquirida (AIDS). Nosso sistema ultrassofisticado funciona da seguinte forma: ele apenas prediz "Não" sempre que perguntamos se alguém contraiu AIDS. Hoje, nos Estados Unidos, a AIDS afeta aproximadamente 1,2 milhão de pessoas. A população dos EUA gira em torno de 330 milhões de pessoas. Nossa "acurácia", ou a *média* de nosso nível de acerto, é 1 – (norte-americanos com AIDS / norte-americanos) = 1 – (1,2 milhão / 330 milhões) = 99,6%.

É uma das melhores acurácias que já vimos — sem dúvidas, digna de publicação, motivo para comemoração etc.

Espero que este exemplo ilustre o que quero dizer: a acurácia não é tão simples quanto a média de nosso nível de acerto e, além disso, não deve ser definida da mesma forma para diferentes usos. Aliás, no exemplo anterior, a consequência de se confiar na métrica de acurácia seria diagnosticar erroneamente dezenas de milhares de pessoas — ou mais. No final das contas, queremos um bom esquema de detecção para minimizar os falsos positivos e os falsos negativos. Na prática de aprendizado de máquina, é mais comum pensar em termos relacionados, ainda que criteriosos, como precisão e recall, conforme ilustrado na Figura 4-20.

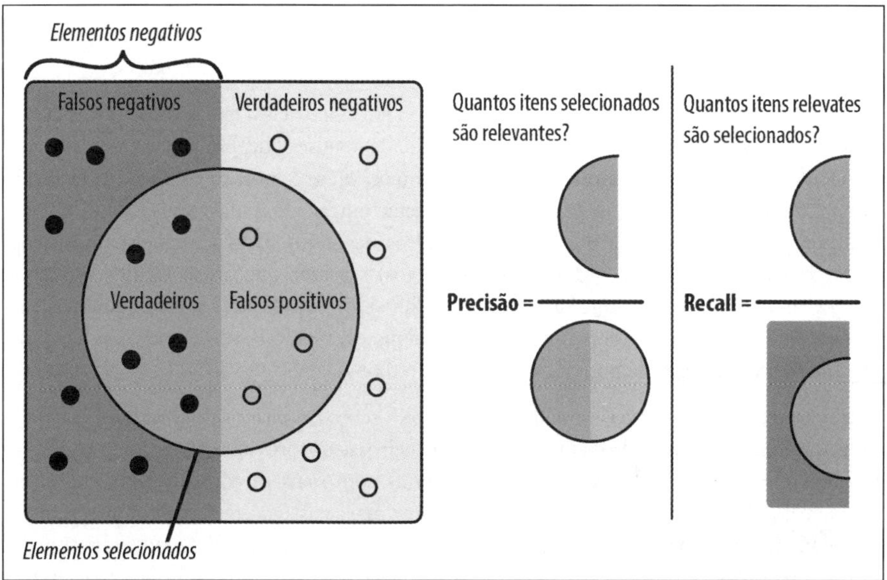

Figura 4-20. Precisão (com que frequência o algoritmo detecta com acurácia uma anomalia) e recall (quantas anomalias totais foram detectadas).

Conforme analisado anteriormente neste capítulo, a precisão, em geral, nos informa com que frequência estamos certos quando emitimos um alerta. Modelos com boa precisão geram alertas verossímeis, pois sua alta precisão garante que emitam alarmes falsos com pouca frequência. O recall, em geral, nos informa para quantos problemas emitimos alertas. Modelos com bom recall são confiáveis, pois seu recall alto garante que raramente durmam na vigilância.

Aprimorando nossa metáfora: um modelo com boa precisão raramente gera um alarme falso, quando gera, é melhor acreditarmos. Da mesma forma, um modelo com bom recall é como um bom cão de guarda, podemos ter certeza de que esse modelo detectará todos os problemas reais.

Agora, suponha que comecemos definindo nosso threshold para três dias — ou seja, "cada indisponibilidade de mais de três dias é uma anomalia". Como detectamos corretamente anomalias em 2020-02-08, 2020-05-14 e 2020-06-17, temos três verdadeiros positivos. Mas, infelizmente, detectamos 2020-03-30 como um incidente que não ocorreu, então temos um falso positivo. Três verdadeiros positivos/(três verdadeiros positivos + um falso positivo) significa que nossa precisão é 0.75. Além disso, não conseguimos detectar 2020-06-30 como um incidente, o que significa que temos um falso negativo. Três verdadeiros positivos/(três verdadeiros positivos + um falso negativo) significa que nosso recall também é 0.75. O F_1-score é dado pela fórmula:

$$\frac{TP}{TP + \frac{1}{2}(FP + FN)}$$

Inserindo os valores adequados, nosso F_1-score também é de 0.75. Nada mal!

Agora, imagine que definimos um threshold maior, em cinco dias. Detectamos apenas 2020-02-08 e 2020-05-14, os períodos de indisponibilidade maiores que, por sua vez, acabam por ser incidentes reais. Logo, não temos falsos positivos, ou seja, nossa precisão é 1, perfeito! No entanto, perceba que não conseguimos detectar outras anomalias reais, 2020-06-17 e 2020-06-30, o que significa que temos dois falsos negativos. Dois verdadeiros positivos/(dois verdadeiros positivos + dois falsos negativos) significa que nosso recall é 0.5, pior do que antes. Faz sentido que nosso recall tenha sido prejudicado, pois escolhemos um classificador mais conservador com um threshold maior. Nosso F_1-score pode ser calculado novamente com a fórmula anterior e acaba sendo 0.667.

Se plotarmos nossa precisão, nosso recall e nosso F_1-score em termos do threshold que definimos, veremos alguns padrões importantes. Primeiro, detectores agressivos com thresholds menores têm recall melhor, já que emitem alertas com mais rapidez e, assim, capturam problemas mais reais. Por outro lado, detectores mais passivos têm melhor precisão, já que emitem alertas para as piores anomalias, que têm maior probabilidade de serem reais. O F_1-score atinge um pico em algum lugar entre esses dois extremos — neste caso, em um threshold de quatro dias. Encontrar a zona ideal é a chave para melhor ajustarmos nossos detectores, conforme ilustrado na Figura 4-21.

Por último, vejamos uma última comparação (Figura 4-22). Observe que analisamos apenas o F_1-score, que pondera precisão e recall igualmente. O que acontece quando analisamos outros valores de beta?

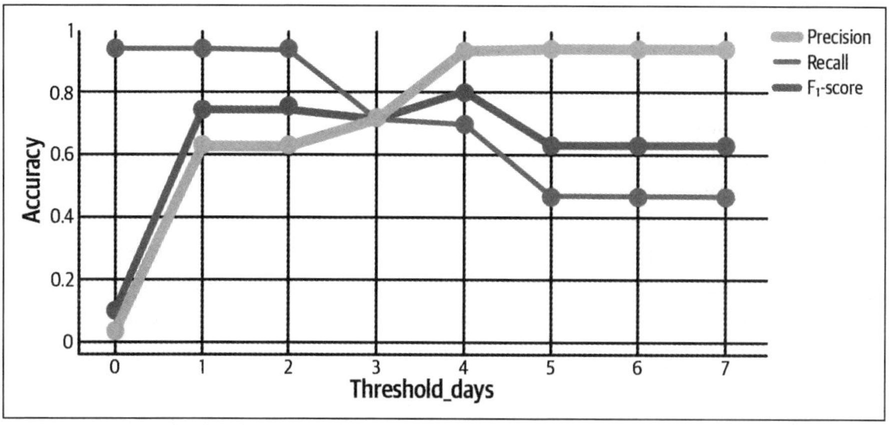

Figura 4-21. Cálculo de precisão [precision, no gráfico], recall e F_1-score, e plotagem dos resultados para determinar como ajustar detectores de anomalias. Aqui, accuracy é acurácia e threshold_days é threshold_dias.

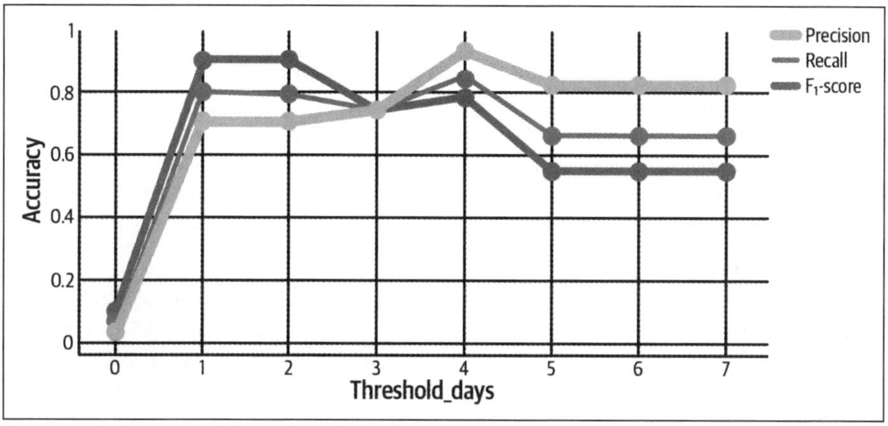

Figura 4-22. Cálculo do F-score com diferentes valores de β. Aqui, accuracy é acurácia e threshold_days é threshold_dias.

Não se esqueça de que um F_β geral diz que "o recall é *beta* vezes mais importante do que a precisão". Assim, devemos esperar que F_2 seja maior do que F_1 quando o recall é priorizado — que é exatamente o que vemos em thresholds inferiores a 4, conforme ilustrado na Figura 4-22. Ao mesmo tempo, $F_{0.5}$-score é maior para thresholds maiores, mostrando mais tolerância para classificadores conservadores com maior precisão.

Com esse F-score à mão e um algoritmo mais bem ajustado, estamos prontos para detectar problemas nos cinco pilares da observabilidade de dados: atualização, volume, distribuição, esquema e linhagem.

Explorando Além do Básico: Outras Abordagens Úteis de Detecção de Anomalias

Os melhores algoritmos de detecção de anomalias fazem três coisas: detectam problemas em tempo quase real, emitem alertas para quem precisa saber sobre os problemas e fornecem informações para ajudar a evitar que ocorram futuros tempos de inatividade de dados. Neste capítulo, analisamos abordagens comuns e elementos-chave de algoritmos básicos de detecção de anomalias, mas nosso exemplo é apenas a ponta do iceberg. Existem diversas outras práticas recomendadas, componentes de algoritmos e metodologias que garantem resultados semelhantes ou ainda com mais acurácia, dependendo das ferramentas que usamos:

Definições de regras ou thresholds rígidos
: As definições de regra definem cutoffs explícitos para determinados valores de métrica e estabelecem anomalias em relação ao threshold. Embora seja tecnicamente detecção, esta abordagem só pode ser chamada devidamente de detecção de "anomalia" se a maioria dos pontos de dados estiver dentro do threshold. As definições de regras são bastante escaláveis e podem funcionar para SLAs extremamente bem definidos, garantias de tempo de atividade de dados e assim por diante.

Modelos autorregressivos
: A autorregressão funciona na detecção de anomalias de séries temporais, em que os pontos de dados são ordenados usando um objeto timestamp. Modelos autorregressivos obtém dados de timesteps anteriores, fornecendo-os a um modelo de regressão (linear) e usam a saída para elaborar uma predição de onde os dados do próximo timestamp estarão. Os pontos de dados muito distantes da predição autorregressiva são marcados como anômalos. Combinada com um algoritmo de média móvel simples, a autorregressão nos fornece os algoritmos de detecção de média móvel autorregressiva e ARIMA. Se tivéssemos aprimorado ainda mais nosso exemplo de exoplaneta e o inserido em camadas a autorregressão, esse conjunto de dados teria funcionado relativamente bem.

Suavização exponencial
: Podemos recorrer a métodos de suavização exponencial para remover a tendência e a sazonalidade das séries temporais, de modo que abordagens mais ingênuas (por exemplo, ARIMA) possam assumir o controle. O modelo Holt-Winters é um modelo sazonal famoso para previsão de séries temporais, tendo uma taxonomia rica (aditiva, multiplicativa, amortecimento e não amortecimento [fator de amortecimento] e assim por diante).

Clusterização
: Técnicas de clusterização, como o algoritmo *k*-vizinho mais próximo (*https://oreil.ly/YRRor*) ou o algoritmo de floresta de isolamento (*https://oreil.ly/lY85G*), encontram anomalias inserindo pontos de dados semelhantes em buckets e emitindo alertas para pontos "estranhos" de dados, por exemplo, os dados se encaixam em buckets pequenos ou até mesmo únicos.

Ajuste de hiperparâmetro
: Os modelos de aprendizado de máquina têm muitos *parâmetros*, que são representações numéricas dos dados usados pelo algoritmo de predição. Alguns parâmetros são aprendidos usando o processo de dados e de treinamento. Por exemplo, com um modelo z-score, μ e σ são parâmetros definidos automaticamente a partir da distribuição dos dados de entrada. Outros parâmetros, chamados *hiperparâmetros*, não são definidos pelo processo de aprendizagem, mas *regem* os processos de aprendizagem e de inferência de determinadas maneiras. Alguns hiperparâmetros afetam

a arquitetura do modelo, por exemplo, o tamanho de uma rede neural, o tamanho da embedding e matrizes de estados ocultos, e assim por diante, chamados de *hiperparâmetros de modelo*. Outra classe, *hiperparâmetros de algoritmo*, afeta a maneira como o treinamento é feito, por exemplo, a taxa de aprendizagem, o número de épocas ou o número de pontos de dados por lote de treinamento.

Framework de modelo ensemble

Um framework de modelo ensemble (*https://oreil.ly/Z8oZ8*) pega o melhor de cada método — um pouco de clusterização, de suavização exponencial e de nós autorregressivos combinados em uma rede neural feed-forward (*https://oreil.ly/6CiLU*) — e combina as predições usando um algoritmo ensemble de votação majoritária.

Embora importantes, essas abordagens fogem ao do escopo deste livro — para saber mais sobre a criação de grandes algoritmos de detecção de anomalias, sugerimos que leia o livro *Mãos à obra aprendizado de máquina com Scikit-Learn, Keras e TensorFlow: conceitos, ferramentas e técnicas para a construção de sistemas inteligentes* (Alta Books) de Aurélien Géron.

Criando Monitores de Qualidades de Dados: Data Warehouses Versus Data Lakes

Quando se trata de criar monitores de qualidade de dados para seu sistema de dados, é importante distinguir se você está lidando com dados estruturados e monolíticos, oriundos de um data warehouse, ou se está se aventurando no ecossistema vasto e complexo dos data lakes modernos.

Vejamos as principais diferenças entre criar algoritmos de detecção de anomalias para data warehouses e para data lakes:

- O número de pontos de entrada que devemos considerar
- Como os metadados são coletados e armazenados
- Como podemos acessar esses metadados

Primeiro, os sistemas de data lake tendem a ter um *alto número de pontos de entrada*, ou seja, deve-se assumir *alta heterogeneidade* na entrada de dados de diferentes fontes. Por exemplo, ao monitorar taxas null em dados tabulares inseridos a partir do Postgres, logs de aplicações e uma API web, um cientista de dados pode perceber clusters de comportamento de tabela correspondentes aos diferentes endpoints. Nesses casos, precisamos ser cautelosos com uma abordagem de modelagem "tamanho único [one-size-fits-all]". Há uma chance de que diferentes arquiteturas de modelo (por exemplo, diferentes hiperparâmetros) possam funcionar melhor na predição de anomalias em cada formato diferente. Uma forma de fazer isso é condicionar o endpoint dos próprios dados, criando uma feature nova para entrada no modelo de aprendizado de máquina. Outra é usar uma arquitetura de modelo de ensemble ou simplesmente ter modelos separados para cada um dos casos de uso.

Segundo, os metadados coletados diretamente em um data lake podem precisar de níveis variados de *pré-processamento* antes que um algoritmo de detecção de anomalias obtenha qualquer valor a partir dele. Tipos podem precisar de coerção, esquemas podem precisar de alinhamento e podemos derivar features aumentadas completamente novas nos dados antes de executar a tarefa de treinamento do detector.

É bom fazer isso antes do treinamento do modelo, desde que não esteja congestionando seus recursos computacionais aplicando "transformações" em grandes lotes de dados de entrada. Em alguns casos, pode ser vantajoso planejar algumas etapas do ELT entre os dados do data lake e o algoritmo de aprendizado de máquina. Veja a seção do Capítulo 3, "Limpando os Dados", para obter algumas informações do porquê isso pode ser importante.

Recapitulando

Neste capítulo, fizemos um rápido tour pelo monitoramento e pela detecção de anomalias no que se refere às verificações básicas de qualidade de dados. Agora, como esses conceitos podem nos ajudar a aplicar detectores aos nossos ambientes de produção em data warehouses e em data lakes?

O segredo é entender que não existe um classificador perfeito para nenhum problema de detecção de anomalias. Sempre existe um trade-off entre falsos positivos e falsos negativos, ou entre precisão e recall. Você tem que se perguntar: "Como pondero o trade-off entre esses dois? O que determina a 'zona ideal' para os parâmetros do meu modelo?" Escolher um F_β score para otimizar decidirá implicitamente como você pondera essas ocorrências e, assim, o que mais importa no seu problema de classificação.

Além disso, lembre-se de que qualquer discussão sobre a acurácia do modelo não está completa sem algum tipo de ground truth a fim de fazer a comparação com as predições do modelo. No Capítulo 5, analisaremos como aplicar as tecnologias ressaltadas nos Capítulos 2, 3 e 4 para arquitetar sistemas de dados mais confiáveis e novos processos, como SLAs, SLIs e SLOs, para ajudá-los a escalar.

CAPÍTULO 5

Arquitetura Para Confiabilidade de Dados

O Airbnb, mercado online global de hospedagens e de acomodações, escreveu em um post (*https://oreil.ly/cfrcJ*) de 2020, em seu blog de tecnologia, que "a liderança [estabeleceu] altas expectativas de pontualidade e de qualidade de dados", levando à necessidade de investimentos significativos em suas iniciativas de qualidade e de governança de dados. Nesse ínterim, Krishna Puttaswamy e Suresh Srinivas, ex-engenheiros da Uber, escreveram em um artigo de 2021 no blog *Uber Engineering* (*https://oreil.ly/2LCeZ*) que o big data de alta qualidade está "no cerne dessa enorme plataforma de transformação".

Não é segredo: a qualidade de dados é prioridade para algumas das melhores equipes de dados. Ainda assim, uma coisa é escrever a respeito, outra é fazer: como alcançamos efetivamente a qualidade de dados na prática? A confiabilidade de dados — a capacidade de uma organização fornecer alta disponibilidade e integridade de dados durante todo o ciclo de vida dos dados — é resultado da alta qualidade de dados. À medida que as empresas ingerem mais do que nunca dados operacionais e de terceiros, e os funcionários de toda a organização interagem com esses dados em todos os estágios de seu ciclo de vida, torna-se cada vez mais importante que esses dados sejam confiáveis.

A confiabilidade de dados deve ser propositalmente incorporada em todos os níveis da organização, desde os processos e as tecnologias que utilizamos para criar e para gerenciar a pilha de dados até a maneira como nos comunicamos e fazemos a triagem de problemas downstream de dados. Neste capítulo, exploraremos como arquitetar a confiabilidade de dados em cada estágio do pipeline — e a experiência em engenharia de dados.

Medição e Manutenibilidade da Alta Confiabilidade de Dados Na Ingestão

Agora que entendemos melhor a situação da qualidade dos dados, analisaremos o que tudo isso significa na prática, começando pela ingestão. Contudo, seríamos negligentes se não analisássemos algumas das melhores práticas fundamentais que garantem a alta qualidade de dados antes da ingestão no data warehouse ou no data lake. É comum que as organizações ingiram dados a partir de fontes internas e externas, de terceiros, dependendo das necessidades do negócio. A capacidade de tomada de decisões depende diretamente dos dados que usamos para insights e para análises: entra lixo, sai lixo. É importante garantir que sua organização implemente o conjunto adequado de práticas para assegurar a qualidade de dados.

Para alcançar esse objetivo, as organizações começaram a estabelecer padrões rigorosos de controle de qualidade de dados para todos os dados que entram em seu ecossistema. Ainda que os problemas de qualidade de dados possam ocorrer em qualquer ponto do pipeline de dados, a maioria das organizações concordará que detectar e corrigir esses problemas no ponto de ingestão ajuda a minimizar as chances de dados de baixa qualidade seguirem seu caminho downstream.

As melhores práticas, como limpeza de dados, data wrangling (processo de estruturação e de enriquecimento de dados em um formato desejado) e teste de dados, são maneiras pelas quais as organizações estão garantindo que a qualidade de dados atenda às suas necessidades. E, ao longo dos anos, devido ao avanço tecnológico da indústria de dados, surgiram diversas ferramentas de mercado para que as empresas automatizassem esse processo. Com essas ferramentas, as organizações podem examinar automaticamente aspectos dos dados, como formato, consistência, completude, atualização e unicidade. Ao automatizar esse processo, as organizações não somente poupam tempo e recursos na limpeza de dados, como também asseguram que a qualidade dos dados recebidos seja constantemente controlada e gerida sempre que os dados entram em seu ecossistema.

A limpeza de dados (também conhecida como data cleaning) envolve a preparação e a modificação de dados para análise futura, removendo dados incompletos, irrelevantes, incorretos, formatados inadequadamente ou duplicados de um conjunto de dados. Mesmo que tedioso, o processo de limpeza de dados geralmente é de responsabilidade da equipe de engenharia de dados. No entanto, com o surgimento de ferramentas de autoatendimento e de abordagens mais distribuídas de gerenciamento de dados, a responsabilidade de limpar os dados está cada vez mais recaindo sobre os produtores de dados. Independentemente de quem é o "dono" da limpeza de dados, é importante educar o resto da organização sobre sua importância, pois todos na empresa desempenham papel fundamental na garantia da integridade de dados.

Ao lidar com dados ausentes ou imprecisos, muitas empresas recorrem ao enriquecimento de dados, processo em que as organizações podem mesclar e adicionar dados próprios ou de terceiros aos conjuntos de dados com os quais já trabalham. Ao enriquecer os dados, as organizações conseguem agregar mais valor aos seus conjuntos de dados, o que, no final, torna os dados mais úteis e confiáveis.

Após a limpeza dos dados, o teste de dados é o melhor mecanismo de defesa contra problemas de qualidade de dados antes da ingestão. O teste de dados é o processo de validação das suposições da organização sobre os dados, antes ou durante a produção. Por exemplo, escrever testes básicos que verificam a unicidade e `not_null` são maneiras pelas quais as organizações podem testar as suposições básicas que fazem sobre seus dados de origem. É prática comum as organizações garantirem que os dados estejam em formato adequado para que suas equipes possam trabalhar e para que os dados atendam às suas necessidades de negócios. Existem alguns tipos básicos de testes de qualidade de dados, que abordamos pela primeira vez no Capítulo 3:

Testes unitários

Os testes unitários verificam se uma linha de código (SQL) faz o que deveria fazer; podem ser usados com trechos de dados absurdamente pequenos. Ao realizar testes unitários de dados, devemos separar a lógica de negócios do "glue code [código que une diferentes partes incompatíveis do código, em tradução livre]".

Testes funcionais

Os testes funcionais são usados com grandes conjuntos de dados e, em geral, são divididos em validação de dados, integridade, ingestão, processamento, armazenamento e ETL. É o tipo de teste que ocorre frequentemente no pipeline (camada pré-analítica).

Testes de integração

Os testes de integração são usados para assegurar que o pipeline de dados atenda aos nossos critérios de validação (ou seja, dentro dos intervalos esperados); geralmente, as equipes executam dados fake no pipeline usando esses testes antes de utilizar os dados de produção.

Conforme mencionado no Capítulo 3, algumas verificações comuns de qualidade de dados incluem:

Valores null

Existe algum valor desconhecido (NULL)?

Atualização

Até que ponto meus dados estão atualizados? Eles foram atualizados há uma hora ou há dois meses?

Volume

Quantos dados são representados por este conjunto de dados? Duzentas linhas se transformaram em duas mil?

Distribuição

Os dados estão dentro de um intervalo aceito? As unidades são iguais em determinada coluna?

Valores ausentes

Algum valor está faltando no conjunto de dados?

Como poderíamos escrever esses testes? No próximo capítulo, examinaremos uma lista de testes comuns de dados em SQL que podem ser aplicados a muitas linguagens open-source (com sintaxe e glue code variados, logicamente), mas, por questões de explicação, examinaremos um exemplo de conjunto de dados.

Suponhamos que você seja um distribuidor de mídia, que trabalha com um conjunto de dados que rastreia sua base global de clientes, incluindo localização (`City`) e quanto eles estão pagando pela assinatura (`Price`) de seus serviços. Esse conjunto de dados tem 500 registros e 5 colunas: `City`, `County`, `Price`, `Customers` e `Product`. Caso queira testar os dados para garantir que esteja executando apenas um pipeline em clientes que moram em Berlim, rode o seguinte comando SQL:

```
SELECT * FROM Customers WHERE City = "Berlin";
```

E se quiser entender se há algum valor null em City, use a seguinte query:

```
SELECT * FROM Customers WHERE City IS NULL;
```

Caso queira entender se algum produto é mais caro que US$4,50 e menos caro que US$8,50, você pode executar:

```
SELECT * FROM Products WHERE Price > 4.50 AND Price < 8.50;
```

E isso é apenas uma pequena amostra dos tipos de testes que poderíamos executar para entender melhor a integridade de nossos dados.

Com base nos exemplos anteriores, é possível perceber que o teste de dados pode ser bastante entediante. Antes de definir testes, é necessário compreender claramente seus dados, o que esperar deles e como são os "dados ruins". Não raro, chamamos essas expectativas de "asserções", pois são provenientes do mundo de desenvolvimento orientado a testes unitários em engenharia de software. Como resultado, os membros da equipe de dados normalmente dividem as responsabilidades de teste entre conjuntos de dados: analistas e engenheiros são responsáveis por criar e manter testes para os conjuntos de dados para os quais estão criando pipelines e com os quais interagem diariamente. E algumas empresas contratam equipes inteiras de Data Quality Assurance [garantia de qualidade de dados] para lidar com testes de dados, com responsabilidades que incluem a criação de testes para casos de uso de negócios e a manutenibilidade de testes existentes.

Nos últimos anos, ferramentas, incluindo soluções open-source como Apache Griffin e Great Expectations, surgiram na categoria de teste de dados para ajudar engenheiros e analistas de dados a automatizar o processo de teste de dados em diferentes estágios do pipeline. O dbt (data build tool) é outra solução relacionada a dados com capacidade restrita de testes. Além disso, essas ferramentas ajudam os membros da equipe de dados a documentar informações importantes sobre os conjuntos de dados (em outras palavras, metadados): o que os dados representam e como usá-los nos relatórios, assim como quais outros dados determinado ativo depende e alimenta. Mais tarde, entraremos em mais detalhes.

Por mais que ressaltemos a importância de testar seus dados antes da produção, isso nunca será suficiente; assim como um engenheiro de software nunca faria um push de código (de propósito) para produção sem testá-lo primeiro, um engenheiro de dados nunca deve executar um pipeline com dados não testados. Mas para testar efetivamente os dados, é necessário compreensão clara da integridade de dados antes de executar seus pipelines — mais adiante, falaremos sobre como garantir a integridade e a observabilidade de dados.

Lembre-se de que os testes de dados detectam apenas problemas esperados de qualidade de dados; eles não têm escalabilidade ou conhecimento para considerar problemas "desconhecidos" de qualidade de dados. Como os dados mudam muito, mesmo durante a produção, é importante complementar os testes com monitoramento reativo e detecção de anomalias, conforme analisado no Capítulo 4.

Medição e Manutenibilidade da Qualidade de Dados no Pipeline

Na década de 1990, quando um site ficava fora do ar, a maioria das pessoas nem sequer percebia quando ele voltava a ficar disponível, devido ao baixo volume de usuários da maioria dos sites (afinal, nem todo mundo estava usando a World Wide Web nessa época!). Agora, na década de 2020, todos percebem quando um serviço ou um aplicativo fica indisponível, por exemplo, a famigerada indisponibilidade do Slack (*https://oreil.ly/Yq1JJ*) em janeiro de 2021. O Slack, plataforma popular de gerenciamento de comunicação empresarial com mais de 12 milhões de usuários ativos diariamente (*https://oreil.ly/xpBQd*) na época, caiu na segunda-feira, 4 de janeiro de 2021, o primeiro dia útil após o feriado de Ano Novo, fazendo com que muitas empresas ficassem sem seu principal meio de comunicação. Considere o fato de que muitos trabalhadores estavam em casa devido à pandemia de Covid-19 e poderá imaginar a frustração que se seguiu.

Hoje em dia, quase todas as empresas que hospedam software dependem da engenharia de confiabilidade de sites (SRE) a fim de assegurar que as aplicações em produção sejam sempre confiáveis. À medida que as organizações crescem e as pilhas tecnológicas basais que as impulsionam se tornam mais complicadas (imagine: migrar de uma arquitetura monolítica para uma arquitetura de microsserviços), é importante que as equipes de SRE estejam constantemente atentas à integridade de seus sistemas. A observabilidade, adição recente ao vocabulário de tecnologia, atende a essa necessidade e aborda o monitoramento, o rastreamento e a detecção de incidentes para evitar tempos de inatividade de dados.

Já que todo setor aderiu à mudança para sistemas distribuídos, como resultado, o SRE se elevou como uma disciplina de engenharia em rápido crescimento. Fundamentalmente, a observabilidade de aplicações é dividida em três pilares principais:

- *Métricas* se referem a uma representação numérica de dados medidos ao longo do tempo.
- *Logs*, registro de texto descritivo e qualitativo de um evento ocorrido em determinado timestamp, também fornecem um contexto valioso sobre quando um evento específico ocorreu.
- *Traces* representam eventos causalmente relacionados em um ambiente distribuído.

Cada vez mais, as equipes de dados recorrem aos princípios semelhantes de observabilidade e de monitoramento a fim de rastrear a qualidade de dados em pipelines de produção (veja a Figura 5-1), ao ponto de as empresas desenvolverem a própria metodologia exclusiva para mensurar a qualidade de dados, dependendo das necessidades do negócio.

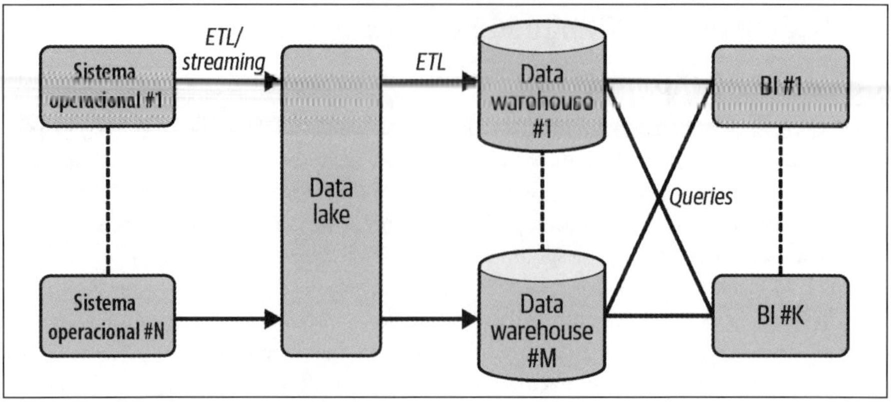

Figura 5-1. Um pipeline de dados representa os "dados em produção" e é composto por um data warehouse/data lake (ou ambos), ETL e uma camada analítica.

Da mesma forma, a observabilidade de dados (ou seja, garantir a qualidade de dados no pipeline) pode ser dividida em cinco pilares principais, conforme ilustrado na Figura 5-2.

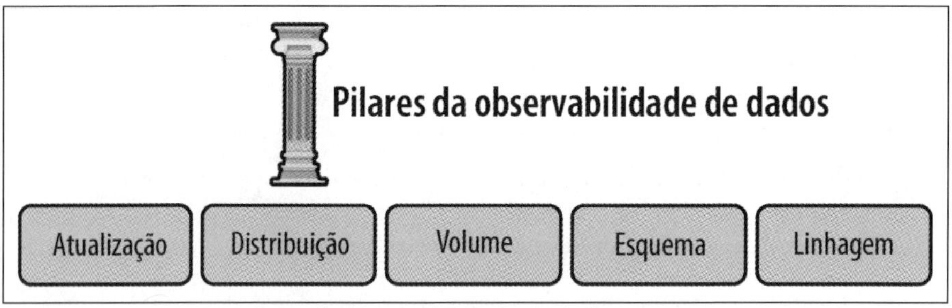

Figura 5-2. Os cinco pilares da observabilidade de dados.

Os cinco pilares da observabilidade de dados, assim como os três pilares da observabilidade de aplicações, ressaltam os elementos da integridade de dados que devem ser cuidadosamente monitorados como indicador de elevada qualidade de dados:

Atualização
: Os dados são recentes? Quando foi a última vez em que foram gerados? Quais dados upstream são incluídos/omitidos?

Distribuição
: Os dados estão dentro dos intervalos aceitos? Estão corretamente formatados? Estão completos?

Volume
: Todos os dados chegaram?

Esquema
: Qual é o esquema e como mudou? Quem fez essas mudanças e por quais motivos?

Linhagem

Para determinado ativo de dados, quais são as fontes upstream e os ativos downstream impactados por ele? Quem são as pessoas que geram esses dados e quem depende deles para a tomada de decisões?

Os cinco pilares da observabilidade de dados servem como medidas importantes para compreender a integridade de dados em cada estágio do seu ciclo de vida e fornecem um novo paradigma para visualizar a qualidade de dados. Como mencionado anteriormente, o tempo de inatividade de dados se refere a períodos de tempo em que os dados estão ausentes, incorretos ou imprecisos e, geralmente, sugerem um pipeline quebrado de dados. Ao medir o tempo de inatividade de dados, podemos determinar a confiabilidade de nossos dados e assegurar a confiança necessária para usá-los. Embora o SRE meça o tempo de inatividade de aplicação em função do tempo, podemos medir de forma semelhante o tempo de inatividade de dados.

Conforme os dados se tornam cada vez mais vinculados aos resultados de negócios, observamos uma mudança radical em métricas menos subjetivas e mais quantificáveis e, para muitas equipes, medir o tempo de atividade e de inatividade de dados é amplamente aplicável e fornece um bom ponto de partida para compreender a integridade de dados.

Compreendendo a Qualidade de Dados Downstream

Provavelmente, você não perceberá que os dados são "ruins" até que cheguem à camada analítica — ou mesmo além, quando os dados forem reenviados para as aplicações e para os serviços a partir dos quais foram coletados (ou seja, a lista de siglas que compartilhamos anteriormente). Como mencionado antes, as equipes podem utilizar ferramentas de monitoramento e de observabilidade para detectar problemas de qualidade de dados ou até mesmo definir uma sequência de testes com base em suposições sobre os dados. Depois que os dados estão na camada analítica, as equipes podem rastrear, avaliar e responder à qualidade e à confiabilidade de algumas maneiras diferentes, incluindo:

- Um dashboard de confiabilidade de dados que rastreia o tempo até a detecção (TTD [time to detection]), o tempo até a resolução (TTR [time to resolution]) e outras métricas de qualidade de dados após os dados chegarem ao dashboard. Mais adiante, neste capítulo, analisaremos com mais detalhes o TTD e o TTR.
- Acordos de nível de serviço (SLAs) que estabelecem promessas e punições aos clientes por não cumprirem os objetivos de nível de serviço (por exemplo, se falharmos, daremos a você um desconto de 10% no próximo mês).
- Indicadores de nível de serviço (SLIs), ou seja, números específicos que estão sendo medidos (por exemplo, a equipe de SRE do Slack mede sua taxa de sucesso a partir do número de 200 respostas enviadas de seus servidores).
- Objetivos de nível de serviço (SLOs) são os valores-alvo reais que definimos para SLIs (por exemplo, um SLI pode ter uma taxa de sucesso de 99%, 95% do tempo, para determinada funcionalidade de produto).

- Um Net Promoter Score [grau de recomendação, em tradução livre] que mede o grau de satisfação das partes interessadas com os dados (ou seja, eles foram entregues no prazo e eu confio neles?).

No entanto, ao compreender a qualidade de dados no dashboard (veja a Figura 5-3), a etapa mais importante é estarmos alinhados com as partes interessadas sobre como pretendem utilizar os dados e o que consideram como dados de alta qualidade e confiáveis. Em muitos aspectos, escolher e adotar um SLI é de extrema importância no que se refere ao sucesso de sua organização de dados, sendo necessário ser bastante específico sobre o que é importante para os clientes. Como usamos o mesmo score para avaliar o desempenho, se "errarmos um pouco", toda a nossa estratégia para otimizar a "operabilidade" pode estar comprometida. Mais adiante, neste capítulo, analisaremos os SLAs, os SLIs e os SLOs.

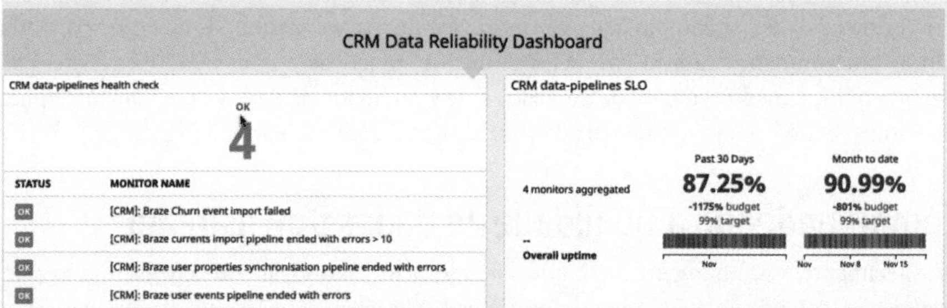

Figura 5-3. Um dashboard de confiabilidade de dados (neste caso, renderizado em Datadog e Grafana) pode ajudar a equipe de dados e as partes interessadas a acompanhar a qualidade e a confiabilidade de dados.

Um modo fácil de definir SLAs e SLIs é entender para que usarão os dados e quais dados devem ser priorizados por meio de testes, de observabilidade e de outras ferramentas. É quase impossível escrever testes de dados ou até mesmo monitorar todos os ativos críticos de dados, mas é possível alinhar quais dados são importantes e quem atenderá muitos de seus aspectos fundamentais.

Tradicionalmente, a qualidade de dados é mensurada pelos data stewards e pelos líderes de governança de dados por meio de algumas características definidoras. Segundo a Data Management Association UK (*https://oreil.ly/Mu4OF*), as empresas mensuram a qualidade de dados com base em seis dimensões principais:

Completude
: Qual nível de completude os dados têm?

Pontualidade
: Os dados chegaram a tempo?

Validação
: Os dados atendem a todos os requisitos de sintaxe (ou seja, formato, tipo ou intervalo)?

Acurácia
: Os dados descrevem o ambiente do mundo cotidiano que estão tentando representar?

Consistência
: Os dados são consistentes com definições bem compreendidas e aceitas?

Unicidade
: Um ponto individual de dados é registrado mais de uma vez?

No mundo da engenharia e da análise de dados, por mais que essas medições sejam úteis, nem sempre são diretamente aplicáveis (ou seja, acurácia). Como engenheiro de dados, normalmente não é você quem trabalha com o resultado final (dados limpos e confiáveis) no contexto do negócio; apenas o notificam quando algo sai errado ou quando é confiável aplicar testes e monitoramento em cada etapa do processo. Para os engenheiros de dados, medir a qualidade de dados no dashboard pode se resumir ao rastreamento de:

- A proporção de dados em relação a dados irrelevantes ou errados (em outras palavras, se tivermos 1 TB de dados, quantos estão ausentes, imprecisos ou desatualizados?)
- O número de valores null ou ausentes em determinado conjunto de dados ou a integridade dos dados (que não levará em conta a "acurácia", visto que "valores sem acurácia" podem distorcer essa métrica)
- A pontualidade dos dados (dito de outro modo, os dados chegaram a tempo ou não?)
- A porcentagem de valores duplicados (que considera apenas a unicidade dos dados e não outras formas possíveis pelas quais pode estar comprometidos)
- A consistência dos dados (ou seja, cada valor nesta linha ou coluna tem o mesmo formato e tamanho?)
- A quantidade de equipes funcionais que acessam e usam consistentemente os dados (válido quando implementamos arquiteturas distribuídas de dados, como o data mesh, para as quais a qualidade de dados é de suma importância)

E isso é apenas o começo.

Criando Sua Plataforma de Dados

Além de monitorar e alertar sobre problemas de dados em todos os estágios do pipeline de dados, fornecer dados confiáveis exige uma plataforma de dados inteligente — uma combinação de tecnologias que possibilita gerenciar os dados de forma holística, desde a ingestão até o analytics.

Os requisitos da plataforma de dados mudam de acordo com os negócios de sua empresa. A plataforma de dados "adequada" para uma empresa de e-commerce com 2 mil pessoas será bastante diferente da plataforma de uma startup FinTech com 20 pessoas, apesar de exigirem camadas principais em comum. Pensamos na pilha de dados com seis camadas:

ingestão de dados, armazenamento e processamento de dados, transformação e modelagem de dados, business intelligence (BI) e analytics, descoberta e governança de dados, e qualidade e observabilidade de dados, conforme mostrado na Figura 5-4.

Figura 5-4. Seis camadas fundamentais e interconectadas necessárias para criar uma plataforma de dados.

É importante perceber que a palavra "camadas" é usada no sentido figurado; são elementos interconectados (em vez de empilhados) e não listados em ordem de prioridade ou de importância. Mas sabemos que as melhores equipes de dados investem em cada uma delas, às vezes utilizando as mesmas ferramentas ou tecnologias para dar conta de duas a três de cada vez. Claro que, à medida que as arquiteturas crescem para acomodar casos mais avançados de uso, o número de camadas aumentará, dependendo das necessidades da equipe de dados. Abordaremos cada uma dessas camadas em detalhes ao mesmo tempo que exploramos como criar sua pilha de dados.

Ingestão de Dados

A ingestão moderna de dados é complexa, envolvendo normalmente a coleta de dados estruturados e não estruturados a partir de uma ampla variedade de fontes. Isso também é conhecido como estágios de extração e de carregar de ETL (extrair, transformar, carregar) e ELT (extrair, carregar e transformar).

A maioria das ferramentas ETL *extrai* dados a partir de fontes externas ou de sistemas internos, *transformando-os* dentro de uma staging area em um formato aceitável (geralmente relacional) para armazenamento e *carregando-os* em bancos de dados. No entanto, com o advento dos modernos data warehouses em nuvem que podem armazenar dados não transformados, as equipes de dados podem adotar a arquitetura mais recente de integração ELT: é possível extrair dados brutos a partir de uma fonte, carregá-los diretamente em um data warehouse e transformá-los no final do processo. Atualmente, o mercado disponibiliza inúmeras ferramentas de ingestão, prontas para uso e open-source, embora algumas equipes de dados optem por customizar o código e os frameworks para lidar com a ingestão.

A orquestração e a automação do fluxo de trabalho são frequentemente incorporadas à camada de ingestão — coletando dados em silos, visando combiná-los com outras fontes e disponibilizá-los para análise. No entanto, defendemos que a orquestração pode e deve ser integrada à plataforma depois de lidarmos com as camadas de armazenamento, de processamento e de business intelligence. Afinal, a orquestração exige uma orquestra de dados funcionais! Lembre-se: é prática recomendada testar os dados em cada etapa do pipeline de dados e fazer asserções adequadas para ajudar a concretizar a qualidade de dados em cada etapa. Na ingestão, os dados testados não serão necessariamente confiáveis à medida que evoluem no pipeline.

Armazenamento e Processamento de Dados

A camada de armazenamento é o elemento central da pilha de dados — é onde os dados recém-ingeridos são armazenados e processados. Hoje, o armazenamento de dados é praticamente irreconhecível em comparação aos clusters on-premises de computação há uma década, graças à evolução das soluções nativas em nuvem de armazenamento de dados. Com essas ferramentas, fica mais acessível para as empresas armazenar e processar em escala grandes quantidades de dados.

Existem três tipos principais de soluções de armazenamento de dados: data warehouses, data lakes e data lakehouses. Os *data warehouses* são soluções totalmente gerenciadas que, em geral, exigem dados estruturados de acordo com um esquema específico — não raro, forçando higienização mais rigorosa de dados desde o momento da ingestão. Por outro lado, os *data lakes* geralmente são criados customizada e especificamente por equipes de dados, por meio de uma combinação de tecnologias open-source e prontas para uso, suportando dados brutos e não estruturados e processamento distribuído e desacoplado. Os *data lakehouses* são uma solução híbrida emergente, adicionando recursos ao estilo data warehouse, como funcionalidade e esquema SQL, aos data lakes ou fornecendo mais flexibilidade aos data warehouses tradicionais. A solução "adequada" será diferente para cada empresa e até mesmo para a mesma empresa em diferentes estágios — evoluindo com a quantidade de fontes de dados que utilizamos ou com os conjuntos de habilidades dos principais usuários da plataforma de dados.

Transformação e Modelagem de Dados

Apesar de serem usados de forma intercambiável, os termos "transformação de dados" e "modelagem de dados" são processos muito distintos. A transformação de dados abrange a preparação de dados brutos para análise e relatórios. A modelagem de dados é o processo de identificar os principais conceitos e relacionamentos entre dados que encapsulam a lógica de negócios e, em seguida, modelá-los em tabelas e relacionamentos. Em geral, a transformação de dados inclui análise exploratória de dados (ou seja, criação de perfil de dados [profiling data] para entender sua estrutura e características), mapeamento de dados [data mapping] (definir como os campos individuais são formatados para gerar a saída final), geração de código (gerar o código executável com base nessas regras definidas ou com base em metadados), execução de código (aplicar o código gerado a fim de gerar a saída desejada) e revisão de dados [data review] (garantir que os dados transformados atendam aos requisitos).

Tradicionalmente, a transformação de dados tem sido realizada por engenheiros especializados, que usam linguagens de script como Python, R ou SQL e ciclos de trabalho demorados. Atualmente, os usuários finais, como analistas de negócios, podem realizar um pouco da transformação de dados com ferramentas e tecnologias em nuvem. Com essa abordagem moderna e de autoatendimento, os usuários de negócio com conhecimento em SQL (e normalmente mais próximos dos dados) controlam mais a definição de requisitos, otimizando o tempo para obter insights acionáveis, além de usarem abordagens no-code ou low-code que possibilitam essa transição. Dito isso, a transformação ainda é um processo de propriedade do engenheiro de dados que incorpora Python e linguagens que não sejam SQL.

A transformação de dados pode ocorrer em lote ou stream e em tempo real, sendo que a última é uma abordagem promissora e cada vez mais comum para lidar com transformação e modelagem em tempo real (ou seja, quando ter acesso a dados novos é mais importante do que garantir que os dados tenham acurácia). Para análise mais detalhada dos trade-offs entre os dois, releia o Capítulo 3.

Business Intelligence e Analytics

Após serem coletados, transformados e armazenados, os dados devem ser disponibilizados aos usuários de negócio. Afinal, os melhores dados do mundo não terão nenhuma serventia se sua equipe não puder usá-los.

Essa camada altamente visível da pilha de dados é conhecida como business intelligence e analytics. Se sua plataforma de dados fosse um livro, a camada de business intelligence e de analytics seria a capa, completa com um título descritivo, recursos visuais atraentes e um resumo do que os dados estão tentando informar. A camada de BI torna os dados acionáveis e, sem ela, os dados não têm significado.

As ferramentas de analytics obtêm, analisam e revelam dados por meio de dashboards e de visualizações de dados, possibilitando que os usuários utilizem os dados para obter insights acionáveis. Os dados ganham vida por meio de diagramas, de grafos, de mapas e de outras ferramentas de visualização, proporcionando aos funcionários uma maneira acessível de explorar e de compreender padrões e tendências em seus dados. Sem visualizações, os dados permanecem praticamente inacessíveis — milhões de linhas em uma planilha que podem ter acurácia, mas não são compreendidas com facilidade. Realizar experimentos com dados por meio de visualizações possibilita o storytelling com dados [data storytelling] ou a capacidade de expressar dados como narrativa que os humanos possam entender e, como consequência, agir com base nela. O storytelling com dados supera as visualizações, expressando o contexto relativo às mudanças nos dados e compartilhando o *porquê* das tendências dos dados. A disciplina de storytelling com dados deve ser praticada e aprimorada com o tempo. Contudo, sua equipe não pode começar a desenvolver essas habilidades sem acesso a ferramentas de autoatendimento de BI e de analytics.

Descoberta e Governança de Dados

As equipes de dados precisam de uma forma escalável para documentar e para compreender ativos críticos de dados. Antigamente, isso era realizado por meio de catálogos de dados, que funcionam como um inventário de metadados e fornecem compreensão de acessibilidade, de integridade e de localização dos dados. Os catálogos de dados facilitam rastrear o local em que as informações de identificação pessoal estão armazenadas, bem como quem dentro da organização tem permissão para acessá-las em todo o pipeline, tornando-as partes integrantes da governança de dados e do compliance regulatório. Entretanto, as equipes modernas de dados estão enfrentando as limitações dos catálogos tradicionais de dados. À medida que os ecossistemas de dados se tornam cada vez mais complexos e utilizam enormes quantidades de dados não estruturados e sem esquema, os catálogos tradicionais podem ser insuficientes devido à falta de automação e à incapacidade de escalar para acompanhar o crescimento e a diversidade das pilhas modernas de dados. Os catálogos costumam exigir que as equipes façam o trabalho pesado da entrada manual de dados, incluindo a atualização do catálogo à medida que os ativos de dados evoluem, muitas vezes não suportando a natureza dinâmica dos dados não estruturados.

A descoberta de dados é uma abordagem nova cada vez mais aplicada à catalogação de dados que fornece compreensão dinâmica e específica do domínio dos dados, com base em como estão sendo ingeridos, armazenados, agregados e usados por um conjunto de consumidores específicos. Com a descoberta de dados, os padrões de governança devem permanecer federados entre domínios, mas, ao contrário das abordagens mais tradicionais, ela viabiliza compreensão em tempo real do estado atual dos dados — e não do seu estado ideal ou "catalogado". A descoberta de dados pode responder a perguntas relacionadas não somente ao estado ideal dos dados, como também relacionadas ao estado atual deles em cada domínio:

- Qual é o conjunto mais recente de dados? Quais conjuntos de dados podem estar obsoletos?
- Quando foi a última vez que essa tabela foi atualizada?
- Qual é o significado de determinado campo em meu domínio?
- Quem tem acesso a esses dados? Quando foi a última vez que esses dados foram usados? Por quem?
- Quais são as dependências upstream e downstream desses dados?
- São dados com qualidade para produção?
- Quais dados são importantes para os requisitos de negócios do meu domínio?
- Quais são minhas suposições sobre esses dados? Elas estão sendo atendidas?

A descoberta de dados possibilita que as equipes confiem que suas suposições sobre os dados correspondem à realidade, viabilizando descoberta dinâmica e alto grau de confiabilidade em toda a infraestrutura de dados. Na próxima seção, analisaremos a camada da plataforma de dados que aparentemente ignoramos: observabilidade de dados. Não se preocupe — o método que embasa nossa loucura fará sentido em apenas alguns parágrafos.

Desenvolvendo Confiança Em Seus Dados

Agora que já sabe quais medidas tomar para garantir a pré-qualidade de dados, durante e pós-produção, bem como quais tecnologias são necessárias para criar uma plataforma robusta de dados, o próximo passo é desenvolver confiança nos dados por meio da cultura e dos processos corretos. Afinal, a pilha de dados mais sofisticada do mundo é inútil, a menos que os dados que estamos usando possam ser fidedignos para fornecer insights confiáveis à empresa. Os dados propriamente ditos são tão úteis quanto um peixe andando de bicicleta.

Quando se trata de desenvolver sistemas confiáveis de dados, o primeiro passo é entender a integridade de dados em seu estado atual. Do mesmo modo que as equipes de engenharia de software desenvolvem confiança em suas aplicações de software por meio da observabilidade e do DevOps, as equipes de dados devem adotar práticas recomendadas semelhantes quando se trata de construir confiança em seus dados. A observabilidade de dados é um bom primeiro passo.

Observabilidade de Dados

A sexta camada da pilha moderna de dados não é uma etapa final propriamente dita, mas, sim, uma abordagem interconectada que se estende por todo o ciclo de vida dos dados: a observabilidade. Nas últimas duas décadas, os engenheiros de DevOps desenvolveram práticas recomendadas de observabilidade a fim de garantir que as aplicações fiquem sempre disponíveis, em execução e sejam confiáveis. E como a observabilidade de aplicações inclui monitoramento, rastreamento e triagem de incidentes para evitar tempo de inatividade de dados, os engenheiros modernos de dados estão aplicando os mesmos princípios aos dados.

A observabilidade de dados se refere à capacidade de uma organização de entender completamente a integridade de dados em seu sistema, em todos os estágios do ciclo de vida. Conforme mencionado no Capítulo 1, a observabilidade de dados aplica práticas DevOps de monitoramento, de alertas e de triagem automatizados em cinco pilares: atualização, distribuição, volume, esquema e linhagem. A observabilidade integral de dados é imprescindível para garantir a qualidade de dados. Ferramentas eficazes de observabilidade se conectarão à sua pilha existente de dados, fornecendo linhagem completa, possibilitando que descubra dependências downstream e monitore automaticamente seus dados em repouso, sem extrair dados a partir do data store e arriscar sua segurança ou compliance. A observabilidade facilita e muito entender e resolver as auditorias, as investigações de violações e outros possíveis desastres, evitando que seu CTO tenha uma úlcera de tanto nervoso!

Medindo o ROI da Qualidade de Dados

Dados não confiáveis podem resultar em desperdício de tempo, perda de faturamento, risco de compliance e desgaste da confiança do cliente. Ao entrevistar centenas de clientes da Monte Carlo, os líderes de dados afirmaram que seus cientistas e engenheiros de dados gastam 40% ou mais do tempo solucionando problemas ou enfrentando problemas de dados. A Gartner estima que as empresas gastam mais de US$15 milhões por ano (*https://oreil.ly/rf54F*) com tempo de inatividade de dados, ao passo que mais de 88% das empresas dos EUA (*https://oreil.ly/7w0Yb*) perderam dinheiro devido a problemas relacionados à qualidade de dados. E uma em cada cinco empresas (*https://oreil.ly/DbRut*) perdeu um cliente devido a problemas de qualidade de dados.

Antes de melhorar a qualidade de dados, é crucial mensurar o impacto da baixa qualidade de dados e definir quais conjuntos de dados são mais importantes para a sua organização. Como provavelmente já sabe, nem todos os dados são criados iguais, mas ter uma noção do custo do tempo de inatividade de dados na empresa para ativos importantes será fundamental a fim de comunicar o impacto da qualidade de dados às partes interessadas.

Calculando o custo do tempo de inatividade de dados

Quantificar e expressar o valor da qualidade de dados é uma tarefa complexa. Descobrimos que as seguintes métricas, emprestadas de profissionais de DevOps, fornecem um bom começo: tempo de detecção e tempo de resolução.

O *tempo de detecção* se refere ao tempo que sua equipe de dados leva para identificar um problema de qualidade de dados de qualquer tipo, desde anomalias de atualização até mudanças de esquema que prejudicam pipelines inteiros. Em muitas equipes, o TTD é medido em dias, semanas ou até meses, pois, na maioria das vezes, os períodos de indisponibilidade de dados são detectados pela primeira vez pelos consumidores downstream quando um dashboard ou relatório "parece atípico". São períodos de tempo com custo elevado, já que, quanto mais o tempo passa, mais difícil fica de recuperar os dados por meio do reprocessamento ou do preenchimento retroativo dos dados de origem. Além disso, cada decisão de negócios, campanha de marketing ou atualização do roadmap de produto, que dependia de dados incorretos, precisa ser revalidada ou informada às partes interessadas.

O *tempo de resolução* (TTR) se refere à rapidez com que sua equipe consegue solucionar um incidente de dados, após receber um alerta. Isso pode levar minutos, horas ou dias, dependendo da complexidade do incidente, da disponibilidade da linhagem de dados, da robustez da descoberta ou do catálogo de dados e dos recursos disponíveis. As métricas de TTR possibilita entendermos a gravidade do problema de dados e acompanhar o tempo necessário para resolvê-lo. Quando convertidas em dólares — ou seja, mensurar quanto dinheiro é gasto ou poupado como resultado do TTR — fica consideravelmente mais fácil comunicar o impacto destes dados corrompidos às partes interessadas:

> (horas TTD + horas TTR) × Custo por hora do tempo de inatividade = Custo do tempo de inatividade de dados

O custo por hora do tempo de inatividade é uma métrica geral para representar o tempo gasto por hora pela equipe de engenharia em relação ao tempo de inatividade de dados e seu impacto nos consumidores de dados e nas decisões de negócios.

O tempo gasto pela equipe de engenharia pode ser calculado multiplicando as horas de tempo de inatividade. Por exemplo, é possível estimar que um engenheiro de dados gasta um quarto de cada hora do tempo de inatividade monitorando e investigando problemas, o que contribui com aproximadamente US$~14,75 por hora de tempo de inatividade (salário médio de US$59/hora + benefícios para engenheiro de dados, cálculo aproximado com base nos dados salariais dos engenheiros de dados, nos EUA, segundo a ZipRecruiter (*https://oreil.ly/gihOF*)). Conforme o tempo passa e à medida que a dívida técnica se acumula, o custo do tempo de inatividade só aumenta. Esse custo sofrerá variação significativa, dependendo do impacto em potencial de uma hora de tempo de inatividade em seus negócios. Por exemplo, caso dependa dos dados para reportar lucros ao mercado financeiro, uma hora de tempo de inatividade, que resulte em relatórios incorretos de dados, é catastrófica, provavelmente contribuindo com milhares de dólares por hora para custo de tempo de inatividade. Além do mais, podemos adicionar o custo do tempo de inatividade à equipe de analistas. Vamos supor que temos 10 analistas: o custo de eles ficarem ociosos durante um incidente de tempo de inatividade é significativo (salário médio de US$75/hora × 10 = US$750/hora). Agora, supondo que apenas quatro analistas serão afetados por uma hora de tempo de inatividade, podemos reduzir esse custo de forma conservadora em 60%, para US$300/hora.

Imagine que ocorra 100 horas de tempo de inatividade por mês, divididas entre quatro analistas, o custo para a empresa pode facilmente ultrapassar US$420.000/ano (100 horas/mês × US$300/hora × 12 meses). E nem estamos considerando o custo de oportunidades perdidas por causa de dados ruins!

Não raro, o impacto da qualidade e da confiabilidade de dados passa despercebido (na realidade, muitos desses problemas passam despercebidos até que seja tarde demais!), e pode ser difícil justificar antecipadamente o orçamento e os recursos para os executivos e outras partes interessadas que não fazem parte da equipe de dados. Ao calcular um padrão inicial de TTD e de TTR, fica mais fácil comunicar exatamente qual impacto esperamos gerar no negócio. Sem esse padrão inicial, fica mais difícil obter a adesão operacional das pessoas decisórias e necessárias para aumentar a equipe, elevar o nível da pilha tecnológica e escalar [scale-out] o programa de qualidade de dados dos seus sonhos.

Atualizando o custo do tempo de inatividade de dados para retratar fatores externos

O custo anual de dados corrompidos pode ser estimado aproximadamente pela equipe de engenharia ou pelos recursos que mobilizamos para resolver o problema. Acreditamos que a equação correta considera o custo da mão de obra para resolver esses problemas, o risco de compliance (citando as multas médias do Regulamento Geral Sobre a Proteção de Dados, ou RGPD, para quantificar esse risco) e o custo da oportunidade de perder a confiança das partes interessadas em seus dados.

Baseando-se nos dados disponíveis, bem como em entrevistas e em pesquisas realizadas com mais de 150 equipes diferentes de dados de todos os setores, estimamos que as equipes gastam de 30% a 40% do tempo lidando com problemas de qualidade de dados em vez de trabalhar em atividades que geram receitas. Consolidando essas informações, podemos usar a seguinte equação para calcular o custo de dados corrompidos:[1]

[1] Ao fazer este cálculo, consideramos o custo de mão de obra igual ao número de engenheiros de dados multiplicado por seu salário anual, multiplicado por 30%. O risco de compliance é estimado em 4% da receita anual. O custo de oportunidade é a receita que você poderia ter gerado se agisse mais rápido, lançando X novos produtos e adquirindo Y novos clientes.

Custo de mão de obra + risco de compliance + custo de oportunidade = Custo anual de dados corrompidos

Por mais que esse modelo seja um ponto de partida, mensurar o custo é o primeiro passo para entender totalmente as consequências de dados corrompidos em sua empresa e, em última análise, preveni-los por completo.

Como Definir SLAs, SLOs e SLIs Para Seus Dados

Novamente, podemos buscar inspiração em nossos colegas DevOps para arquitetar a confiabilidade em nossos sistemas de dados. Engenheiros de confiabilidade de site usam frameworks como SLAs, SLIs e SLOs para reduzir o tempo de inatividade da aplicação e garantir a confiabilidade. Diversas equipes de dados entrevistadas para este livro começaram a implementar frameworks como esses em suas organizações a fim de priorizar, de padronizar e de medir a confiabilidade de dados. As empresas usam basicamente SLOs para definir e para mensurar o SLA que determinado produto, equipe interna ou fornecedor entregará, com possíveis soluções, caso esses SLAs não sejam atendidos. Por exemplo, o Slack promete a seus clientes (*https://oreil.ly/qU64t*) planos Plus e mais de 99,99% de tempo de atividade a cada trimestre — e caso não consiga, o Slack fornecerá créditos de serviço nas contas para uso futuro.

Muitas equipes de software desenvolvem SLOs internos para ajudar as equipes de engenharia, de produto e de negócios a se alinharem com o que é mais importante nas aplicações e priorizarem as solicitações recebidas. A prática em si de codificar SLOs — em vez de contar com que todos façam o melhor e busquem o tempo de atividade mais próximo possível de 100% — ajuda a definir expectativas claras. Com esses SLOs implementados, as equipes de engenharia e as partes interessadas podem ter certeza de que estão prestando atenção às mesmas métricas e falando a mesma língua. E ao estabelecer essas expectativas abaixo dos 100%, cria-se espaço para crescimento. Sem um pouco de tolerância para tempo mínimo de inatividade, não se cria espaço para inovação — e engenheiros experientes sabem que, mesmo com as melhores práticas em uso, os sistemas ainda falharão de vez em quando. Mas com a implementação de SLAs robustos, os engenheiros sabem exatamente como e quando intervir quando algo dá errado.

Da mesma forma, os SLAs podem ajudar as equipes de dados e seus consumidores a definir, a medir e a rastrear a confiabilidade de dados ao longo de seu ciclo de vida. Definir SLAs de confiabilidade de dados cria confiança entre dados, equipe de dados e consumidores downstream. Sem SLIs previamente acordados, os consumidores podem fazer suposições inadequadas ou procurar evidências anedóticas sobre a confiabilidade de seus dados. Com os SLOs implementados, sua organização pode se tornar mais "orientada a dados".

Além do mais, ao formalizar os processos de comunicação e de priorização, os SLAs de confiabilidade de dados ajudam a equipe de dados a ter compreensão mais clara das prioridades de negócios e facilitam a resposta rápida quando ocorrem incidentes. Apesar disso, definir SLAs apenas por defini-los não tem o menor sentido: é necessário que produtores, engenheiros, analistas e consumidores estejam alinhados quanto à definição desses SLAs, e quanta atenção e recursos devem ser dedicados à sua manutenibilidade.

A definição de SLAs de dados exige especificidade e colaboração, além de alinhamento claro e antecipado com todos impactados por esse SLA (produtores de dados, engenheiros e analistas de dados, desenvolvedores de negócios, consumidores de dados etc.). Na verdade, definir SLAs por defini-los pode geralmente colocar sua equipe em situação desfavorável, se não houver investimento ou responsabilidade em cumpri-los. As equipes devem criar e promover intensamente SLAs da mesma forma que definem indicadores-chave de desempenho (KPIs) para projetos estratégicos maiores:

1. Avalie com minúcia as prioridades de negócios.
2. Avalie como essas prioridades de negócios são viabilizadas ou vinculadas à análise de dados.
3. Entenda a necessidade do seu consumidor por alta qualidade de dados/tolerância a dados de baixa qualidade.
4. Defina os SLOs adequadamente e busque feedback e alinhamento das partes interessadas.
5. Meça os SLOs.

Então, como começamos? Para equipes de dados, definir metas de confiabilidade geralmente inclui três etapas: definição, medição e rastreamento.

Etapa 1: Definindo a confiabilidade de dados com SLAs

Primeiramente, definir SLAs exige acordo prévio e definição clara do que a empresa considera como dados confiáveis. Recomendamos iniciar esse processo realizando um inventário de dados, como estão sendo usados e por quem — avaliando o desempenho histórico dos dados para obter uma métrica de referência de confiabilidade. As equipes de dados também devem obter feedback de seus consumidores sobre o que significa confiabilidade para eles. Os engenheiros de dados até podem ser removidos dos fluxos de trabalho diários dos seus colegas, no entanto, é crucial entender como os consumidores interagem com os dados, quais dados são mais importantes e quais possíveis problemas exigem atenção imediata. Todas as partes interessadas relevantes, incluindo líderes de dados ou consumidores internos, devem avaliar — e aceitar — as definições de confiabilidade que você está desenvolvendo. Por exemplo, talvez 99% dos usuários nem se importem com a TABELA X, mas para 1% dos usuários essa tabela é elemento vital para o restante dos negócios. As entrevistas com consumidores são essenciais para entender as necessidades de dados da empresa e como são os dados "confiáveis".

Afinal de contas, tecnologias e fluxos de trabalho poderosos podem facilitar a resposta adequada a incidentes, mas não podem substituir uma cultura inadequada. Equipes de dados, parceiros e consumidores devem alinhar os SLAs antes que sejam úteis para os negócios.

Etapa 2: Medindo a confiabilidade de dados com SLIs

Com referência estabelecida e compreensão meticulosa das necessidades dos consumidores de dados, é possível começar a direcionar as métricas que se tornarão seus indicadores de confiabilidade de nível de serviço. De modo geral, os SLIs de dados devem retratar o estado acordado previamente dos dados que você definiu na primeira etapa, fornecendo fronteiras de como os dados são ou não usados e descrevendo como é o tempo de inatividade de dados. Nesse ponto, os cenários podem incluir dados ausentes, duplicados ou desatualizados. Os SLIs variam de acordo com o caso específico de uso. Vejamos alguns exemplos de métricas usadas com frequência para quantificar a integridade dos dados:

O número de incidentes de dados para determinado ativo de dados (N)
: Quanto às fontes externas de dados, isso pode fugir ao seu controle, mas ainda é um fator-chave do tempo de inatividade de dados e normalmente vale a pena medi-los.

A frequência com que uma tabela crítica é atualizada
: Se uma tabela importante precisar ser atualizada a cada 10 horas ou menos, você e seus consumidores de dados devem saber disso.

A distribuição esperada para determinado conjunto de dados
: Caso sua distribuição esteja fora do intervalo padrão, isso pode indicar um problema fora do seu controle (talvez as vendas estivessem mesmo altas naquele dia?), mas provavelmente vale a pena investigar.

Etapa 3: Rastreando a confiabilidade de dados com SLOs

Depois que os SLIs forem identificados, é possível definir objetivos ou intervalos de tempo de inatividade aceitáveis para os dados. Esses SLOs devem tomar como base as circunstâncias do mundo cotidiano. Por exemplo, caso decida rastrear o TTD sem ferramentas automatizadas de monitoramento, seu SLO deverá ser mais generoso do que uma organização madura com ferramentas robustas de observabilidade de dados. Definir esses intervalos possibilita criar um framework uniforme que classifica os incidentes por nível de gravidade e facilita a resposta rápida quando ocorrem problemas. Com esses objetivos definidos e incorporados aos seus SLAs, é possível criar dashboards que rastreiem e gerem relatórios sobre o progresso, seja com soluções customizadas e ad hoc ou com ferramentas dedicadas de observabilidade de dados.

Quando se trata de compreender a integridade de dados a nível operacional, essas medições podem ajudar muito as equipes de dados. Mas quando se trata de mensurar o impacto da qualidade de dados nos negócios, sugerimos rever o tempo de inatividade de dados. Definir SLAs, SLOs e SLIs para dados é apenas a primeira peça do quebra-cabeça. Quando ocorrem incidentes de dados, também precisamos de uma forma de triagem e gestão dos incidentes, antes que se tornem uma tremenda dor de cabeça para os consumidores downstream.

Para isso, podemos novamente recorrer aos nossos amigos de DevOps em busca de inspiração. A maioria das organizações tecnológicas aloca equipes inteiras de confiabilidade de site para identificar, resolver e prevenir períodos de indisponibilidade. Na organização moderna atual de dados, os engenheiros de dados frequentemente sofrem o maior impacto quando os pipelines falham e quando os dashboards ficam instáveis. Para que o processo de resolução de incidentes seja mais fácil e transparente, podemos nos inspirar nos preceitos de SRE para comunicar e fazer a triagem eficaz de problemas de dados à medida que surgem.

Por exemplo, imagine que um dos relatórios críticos do seu executivo esteja exibindo dados desatualizados. Desde o início, você não tem certeza de como esse pipeline quebrou, mas precisa *comunicar* que ele quebrou e que sua equipe está cuidando do caso. E ao resolver esse problema, é necessário atualizar consistentemente não apenas seus colegas que investigam o tempo de inatividade de dados, como também as principais partes interessadas no processo de resolução de incidentes. Embora o que seja necessário para obter dados confiáveis dependa, em última análise, das necessidades empresariais, ter uma boa estratégia de comunicação facilitará muito a execução de seus SLAs. Agora, deixaremos de lado os princípios e veremos brevemente como todos esses conceitos foram aplicados quando um serviço de assinatura de e-books enfrentava dificuldades com a falta de dados em tempo real.

Estudo de Caso: Blinkist

Com mais de 16 milhões de usuários em todo o mundo, o Blinkist ajuda leitores com pouco tempo a adaptar o aprendizado em suas vidas por meio de seu serviço de assinatura de e-books. Gopi Krishnamurthy, diretor de engenharia, liderou a equipe responsável pela engenharia de dados, infraestrutura, centro de excelência em nuvem, crescimento e monetização. Para o Blinkist, ter dados verídicos e confiáveis é fundamental para o sucesso de seus negócios.

A falta de rastreamento de dados em tempo real fez com que os gastos com marketing diminuíssem nos canais críticos de distribuição. Como empresa de alto crescimento, o Blinkist aproveitou o marketing de desempenho pago para impulsionar a aquisição de clientes. A sua estratégia para 2020, com uma meta de crescimento de 40%, incluía investimento significativo em canais como o Facebook e o Google, que otimizariam automaticamente as campanhas com base em dados comportamentais compartilhados entre o app Blinkist e os próprios canais. Claro que, assim como muitas empresas em 2020, a pandemia da Covid-19 mudou tudo. Os dados históricos não retratavam mais a realidade atual da vida diária do seu público-alvo, e os dados em tempo real se tornariam essenciais — não apenas para determinar os gastos com publicidade, como também para compreender o estado atual de como os usuários estavam interagindo com o aplicativo e com conteúdo do Blinkist em toda a web.

Quaisquer dados sem acurácia poderiam impactar a tomada de decisões, desde os gastos da campanha até a atualização do roadmap do produto. Era crucial que nenhuma oportunidade de inovação fosse perdida — desde a adição de features novas até a simplificação da integração e o teste de anúncios novos — porque uma campanha em torno de "melhorar seu deslocamento diário" simplesmente não era mais relevante. À medida que os executivos do alto escalão e os gerentes de campanha se tornavam cada vez mais dependentes de insights em tempo real para impulsionar a estratégia de marketing, os gastos orçamentários e o ROI, Gopi e sua equipe estavam tendo dificuldades com o tempo de inatividade de dados, problemas com qualidade de dados, delays na atualização do dashboard e pipelines corrompidos.

Em nossa entrevista, Gopi disse que em "Todas as segundas-feiras, tínhamos calls executivos. E quase todas as segundas-feiras, eu estava neste call tentando responder por que não conseguimos escalar, quais eram os problemas, quantos problemas enfrentávamos em termos de rastreamento de dado... Eu tentava explicar a gravidade do problema e aumentar a confiança das partes interessadas executivas". Gopi estima que sua equipe gastava 50% das horas de trabalho resolvendo problemas críticos, tentando resolver problemas de inatividade de dados e, ao mesmo tempo, reconstruindo a confiança do restante da organização. Não era sustentável e algo tinha que mudar.

O alicerce para alcançar a confiabilidade de dados foi focar a governança de dados, a qualidade de dados e os sistemas de refatoração. Gopi e sua equipe implementaram uma abordagem disciplinada para teste e observabilidade de dados, que rastreava SLAs e SLIs de dados importantes. "No cerne desse framework está a engenharia de confiabilidade de dados: tratamos a confiabilidade de dados como entidade de suma importância, da mesma forma que as equipes de engenharia na última década começaram a tratar o DevOps e a engenharia de confiabilidade de sites", afirmou Gopi. Ao investir em testes e observabilidade de dados e definir SLAs claros de confiabilidade de dados para medir a confiabilidade de dados, a empresa conseguiu remediar o tempo de inatividade de dados, antes que afetasse os consumidores downstream. À medida que Gopi e sua equipe trabalhavam para reconstruir a confiança prejudicada dos pipelines corrompidos, eles fizeram parceria com os líderes da empresa para criar entendimento compartilhado dos princípios de confiabilidade de dados e definir SLAs de dados concretos.

Resultado: economia de tempo de 120 horas semanais para uma equipe de seis engenheiros de dados por meio de testes, de observabilidade e de alinhamento de SLA.

Gopi ainda alega que "A escala de crescimento que presenciamos este ano é impressionante. Ainda que as equipes de dados não possam receber todo o crédito, definitivamente, acho que as coisas que conseguimos fazer, em termos de observabilidade de dados e de transparência às operações de dados, melhoraram a forma como direcionamos nosso público e nossos canais". Apesar disso, é importante lembrar que definir SLOs e medir SLIs por *defini-los* não melhora nada. O segredo para o sucesso de Gopi é que sua equipe analisou o que era mais importante, definiu SLIs para medir isso e SLOs para avaliar o progresso. Em seguida, foi capaz de priorizar e avaliar adequadamente o sucesso dos projetos executados para melhorar essas métricas. Não raro, as equipes de dados ficam empacadas na definição de métricas, não reconhecendo o devido valor de colocá-las efetivamente *em prática*, nem identificam quais features negativas do ambiente contribuem para o não cumprimento de seus SLOs.

Recapitulando

Para aqueles que estão iniciando sua jornada de qualidade de dados, a arquitetura para a confiabilidade de dados exige uma estratégia tríplice:

- Invista em processos inspirados em DevOps (testes e observabilidade) antecipadamente e em todos os domínios funcionais.
- Desenvolva uma plataforma resiliente de dados e de alto desempenho.
- Defina e alinhe SLAs, SLIs e SLOs de dados entre organizações.

Sem essas etapas, as equipes de dados terão dificuldades para alcançar qualquer coisa relacionada a dados confiáveis e de alta qualidade. Ainda assim, transformar sua estratégia de qualidade de dados de uma experiência em silos, gerenciada apenas por engenheiros de dados e outros papéis upstream, para uma experiência priorizada pela sua empresa é um processo gradual. Correndo risco de um clichê: Roma não foi construída em um dia, nem a sua estratégia de qualidade de dados.

No próximo capítulo, nos aprofundaremos em um componente crítico do fluxo de trabalho de confiabilidade de dados: gerenciamento e resolução de incidentes, uma abordagem integral para corrigir a qualidade de dados em escala.

CAPÍTULO 6

Corrigindo Problemas Em Escala de Qualidade de Dados

Imagine o seguinte: é sexta-feira às 17h e você está prestes a encerrar o dia. Você começa a finalizar todas as suas tarefas, a ajeitar suas coisas e a entrar mentalmente no clima de final de semana. Quando está prestes a desligar o notebook, você recebe uma mensagem urgente do Slack de sua CFO sobre um dashboard comprometido.

"Nosso relatório de resultados trimestrais está com os números errados", ela afirma. "Não autorizei isso!"

Supondo que o problema seja os dados propriamente ditos e não esteja associado ao setor financeiro mal administrado de sua empresa, você tem um caso crítico de tempo de inatividade de dados em mãos. Ao abrir rapidamente o Looker, você descobre que ela tem razão — o relatório tem discrepâncias consideráveis e você não tem ideia do porquê. Você validou os números ontem com ela. Seus gráficos e suas tabelas tinham acurácia absolutamente inquestionável. Você extrai os dados de origem (a partir de uma planilha Excel em seu desktop, "Financial Report V. 212 GOOD_I_ PROMISE_YES_GOOD"), mas isso a confunde ainda mais. Dezenas de e-mails, dois telefonemas, algumas reuniões do Zoom e, sete horas depois, você identifica o culpado do dashboard inadequado: uma mudança upstream de esquema em uma tabela de origem.

Ótimo, você descobriu o que aconteceu — e agora?

Para a maioria das equipes de dados, interromper o pipeline e identificar a causa-raiz do problema em questão é somente a ponta do iceberg quando se trata de restaurar a confiabilidade e a confiança de dados.

Resolvendo Problemas de Qualidade No Desenvolvimento de Software

Felizmente, analistas e engenheiros não precisam reinventar a roda quando se trata de gerenciar esses tipos de incidentes de "tempo de inatividade de dados" em pipelines individuais e até mesmo em sistemas grandes de dados. Em vez disso, mais uma vez, podemos buscar inspiração no DevOps e na engenharia de confiabilidade de site (SRE) quando se trata de lidar com o gerenciamento e com a resolução de incidentes em escala. Para desenvolver e disponibilizar [release] software com melhor desempenho, as equipes de DevOps usam um ciclo de feedback, chamado de ciclo de vida de DevOps (conforme ilustrado na Figura 6-1), que as ajuda a entregar de forma confiável e em escala features alinhadas com os objetivos de negócios.

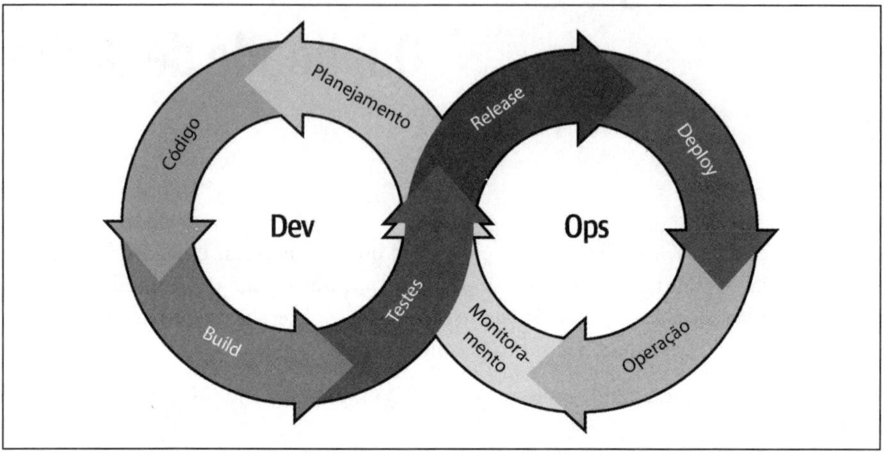

Figura 6-1. O ciclo de vida do DevOps fornece aos engenheiros um framework para gerenciar a confiabilidade e o desempenho das aplicações de software.

O ciclo de vida do DevOps integra oito seções, ou estágios contínuos, incluindo:

Planejamento
: A equipe de desenvolvimento se alinha com as equipes de produto e de negócios para entender as metas e os SLAs do software.

Código
: Desenvolvimento de um software novo.

Build
: Disponibilização do software em um ambiente de teste.

Testes
: Teste do software.

Release
: Disponibilização do software para produção.

Deploy
: Integração e deploy do software com suas aplicações existentes.

Operação
: Execução do software e ajuste, conforme necessário.

Monitoramento
: Monitoramento e alertas sobre problemas no software.

E o ciclo se repete. Ainda que muitas de nossas tecnologias e frameworks de dados (ou seja, testes de dados, SLAs de dados, arquiteturas distribuídas etc.) tenham se adaptado para atender aos padrões e às melhores práticas estabelecidas por nossos colegas de engenharia de software, nossa tendência de lidar com a qualidade de dados de forma reativa nos impediu de incentivar a adoção de análises de forma significativa e escalonável. Ao utilizar as melhores práticas de gerenciamento de incidentes, desde a engenharia de software até os ambientes de dados, podemos abordar a qualidade de dados com uma metodologia proativa e escalável, que pode atender às demandas analíticas do negócio.

Segundo Andrew Stribblehill e Kavite Guiliana, dois autores que colaboraram no canônico *SRE Handbook* (*https://oreil.ly/Jon0X*) do Google: "O gerenciamento eficaz de incidentes é fundamental para restringir os transtornos causados por um incidente [de software] e restaurar as operações normais de negócios o mais rápido possível. Caso não tenha definido sua resposta a possíveis incidentes com antecedência, o gerenciamento de incidentes baseado em princípios pode ir por água abaixo em situações reais."

Resumindo, o gerenciamento de incidentes é o processo de identificação, análise de causa-raiz, resolução, análise e prevenção de problemas que surgem nos fluxos diários de trabalho de engenharia. As equipes de DevOps e de SRE utilizam o gerenciamento de incidentes para identificar e resolver programaticamente softwares com bugs, indisponibilidades e outros problemas de desempenho em tempo real. Neste capítulo, analisaremos como as equipes de dados podem corrigir incidentes em escala de dados, usando princípios de gerenciamento de incidentes de software em sistemas de dados, desde o investimento adequado tecnológico e ferramental até a implementação de processos e de estruturas organizacionais inspiradas nas práticas de DevOps.

Gerenciamento de Incidentes de Dados

Francisco Alberini, ex-gerente de produtos de dados da Segment, plataforma líder de dados de clientes, foi responsável pelo desenvolvimento de sua ferramenta de governança de dados, chamada Protocols. Nesse cargo, Francisco estava familiarizado com os problemas de pipelines de dados comprometidos. Conversando com Francisco, ele nos disse:

> Os sistemas de dados podem falhar por um milhão de razões diferentes, e não existe uma abordagem única para entender como ou por quê. Como GP da ferramenta Protocols, passei muito tempo pensando e criando dashboards para avaliar a qualidade de dados que nossos clientes estavam recebendo. Quando ocorriam problemas, minha abordagem tinha duas etapas: (1) contatar mais do que depressa aquela engenheira de dados que estava em nossa equipe há mais de 4 anos (décadas de conhecimento histórico em tempo de engenharia) para pedir ajuda urgente e (2) se ela não estivesse disponível, eu passava horas debugando o pipeline e verificando milhares de tabelas. Nenhuma dessas duas etapas era escalável.

Francisco não é o único a passar por isso.

À medida que os sistemas de dados se tornam cada vez mais distribuídos e as empresas ingerem cada vez mais dados, a oportunidade de erros (e de incidentes) só aumenta. Durante décadas, as equipes de engenharia de software dependiam de um processo com múltiplas etapas para detectar, resolver e prevenir problemas que poderiam comprometer suas aplicações. Conforme as operações de dados amadurecem, é hora de tratarmos nossos sistemas de dados com a mesma diligência, principalmente quando se trata de construir pipelines mais confiáveis. Apesar de não existirem documentações e materiais específicos sobre como as equipes de dados podem lidar com o gerenciamento de incidentes de dados, já existem ótimos recursos e práticas recomendadas que podemos emprestar de nossos amigos do desenvolvimento de software. Recomendamos que as equipes de dados usem uma abordagem semelhante, porém modificada, de gerenciamento de incidentes: o ciclo de vida da confiabilidade de dados (Figura 6-2), inspirado no ciclo de vida do DevOps, que ajuda as equipes de dados a gerenciar o desempenho e a confiabilidade dos pipelines de dados.

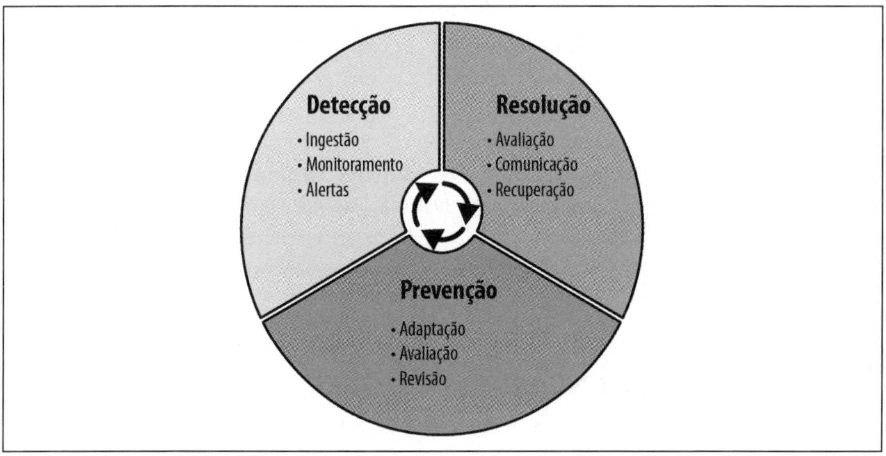

Figura 6-2. O ciclo de vida da confiabilidade de dados.

Ao aplicar o ciclo de vida da confiabilidade de dados aos pipelines de dados, as equipes de engenharia de dados podem detectar, resolver e, em última análise, prevenir problemas de qualidade de dados com mais facilidade antes que impactem os negócios. E quando se trata de criar um fluxo de trabalho de gerenciamento de incidentes de dados para os pipelines, as etapas críticas incluem detecção de incidentes, resposta, análise de causa-raiz (RCA), resolução e análise postmortem sem atribuição de culpa.

Detecção de Incidentes

Com as ferramentas e os processos adequados, a detecção de incidentes (Figura 6-3) pode ser integrada com facilidade aos fluxos de trabalho de engenharia de dados e de analytics, garantindo que todas as partes interessadas nos dados e os usuários finais sejam alertados nos canais apropriados de comunicação (ou seja, Slack, Microsoft Teams, e-mail, SMS, PagerDuty ou pombo-correio) quando surgirem problemas.

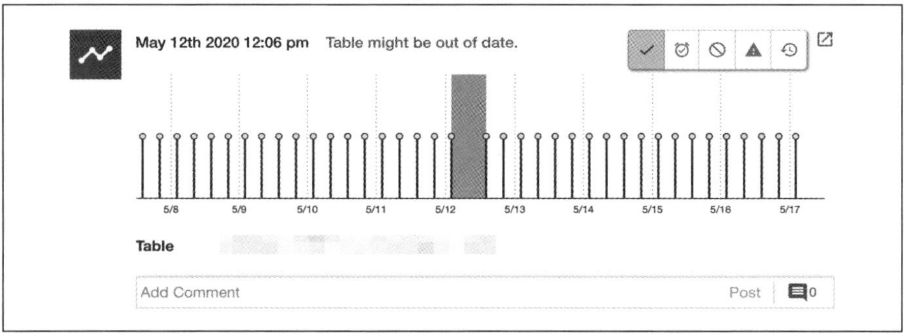

Figura 6-3. A detecção de incidentes pode alertá-lo sobre problemas de atualização, de volume e de distribuição em seus pipelines de dados.

Desnecessário dizer que se deve, antes de mais nada, testar os dados antes de disponibilizá-los em produção. Ainda assim, mesmo com as verificações e com os testes mais robustos implementados, dados ruins passarão despercebidos e serão disponibilizados em produção antes que você possa dizer "pipeline de dados comprometidos". Quando pipelines de dados falham ou dashboards não funcionam devidamente, o primeiro passo é a detecção de incidentes. Incidentes podem ser detectados por meio de monitoramento e de alertas de dados, que podem ser implementados manualmente nos pipelines de dados e acionados com base em thresholds específicos.

A detecção de incidentes também pode ser inserida em camadas, como parte de uma solução de detecção de anomalias ou da observabilidade de dados, sendo acionada automaticamente em intervalos regulares com base em padrões de dados históricos e em regras customizadas. Um componente crítico da detecção de incidentes é a detecção de anomalias (Figura 6-4) ou a capacidade de identificar quando os pilares da integridade de dados (ou seja, volume, atualização, esquema e distribuição) se desviam do padrão conhecido. A detecção de anomalias é mais valiosa quando implementada integralmente (nos data warehouses, data lakes, ETL e ferramentas de BI), e não apenas em um silo específico do ecossistema de dados. Além disso, uma boa detecção de anomalias ajustará algoritmos para reduzir ruído branco e falsos positivos, utilizando a precisão e o recall. No Capítulo 4, detalhamos como criar detectores de anomalias e monitores de qualidade de dados, mas aqui, recapitularemos as coisas e analisaremos uma perspectiva de alto nível.

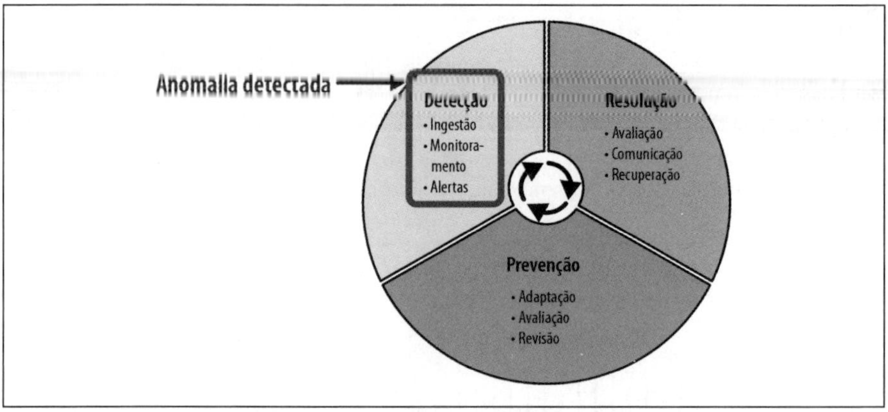

Figura 6-4. Detecção de anomalias dentro do ciclo de vida da confiabilidade de dados.

Ao longo dos anos, descobrimos que as equipes de dados preferem confiar somente na detecção de anomalias para "resolver" o gerenciamento de incidentes. Essa preferência tem alguns problemas. Primeiro, o gerenciamento de incidentes nunca é efetivamente "resolvido". Desde que as empresas continuem a utilizar os dados para viabilizar seus serviços digitais e impulsionar suas tomadas de decisões, os incidentes de dados continuarão ocorrendo. Os pipelines falharão, as mudanças de esquema prejudicarão os dashboards downstream e os valores null surgirão nos momentos menos oportunos. Segundo, confiar apenas na detecção de anomalias é um ponto único de falha; a detecção de incidentes é um processo de múltiplas camadas que depende não apenas da capacidade de detectar incidentes, como também da resposta, da resolução e da prevenção de forma iterativa e repetível.

Não nos entenda mal: a detecção de anomalias é parte imprescindível do ciclo de vida da confiabilidade de dados e ferramenta essencial para o estágio de "detecção" do protocolo de gerenciamento de incidentes de dados. No entanto, confiar na detecção de anomalias sem o apoio adicional de testes, de controle de versionamento, de observabilidade, de linhagem e de diversas outras tecnologias e processos disponíveis às equipes de dados propensas à automação é, na melhor das hipóteses, problemático e, na pior, receita para frustração e para longos períodos de tempo de inatividade de dados. A detecção de anomalias é uma ferramenta, não uma solução milagrosa. Para explicar nosso ponto de vista, imagine que é um mecânico de automóveis. Um sedã entra em sua oficina, com o motor engasgando. "Qual é o problema?" você pergunta, levantando os olhos. O motorista abaixa a janela. "Tem alguma coisa errada com meu carro", responde. *Quanta informação*, você pensa, enxugando o suor da testa. E ri do próprio sarcasmo. "Tem alguma coisa errada com meu carro", o possível cliente repete, letra por letra.

Após investigar por algumas horas, você descobre que o carro está com uma vela de ignição solta. Claro que a falta de informação não é o fim do mundo. Agora imagine a rapidez desse processo se a pessoa que entrou em sua oficina tivesse sido proativa e falado: "Tenho dificuldade para dar partida, meu carro não acelera e minha bateria vive descarregando."

Mas o que essa história tem a ver com dados? À primeira vista, não muito. No entanto, podemos aprender algumas coisas com nosso simpático mecânico quando se trata de não depender apenas da detecção de anomalias a fim de resolver problemas de qualidade de dados.

Hoje em dia, a maioria das equipes de dados aplica alguma medida de detecção de anomalias para resolver a qualidade de dados. A detecção de anomalias é ótima para organizações que buscam identificar quando os pilares fundamentais da integridade de dados (mais uma vez, volume, atualização, esquema e distribuição) não atendem às expectativas de produção. Além disso, a detecção de anomalias é extremamente valiosa para as empresas quando implementada de forma integral e completa (por exemplo, nos data warehouses, data lakes, ETL e ferramentas de BI), em vez de ser aplicada somente dentro de uma ou de duas camadas da plataforma de dados. Entretanto, como a maioria das equipes de dados está aprendendo, apenas a detecção de anomalias não é o bastante quando se trata de construir confiança, accountability, e transparência exigidas pelas organizações orientadas a insights. Recentemente, Barr estava tomando um café (virtual) com o vice-presidente de análise de uma empresa de software listada na Fortune 500, que resumiu esse problema de maneira quase perfeita:

> Quero coisas que estejam vinculadas ao impacto para que eu possa tomar medidas a respeito. A detecção de anomalias é necessária como ponto de partida, pois precisamos trabalhar arduamente para compreender a causa-raiz e avaliar o impacto. Saber da existência de um problema é ótimo, mas é difícil entender o que fazer com ele. É necessário entender exatamente o que foi comprometido, quem foi impactado, por que e onde falhou, e qual pode ser a causa-raiz.

É aqui que entra o restante do ciclo de vida do gerenciamento de incidentes de dados.

Resposta

Uma boa resposta a incidentes começa — e termina — com comunicação eficaz e, felizmente, grande parte dela pode ser preparada com antecedência e automatizada por meio de um fluxo de trabalho via PagerDuty e Slack no momento oportuno. As equipes de dados devem passar um tempo escrevendo runbooks e playbooks que orientam a resposta padrão a incidentes. Embora os runbooks forneçam instruções sobre uso de diferentes serviços e identificação de problemas comuns, os playbooks fornecem processos detalhados para lidar com incidentes. Ambos disponibilizarão links para código, documentação e outros materiais que podem ajudar as equipes a entender o que fazer quando pipelines fundamentais falham. Uma parte importante de um bom runbook? Delegar funções quando ocorrem indisponibilidades ou falhas. (Continue lendo para obter mais práticas recomendadas sobre delegação de funções durante o gerenciamento de incidentes.)

Nos programas tradicionais de engenharia de confiabilidade de sites, existe um processo de escala de plantão que delega funções específicas dependendo do serviço, geralmente segmentado por hora, dia ou semana. Além de um "agente de resposta ao incidente", frequentemente há um "coordenador ou gerente de incidente" responsável por atribuir tarefas e sintetizar informações enquanto o agente de resposta e outras partes interessadas investigam o problema. O coordenador de incidente também tem a tarefa de liderar a comunicação com os consumidores upstream e downstream que podem ser afetados, ou seja, aqueles que trabalham com os produtos de dados fornecidos pelo pipeline comprometido. No contexto de negócios, os metadados são ferramenta poderosa para entender quais equipes sao afetadas por determinado incidente de tempo de inatividade de dados; com a linhagem integral, conforme ilustrado na Figura 6-5, a comunicação dos relacionamentos upstream e downstream entre esses ativos impactados pode ser um processo rápido e sem problemas, poupando horas de grafos manuais para as equipes e garantindo que as pessoas competentes possam ser notificadas antes que dados ruins afetem os negócios.

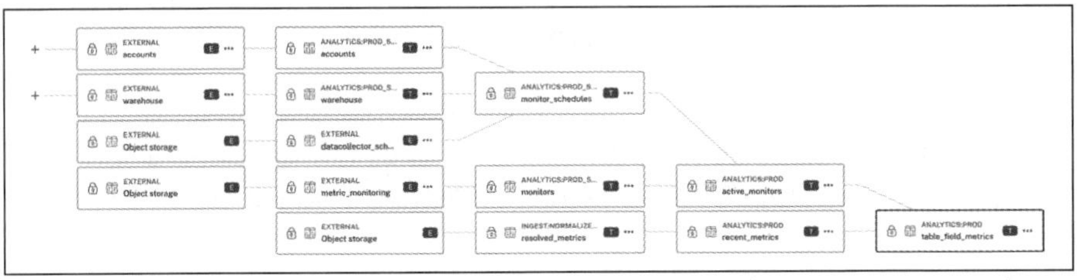

Figura 6-5. A linhagem completa e integral é ferramenta valiosa para compreender as dependências upstream e downstream quando os pipelines de dados falham.

Quando ocorre o tempo de inatividade de dados, é importante comunicar seu impacto aos consumidores upstream e downstream, tanto aqueles que trabalham com os dados quanto aqueles que os utilizam. Com a abordagem adequada, muitos desses processos podem ser integrados a fluxos automatizados de trabalho usando o PagerDuty, o Slack e outras ferramentas de comunicação.

Análise de Causa-raiz

Em teoria, a RCA parece tão fácil quanto executar algumas consultas SQL para segmentar os dados, mas na prática, o processo pode ser um desafio e tanto. Os incidentes podem se manifestar de formas inesperadas em todo pipeline e impactar múltiplas, às vezes centenas, de tabelas.

Por exemplo, uma causa comum da precariedade da qualidade de dados é a atualização, ou seja, quando os dados estão estranhamente desatualizados. Incidentes como esse podem ser resultado de uma série de causas, incluindo uma tarefa presa em uma fila, um timeout, um parceiro que não entregou o conjunto de dados em tempo hábil, um erro ou uma mudança acidental de agendamento, que removeu tarefas do grafo acíclico direcionado (DAG). Em nossa experiência, descobrimos que a maioria dos problemas de dados pode ser atribuída a um ou mais destes eventos:

- Uma mudança inesperada nos dados que alimentam a tarefa, o pipeline ou o sistema, conforme descrito em Figura 6-6
- Uma mudança na lógica (ETL, SQL, tarefas do Spark etc.) transformando os dados

- Um problema operacional, como erros de tempo de execução, problemas de permissão, falhas de infraestrutura, mudanças de agendamento etc.

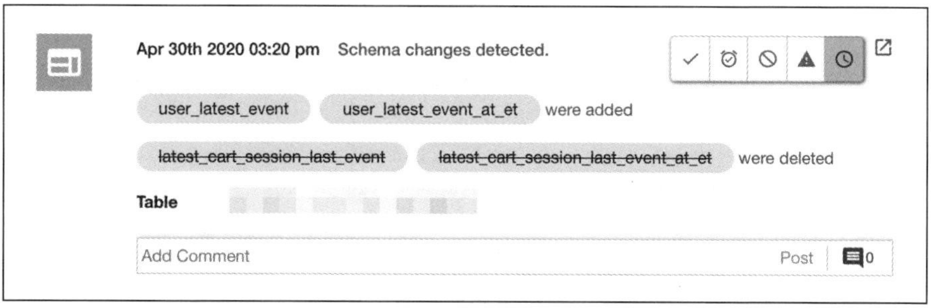

Figura 6-6. Alerta de mudança de esquema entregue por meio de uma plataforma de observabilidade de dados.

Identificar com rapidez o problema em questão exige não apenas as ferramentas adequadas, como também uma abordagem holística que considere como e por que cada uma dessas três fontes pode falhar. É importante também observar que os incidentes raramente têm uma única causa-raiz; ao contrário, muitas vezes são uma confluência de "causas", que podem ser transformadas em aprendizados valiosos para otimização de processos e ajuste técnico. À medida que os sistemas de software (e de dados) ficam cada vez mais complexos, fica cada vez mais difícil identificar a causa (ou raiz) exata de indisponibilidade ou de incidente. A abordagem dos cinco porquês da Amazon (*https://oreil.ly/IuBzc*) fornece um framework útil para contextualizar a RCA:

- Identificar o problema.
- Perguntar *por que* o problema aconteceu e registrar o *motivo*.
- Determinar se o motivo é a causa-raiz.
  - O motivo poderia ter sido evitado?
  - O motivo poderia ter sido detectado antes de acontecer?
  - Se o motivo é erro humano, por que foi possível?
- Repetir o processo usando o motivo como problema. Parar quando tiver certeza de que identificou as causas-raiz.

Dificilmente, existe um único motivo pelo qual seu sistema falha. À medida que os engenheiros de dados trabalham para reduzir o esforço manual, processos, testes, verificações de atualização de dados, outras soluções mais inteligentes devem ser capazes de identificar o problema antes que ele apareça a downstream, conforme ilustrado pelo alerta de mudança de esquema de observabilidade de dados na Figura 6-6. Quando isso não ocorre, é forte indicação de que as proteções contra falhas são insatisfatórias. Para começar, identificamos as cinco etapas que as equipes de dados devem seguir ao realizar a RCA em pipelines de dados:

1. *Analisar a linhagem*. Para entender o que falhou, é necessário encontrar os nós mais upstream do sistema que apresentam o problema — é neste ponto que as coisas começaram e é nele que está a resposta. Se tiver sorte, a raiz de todo o mal ocorre no dashboard em questão e você identificará rapidamente o problema.
2. *Conferir o código*. Uma espiada na lógica que criou a tabela, ou mesmo no campo ou campos específicos que estão impactando o incidente, ajudará a criar hipóteses plausíveis sobre o que está errado.
3. *Analisar os dados*. Após as etapas 1 e 2, é hora de examinar os dados da tabela em busca de dicas do que pode estar errado. Uma abordagem promissora é explorar como outros campos em uma tabela com registros anômalos podem fornecer pistas sobre em que local a anomalia nos dados está ocorrendo (Figura 6-6).
4. *Analisar o ambiente operacional*. Muitos problemas de dados são resultado direto do ambiente operacional que executa as tarefas de ETL/ELT. Analisar logs e traces de erros dos mecanismos ETL pode fornecer algumas respostas.
5. *Colaborar com os colegas*. Na maioria das vezes, seus colegas de equipe tem conhecimento ou insights sobre os dados que estão causando problemas. Não custa nada perguntar.

Vejamos isso na prática. Nas seções seguintes, examinaremos as cinco etapas necessárias para realizar a análise de causa-raiz do dashboard comprometido de um cliente.

Etapa 1: Analisar a linhagem

Você sabe que o dashboard do cliente está falhando. Sabe também que esse dashboard foi desenvolvido a partir de uma longa cadeia de transformações, que depende de diversas (ou talvez de dezenas de) fontes de dados. Para entender o que falhou, você precisará encontrar os nós mais upstream do sistema que apresentam o problema — é neste ponto que as coisas começaram e é nele que está a resposta. Se tiver sorte, a raiz de todo o mal ocorre no dashboard em questão e você identificará rapidamente o problema. Em uma situação desfavorável, o problema ocorreu em uma das fontes mais upstream do sistema, muitas etapas distantes de transformação do dashboard comprometido — o que exigiria um dia inteiro para rastrear o problema por meio do DAG e, em seguida, corrigir todos os dados comprometidos.

> Garanta que todos (engenheiros e analistas de dados, engenheiros de analytics e cientistas de dados) que solucionam problemas de dados tenham acesso à linhagem mais atualizada. Para ser útil, a linhagem deve incluir produtos de dados como relatórios de BI, modelos de AM ou sistemas de destino final (sink) de ETL reverso. A linhagem em nível de campo é uma vantagem (Figura 6-7). Não raro, a linhagem automatizada em nível de campo é investimento importante para equipes de engenharia de dados que buscam entender de maneira fácil e rápida quais ativos de dados estão comprometidos e como essas falhas impactaram os produtos e dashboards downstream de dados.

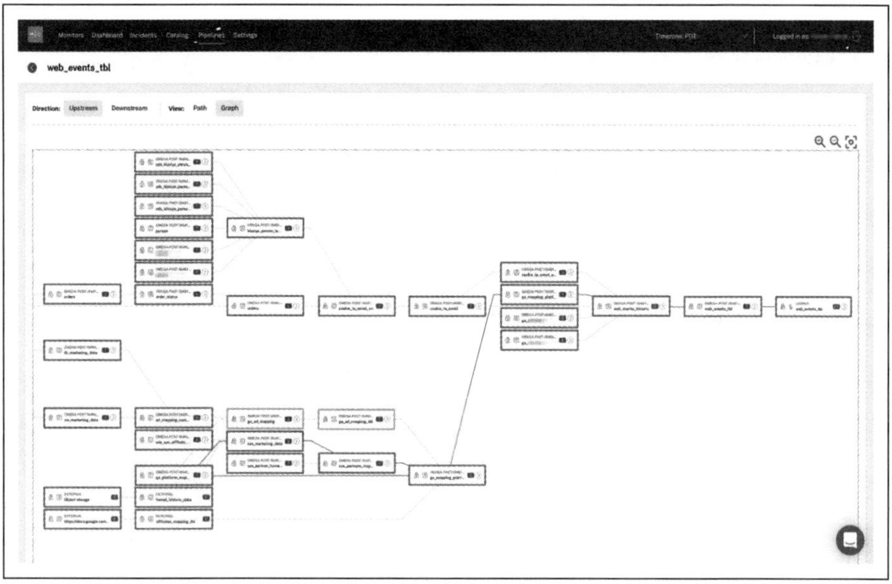

Figura 6-7. Visualização da linhagem para análise de causa-raiz.

Etapa 2: Conferir o código

Você encontrou a tabela mais upstream que está apresentando o problema. Parabéns, você está um passo mais perto de entender a causa-raiz! Agora, é necessário entender como essa tabela específica foi gerada pelos processos de ETL ou de ELT (Figura 6-8).

Uma espiada na lógica que criou a tabela, ou mesmo no campo ou campos específicos que estão impactando o incidente, bem como nos metadados associados a essa tabela, ajudará a criar hipóteses plausíveis sobre o que está errado.

Pergunte-se:

- Qual código atualizou a tabela recentemente? E quando?
- Como os campos relevantes são calculados? O que poderia ter criado os dados "errados", considerando essa lógica?
- Ocorreu alguma mudança recente na lógica, introduzindo potencialmente um problema?
- Ocorreu alguma gravação pontual na tabela? Ela foi preenchida retroativa e recentemente?

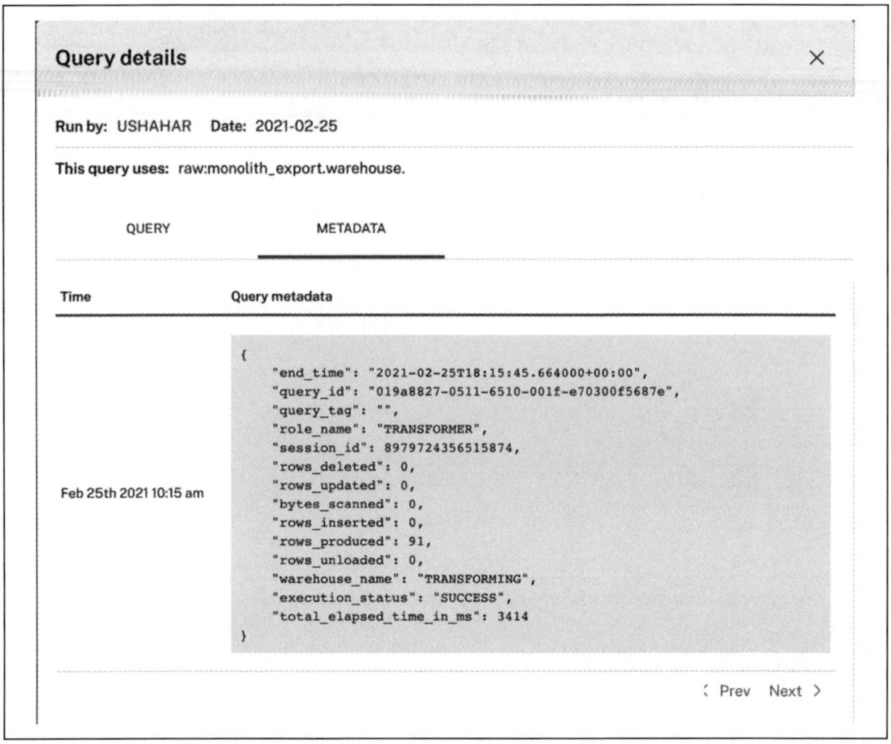

Figura 6-8. Examinando o código e como a query foi gerada durante a análise de causa-raiz.

Garanta que todos que solucionam problemas de dados consigam rastrear com rapidez as tabelas até a lógica (SQL, Spark ou outra) que as criou (Figura 6-9). Para entender completamente a situação, é necessário saber não apenas a condição do código atual, mas também como era quando a tabela foi atualizada pela última vez e, de preferência, quando isso aconteceu. Embora todos tentemos evitá-los, preenchimentos retroativos e gravações pontuais devem ser levados em consideração.

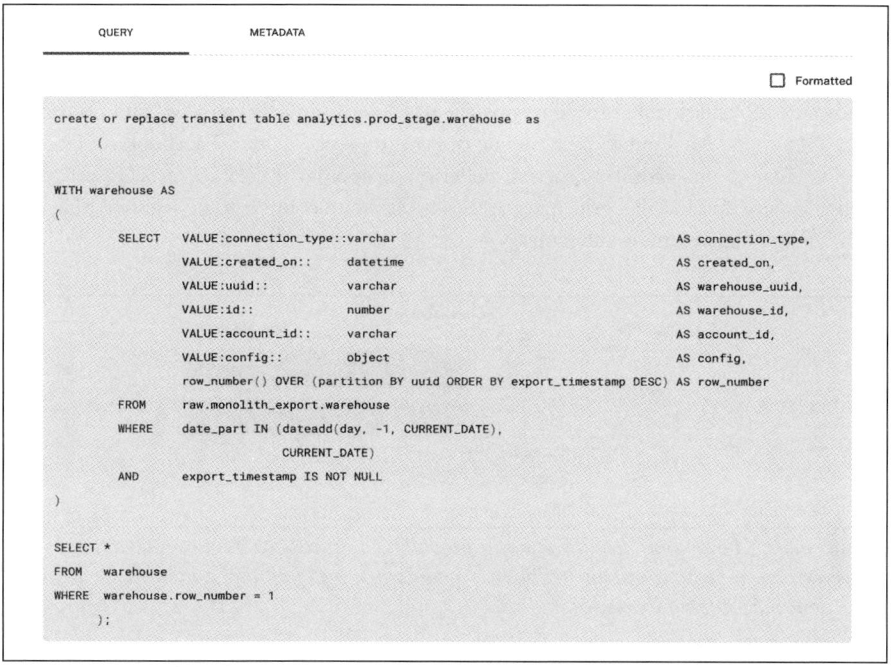

Figura 6-9. Analisando a query após avaliar a linhagem e os metadados do ativo de dados em questão.

Etapa 3: Analisar os dados

Agora você sabe como os dados foram calculados e como isso pode ter contribuído para o incidente. Se ainda não identificou a causa-raiz, é hora de examinar os dados da tabela para obter dicas do que pode estar errado.

Pergunte-se:

- Os dados estão errados em todos os registros? Ou em alguns registros?
- Os dados estão errados em um determinado período de tempo?
- Os dados estão errados em determinado subconjunto ou segmento de dados, por exemplo, apenas nos usuários do Android ou apenas nos pedidos da França?
- Existem segmentos novos de dados (que seu código ainda não considera) ou segmentos ausentes (dos quais seu código depende)?
- O esquema mudou recentemente de uma forma que possa explicar o problema?
- Os números mudaram de dólares para centavos? Os timestamps com fuso horário PST passaram para o fuso horário EST?
- E assim por diante.

Uma abordagem promissora é explorar como outros campos em uma tabela com registros anômalos podem fornecer pistas sobre em que local a anomalia de dados está ocorrendo (Figura 6-10). Por exemplo, recentemente, a equipe de Lior descobriu que uma tabela importante de usuários de um de nossos clientes sofreu um salto na taxa null no campo `user_interests`. Analisamos o campo de origem (ou seja, Twitter, Facebook ou Google) para verificar se um padrão relacional poderia nos apontar a direção certa. Esse tipo de análise fornece dois insights principais; ambos explicariam o aumento de registros null, mas cada um leva a ações muito diferentes.

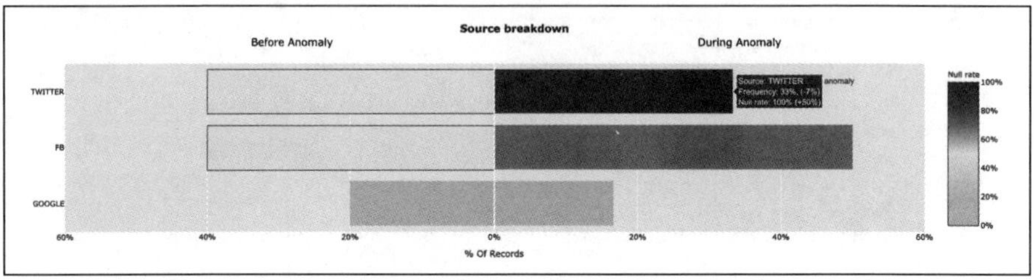

Figura 6-10. Gerar uma visualização da prevalência estatística de anomalias, como valores null em relação a outros problemas nos dados, pode ajudar a identificar a causa-raiz de um problema de dados.

A proporção de registros associados a `source="Twitter"` aumentou de forma significativa, e normalmente tem mais registros quando `user_interests="null"` do que outras fontes. A proporção de registros em que `user_interests="null"` aumentou para registros com `source="Twitter"`, enquanto a proporção de registros com `source="Twitter"` não mudou. Quanto ao primeiro insight, talvez tenhamos somente um problema de sazonalidade ou o resultado de uma campanha de marketing eficaz. Quanto ao segundo insight, provavelmente temos um problema de processamento de dados, com os dados de usuários provenientes de nossa fonte no Twitter. Assim, podemos focar a investigação nos dados do Twitter.

> Garanta que todos que solucionam problemas de dados possam segmentar e analisar detalhadamente os dados [slice and dice] para descobrir como o problema se correlaciona com diversos segmentos, períodos de tempo e outras divisões dos dados. A visibilidade das mudanças recentes nos dados ou no esquema é recurso indispensável. Não se esqueça de que, embora sejam úteis, as abordagens estatísticas são apenas uma parte do processo mais amplo de RCA.

Etapa 4: Analisar o ambiente operacional

Os dados foram verificados. E agora? Muitos problemas de dados são resultado direto do ambiente operacional que executa as tarefas de ETL/ELT (conforme ilustrado na Figura 6-11). Uma poderosa ferramenta open-source para lidar com essas execuções é o dbt.

Figura 6-11. Espiando o ambiente operacional e as execuções de tarefas ETL/ELT associadas, geralmente uma das etapas finais na análise de causa-raiz.

Analisar logs e traces de erros dos mecanismos de ETL pode ajudar a responder a algumas das seguintes perguntas:

- As tarefas relevantes apresentaram algum erro?
- Ocorreram delays incomuns no início das tarefas?
- Alguma query que demorou para executar ou tarefa de baixo desempenho causou os delays?
- Ocorreu algum problema de permissão, de rede ou de infraestrutura que impactou a execução? Alguma mudança foi feita recentemente?
- Alguma mudança foi feita no agendamento de tarefa que dropou sem querer uma tarefa ou a inseriu em um local errado na árvore de dependências?

> Garanta que todos que solucionam problemas de dados entendam como as tarefas de ETL são executadas e tenham acesso aos logs relevantes e à configuração de agendamento. O Airflow, ferramenta open-source de orquestração de dados, possibilita que as equipes se aprofundem nos registros de tarefas para entender melhor o que pode ter dado errado no processo (Figura 6-12). Compreender a infraestrutura, a segurança e a rede também pode ajudar.

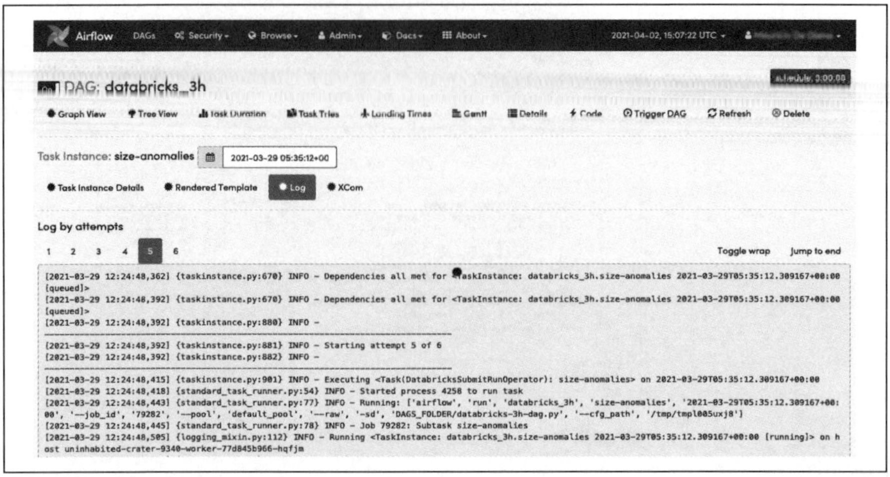

Figura 6-12. Usar o Airflow para analisar logs de tarefas pode ajudar a solucionar problemas de dados.

Etapa 5: Colaborar com os colegas

Você fez tudo que estava ao seu alcance (ou talvez esteja buscando atalhos) — qual é o próximo passo? É necessário buscar orientações com sua equipe de dados. Antes de começar a bombardear o Slack com perguntas, pergunte-se:

- Quais problemas semelhantes ocorreram anteriormente com esse conjunto de dados? O que a equipe fez para investigar e depois resolvê-los?
- Quem é o proprietário do conjunto de dados que está com o problema no momento? Com quem posso entrar em contato para obter mais contexto?
- Quem usa o conjunto de dados que está com o problema no momento? Com quem posso entrar em contato para obter mais contexto?

> Garanta que todos que solucionam problemas de dados tenham acesso aos metadados sobre propriedade e uso do conjunto de dados, para que saibam a quem perguntar. Um histórico de incidentes de dados com boa documentação também pode ser útil.

A análise de causa-raiz pode ser uma ferramenta poderosa quando se trata de abordar — e prevenir — problemas de qualidade de dados quase em tempo real, mas é importante se lembrar de que um pipeline comprometido raramente pode ser atribuído a um problema específico. Como qualquer arquitetura distribuída, o ecossistema de dados é composto por uma série de lógicas complexas, eventos e, claro, pipelines que, como um experimento científico, reagem de inúmeras formas. Dito isso, descobrimos que essa abordagem de cinco etapas pode ajudar a transformar a análise de causa-raiz de alerta que tira o nosso sono em prática escalonável e duradoura em toda a organização de dados. E, no processo, você possibilitará ao engenheiro de dados (você sabe, a enciclopédia humana de pipeline de dados da sua equipe de engenharia de dados) um breve alívio de suas responsabilidades.

Resolução

Depois de identificar que algo deu errado e compreender seu impacto inicial, a próxima etapa (às vezes, antes mesmo da análise de causa-raiz) é corrigir o problema e comunicar as próximas etapas às partes interessadas relevantes. Isso pode ser tão fácil quanto interromper pipelines ou modelos de dados e executá-los mais uma vez, porém, visto que os dados podem falhar por milhões de motivos, isso envolve considerável resolução de problemas.

Em muitos casos, pode haver uma "resolução inicial" (ou seja, interromper ou usar a metodologia "circuit break" em um pipeline — lembre-se de que vimos os circuit breakers no Capítulo 3) — e uma "resolução final", em outras palavras, implementar uma solução mais permanente que aborde a causa subjacente do incidente de tempo de inatividade de dados. Ao longo deste processo, é importante comunicar o status do incidente em um canal do Slack, uma sequência de e-mails, um site Wiki, um documento do Google, um fluxo de trabalho do JIRA ou em outra ferramenta de colaboração que facilite às diversas partes interessadas acompanhar a situação atual. Após correção do incidente, seja por meio de alterações no código, nos dados ou no ambiente operacional, as equipes devem comunicar os próximos passos às partes afetadas e, nos próximos dias, agendar uma análise postmortem.

Análise Postmortem Sem Atribuição de Culpa

Um amigo nosso, engenheiro de confiabilidade de site com mais de uma década de experiência em lidar com crises urgentes em empresas como Box, Slack e outras companhias do Vale do Silício, nos disse que eu não poderia escrever um capítulo sobre gerenciamento de incidentes sem deixar isso extremamente claro: "Para cada incidente, o culpado é o sistema, não a pessoa que escreveu o código. Bons sistemas são desenvolvidos para serem tolerantes a falhas e humanos. É função do sistema permitir que cometamos erros." Quando se trata de confiabilidade de dados e de DataOps, os mesmos princípios prevalecem. Os pipelines devem ser tolerantes a falhas, com processos e frameworks implementados que considerem incógnitas conhecidas e incógnitas desconhecidas no próprio pipeline.

Independentemente do tipo de incidente ocorrido ou do que o causou, a equipe de engenharia de dados deve realizar uma análise completa e multifuncional depois de corrigir o problema e também realizar a análise de causa-raiz. A análise postmortem (que, literalmente, significa "após a morte") é uma reunião e documento correspondente, criado após a resolução de um incidente, que evidencia as principais informações, sequência de eventos, partes envolvidas, tecnologias associadas e outros fatos relevantes sobre o assunto. Além de ajudar como comunicar os efeitos e o resultado de um incidente, a análise postmortem ajuda a registrar o que aconteceu. Assim, podemos agir de forma mais proativa a fim de evitar que problemas semelhantes aconteçam novamente. Vejamos algumas práticas recomendadas para realizar ótimas análises postmortems nos pipelines de dados:

Estruture tudo como uma experiência de aprendizagem.

Para serem construtivas, as análises postmortems devem ser isentas de atribuição de culpa (ou, caso contrário, haverá atribuição de culpa). É natural tentar atribuir a "culpa" pelos incidentes, mas raramente isso serve de alguma coisa quando se trata de incutir confiança nos seus colegas ou promover cultura colaborativa. Ao reestruturar essa experiência em torno do objetivo de "aprendizagem e melhoria", é mais fácil tomar proativamente as medidas organizacionais (criando melhores fluxos de trabalho e processos) e tecnológicas (defendendo o investimento em ferramentas novas) necessárias para eliminar o tempo de inatividade de dados.

Use isso como oportunidade para avaliar a preparação para incidentes futuros.
: Atualize os runbooks e ajuste as ferramentas de monitoramento, alertas e gerenciamento de fluxo de trabalho. Resumindo, os runbooks são guias detalhados de instruções para concluir uma tarefa ou um procedimento comum amplamente utilizado pelas práticas DevOps e pelas equipes de TI. Quando aplicados aos dados, os runbooks podem incluir informações sobre quem é proprietário de quais ferramentas ou ativos de dados na empresa, bem como quando as tarefas são executadas regularmente ou os dashboards são atualizados. À medida que o seu ecossistema de dados evolui (adicionando novas fontes de dados de terceiros, APIs e até mesmo consumidores), essa etapa se tornará crucial quando se trata de prevenção de incidentes.

Documente cada análise postmortem e compartilhe com toda a equipe de dados.
: Não raro, como na engenharia de software, documentar o que deu errado, de que modo sistemas foram afetados e qual é a causa-raiz surge como considerações posteriores. A documentação é imprescindível quanto qualquer outra etapa no processo de gerenciamento de incidentes porque evita o acúmulo de lacunas de conhecimento, caso engenheiros com conhecimento tácito deixem a equipe ou não estejam disponíveis para ajudar.

Reveja os acordos de nível de serviço (SLAs).
: Não é a primeira (nem a última!) vez que analisamos SLAs neste livro. Em termos gerais, os SLAs são o método que diversas empresas usam para definir e medir o nível de serviço que determinado fornecedor, produto ou equipe interna fornecerá — bem como possíveis soluções em caso de falha. À medida que os sistemas de dados amadurecem ou mudam com o tempo, é importante revisar consistentemente os SLAs, os indicadores de nível de serviço (SLIs) e objetivos de nível de serviço (SLOs). É bem provável que os SLAs pertinentes há seis meses não sejam mais; sua equipe deve ser a primeira a saber e comunicar essas mudanças aos consumidores downstream.

No final das contas, as análises postmortems são tão importantes para as equipes de dados quanto para os engenheiros de software. À medida que nosso campo progride constantemente (afinal, estamos na década dos dados), entender como e por que ocorre o tempo de inatividade de dados é a única maneira de fazermos melhorias contínuas na resiliência de nossos sistemas e processos.

Resposta e Mitigação de Incidentes

Compreender como instrumentalizar um fluxo eficaz de trabalho de gerenciamento de incidentes é o primeiro passo quando se trata de prevenir anomalias de dados e outros problemas de tempo de inatividade de dados, mas isso é somente a ponta do iceberg do que é necessário para fornecer confiabilidade abrangente de dados. Afinal, o teste cobre apenas os problemas de qualidade de dados relacionados a "incógnitas conhecidas"; e quanto às "incógnitas desconhecidas"? Os testes, a primeira linha de defesa de um engenheiro de dados contra o tempo de inatividade de dados, geralmente representam apenas cerca de 20% dos problemas relacionados a "incógnitas desconhecidas". No entanto, sem medidas proativas implementadas de prevenção de incidentes, os outros 80% são identificados com frequência por meio de mensagens das partes interessadas downstream e insatisfeitas sobre "relatórios e dashboards comprometidos" (Figura 6-13).

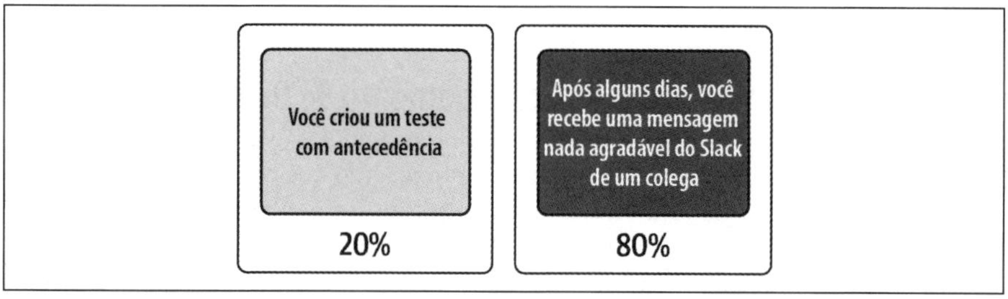

Figura 6-13. Os testes são responsáveis por apenas cerca de 20% dos problemas relacionados a "incógnitas desconhecidas"; o restante pode ser identificado por colegas sem medidas proativas de prevenção de incidentes.

Os testem ajudam a pensar nas duas primeiras seções do ciclo de vida da confiabilidade de dados (Detecção e Resolução, na Figura 6-2) como estágios "reativos" desse processo, e Prevenção como estágio "proativo", de preferência, reduzindo a quantidade de tempo gasto na resolução de problemas urgentes. Agora que você identificou, analisou a causa-raiz, resolveu e conduziu uma análise postmortem, o próximo passo é prevenir que incidentes semelhantes ocorram de novo, implementando uma pilha de confiabilidade de dados que integra testes, integração contínua/entrega contínua (CI/CD), descoberta e observabilidade, visando uma abordagem mais proativa de gerenciamento de incidentes, conforme ilustrado na Figura 6-14.

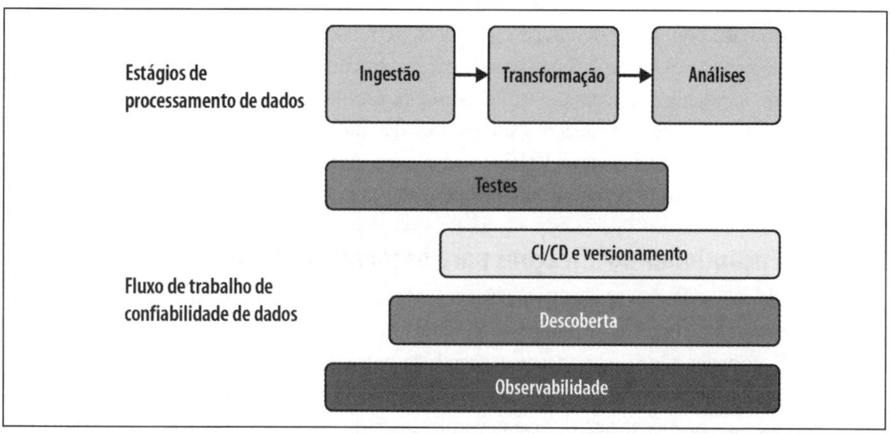

Figura 6-14. Abordagem proativa para confiabilidade de dados, que incorpora testes, CI/CD, descoberta e observabilidade, componentes necessário para gerenciamento e prevenção de incidentes de dados.

A melhor parte é que esses quatro elementos podem ser aplicados em praticamente qualquer arquitetura de dados. Na verdade, inserir esses processos discretos em camadas viabilizará a criação de pipelines de dados mais resilientes, independentemente de estarmos criando uma pilha de dados centralizada, distribuída ou híbrida.

Estabelecendo Uma Rotina de Gerenciamento de Incidentes

Muitas vezes, os engenheiros de dados ficam sobrecarregados não apenas com a correção de problemas de dados, mas também com a priorização do que corrigir, como corrigir e com a comunicação do status à medida que o incidente evolui. Para muitas empresas, as responsabilidades subjacentes da equipe de dados em lidar com situações de crise são ambíguas, principalmente quando se trata de responder à pergunta "Quem está gerenciando esse incidente?" Sem dúvidas, os SLAs de confiabilidade de dados devem ser gerenciados por equipes inteiras, mas quando a situação fica crítica, precisamos de uma pessoa dedicada para ajudar a tomar as decisões e garantir que os SLAs sejam cumpridos caso os dados falhem. Na engenharia de software, essa função é frequentemente definida como coordenador ou gerente [incident commander] de incidente e suas principais responsabilidades incluem:

- Sinalizar incidentes para toda a equipe de dados e para as partes interessadas com antecedência e frequência
- Manter um registro funcional dos ativos afetados de dados ou das anomalias
- Coordenar empenhos e atribuir responsabilidades para determinado incidente
- Compartilhar runbooks e playbooks, conforme necessário
- Avaliar a gravidade e o impacto do incidente

As equipes de dados devem alocar coordenadores de incidentes rotativos de forma semanal ou diária, ou para conjuntos de dados específicos pertencentes a equipes funcionais específicas. Estabelecer práticas boas e repetíveis de gerenciamento de incidentes (que delegue coordenadores de incidentes de forma clara) é acima de tudo um processo cultural, mas investir em automação e manter verificações constantes da integridade de dados já é um avanço considerável. O resto é educação. Vejamos as quatro etapas principais que todo gerente de incidentes deve realizar ao fazer a triagem e ao avaliar a gravidade de um problema de dados.

Etapa 1: Encaminhar notificações para os membros pertinentes da equipe

Ao responder a incidentes de dados, a forma como sua organização de dados está estruturada impactará o fluxo de trabalho de gerenciamento de incidentes e, como resultado, o processo do coordenador de incidentes. Caso faça parte de uma equipe integrada de dados, será mais fácil delegar a resposta a incidentes (ou seja, a equipe de dados e de analytics de marketing são proprietárias de todos os pipelines de analytics de marketing), conforme ilustrado na Figura 6-15. Os membros da equipe estão distribuídos por diferentes unidades de negócios e os membros da equipe de dados em cada domínio são responsáveis por solucionar incidentes para suas partes interessadas. Nessa estrutura, os membros da equipe de dados normalmente se reportam ao chefe de uma unidade de negócios ou, em alguns casos, ao chief data officer (CDO) ou responsável pelos dados.

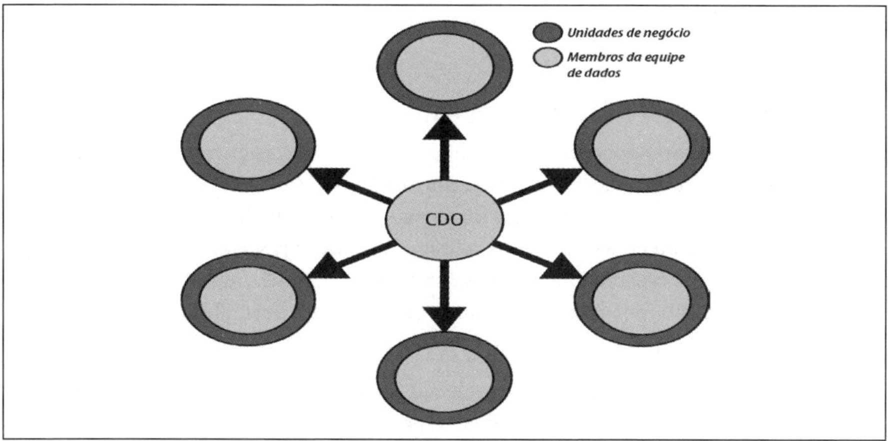

Figura 6-15. Estrutura descentralizada da equipe de dados.

Caso faça parte de uma equipe centralizada de dados (Figura 6-16), enviar e encaminhar alertas de incidentes aos proprietários adequados exige um pouco mais de visão de futuro e de planejamento. Uma equipe centralizada de dados responde diretamente ao CDO ou ao responsável pelos de dados e gerencia simultaneamente queries e incidentes a partir de dados correspondentes a diferentes unidades de negócios. Salvo especificação em contrário, diversas unidades de negócios são partes interessadas. Existem prós e contras em ambas as estruturas de equipe de dados quando se trata de garantir a confiabilidade de dados, mas abordaremos isso no Capítulo 8.

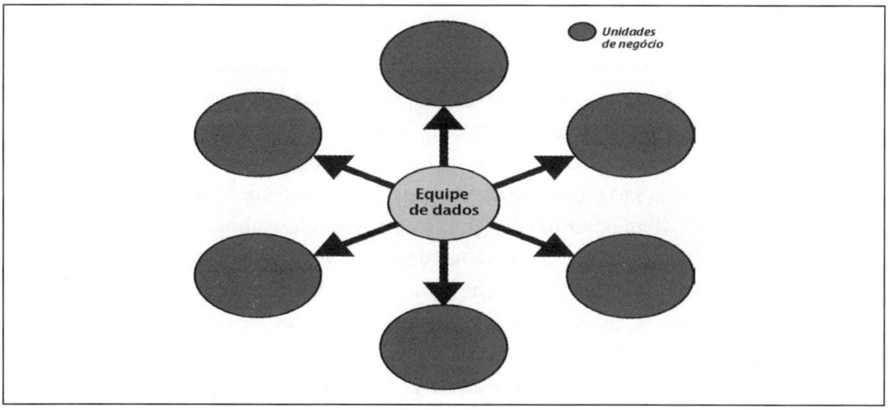

Figura 6-16. Estrutura centralizada da equipe de dados.

Seja como for, sugerimos que configure canais dedicados do Slack para pipelines de dados pertencentes e mantidos por membros específicos de sua equipe de dados, convidando as partes interessadas relevantes para que saibam se os dados críticos dos quais dependem estão indisponíveis. Muitas equipes com as quais trabalhamos configuram fluxos de trabalho nas plataformas PagerDuty ou Opsgenie a fim de garantir que nenhum aspecto fundamental seja negligenciado.

Etapa 2: Avaliar a gravidade do incidente

Assim que o proprietário do pipeline for notificado de que algo está errado com os dados, a primeira coisa que ele deve fazer é avaliar a gravidade do incidente. Como os ecossistemas de dados estão em constante evolução, inúmeras mudanças podem ser introduzidas nos pipelines de dados a qualquer momento. Mesmo que algumas sejam inofensivas (ou seja, mudança de esquema esperada), algumas são mais catastróficas, impactando as partes interessadas downstream (por exemplo, o número de linhas em uma tabela crítica reduziu de 10.000 para 1.000).

Após a equipe começar a solucionar o problema, é prática recomendada categorizar o problema com base em seu status, seja corrigido, esperado, investigando, nenhuma ação necessária ou falso positivo. Categorizar o problema ajuda os usuários a avaliar a gravidade do incidente e também desempenha papel fundamental na comunicação das atualizações às partes interessadas relevantes em canais específicos de dados afetados, de modo que possam tomar as medidas adequadas. E se um ativo de dados for comprometido e não for importante para sua empresa? Na verdade, e se esses dados estiverem desatualizados?

Dados fantasmas [phantom data] assombram até mesmo as melhores equipes de dados, e nem conseguimos calcular quantas vezes recebemos um alerta sobre um problema de dados que, após toda a resolução do incidente, não era importante para os negócios; na verdade, os dados não eram usados há meses! Logo, em vez de resolver problemas de alta prioridade, passamos horas ou até dias enfrentando dados comprometidos apenas para descobrir que estávamos desperdiçando nosso tempo.

Nesse sentido, como determinar quais dados são mais importantes para a organização? Uma forma cada vez mais comum de as equipes descobrirem seus conjuntos de dados mais críticos é utilizar ferramentas que as ajudam a visualizar sua linhagem e a entender como os dados estão sendo usados pela empresa (Figura 6-17). A analytics operacional ajuda as equipes de dados a compreender como os dados estão sendo usados em toda a empresa, quais pipelines de dados são mais suscetíveis ao tempo de inatividade de dados, o custo do armazenamento em nuvem por ativo de dados e outros insights valiosos sobre a integridade de dados. Isso possibilita que tenham visibilidade de como todos os conjuntos de dados estão relacionados quando surge um incidente e que possam rastrear a propriedade dos dados a fim de alertar as pessoas adequadas, que podem ser afetadas pelo problema. Em muitos aspectos, as soluções de observabilidade de dados preenchem essas lacunas, fornecendo linhagem rica e uma forma de explorar a analytics operacional da plataforma de dados. Assim que descobrir se o incidente afetou dados críticos, sua equipe compreenderá melhor a gravidade do tempo de inatividade. Caso afete os dados que alimentam diretamente os insights financeiros, é provavelmente um problema de alta prioridade; se não, é hora de seguir em frente.

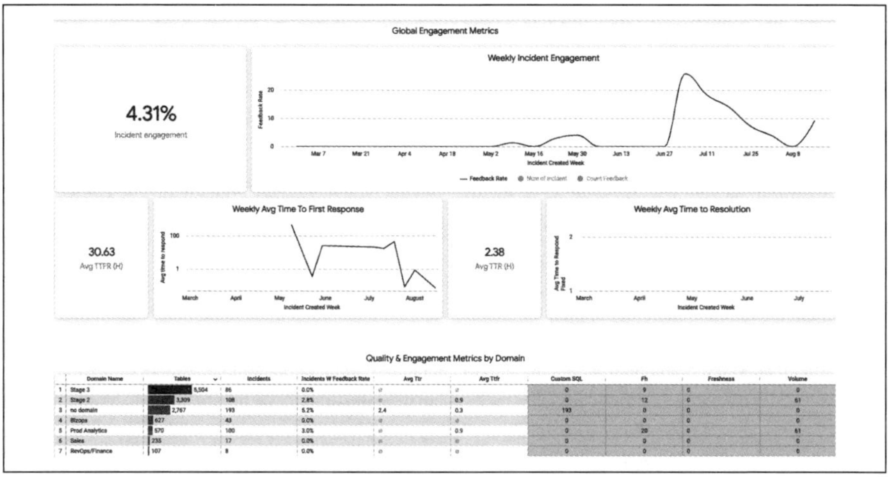

Figura 6-17. Ferramentas de visualização ajudam as equipes de dados a entender o uso dos dados nos negócios.

Etapa 3: Comunicar as atualizações de status com maior frequência possível

A boa comunicação é extremamente valiosa no momento crítico de resposta a um incidente de dados, e é por isso que já analisamos como e por que as equipes de dados devem criar um runbook, que explique passo a passo como lidar com determinado tipo de incidente. Seguir um runbook é crucial para manter as diretrizes adequadas de responsabilidade e reduzir o retrabalho.

Após definir "quem faz o quê", a equipe pode começar a atualizar uma espécie de documento de status em que as partes interessadas podem acompanhar as atualizações em tempo real. Um documento central de status também possibilita que os membros da equipe vejam em que os outros estão trabalhando e o status atual de incidentes. Conversando com colegas líderes de dados, vimos a delegação de coordenação de incidentes ser tratada de duas maneiras:

Alocação de um membro da equipe para ficar de plantão a fim de lidar com quaisquer incidentes durante determinado período.

Durante o plantão, essa pessoa é responsável por lidar com todos os tipos de incidentes de dados. Algumas equipes têm alguém em tempo integral, que fica de plantão e lida com todos os incidentes gerenciados pela equipe, enquanto outras têm um cronograma com plantões alternados semanalmente entre os membros.

Os membros da equipe são responsáveis por gerenciar determinadas tabelas.

É a estrutura mais comum que vemos. Com essa estrutura, os membros da equipe lidam com todos os incidentes relacionados às tabelas ou a relatórios atribuídos enquanto realizam suas atividades diárias normais. Em geral, a atribuição de tabela é alinhada com base nos dados ou nos pipelines com os quais determinado membro trabalha mais.

Qualquer abordagem funciona; basta descobrir o que funciona *melhor* para a estrutura, os recursos e as prioridades da equipe.

Etapa 4: Definir e alinhar SLOs e SLIs de dados para evitar futuros incidentes e tempo de inatividade

Mesmo que não seja responsável pela definição dos SLO, o coordenador de incidente muitas vezes é responsabilizado pelo seu cumprimento. Basicamente, os SLAs são o método que diversas empresas usam para definir e medir o nível de serviço que determinado fornecedor, produto ou equipe interna fornecerá — bem como possíveis soluções caso não sejam entregues.

Por exemplo, o SLA orientado a cliente do Slack promete 99,99% de tempo de atividade a cada trimestre fiscal e não mais do que 10 horas de tempo de inatividade programado para clientes com planos Plus e superiores. Caso não consiga, os clientes afetados receberão créditos de serviço nas contas para uso futuro. Os SLIs do Slack, medidas quantitativas de seus SLAs, dependerão do caso específico de uso. Vejamos algumas métricas utilizadas para quantificar a resposta a incidentes e a qualidade de dados, como já vimos antes no Capítulo 5:

O número de incidentes de dados para determinado ativo de dados (N)
: Embora possa estar além de seu controle, visto que, provavelmente, você depende de fontes externas de dados, isso ainda é um fator importante para o tempo de inatividade de dados e normalmente vale a pena mensurar.

Tempo de detecção (TTD)
: Quando surge um problema, essa métrica quantifica a rapidez com que a equipe é alertada. Se não tiver métodos adequados de detecção e de alerta, isso poderá ser medido em semanas ou até meses. "Erros silenciosos" cometidos por dados ruins podem resultar em decisões onerosas, com repercussões tanto para empresa quanto para seus clientes.

Tempo de resolução (TTR)
: Quando a equipe é alertada sobre um problema, mede a rapidez de sua resolução.

Ao acompanhar isso, as equipes de dados podem trabalhar para reduzir o TTD e o TTR e, por sua vez, desenvolver sistemas mais confiáveis de dados.

Por que Coordenadores de Incidentes de Dados São Importantes

Quando se trata de responder a incidentes de dados, o tempo é essencial e, como coordenador de incidente, o tempo pode ser seu inimigo e seu melhor amigo. Em um mundo ideal, as empresas querem que os problemas de dados sejam resolvidos o mais rápido possível. No entanto, nem sempre é assim e algumas equipes muitas vezes investigam problemas de dados com mais frequência do que gostariam. Na realidade, embora invistam muito tempo escrevendo e atualizando testes customizados de dados, as equipes de dados ainda enfrentam pipelines danificados. Um coordenador de incidentes munido com os processos certos, uma pitada de automação e suporte organizacional pode operar maravilhas em relação à confiabilidade dos pipelines de dados.

Estudo de Caso: Gerenciamento de Incidentes de Dados Com PagerDuty

A PagerDuty ajuda mais de 16.800 empresas em 90 países a atender seus SLAs de tempo de atividade por meio de sua plataforma de gerenciamento de operações digitais, potencializando o gerenciamento de plantão, inteligência de eventos, analytics e resposta a incidentes. Como a PagerDuty aborda o gerenciamento de incidentes específicos de dados em sua organização? Conversamos com Manu Raj, diretor sênior de plataforma de dados e analytics (apropriadamente chamada de equipe DataDuty), a fim de saber mais sobre a estratégia de sua equipe para evitar "tempo de inatividade de dados" e obter pipelines de dados em escala mais confiáveis.

O Ambiente DataOps Na PagerDuty

A equipe da plataforma de dados de negócios da PagerDuty tem uma missão clara: fornecer aos seus clientes dados confiáveis a qualquer hora, em qualquer lugar, que sejam fáceis de entender e que viabilizem a tomada eficiente de decisão. Segundo Manu, "a parte mais crítica é a governança de dados, a qualidade de dados, a segurança e as operações de infraestrutura". Os clientes da equipe incluem "praticamente todos os departamentos do PagerDuty, incluindo finanças, executivos, sucesso do cliente, engenharia, vendas e marketing". Em termos de plataforma, a equipe do DataDuty usa o PagerDuty — "temos que usar nossos próprios produtos e serviços" — bem como o Snowflake para armazenamento de dados, Fivetran, Segment, Mulesoft, AWS, Monte Carlo e Databricks. Recentemente, a equipe também integrou a observabilidade de dados baseada em AM, dando-lhes a capacidade de compreender totalmente a integridade dos sistemas de dados, monitorando, rastreando e solucionando problemas de incidentes de dados em cada estágio do pipeline.

Desafios de Dados Na PagerDuty

Como a maioria das empresas SaaS, a PagerDuty usa muitas aplicações em nuvem SaaS (como Salesforce, Marketo e Netsuite) e ingere muitos dados internos e de terceiros. Dados estruturados, dados não estruturados, dados que chegam em cadências diferentes e lotes em tempo real em granularidades distintas fazem parte do ecossistema geral de dados da PagerDuty. O principal desafio da equipe DataDuty é garantir que a qualidade de dados atenda às expectativas do usuário final, possibilitando que tomem decisões mais rápidas com base em dados com acurácia. Segundo Manu, "a natureza dinâmica do negócio é o que impulsiona os desafios de dados. As necessidades de dados de negócios mudam continuamente, trimestre a trimestre, e é necessário tomar decisões precisas rapidamente. Tudo é orientado a dados, por isso, temos que ser ágeis".

Usando as Melhores Práticas de DevOps Para Escalar o Gerenciamento de Incidentes de Dados

Para cumprir sua missão ambiciosa, a equipe DataDuty implementou uma série de práticas recomendadas de gerenciamento de incidentes de DevOps em seus pipelines de dados.

Prática recomendada #1: Garantir que o gerenciamento de incidentes abranja todo o ciclo de vida dos dados

Na PagerDuty, o gerenciamento de incidentes para engenheiros de dados se insere no âmbito do que eles chamam de operações de dados, uma extensão do DevOps. Inclui rastreamento, resposta e triagem para problemas de dados e de pipeline. Após os dados estarem no data warehouse e até constarem nos relatórios dos clientes, existe o potencial para diversos tipos de tempo de inatividade de dados, desde dados ausentes até modelos errôneos. A equipe DataDuty monitora problemas de qualidade de dados, incluindo anomalias, atualização, mudanças de esquema, tendências métricas e muito mais. A observabilidade de dados é imprescindível para monitorar e garantir a qualidade de dados em seu data warehouse. É possível intervir no nível do pipeline de dados com verificações customizadas de qualidade de dados por meio de ferramentas ETL, mas com o tempo, o gerenciamento da lógica, dos scripts e de outros elementos do ecossistema de dados fica complexo. Além disso, como observa Manu, os problemas com as tendências dos dados não podem ser identificados pelas verificações de qualidade do pipeline.

Prática recomendada #2: O gerenciamento de incidentes deve incluir remoção de ruído

O ruído de dados representa grande problema quando se trata de implementar monitoramento de dados e detecção de anomalias e, em escala corporativa, receberemos uma variedade diária de "alertas", muitos sinalizando alterações nos dados, não sendo necessariamente "problemas" novos. Pode-se até julgar a operabilidade de um sistema de alerta pela sua relação sinal-ruído, empenhando-se para aproximar o máximo possível essa relação de zero. As equipes de dados precisam ser capazes de fazer a triagem entre clientes e proprietários de negócios e responder a esses alertas em tempo hábil, ao mesmo tempo que delegam propriedade clara dos produtos de dados. A equipe DataDuty de Manu usa o PagerDuty para identificar alertas semelhantes de incidentes de dados, minimizando diversos alertas para um incidente com múltiplos problemas de dados. Dessa forma, os membros de sua equipe não ficam sobrecarregados com alertas e podem focar a correção da(s) causa(s)-raiz do problema de dados em questão.

Prática recomendada #3: Agrupar ativos de dados e incidentes para encaminhar alertas de maneira inteligente

De acordo com Manu, a observabilidade de dados é o primeiro passo antes que qualquer etapa de gerenciamento de incidentes de dados, incluindo resposta e escalonamento de incidentes, possa acontecer. Afinal, "meus dados não foram atualizados" é uma questão totalmente diferente quando comparada a uma tendência ou métrica anormal. As equipes precisam ser capazes de identificar que esse problema de dados existe ao longo do tempo.

Quando começou a integrar a observabilidade de dados com o PagerDuty em sua plataforma de dados, a equipe DataDuty adotou as práticas recomendadas do DataOps, incluindo o agrupamento de problemas de dados, possibilitando, assim, roteamento e alertas mais fáceis com base em uma visão completa. Ao agrupar problemas semelhantes de pipeline de dados com observabilidade de dados e implementar triagem e alertas nesse fluxo de trabalho, pode-se garantir que os alertas fossem roteados corretamente para a equipe DataDuty. Como usa o Airflow para agendamento, a equipe também recebe alertas dele via PagerDuty. Além disso, ao identificar os ativos de dados mais críticos da empresa, incluindo relatórios de nível executivo e dados de relatórios financeiros, por meio da observabilidade de dados, foi possível garantir que os alertas relacionados a esses ativos chegassem por meio do PagerDuty com uma política de escalonamento e fossem direcionados automaticamente para outras partes interessadas e para a equipe de business intelligence.

Ao monitorar e emitir alertas sobre a integridade das métricas de BI, como número de clientes, taxa de rotatividade de clientes [churn rate], número de contas e número de incidentes de dados, Manu e sua equipe conseguem ter uma noção melhor da confiabilidade de seus dados. Os alertas são então encaminhados para a equipe de business intelligence, de modo que possa monitorar e tomar as medidas necessárias. Com essas práticas recomendadas, a equipe da plataforma PagerDuty cumpre sua missão ao abordar o gerenciamento de incidentes de dados a partir da perspectiva DevOps, que se alinha perfeitamente com os princípios de observabilidade de dados.

Recapitulando

Quando se trata de corrigir em escala pipelines de dados comprometidos, as equipes de dados devem investir em gerenciamento repetível de incidentes, análise de causa-raiz e fluxos de trabalho de confiabilidade de dados. Para recapitular, sugerimos adotar as seguintes quatro etapas importantes:

- Implementar um programa de gerenciamento de incidentes para pipelines de dados críticos.
- Potencializar a detecção de anomalias como parte de uma estratégia mais ampla de detecção de incidentes.
- Realizar análises completas de causa-raiz e análise de impacto quando ocorrerem incidentes.
- Lidar com a qualidade de dados de forma proativa por meio de testes, CI/CD, observabilidade de dados e dados.

Sem essas etapas, os engenheiros e analistas de dados terão dificuldades para lidar com problemas de qualidade de dados quase em tempo real, principalmente à medida que os sistemas de dados evoluem e as empresas ingerem cada vez mais dados. No Capítulo 7, levaremos o gerenciamento e a resolução de incidentes um passo adiante, explicando como criar um sistema de linhagem — uma ferramenta crucial para resolução e prevenção em nosso esforço contra o tempo de inatividade de dados.

CAPÍTULO 7

Criação de Linhagem Integral

Em 27 de julho de 2004, uma startup de 5 anos chamada Google enfrentava um problema grave: sua aplicação estava fora do ar (*https://oreil.ly/R7fqg*). Durante horas, usuários nos Estados Unidos, na França e na Grã-Bretanha não conseguiam acessar o popular mecanismo de busca. Os milhões de usuários da empresa, na época com 700 funcionários, não tinham nenhuma informação do que estava acontecendo ao mesmo tempo que os engenheiros tinham dificuldades para resolver e identificar a causa-raiz do problema. Ao meio-dia, alguns engenheiros em pânico realizaram um processo tedioso e intensivo de análise e descobriram que a culpa era do vírus MyDoom (*https://oreil.ly/N01Ks*).

Em 2021, esse tipo de indisponibilidade duradoura e em escala era considerada bastante anormal, mas há 15 anos, indisponibilidades de software não eram incomuns. Ao longo dos anos, após liderar equipes que passaram pelo mesmo tipo de experiência, Benjamin Treynor Sloss, gerente de engenharia do Google na época, determinou que deveria existir uma forma melhor de gerenciar e de prevenir situações emergenciais de crise como essa, não apenas no Google, mas em todo o setor. Inspirado pelo início de sua carreira construindo infraestrutura de TI e de dados, Sloss sistematizou seus aprendizados como uma disciplina inteiramente nova — engenharia de confiabilidade de sites (SRE) (*https://oreil.ly/THjBi*) — dedicada à otimização da manutenibilidade e das operações de sistemas de software (como o mecanismo de pesquisa do Google), considerando a confiabilidade.

Segundo Sloss e outros que pavimentaram o caminho para a disciplina (*https://oreil.ly/bdoRU*), o SRE pretendia automatizar a necessidade de preocupação com casos edge e incógnitas desconhecidas (como códigos com bugs, falhas de servidor e vírus). No final das contas, Sloss e sua equipe queriam que os engenheiros conseguissem automatizar o trabalho manual de manutenibilidade da base de código em rápido crescimento da empresa e, ao mesmo tempo, garantir que tivessem cobertura quando os sistemas falhassem.

De acordo com ele, "o SRE é uma forma de pensar e de abordar a produção. A maioria dos engenheiros que desenvolvem um sistema também pode ser um SRE desse sistema (*https://oreil.ly/Uw8a8*). A questão é: eles podem abordar um problema complexo, que talvez não esteja bem delimitado, e encontrar uma solução escalonável e tecnicamente razoável?" Se o Google tivesse os processos e os sistemas implementados a fim de prever e de prevenir problemas downstream, as indisponibilidades não apenas poderiam ser corrigidas com facilidade, impactando minimamente os usuários, como também poderiam ter sido evitadas.

Quase 20 anos depois, as equipes de dados enfrentam situação parecida. Assim como os softwares, os sistemas de dados estão se tornando cada vez mais complexos, com múltiplas dependências upstream e downstream. Há 10 ou mesmo 5 anos, era normal e aceitável gerenciar os dados em silos, mas agora, equipes e até empresas inteiras estão trabalhando com dados, facilitando uma abordagem mais colaborativa e resistente a falhas no que diz respeito ao gerenciamento de dados.

Nos últimos anos, testemunhamos a adoção generalizada das melhores práticas de engenharia de software pelas equipes de engenharia de dados e de analytics para mitigar esse ponto fraco, desde ferramentas open-source, como dbt e Apache Airflow para facilitar a transformação e a orquestração de dados, até data warehouses e data lakes em nuvem, como o Snowflake e o Databricks (*https://oreil.ly/srqDm*).

Em termos fundamentais, a mudança para os princípios ágeis está relacionada a como conceituamos, projetamos, implantamos e mantemos os sistemas de dados. Já se foram os dias de dashboards e de relatórios em silos, que eram gerados uma vez, raramente usados e nunca atualizados; agora, para serem úteis em escala, os dados também devem ser gerados, mantidos e gerenciados pelos usuários finais para consumo em toda a empresa. E para fazer isso de modo confiável, é necessário um tipo de mapa que possibilite encaixar as peças entre sistemas díspares — em outras palavras, linhagem. E para que sejam tratados como produto de software, os dados também precisam ser tão confiáveis quanto um produto de software. Neste capítulo, analisaremos como criar um dos recursos mais críticos desse fluxo de trabalho (linhagem!) e um estudo de caso real de um gerente de produto de plataforma de dados.

Criando Linhagem Integral Em Nível de Campo para Sistemas Modernos de Dados

Os engenheiros de dados conhecem bem mudanças de esquema, valores null e erros de distribuição que afetam até mesmo os sistemas de dados mais robustos. Na verdade, à medida que os pipelines de dados se tornam cada vez mais complexos e as equipes adotam arquiteturas mais distribuídas, esses problemas de qualidade de dados só se multiplicam.

Apesar de os testes de dados serem o primeiro passo importante quando se trata de prevenir esses problemas, a linhagem de dados surgiu como componente essencial de causa-raiz do pipeline de dados e do fluxo de trabalho de análise de impacto. Assim como engenheiros de confiabilidade de sites ou profissionais de DevOps podem utilizar comandos como `git blame` para entender em que local o software foi comprometido no contexto de grandes sistemas, a linhagem de dados fornece às equipes de engenharia e de analytics visibilidade da integridade de dados em cada estágio de seu ciclo de vida, desde a ingestão no data warehouse ou no data lake até eventual análise na camada de business intelligence. Como parte de uma abordagem maior à confiabilidade de dados, a linhagem é crucial quando se trata de entender os prós e os contras dos dados corrompidos.

A linhagem de dados se refere a um mapa da jornada do conjunto de dados ao longo de seu ciclo de vida, desde a ingestão no data warehouse ou data lakes até a visualização na camada de analytics. Resumindo, a linhagem de dados é um registro de como os dados foram do ponto A ao ponto B. No contexto de pipelines de dados, a linhagem rastreia os relacionamentos entre sistemas de origem upstream (ou seja, data warehouses e data lakes) e dependências downstream (por exemplo, relatórios de analytics e dashboards), fornecendo perspectiva holística dos dados à medida que evoluem. Conforme ilustrado na Figura 7-1, as ferramentas modernas de linhagem também destacam os efeitos das mudanças do sistema nos ativos associados, até colunas individuais.

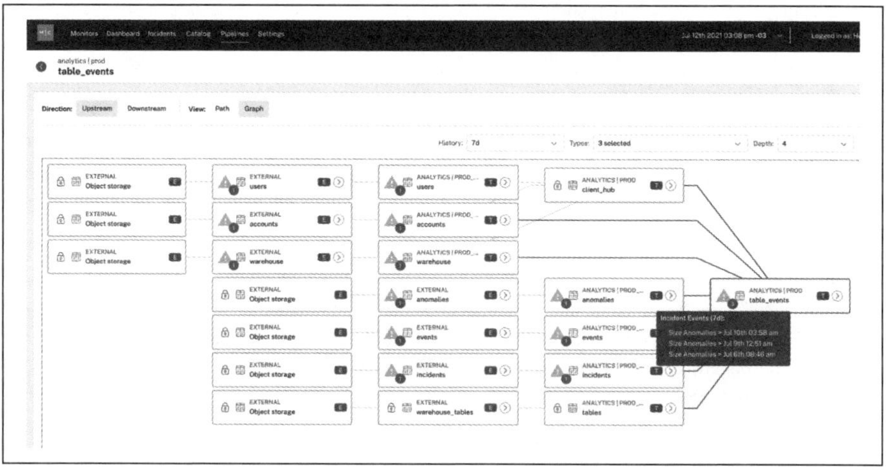

Figura 7-1. Linhagem em nível de tabela com conexões upstream e downstream entre objetos no data warehouse e nas tabelas.

Devido à complexidade até mesmo das queries SQL mais básicas, criar uma linhagem de dados do zero não é tarefa fácil. Tradicionalmente, a linhagem é parseada de forma manual, exigindo conhecimento quase enciclopédico do ambiente de dados de uma empresa e de como cada componente interage entre si.

Adicionando ainda mais complexidade à equação, manter a linhagem manual atualizada fica mais desafiador à medida que as empresas ingerem mais dados, implementam soluções novas e permitem que mais usuários adicionais acessem a análise de dados por meio de ferramentas de analytics sem código e de outros softwares de relatórios. Nas próximas seções, explicaremos o que é necessário para criar uma linhagem em nível de campo, focando a arquitetura de back-end, os principais casos de uso e as práticas recomendadas para equipes de engenharia de dados que planejam desenvolver linhagem em nível de campo para seus sistemas de dados.

Requisitos Básicos de Linhagem

Nos últimos anos, as equipes de dados de todos os setores dependiam da linhagem em nível de tabela (*https://oreil.ly/8zf8w*) para melhorar seus fluxos de trabalho de confiabilidade de dados, gerando um mapa de dependências upstream e downstream. Ainda que útil em nível macro, a linhagem em nível de tabela não fornece às equipes a granularidade necessária para entender exatamente por que ou como os pipelines de dados falham.

Assim como acontece com o desenvolvimento de qualquer funcionalidade nova de produto, o primeiro passo é entender os requisitos do usuário e, a partir daí, definir o que poderia ser entregue em prazo razoável. Vejamos alguns recursos principais a serem considerados ao criar a linhagem:

Agilidade na entrega de valor
: As equipes de dados querem compreender com rapidez o impacto das alterações operacionais, de código e de dados em campos e relatórios downstream. Será necessário abstrair os relacionamentos entre os objetos de dados até o nível de campo; o nível de tabela pode ser muito amplo para correção rápida.

Arquitetura segura
: De modo geral, não queremos que a linhagem acesse diretamente dados do usuário ou informações de identificação pessoal (PII). Recomendamos uma abordagem que acesse metadados, logs e queries, mas mantenha os dados no ambiente do cliente.

Automação
: Via de regra, os produtos de linhagem em nível de campo adotam uma abordagem manual (*https://oreil.ly/iwjnF*), o que atribui mais responsabilidade ao cliente; defendemos o investimento em uma abordagem automatizada que atualize os ativos de dados com base nas mudanças do ciclo de vida dos dados.

Integração com ferramentas populares de dados
: Precisávamos de um grafo de conhecimento que pudesse gerar automaticamente nós em todo um pipeline de dados, desde a ingestão no data warehouse ou data lake até a camada de business intelligence ou de analytics. Muitas equipes de dados exigem integração com tecnologias de data warehouse e de data lake, como Snowflake (*https://oreil.ly/yQvJO*), Redshift (*https://oreil.ly/mjqzV*), Databricks (*https://oreil.ly/BGzjw*) e Apache Spark (*https://oreil.ly/S7C1M*); ferramentas de transformação, como dbt (*https://oreil.ly/9nHct*), Apache Airflow (*https://oreil.ly/Vmb8O*) e Prefect (*https://oreil.ly/XOvSE*); e ferramentas de business intelligence, como Looker (*https://oreil.ly/tbKN7*), Tableau (*https://oreil.ly/Yi1iq*) e Mode (*https://oreil.ly/9RxbQ*), que exigem que sua solução contabilize todos os joins e conexões possíveis entre todas as tabelas em um sistema de dados.

Extração de informações em nível de coluna
: Muitas soluções de linhagem em nível de tabela se originam principalmente do parseamento de logs de query, que não consegue extrair informações de colunas parseadas — os metadados necessários para ajudar os usuários a compreender anomalias e outros problemas em seus dados. Para linhagem em nível de campo, sugerimos descer até o nível de coluna, tarefa difícil que abordaremos mais adiante neste capítulo.

Com base nessa linhagem básica em nível de campo, os usuários também podem agregar os metadados em etapas adicionais para atender a diferentes casos de uso, como analytics operacional. Por exemplo, é possível pré-calcular, em uma tabela específica, o número de tabelas downstream que utilizam cada um dos seus campos. Isso seria muito útil quando se trata de identificar o impacto de problemas de qualidade de dados em relatórios e em dashboards downstream na camada de business intelligence. Afinal, quem não quer uma análise descomplicada de causa-raiz?

Basicamente, a linhagem em nível de campo pode ser usada para reduzir bastante o tempo de detecção e o tempo de resolução de problemas de qualidade de dados, visando reduzir o tempo total que as equipes de dados levam para realizar a análise de causa-raiz de seus pipelines de dados. No que se refere à capacidade analítica, a linhagem de dados pode ser usada para uma variedade de aplicações:

Análise de números suspeitos em um relatório de receita
: Uma equipe de dados de uma empresa FinTech com 400 pessoas gera predições mensais de receita com dados coletados e armazenados no Snowflake e visualizados pelo Looker. A equipe pode usar a linhagem em nível de campo para rastrear qual tabela no data warehouse tem o campo de origem para os números "suspeitos" em determinado relatório e, por meio desse processo, perceber que o culpado pelo problema de dados foi um modelo dbt que falhou na execução.

Redução da dívida de dados
: Muitas equipes aproveitam a observabilidade de dados para descontinuar colunas em conjuntos de dados usados com frequência, garantindo, assim, que objetos desatualizados não sejam usados para gerar relatórios. A linhagem em nível de campo facilita identificar se determinada coluna está vinculada a relatórios downstream.

Gerenciamento de informações de identificação pessoal
: Muitos de nossos clientes lidam com dados confidenciais e precisam saber quais colunas com PII estão vinculadas a tabelas de destino em dashboards downstream. Ao ser capaz de juntar as peças com rapidez entre as colunas com PII e dashboards de usuário, os clientes podem remover as informações ou se precaverem para descontinuar ou ocultar o dashboard das partes relevantes.

Esses casos de uso apenas demonstram como as principais equipes de dados utilizam a linhagem em nível de campo. Ao integrá-la aos fluxos existentes de trabalho de análise de causa-raiz, a empresa pode resolver os problemas e pode poupar tempo e recursos para analistas e engenheiros.

Design da Linhagem de Dados

Quando se trata de criar uma linhagem de dados em nível de campo, a primeira coisa que precisamos fazer é arquitetar um modo de entender quais colunas pertencem a quais tabelas de origem, conforme ilustrado na Figura 7-2. É uma tarefa desafiadora, visto que a maioria das transformações de dados utiliza mais de uma fonte de dados. Para complicar ainda mais as coisas, é necessário determinar recursivamente as fontes e as colunas originais, no caso de algumas das tabelas de origem serem aliases de subqueries existentes derivadas de outras subqueries.

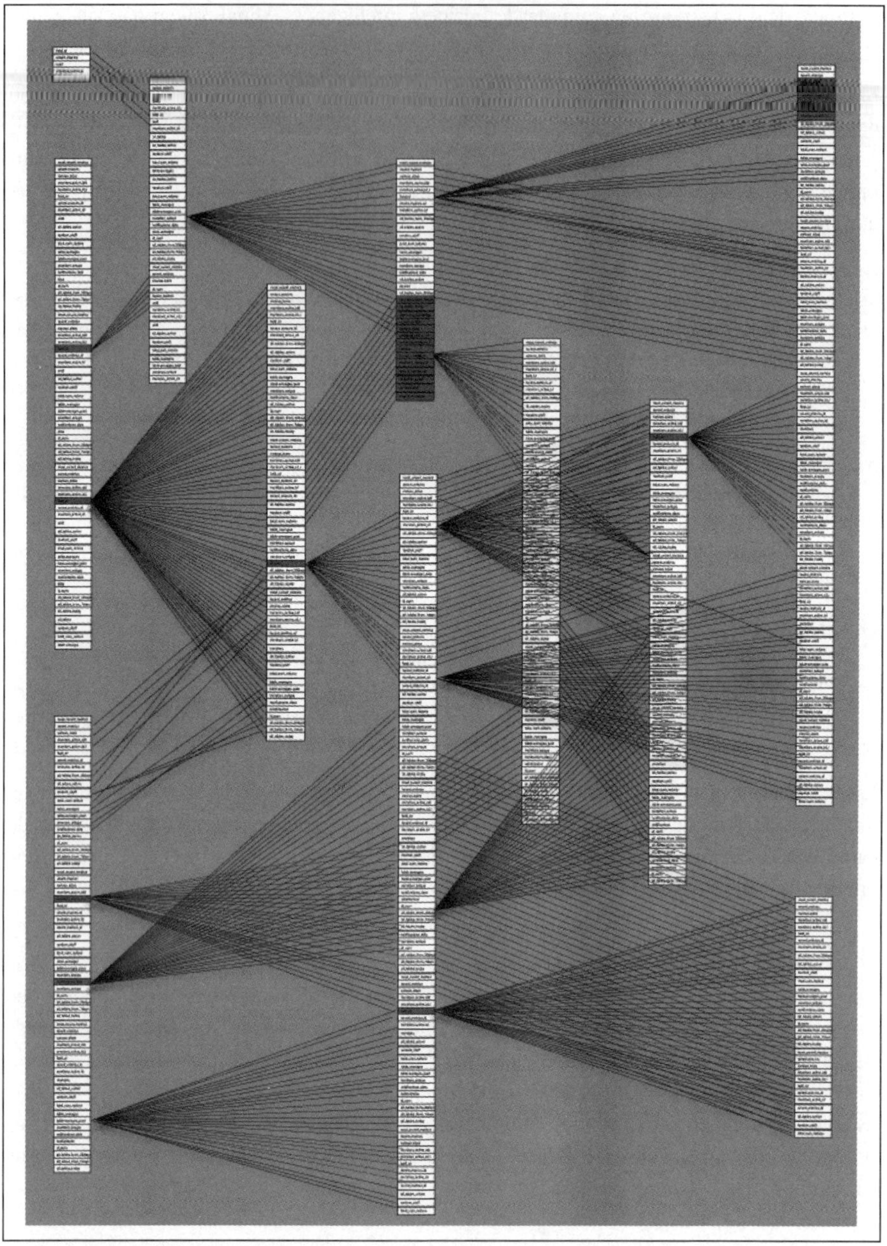

Figura 7-2. Linhagem em nível de campo com centenas de conexões entre objetos em tabelas upstream e downstream.

A quantidade enorme de possíveis combinação de cláusulas SQL dificulta absurdamente abranger todos possíveis os casos de uso. Na verdade, quando nossa equipe estava criando a linhagem em nível de campo para os clientes da Monte Carlo, o protótipo original abrangia apenas cerca de 70% das possíveis combinações. Assim sendo, para abranger todas as cláusulas e possíveis combinações de cláusulas em todas as possíveis integrações de data warehouse, de data lake, de ETL e de business intelligence na pilha (em geral, dezenas de ferramentas!), devemos testar individualmente cada cláusula entre si e garantir que a solução ainda funcione conforme planejado, antes de passarmos para o próximo caso de uso. Em nível fundamental, a estrutura da maioria das linhagens incorpora três elementos (Figura 7-3):

- A tabela de destino, armazenada no relatório downstream
- Os campos de destino, armazenados na tabela de destino
- As tabelas de origem, armazenadas no data warehouse

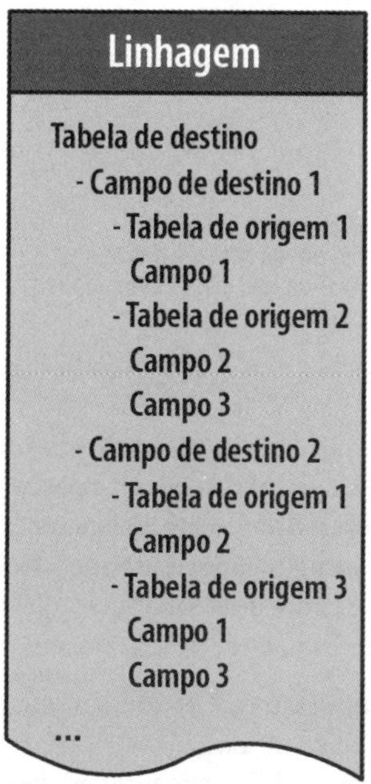

Figura 7-3. A estrutura de uma linhagem em nível de campo inclui diversos campos de destino downstream por tabela upstream.

Conforme mencionado anteriormente, existem relacionamentos infinitos entre os objetos de destino e de origem, o que exigiu que utilizássemos um modelo de dados flexível o suficiente para capturar múltiplas queries ao mesmo tempo. Sugerimos usar um modelo de dados lógico, um ID `table_mcon` e objetos de linhagem em nível de campo com hash juntos como o ID do documento. Para a mesma tabela de destino, podem existir diversas queries diferentes para atualizá-la. Usando a tabela de destino `mcon` e um objeto de linhagem em nível de campo com hash, é possível capturar todas as diferentes combinações de linhagem para determinada tabela de destino. O Exemplo 7-1 ilustra um esquema de índice.

Exemplo 7-1. Query de linhagem entre um destino (relatório de analytics) e uma ou mais tabelas de origem no data warehouse.

```
{
  "edge_id": "37d65dc5c943cab124398b2c43f0d8f2c0ff5e76a2ba3052",
  "account_id": "ee7c21ae-9af9-4ce0-ac51-fa953065d6f7",
  "version": "normalized_v0.25",
  "job_ts": "2021-08-06 18:51:02.439000",
  "expire_at": "2021-08-13 18:51:02.439000",
  "destination_table_mcon": "", // tabela de destino mcon
  "source_table_mcons": [
    "", // mcon 1
    "", // mcon 2
  ], // adicionando a tabela de destino mcon e a tabela de origem ...
  "sources": [
    {
      "table_mcon": "", // mcon da tabela
      "field_name": ""
    },
    ...
  ],
  "destination_field": "new field name",
  "created_time": "2021-08-06 06:29:44.341000",
  "last_update_time": "2021-08-06 18:51:02.439000",
  "last_update_user_id": null,
  "parsed_query": ""
}
```

Neste modelo de linhagem, temos uma tabela de destino. Para cada um dos campos da tabela de destino, existe uma lista de tabelas de origem e colunas de origem que definem o campo, chamado de *campos selecionados*. O modelo também contém outra lista de tabelas e de colunas de origem com os campos não selecionados. Nesse caso, nosso modelo (Figura 7-4) incorpora uma estrutura de dados desnormalizada, que contém conexões entre campos em uma tabela de destino e seus campos de origem em algumas tabelas de origem.

No Exemplo 7-2, ilustramos um caso real de como a linhagem em nível de campo pode "simplificar" uma query complexa. A cláusula `WITH` contém nove tabelas temporárias, e algumas das tabelas usam outras tabelas temporárias definidas antes delas. Além disso, na query principal pode existir joins entre tabelas reais, tabelas temporárias declaradas na cláusula `WITH` e subqueries.

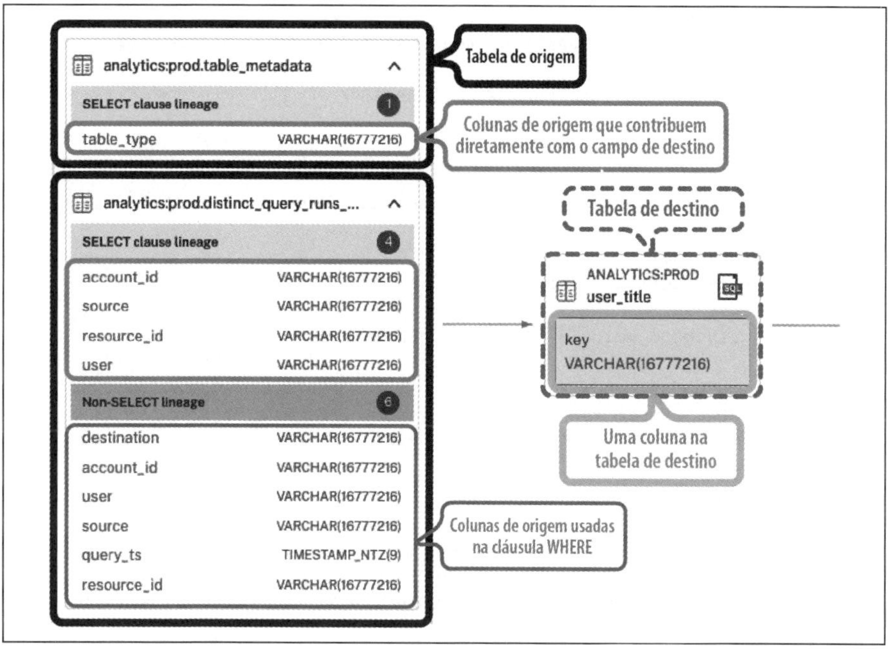

Figura 7-4. Neste exemplo, o modelo de dados da linhagem expõe o relacionamento entre tabelas de origem e tabelas de destino.

Exemplo 7-2. Query JSON que simplifica uma query complexa `WHERE` para identificar a causa-raiz de um problema de qualidade de dados, até o nível de campo.

```
CREATE OR REPLACE TABLE decom.usage_timelines.pdt_usage_activities AS (
WITH usage_stuck_to_be_processed AS (
  SELECT s.usage_id,
    s.created_date
  FROM 'decom.processed.subscriptions' s
  JOIN 'decom.processed.usages' u
  ON s.usage_id = u.id
  WHERE (s.state = 'to_be_processed' AND u.activated_at IS NOT NULL) ❶
),
usage_subscription_state_updated as (
  SELECT *,
    rank() OVER (PARTITION BY usage_id ORDER BY created_at desc
      AS sub_update_no_desc
  FROM 'decom.usage_timelines.usage_subscription_states' al_s
),
usages_batch_removeled as (
  select distinct u.id as usage_id
  from 'decom.processed.usages' u
  join 'decom.processed.subscriptions' s on u.id = s.usage_id
  left join usage_subscription_state_updated ussu on ussu.usage_id
```

```
      = u.id and ussu.sub_update_no_desc = 1 ❶
    where s.state = 'in_question' and ussu.to_value = 'active' ❶
    ),
  usage_subscription_state_change_actions AS (
    SELECT ussu.usage_id AS usage_id,
      CASE
        WHEN (
          ussu.from_value = 'to_be_processed' AND
          ussu.to_value = 'active' AND
          sub_update_no = 1
        ) THEN 'activate subscription'
        WHEN (
          ussu.from_value = 'to_be_processed' AND
          ussu.to_value IN ('in_question', 'disabled') AND
          sub_update_no = 1
        ) THEN 'remove from to_be_processed'
        WHEN (
          ussu.to_value IN ('in_question', 'disabled')
        ) THEN 'remove'
        WHEN (
          ussu.to_value = 'active' AND (
            ussu.from_value IN ('in_question', 'disabled') OR
            (from_value = 'to_be_processed' AND sub_update_no >= 3))
        ) THEN 're-activate'
        WHEN (
          ussu.to_value = 'to_be_processed'
        ) THEN 'other - to to_be_processed'
        WHEN (
          ussu.to_value = 'active'
        ) THEN 'other - to active'
        ELSE 'other change'
      END AS action
      ussu.created_at AS action_at
    FROM decom.usage_timelines.usage_subscription_states ussu
  ),
  lead_subscription_orders AS (
    SELECT usage_id AS usage_id,
      CASE
        WHEN order_type = 'lead'
          THEN CAST('lead_order' AS string)
        WHEN order_type = 'regular'
          THEN CAST('regular_order' AS string)
      END AS action,
      MIN(order_placed_at) AS action_at
    FROM 'decom.cart.usages_orders_process'
    WHERE usage_legit_order_no = 1 AND order_placed_at IS NOT NULL  ❶
    GROUP BY
      1, 2
  ),
  lead_subscription_order_send_dates AS
  (
    SELECT usage_id                                   AS usage_id,
```

```
    CASE
      WHEN order_type = 'lead'
        THEN CAST('send lead order' AS string)
      WHEN order_type = 'regular'
        THEN CAST('send regular order' AS string)
    END                                              AS action,
    MIN(timestamp_add(send_date, interval 10 hour)) AS action_at
  FROM 'decom.cart.usages_orders_process'
  WHERE usage_legit_order_no = 1 AND send_date IS NOT NULL  ❶
  GROUP BY
    1, 2
),
submit_email AS
(
  SELECT id                                          AS usage_id,
    CAST('submit email' AS string)                   AS action,
    created_at                                       AS action_at
  FROM 'decom.processed.usages'
  WHERE created_at IS NOT NULL  ❶
),
activations AS
(
  SELECT id                                          AS usage_id,
    CAST('activate' AS string)                       AS action,
    created_at                                       AS action_at
  FROM 'decom.processed.usages'
  WHERE activated_at IS NOT NULL  ❶
),
unioned AS
(
  SELECT * FROM activations
    UNION ALL
  SELECT * FROM usage_subscription_state_change_actions
    UNION ALL
  SELECT * FROM lead_subscription_orders
    UNION ALL
  SELECT * FROM lead_subscription_order_send_dates
    UNION ALL
  SELECT * FROM submit_email
)
SELECT
  u.*,  ❷
  COALESCE(usa.action_general_order, -1 AS action_general_order,  ❷
  usa.subscription_phase_change_to      AS subscription_phase_change_to  ❷
FROM unioned u
INNER JOIN (
  select usage_id,
    max(created_time) as max_created_date
  from usage_stuck_to_be_processed
  group by usage_id
) as usage_created_date
  on usage_created_date.usage_id = u.usage.id  ❶
```

```
LEFT JOIN tfddatawarehouse.cart.usage_subscription_actions usa
  ON u.action = usa.action ❶
WHERE
  NOT (u.usage_id IN ((SELECT usage_id FROM usages_stuck_to_be_processed)) ) ❶
  and NOT (u.usage_id IN ((SELECT usage_id FROM usages_batch_removeled)) ) ❶
);
...
```

❶ Campos não selecionados

❷ Campos selecionados

Em cada cláusula **SELECT** da query ou da subquerie, existem campos que aplicam funções, expressões e subqueries adicionais. Em exemplos ainda mais complexos, a linhagem pode retratar queries com muitas camadas aninhadas de subqueries e expressões ainda mais complexas. O ❷ mostra os campos selecionados na linhagem, provenientes dessa query. Os campos selecionados são os campos que definem a tabela de resultados. Os campos com flag ❶ são extraídos como campos não selecionados. Os campos não selecionados impactam as linhas a serem buscadas nas tabelas de origem, mas não contribuem para os valores dos campos na tabela de resultados, que fornece uma interface de usuário mais intuitiva e um processo rápido de análise de causa-raiz, pois a linhagem não afetada é ocultada.

Parseando os Dados

Para "interpretar" os dados e criar a linhagem, é necessário parseá-los com ferramentas como ANother Tool for Language Recognition (ANTLR) (*https://oreil.ly/SbtO5*), gerador open-source de parseador de queries que lê, processa, executa e traduz texto estruturado ou arquivos binários. Usando o parseador de query para extrair as colunas que definiam o conjunto de regras de estrutura sintática, podemos acessar os relacionamentos em nível de campo para casos mais básicos de uso da cláusula SELECT. A partir daí, ficamos confiantes de que poderíamos criar um back-end totalmente funcional.

Quando estamos parseando uma query, um dos problemas mais comuns é o desempenho, principalmente ao trabalhar com queries mais complexas. Em alguns casos, as queries são muito longas para serem parseadas com facilidade: algumas usam cláusulas WITH que definem algumas subqueries que, por sua vez, são referenciadas nas próprias queries principais. Por exemplo, se não tiver aspas, uma query será parseada como uma coluna e, se tiver, será parseada como uma string. Para corrigir isso, podemos modificar a estrutura sintática do nosso parseador de log de query para suportar melhor o data warehouse ou o data lake, cada um com as próprias nuances e complexidades de parseamento.

Em geral, a complexidade da query SQL se manifesta em outro desafio de design: arquitetar uma interface de usuário. Para criar uma linhagem útil, precisamos garantir que ela forneça contexto e metadados abundantes sobre as tabelas e campos representados sem sobrecarregar o usuário com informações supérfluas. Precisamos basicamente abstrair a teia de relacionamentos e possíveis interações para fornecer uma perspectiva de experiência de produto verdadeiramente poderosa aos clientes. Precisamos arquitetar uma árvore mostrando apenas as flores, as folhas e as raízes mais relevantes.

Desenvolvendo a Interface do Usuário

Quando se trata de desenvolver a interface front-end, é necessário decidir quais tecnologias usar e determinar a forma mais útil e intuitiva de exibir a linhagem em nível de campo. Precisamos também incrementar a linhagem em vez de apenas automatizá-la, possibilitando resolução rápida de incidentes e fluxo de trabalho de confiabilidade de dados mais escalável. Dito de outro modo, precisamos destacar quais conexões provavelmente serão relevantes para determinado caso de uso ou problema. Afinal, a linhagem mais eficaz não apenas traz à tona informações — evidencia *as informações adequadas* no momento certo.

De modo geral, as equipes de dados se preocupam com a camada mais downstream (objetos de business intelligence em ferramentas como Looker ou Tableau) ou com a camada mais upstream (tabela ou campo de origem armazenado no data warehouse ou data lake, que frequentemente é a causa-raiz do problema). Conforme ilustrado na Figura 7-5, as camadas normalmente não são tão críticas quando precisamos realizar análises de causa-raiz ou entender a integridade de dados.

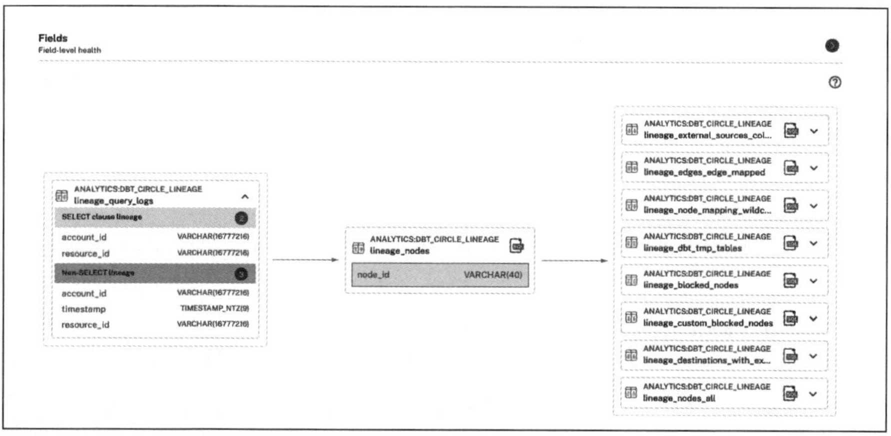

Figura 7-5. A UI de linhagem em nível de campo apresentando a tabela de origem e os relatórios de destino que indicam quais dados de origem impactam os painéis e os dashboards downstream, até o nível de coluna.

A camada mais downstream, relatórios e dashboards de BI, são os produtos finais que os consumidores de dados usam em seu trabalho cotidiano. Isso é importante, já que as equipes de dados querem saber o impacto direto nos produtos de dados do consumidor, de modo que possam se comunicar com os usuários finais, ou seja, "Ei, analista financeiro, não use esse número, está desatualizado". A camada upstream mais relevante, a tabela de origem no data warehouse ou data lake, é utilizada quando os usuários rastreiam a linhagem camada por camada e descobrem que uma camada upstream com a tabela/campo tem um problema de qualidade de dados. Após encontrá-la, podemos corrigir o transtorno nessa tabela/campo e resolver o problema.

Para escrever a UI de linhagem em nível de campo, podemos criar um componente reutilizável com um framework open-source como JavaScript ou TypeScript. Desse modo, podemos integrar com facilidade a interface de linhagem de campo com outras partes da plataforma de dados. Como os campos podem ter possíveis dezenas de tabelas upstream ou downstream que, por sua vez, podem ter centenas ou milhares de campos, é fundamental renderizar todos os componentes sem comprometer o desempenho da aplicação. Ao usar frameworks ultraleves de visualização como Apache Preset ou React Virtuoso, com um React, fica mais fácil visualizar conjuntos grandes de dados. Atualmente, a linhagem deve exibir, pelo menos, dois tipos de relacionamentos de campo:

Linhagem da cláusula `SELECT`
: Relacionamentos de campo definidos pela cláusula `SELECT` do SQL; tratam-se de relacionamentos campo para campo em que uma alteração em um campo upstream altera diretamente o campo downstream.

Linhagem sem `SELECT`
: Relacionamentos de campo definidos por todas as outras cláusulas do SQL, por exemplo, `WHERE`; tratam-se de relacionamentos campo para tabela, em que os campos downstream são arquitetados com frequência por lógica de filtragem ou ordenação definida por campos upstream.

Os campos de linhagem upstream que não têm `SELECT` de um campo escolhido (conforme representado pela query no Exemplo 7-3) são exibidos como campos de filtragem/ordenação que resultam no campo escolhido. Seus campos de linhagem downstream que não têm `SELECT` são resultantes da lógica de filtragem/ordenação definida pelo campo escolhido.

Exemplo 7-3. Query de linhagem que ajuda os usuários a entender os relacionamentos entre tabela e campo.

```
create or replace transient table
  analytics.prod_lineage.looker_explore_to_dashboard_edges as
  (with tile_with_upstream_explores as (
select
  a.account_id,
  a.resource_id,
  b.value::varchar as upstream_explore,
  a.name,
  a.metadata:dashboard:dashboard_id as dashboard_id
from analytics.prod_lineage.looker_dashboard_tile_nodes a,
  lateral flatten(input => a.extra:upstream_explores) as b
```

Como qualquer processo de desenvolvimento ágil, criar uma linhagem em nível de campo é um exercício de priorização, escuta e iteração rápida. Vejamos algumas práticas recomendadas quando criamos uma linhagem — ou qualquer outra parte da plataforma de dados:

Ouvir os colegas de equipe e levar em consideração as recomendações de todos.
: Quando começamos a trabalhar com o parseador de query da nossa equipe, subestimamos a dificuldade de parsear queries. Como um de nossos colegas de equipe tinha experiência anterior em trabalhar com parseadores, ele nos alertou sobre as peculiaridades e sugeriu que poderíamos

desenvolver um outro parseador para concluir a tarefa. Se tivéssemos ouvido nosso colega de equipe desde o início, não teríamos desperdiçado tanto tempo.

Investir em prototipagem.
: Como fundadores de startups, nossos clientes são nossa estrela-guia. Sempre que criamos features novas de produtos, tomamos o cuidado de considerar suas opiniões e preferências. Fazer isso de forma eficaz exige compartilhamento de um protótipo de produto. A fim de acelerar o ciclo de feedback e tornar as interações mais produtivas para ambas as partes, enviamos um protótipo inicial para alguns de nossos entusiastas ferrenhos semanas após o desenvolvimento. Embora não tenha sido perfeita, a primeira iteração nos possibilitou demonstrar nosso compromisso em satisfazer as exigências dos clientes e nos forneceu algumas orientações iniciais à medida que refinamos ainda mais o produto.

Entregar e iterar
: Prática comum no mundo da engenharia de software, que levamos muito a sério. O tempo é essencial, e quando priorizamos um projeto, temos que garantir que estamos otimizando o tempo de todos os envolvidos. Quando começamos a trabalhar nesse recurso, não tivemos tempo de criar um produto "perfeito" antes de mostrar nosso protótipo aos clientes — e avançar sem perfeição nos possibilitou agilizar o desenvolvimento. Nosso processo repetível incluiu desenvolver a funcionalidade do recurso, exibi-la aos nossos clientes, solicitar feedback e, em seguida, fazer melhorias e/ou alterações quando necessário.

Prevemos que cada vez mais equipes de dados começarão a adotar linhagens automáticas e outros grafos de conhecimento a fim de identificar a origem dos problemas da qualidade de dados à medida que o mercado amadurece e as equipes de engenharia de dados buscam aumentar a eficiência e reduzir o tempo de inatividade. Na próxima seção, evidenciaremos como um líder de dados da Fox, empresa global de entretenimento e mídia, utiliza a linhagem como parte de uma solução mais ampla de observabilidade de dados a fim de implementar processos DevOps em escala e em sua organização de dados.

Estudo de Caso: Arquitetura Para Confiabilidade de Dados Na Fox

As empresas estão ingerindo e armazenando uma quantidade inconcebível de dados, mas nem todas as organizações sabem como aproveitar todo o seu valor. Não raro, os dados ficam presos em silos, com solicitações acumuladas em filas de tickets que nunca chegam aos engenheiros e aos analistas de dados sobrecarregados, que vivem tendo dificuldades para atender às necessidades de toda a organização.

Como vice-presidente de serviços de dados da gigante de comunicação e mídia Fox Networks, Alex Tverdohleb (*https://oreil.ly/tQxhn*) passou os últimos anos focando esse problema. Ele montou propositadamente as equipes, desenvolvendo a tecnologia e a confiança necessárias para fornecer às partes interessadas internas de toda a organização digital a liberdade de realizar análises ad hoc, sem envolver a centralização de engenheiros e de analistas de dados. Ao menos, na medida do possível. À medida que as arquiteturas distribuídas continuam a se tornar o novo padrão de excelência para organizações orientadas a dados, muitos líderes de dados sonham com esse tipo de autoatendimento. Assim, quando tivemos a oportunidade de conversar com Alex, fizemos uma análise aprofundada de como ele concretizou isso. A Figura 7-6 mostra como sua equipe engendrou uma arquitetura híbrida de dados que prioriza a democratização e o acesso, garantindo ao mesmo tempo confiabilidade e confiança em todas as etapas.

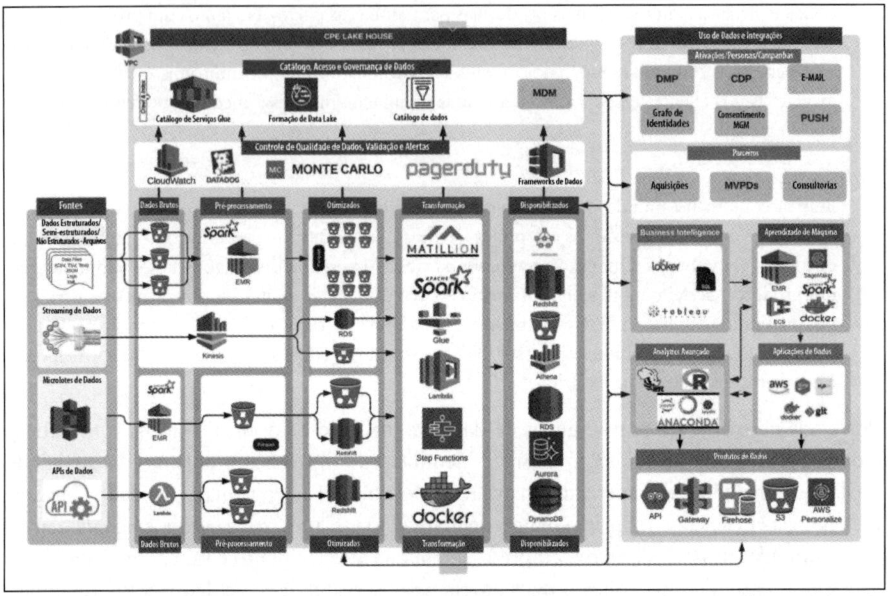

Figura 7-6. A plataforma de dados da Fox Network incorpora dezenas de tecnologias em mais casos de uso de dados. Fonte: Monte Carlo.

Exercitando a "Liberdade Controlada" ao Lidar com as Partes Interessadas

Alex criou acesso descentralizado aos dados na Fox a partir de uma base que ele chama de "liberdade controlada". Na realidade, ele acredita que usar sua equipe de dados como única fonte de verdade dentro de uma organização cria, em termos práticos, um silo imenso. Por isso, em vez de se tornarem guardiões e gargalos, Alex e sua equipe de dados focaram a definição de determinados parâmetros sobre como os dados são ingeridos e fornecidos às partes interessadas. Nesse framework, os consumidores internos de dados da Fox têm a liberdade de criar e usar produtos de dados conforme necessário para atender às suas metas de negócios.

Segundo Alex, "se pensarmos em uma estrutura centralizada de relatórios de dados, em que costumamos entrar, abrir um ticket e esperar pela nossa vez, quando recebemos uma resposta, muitas vezes já é tarde demais. As empresas estão evoluindo e crescendo a um ritmo nunca visto antes, e as decisões estão sendo tomadas com agilidade vertiginosa. Precisamos ter os dados ao nosso alcance imediato para tomar as decisões corretas".

Para conseguir isso em escala, Alex e sua equipe centralizada de dados controlam algumas áreas principais: como os dados são ingeridos, como são armazenados de forma segura e como são otimizados no melhor formato para serem disponibilizados em relatórios executivos padrão. Quando sua equipe consegue garantir que as fontes de dados sejam confiáveis, que os dados estejam seguros e que a empresa use métricas e definições consistentes para relatórios de alto nível, isso fornece aos consumidores de dados a confiança para acessar e utilizar à vontade os dados dentro desse framework. Alex disse:

> Todo o resto, sobretudo a descoberta de dados e a analytics ad hoc, é disponibilizado para livre uso. Fornecemos a fonte de dados e garantimos que sejam confiáveis. Sabemos que estamos observando esses pipelines múltiplas vezes todos os dias e sabemos que esses dados internos podem ser usados para X, Y e Z — ou seja, todos podem usá-los do jeito que bem entenderem. Acredito que o caminho a seguir seja: empenhar-se para que as pessoas confiem nas plataformas de dados e, ao mesmo tempo, fornecer-lhes as ferramentas e os conjuntos de competências necessárias para serem autossuficientes.

Investindo Em Uma Equipe Descentralizada de Dados

Com Alex na liderança, cinco equipes supervisionam os dados da organização digital da Fox: rotulagem e coleta de dados, engenharia de dados, análise de dados, ciência de dados e arquitetura de dados. Cada equipe tem suas responsabilidades, mas todos trabalham juntos para resolver quaisquer problemas de negócios. Nas palavras de Alex, "Acredito piamente no fato de que devemos envolver a equipe no processo de tomada de decisão e ter uma abordagem colaborativa. Nossa arquitetura não tem um único líder — é uma abordagem autônoma com foco específico entre equipes. Basicamente, o poder da empresa reside nos dados. Só que as pessoas são o poder dos dados. E os dados são disponibilizados pelas pessoas".

Embora membros de diferentes equipes de dados colaborem para agregar valor ao negócio, existe delimitação clara entre analistas e engenheiros dentro da organização de dados da Fox. Os analistas ficam próximos às unidades de negócios, entendendo os pontos problemáticos e trabalhando para encontrar e validar fontes novas de dados. Esse conhecimento embasa o que Alex e suas equipes chamam de STM, ou Source to Target Mapping [Mapeamento de Fonte para Destino, em tradução livre] — uma especificação que praticamente possibilita que os engenheiros operem a partir de um playbook bem definido a fim de criarem a arquitetura e os pipelines indispensáveis para suportar as necessidades de dados do negócio. Segundo Alex:

> [A divisão do trabalho entre analistas e engenheiros] permite que as pessoas foquem suas áreas específicas, em vez de ficarem sobrecarregadas. Talvez algumas pessoas discordem de mim, mas, para ser sincero, desenvolvedores participando de muitas reuniões de negócios pode ser perda de tempo, visto que coletar e compreender os requisitos de negócios geralmente é um trabalho extenuante e demorado. Ao utilizar o analytics antes de envolver a engenharia, podemos abordar esse problema, possibilitando que os desenvolvedores façam o que sabem fazer de melhor: criar tarefas mais confiáveis, resilientes e otimizadas.

Ao apresentar aos engenheiros um problema para resolver, em vez de uma estratégia analítica para organizar, os profissionais da equipe de Alex podem trabalhar e focar projetos que suportem os objetivos do negócio. Quando se trata de criar uma pilha de dados, alinhamento é fundamental.

> Vale a pena ressaltar que essa abordagem descentralizada não funcionará em todas as organizações, e as necessidades estruturais de uma equipe variarão com base nos SLAs definidos para os dados pela empresa.

Evite Novidades Exageradas e Priorize Tecnologias de Resolução de Problemas

Juntos, Barr, Lior e Molly têm meio século de experiência em dados e, em termos inequívocos, podemos afirmar que a Fox tem uma das pilhas tecnológicas de dados mais robustas e elegantes que já vimos. No entanto, Alex está convencido de que os líderes de dados não devem buscar novidades tecnológicas exageradas só pelo fato de serem novidades.

De acordo com Alex, "antes de mais nada, para ter sucesso na entrega da arquitetura subjacente correta, precisamos entender o negócio. Não fique buscando as melhores e mais recentes tecnologias, porque você nunca vai parar. A pilha que você tem geralmente é boa o suficiente, tudo que precisa fazer é otimizá-la".

A equipe de dados da Fox criou sua pilha tecnológica para atender a uma necessidade específica: viabilizar autoatendimento analítico. "Embarcamos na jornada de adotar uma arquitetura data lakehouse porque nos forneceria a elegância e o controle de um data lake e a higienização e a estrutura de um data warehouse." Diversos tipos de dados fluem para o ecossistema digital da Fox, incluindo lotes, microlotes, streaming, dados estruturados e não estruturados. Após a ingestão, os dados passam pelo que Alex chama de "bolo de três camadas":

> Primeiro, os dados são expostos em seu estado bruto, exatamente como foram ingeridos. Mas, em geral, esses dados brutos não são utilizáveis por pessoas que querem fazer descobertas e explorações. Por isso que estamos desenvolvendo a camada otimizada, em que os dados são classificados, segmentados e analisados detalhadamente, e otimizados em diferentes formatos de arquivo para velocidade de leitura, de gravação e de usabilidade. Em seguida, assim que identificamos algo que precisa ser definido como um modelo de dados ou incluído em um conjunto de dados, fazemos a mesma coisa na camada de publicação. Depois, basta incrementá-la para consumo mais amplo dentro da empresa. Na camada de publicação, os dados podem ser expostos por meio de nossa pilha de ferramentas.

A camada otimizada constitui o conjunto de dados que Alex e sua equipe fornecem às partes interessadas internas no modelo de "liberdade controlada". Com autoatendimento analítico, os usuários de dados podem descobrir e trabalhar com ativos de dados que já sabem que são confiáveis e seguros.

E Alex vai além: "Se não abordamos os dados a partir de uma perspectiva que facilite o descobrimento, a pesquisa e a observabilidade, eles se tornam um data swamp. Precisamos inspirar e implementar alguns formatos e normas severas para garantir que os dados sejam indexados e armazenados adequadamente e a fim de que as pessoas possam encontrá-los e entendê-los."

Para Criar Autoatendimento Analítico, Invista Na Confiança de Dados

Para que esse modelo de autoatendimento funcione, a organização precisa ter certeza de que os dados têm acurácia, são confiáveis e verídicos. E a fim de alcançar esse objetivo, toda a pilha de dados passa pelo controle de qualidade, validação e alertas — em outras palavras, observabilidade. "Para nós, a observabilidade de dados se tornou uma necessidade, não um luxo", afirma Alex. "À medida que os negócios se tornam cada vez mais orientados a dados, nada pior do que possibilitar que a liderança tome decisões com base em dados não confiáveis. Isso gera consequências e custos descomunais." Alex estima que a organização digital da Fox recebe dados diversas vezes por dia a partir de mais de duzentas fontes. Semanalmente, quase 10 mil esquemas e bilhões de registros são processados:

> É impossível escalar a equipe para realizar a manutenibilidade, o suporte, a validação e a observabilidade dessa quantidade de dados. Temos que ter, pelo menos, algumas ferramentas à disposição. Para termos certeza de que confiamos na pontualidade, na completude e na limpeza de dados, ferramentas como a Monte Carlo são "indispensáveis". Foi uma ótima aquisição que nos permitiu desenvolver uma visão geral baseada em IA do que está acontecendo em nossa pilha de dados.

O monitoramento e os alertas contínuos (*https://oreil.ly/Y4PUz*), aliados à linhagem automatizada de dados, ajudam a equipe de Alex a ser mais proativa em relação à ocorrência de incidentes de dados:

> Podemos detectar os problemas antes que cheguem em produção e, se chegarem, sabemos o nível de impacto, pois usamos a engenharia reversa para verificar quantos e quais tipos de objetos estão envolvidos, e podemos interromper a execução deles antes que causem enorme impacto downstream. A confiança é tudo — no momento em que se perde a transparência ou informações são escondidas, as pessoas perdem a confiança, é muito difícil reconquistá-la. Aprendi que não importa o que aconteça, se formos sinceros e assumirmos o problema, as pessoas costumam entender e temos outra chance de resolvê-lo.

Ao manter linhas de comunicação abertas e ser transparente em relação à integridade de dados, Alex e suas equipes conquistaram a confiança necessária para desenvolver uma plataforma de autoatendimento de dados que potencializa decisões todos os dias.

Recapitulando

Neste capítulo, analisamos o que é necessário para criar fluxos de trabalho de dados mais confiáveis, focando uma das principais tecnologias: a linhagem. Ao trabalhar para obter dados mais confiáveis, é difícil sabermos para onde estamos indo se não soubermos por onde estamos começando. A linhagem de dados é exatamente o "mapa" de seus dados, independentemente do estágio do pipeline de dados afetado pelo tempo de inatividade de dados. Quando automatizada e com cobertura integral e completa (o que, admitimos, não é fácil de se conseguir), a linhagem fica ainda mais poderosa.

Aliada à detecção e aos alertas, a linhagem fundamenta os alicerces da verdadeira confiabilidade de dados, sendo parte cada vez mais crítica das pilhas modernas de dados. De nada adianta ter uma linhagem sofisticada se ela não for escalável e compreendida com facilidade pelos analistas e pelos cientistas de dados e pelas outras partes interessadas de sua organização. É o tipo de acessibilidade que possibilita aos consumidores um nível de "liberdade controlada" que, por sua vez, transforma a qualidade de dados de uma entidade em silos, distribuída entre poucas tabelas com visibilidade, em algo viável em um plano amplo.

No próximo capítulo, nos aprofundaremos em alguns dos processos e técnicas que as principais organizações de dados estão adotando a fim de democratizar a qualidade de dados em suas organizações.

CAPÍTULO 8

Democratizando a Qualidade de Dados

"Será que esses dados são bons"

"Posso confiar nesse dashboard?"

"Quem é o proprietário desse conjunto de dados?"

Se já ouviu essas perguntas, e muitas outras parecidas, de analistas de negócios e de outros consumidores de dados da sua empresa, parabéns! É você quem deve carregar o fardo da confiança de dados.

À medida que as empresas ingerem cada vez mais dados e o analytics se torna parte essencial e inevitável de todas as estratégias organizacionais, a necessidade de dados de alta qualidade só aumenta, pressionando engenheiros de dados e de analytics e até mesmo analistas de dados a assumirem a propriedade por essa tarefa importante, ainda que desafiadora. Apesar disso, não importa quantos testes de qualidade de dados executemos — a confiança de dados só será possível se for adotada por toda a empresa. A despeito da natureza orientada a dados de quase todas as equipes, as organizações de dados geralmente carregam nos ombros a maior parte do trabalho quando se trata de rastrear, de colocar em prática e de escalar iniciativas de qualidade de dados.

Afinal, a qualidade de dados não diz respeito apenas a criar pipelines de dados mais confiáveis e a definir acordos de nível de serviço (SLAs) para atualização dos dados. Também diz respeito à educação e à comunicação. Na verdade, a qualidade de dados é um processo técnico e cultural. E muitas vezes, não se trata de ter dados com acurácia absoluta — trata-se de entender até que ponto podemos confiar neles.

Em uma entrevista com autores, Cindi Howson, diretora de estratégia de dados da ThoughtSpot e ex-vice-presidente da Gartner, resumiu a qualidade de dados da melhor forma:

> Construímos confiança quando as pessoas entendem de que lugar os dados vêm e quando compreendem que até mesmo dados com alta qualidade nunca serão perfeitamente limpos. Gosto quando um de nossos líderes de análise de dados fala: "Os dados têm acurácia direcional (tendência geral de dados) — eles têm acurácia o suficiente para servirem como base da tomada de decisões?" Agora, algumas coisas precisam ser perfeitas. Você tem que saber seu tipo sanguíneo, por exemplo. Mas se estivermos examinando os dados analíticos de

campanhas e as tendências de experiência do cliente, podemos tomar decisões a partir de dados com acurácia suficiente.

Quando se trata de democratizar a qualidade de dados, o que ajuda a facilitar e a tornar o trabalho com dados o mais interativo possível é fazer o mesmo que os engenheiros de software fazem com o código.

Conforme analisado antes, as equipes de DevOps e de engenharia de software têm aplicado essa abordagem "ágil" no desenvolvimento de aplicações há anos. Para efetivamente aplicar à qualidade de dados a diligência que ela merece, podemos aprender algumas coisas com esses processos e sistemas. O primeiro passo? Tratar seus dados com o mesmo zelo que o software de produção.

Tratando os "Dados" Como Produto

Nas últimas décadas, a maioria das empresas manteve os dados em um silo organizacional. As equipes de analytics atendiam às unidades de negócios e, mesmo quando os dados se tornaram imprescindíveis para a tomada de decisões e para os roadmaps de produtos, as equipes responsáveis pelos pipelines de dados eram mais desvalorizadas do que tratadas como parceiros.

Os dados já não são mais tratados como algo de menor importância. Com ferramentas melhores, papéis mais diversificados e entendimento mais claro do potencial completo dos dados, muitas empresas passaram a enxergar todo o ecossistema como um elemento totalmente formado de sua pilha tecnológica. E as equipes com visão de futuro estão adotando um novo paradigma: tratar os dados como produto. No momento, esse é um assunto popular na comunidade de dados e, nos últimos meses, tivemos o privilégio de conversar sobre isso com diversos líderes do setor — descobrindo as lições práticas que aprenderam ao adotar a nova abordagem de dados como produto no dia a dia.

Mas definir um produto de dados é incrivelmente difícil. A verdade é que muitas coisas podem ser consideradas um produto de dados, desde um dashboard do Looker ou um relatório do Tableau, até uma plataforma de testes A/B ou mesmo uma plataforma multicamadas de dados (*https://oreil.ly/h7vmF*). Então, seremos específicos. Independentemente de quais dados o produto visualiza/processa intensivamente [data crunch]/coloca em prática, ele deve *entregar* resultados específicos:

- Maior acessibilidade de dados (disponibilização de dados onde as pessoas precisam, quando precisam)
- Maior democratização de dados (facilitar com que as pessoas manipulem os dados)
- ROI mais rápido dos dados (insights mais rápidos)
- Economia de tempo para a equipe de dados/consumidores de dados
- Insights mais precisos (ou seja, plataformas de experimentação)

Do mesmo modo, existem características ou qualidades importantes que um produto de dados deve ter:

Confiabilidade e observabilidade
: O tempo de inatividade aceitável para um produto SaaS é uma discussão de "Quantos 9s?" como em 99,9% ou 99,999% de disponibilidade. Igual aos engenheiros de software que usam produtos como Datadog ou New Relic para rastrear o desempenho de produtos SaaS, os gerentes de produtos de dados precisam de soluções a fim de identificar e de resolver problemas de desempenho de produtos de dados quase em tempo real.

Escalabilidade
: O produto de dados deve escalar a elasticidade à medida que a organização e a demanda aumentam.

Extensibilidade
: Ainda que tenha sido provavelmente criado a partir da integração de diferentes soluções, o produto de dados precisa manter a capacidade de integração fácil com APIs e ser versátil o bastante para ser ingerido em todas as diferentes formas pelas quais os usuários finais gostam quando consomem dados.

Usabilidade
: O foco de ótimos produtos SaaS é fornecer uma ótima experiência ao usuário. São produtos fáceis de aprender, divertidos de usar e permitem realizar tarefas com agilidade.

Segurança e compliance
: Vazamento de dados [data leaks] são onerosos e desagradáveis, assim como as multas de regulamentação.

Release de disciplina e de roadmap
: Produtos SaaS evoluem e melhoram de forma contínua. Roadmaps são elaborados com, pelo menos, um ano de antecedência e contam com um processo rigoroso de controle de qualidade para atualizações.

Na próxima seção, compartilhamos como alguns dos líderes de dados mais inovadores da atualidade interpretam a ideia de "tratar os dados como produto".

Perspectivas Sobre Tratar Dados Como Produto

No início da década de 2000, empresas como LinkedIn, Netflix e Uber tiveram um problema. As equipes de toda a organização trabalhavam com dados, uma quantidade imensa, em grande escala. Os dados estavam incrementando o roadmap de produtos, impulsionando a tomada de decisões em nível executivo e embasando as campanhas de marketing pagas. Dados internos e externos entravam e saíam das empresas. Existiam normas, diretrizes e restrições sobre como os dados poderiam ser usados e por quem. Mas ninguém estava encarregado de desenvolver soluções de dados para tornar o analytics operacional, escalável e acessível.

Uma geração nova de engenheiros de dados, de arquitetos técnicos, de gerentes e até mesmo de diretores começou a aplicar as melhores práticas da engenharia de software e de confiabilidade de sites aos sistemas de dados, aprendendo algumas lições durante o processo. Conforme descrito nas seções a seguir, conversamos com líderes de dados de empresas de diversos setores e tamanhos, incluindo a Convoy e a Uber. Mesmo que trabalhem com volumes e com tipos de dados totalmente diferentes, ambas empresas compartilham uma coisa fundamental em comum: a qualidade de dados é prioridade e os meios para concretizá-la, em geral, começam com tratar os dados como produto.

Estudo de Caso da Convoy: Dados Como Serviço ou Saída

Até pouco tempo, dados operacionais e analíticos discrepantes eram com frequência gerenciados em silos; as equipes funcionais e os analistas eram responsáveis por garantir qualidade, disponibilidade e desempenho. À medida que o compartilhamento de dados e as arquiteturas mais distribuídas, como data fabric ou data mesh, ganham destaque, os processos e os fluxos de trabalho que tratam os dados como entidade multidisciplinar e em evolução se tornarão o padrão do setor. Na Convoy, empresa de logística de transporte sediada em Seattle, os dados são tratados como produto de duas formas diferentes: como serviço ou como saída. Conversamos com Chad Sanderson, responsável pelo produto de plataforma de dados, e ele sugeriu que:

> Temos duas correntes de pensamento ainda em desenvolvimento sobre o que significa tratar os dados como produto: na primeira, temos um produto ou um serviço externo ou interno que gera dados, o que significa que os dados — incluindo todo o pipeline — fazem parte do produto. Na segunda abordagem, pensamos na saída de qualquer base de código que atenda a um cliente como produto.

Chad sugere que, no primeiro cenário, os dados devem estar sujeitos ao mesmo nível de rigor que o código da aplicação. Em termos gerais, esse produto é um serviço, independentemente de esse serviço implantar modelos de AM, consultar o data warehouse para coletar insights ou algo totalmente diferente. No segundo cenário, as equipes de dados tratam a saída dos dados (um relatório, um dashboard, uma plataforma etc.) como produto. Chad usa o data warehouse como exemplo: "Na verdade, um data warehouse não passa de uma base de código — composta fundamentalmente de SQL — que atende clientes internos, como analistas, cientistas de dados e gerentes de produtos que, por sua vez, usam os dados para tomar decisões de negócios."

Qualquer coisa que seja enviada para um "ambiente de dados de produção" acessado pela empresa é um produto. Desse modo, caso use uma ferramenta de dashboard, como Mode ou Metabase, escreva SQL e faça o push desse dashboard para um ambiente público em que outras pessoas possam acessá-lo, isso também é um produto.

Em ambos os cenários, os dados não são bem uma entidade em silos, mas sim um microsserviço, em que papéis distintos de negócios utilizam os mesmos dados em múltiplos casos de uso e em que mais consumidores, além da equipe de dados, acessam os dados. Além disso, os dados são aplicados com frequência a casos de uso que não fazem parte da tomada de decisões corporativas: impulsionam produtos financeiros, exibem anúncios relevantes para os usuários e até geram listas e mais listas de filmes e de séries para assistir online.

Em ambos os casos, segundo Chad, as equipes precisam de bons testes de dados, SLAs, SLIs e SLOs transparentes e extensa documentação e monitoramento. Em outras palavras, deve-se esperar que os dados sejam confiáveis e, se não forem, as equipes de dados e as partes interessadas devem saber e receber as ferramentas para solucionar o problema em questão.

Concordamos plenamente.

Estudo de Caso da Uber: O Surgimento do Gerente de Produto de Dados

Desde sua criação em 2009 como Ubercab, a Uber, empresa global de compartilhamento de viagens, tem priorizado os dados como vantagem competitiva e como um meio de criar experiências mais confiáveis e customizadas para seus usuários. Assim como o LinkedIn, a Netflix, o Google e outros gigantes do Vale do Silício, a Uber emprega uma equipe de milhares de pessoas para gerenciar as operações de dados e de analytics, desde cientistas de dados que criam modelos de preços em tempo real até analistas de operações que integram estimativas baseadas em dados (forecast) para predizer a demanda dos motoristas.

A fim de operacionalizar efetivamente os dados em escala, a Uber precisava tratá-los não como um conjunto discreto de serviços destinado a um conjunto de casos de usos igualmente discreto, mas, sim, como um software de produção que pode ser usado por múltiplas equipes da empresa. Em uma empresa tradicional de software, as soluções de software são gerenciadas desde a ideação até a concretização pelos gerentes de produto. Se os dados precisam receber a mesma atenção que a confiabilidade, para atender a múltiplos casos de uso ao mesmo tempo, como acessibilidade, seria necessário um gerente de produto?

Para a Uber, a resposta foi sim. Segundo Atul Gupte, ex-gerente de produtos de dados da empresa (*https://oreil.ly/FxuCb*), os gerentes de produtos de dados foram responsáveis pela democratização de dados e pelo aumento da entrega de valor dos próprios dados. Eles fazem o design, criam e gerenciam o desenvolvimento multifuncional de uma plataforma de dados ou de um conjunto de ferramentas específicas de dados para atender múltiplos clientes. Na Uber, o gerente de produto de dados tinha um papel exclusivamente dedicado a responder a perguntas como:

- Quais dados existem?
- Quem precisa desses dados?
- Para onde os dados estão sendo enviados e de onde estão vindo?
- Qual é o propósito desses dados?
- Existe uma maneira de facilitar o trabalho/acesso a esses dados?
- Os dados são compatíveis e/ou acionáveis
- Como podemos tornar os dados mais úteis para mais pessoas na empresa e com mais rapidez?

Os gerentes de produtos de dados respondem a essas perguntas criando ferramentas e plataformas internas para os funcionários. Assim como o papel de gerenciamento de produtos, os gerentes de produtos de dados estão sujeitos às necessidades das partes interessadas (analistas e cientistas de dados e equipes de operações, exemplificando alguns) e dos executivos. Eles têm como objetivo principal garantir que as perguntas anteriores sejam respondidas e, como resultado, que dados confiáveis, atualizados e utilizáveis sejam gerados e entregues a quem precisa deles.

Já que o papel é incipiente, gerentes de produtos de dados como Atul normalmente têm experiência com gerenciamento tradicional de produtos B2B, gerenciamento de produtos com ferramentas internas, análise de dados ou engenharia de software back-end.

Aplicando a Abordagem de Dados Como Produto

A partir de nossas conversas com esses líderes e muitos outros, identificamos as cinco principais maneiras pelas quais as equipes modernas de dados podem aplicar a abordagem de dados com produto em suas organizações.

Alinhamento antecipado — e frequente — com as partes interessadas

Quando os dados são seu produto, seus clientes internos também são suas partes interessadas. Priorize a parceria com seus principais consumidores de dados ao traçar o roadmap de produtos de dados, desenvolver SLAs e começar a tratar os dados como produto. Isso significa assumir o papel de gerente de produto — ou, como Atul sugeriu antes, ter um papel dedicado ao gerenciamento de produtos de dados — para entender completamente as necessidades, as preocupações e as motivações dos clientes internos. Queremos ter compreensão clara de quem usa os dados, como e para quais propósitos. Isso o ajudará a entender quais tipos de produtos de dados serão necessários criar para atender a essas necessidades.

Esse entendimento também o ajuda a adotar o storytelling com dados. As equipes de software, de produto e de UX usam o storytelling para compartilhar o contexto do trabalho por meio de diferentes perspectivas que ajudarão as partes interessadas a compreender o valor com base no que é mais importante para elas. Precisamos trabalhar para convencer as partes interessadas de que os dados devem ser priorizados e a fim de justificar os investimentos necessários para tratar os dados como produto.

O storytelling com dados é ferramenta inestimável quando se trata de persuadir as partes interessadas a investir em infraestrutura de dados em vez de em modelos extravagantes de aprendizado de máquina ou em features novas que prometem gerar milhões de dólares. Ao comunicar claramente o "E depois?" por trás do motivo pelo qual determinada iniciativa de dados promoverá os objetivos de negócios — e, por sua vez, os resultados financeiros da empresa — fica mais fácil justificar o orçamento, o quadro de funcionários e os recursos, incluindo aqueles alocados para a qualidade de dados.

Durante anos, a relação entre qualidade de dados e receitas nem sempre foi óbvia. Os dados eram gerenciados em silos, e as partes interessadas aceitavam os poucos dados aos quais tinham acesso; provavelmente, mesmo que um olhar experiente pudesse discernir se os dados estavam incorretos ou sem acurácia, era uma linha tênue, minando a confiança dos próprios dados. À medida que as tecnologias avançaram e mais funcionários em toda a empresa passaram a ser alfabetizados em dados, o interesse desenfreado por dados aumentou, assim como a responsabilidade pela qualidade de dados.

A necessidade é a mãe da inventividade; à medida que as necessidades de dados aumentam, também aumentam as formas como justificamos os investimentos neles. Por exemplo, compartilhar uma narrativa concisa sobre como a confiabilidade de dados pode resultar em modelos de aprendizado de máquina com mais acurácia, que fazem estimativa sobre receitas, é mais convincente do que "a qualidade de dados é boa para os negócios".

Colocando em prática a mentalidade de gerenciamento de produtos

Outra etapa importante é colocar em prática a mentalidade de gerenciamento de produtos ao modo como criamos, monitoramos e mensuramos os produtos de dados. Quando se trata de criar pipelines e sistemas, use os mesmos processos comprovados que usaria com software de produção, como criar documentos de escopo e dividir projetos em sprints. Em nossa entrevista com Jessica Cherny, analista líder de dados da Ironclad, ela descreveu o fluxo de trabalho de sua empresa, inspirado na metodologia ágil:

> Internamente, estamos tratando os dados como produto, e isso significa aplicar princípios de gerenciamento de produtos aos dados e à equipe de dados. Desse modo, quando temos um grande projeto estratégico que exige dados, criamos documentos de escopo de dados, assim como um gerente de produto criaria uma especificação, com as partes interessadas adequadas. E continuamos interagindo com engenheiros e gerentes de produtos a fim de garantir uma saída multifuncional e alinhada às partes interessadas, em vez de apenas ter pessoas que trabalham com dados e em silos, sem interagirem com ninguém.

E, semelhante aos processos de engenharia, as equipes de dados devem levar em consideração a escalabilidade e os futuros casos de uso ao criar pipelines. Segundo Chad, isso pode representar uma mudança substancial na forma como as equipes de dados abordavam o trabalho nos últimos anos:

> Por vezes, os dados que chegam a um banco de dados de produção são apenas eventos de nível de serviço, que os engenheiros inserem sem nem sequer pensar a respeito. Ou seja, um dos grandes motivos pelos quais os modelos de dados ficam tão confusos à medida que uma empresa evolui é que normalmente focamos primeiro a criação rápida de serviços e só depois pensamos criticamente sobre os dados. E a ideia de dados como produto representa uma transformação significativa para começar a mudar essa realidade.

Kyle Shannon, engenheiro sênior de dados e de analytics da SeatGeek, compartilhou no mesmo webinar (*https://oreil.ly/YpV7U*) que sua empresa está focando a escalabilidade devido ao rápido crescimento de sua equipe de dados:

> Estamos tentando entender como podemos integrar melhor as pessoas novas que chegam e criar processos melhores para que os dados fiquem mais descobríveis e acessíveis. As pessoas que estão em uma empresa há muito tempo sabem em que lugar encontrar informações. Mas se, no decorrer do ano, contratarmos 20 ou 30 pessoas para a equipe de dados, é difícil dizer: "Basta entrar nos canais do Slack e fazer perguntas." Isso não é escalabilidade. Ou seja, quando criamos produtos de dados, precisamos documentar tudo e deixar uma coisa muito

clara: estamos eliminando redundâncias ou quaisquer problemas que possamos encontrar durante o processo.

Outra mentalidade do produto a ser adotada é definir KPIs alinhados com os objetivos de negócios antes de começar a criar qualquer produto novo de dados. Como descrito por Chad anteriormente, o storytelling pode ajudar a ilustrar as possíveis vantagens dos investimentos na qualidade de dados, porém a maioria das organizações ainda espera que equipes experientes mensurem o impacto financeiro de suas iniciativas.

Muitas equipes estão adotando KPIs relacionados à qualidade de dados, como calcular o custo do tempo de inatividade de dados — ocasiões em que os dados são parciais, errôneos, ausentes ou não têm acurácia — ou medir a quantidade de tempo que os membros da equipe de dados dedicam para solucionar ou para corrigir problemas de qualidade de dados, em vez de focarem inovações ou criarem produtos novos de dados. Definir métricas de referência para os dados ajudará a quantificar o impacto das iniciativas de dados ao longo do tempo. Basta garantir que essas métricas sejam aplicadas de forma consistente em todos os casos de uso, ainda mais se você tiver uma plataforma central de dados.

Investimento em ferramentas de autoatendimento

Para que os dados sejam retirados dos silos e tratados como produto valioso propriamente dito, os usuários do negócio precisam de capacidade de autoatendimento e atender às próprias necessidades de dados. As ferramentas de autoatendimento possibilitam que equipes não técnicas acessem os dados, além de possibilitarem que a equipe de dados foque projetos inovadores que agregam valor, em vez de trabalharem como um serviço on-demand para atender solicitações pontuais.

As ferramentas de autoatendimento também representam um dos princípios básicos do conceito de data mesh — abordagem nova para arquitetura descentralizada de dados. Mammad Zadeh, ex-vice-presidente de engenharia da equipe de plataforma de dados da Intuit, é defensor ferrenho do data mesh e acredita que as ferramentas de autoatendimento são essenciais para a arquitetura de dados e para os produtos de dados. A fim de medir o impacto da abordagem de autoatendimento, a equipe até implementou uma métrica que avalia se uma ferramenta específica de autoatendimento reduziu o tempo que um usuário leva para concluir uma tarefa, como descoberta de dados ou acesso aos dados.

Em nossa conversa com Mammad, ele sugeriu: "Nós, das principais equipes de dados, devemos garantir que a infraestrutura e as ferramentas de autoatendimento adequadas estejam disponíveis para produtores e consumidores de dados, de modo que consigam trabalhar com mais facilidade. Basta fornecer a eles as ferramentas certas, deixá-los interagir diretamente e não interferir em nada."

Priorização da qualidade de dados e da confiabilidade de dados

Um componente importante da abordagem de dados como produto é aplicar critérios rigorosos em todo o ecossistema, desde a ingestão até a entrega de dados ao consumidor. Como analisado anteriormente no contexto de storytelling, significa priorizar a qualidade e a confiabilidade de dados ao longo de todo o ciclo de vida deles. As empresas podem avaliar o estado atual da qualidade de dados ao mapear o progresso em relação à curva de maturidade da confiabilidade de dados (*https://oreil.ly/CsX3x*). Resumidamente, o modelo a seguir (veja a Figura 8-1) sugere que existem quatro estágios principais de confiabilidade de dados:

Estágio reativo
: As equipes passam a maior parte do tempo respondendo a incidentes críticos e urgentes e fazendo triagem de problemas de dados — o que faz com que iniciativas importantes não progridam e existam dificuldades organizacionais quanto ao uso eficaz dos dados em produtos, em algoritmos de aprendizado de máquina ou na tomada de decisões de negócios.

Estágio proativo
: As equipes de engenharia, engenharia de dados, analistas de dados e cientistas de dados colaboram ativamente no desenvolvimento de verificações manuais e queries customizadas de QA para validar o trabalho. Os exemplos podem incluir a validação de contagens de linhas em estágios críticos dos pipelines ou o rastreamento de timestamps para garantir a atualização de dados. Mensagens do Slack ou alertas por e-mail ainda aparecem quando algo dá errado, mas essas equipes detectam muitos problemas por meio de testes proativos.

Estágio de automação
: Nesse nível, as equipes priorizam dados confiáveis e com acurácia por meio de queries agendadas de validação que proporcionam maior cobertura dos pipelines. As equipes usam dashboards de integridade de dados para visualizar e solucionar problemas e fornecer atualizações de status a outras pessoas na organização. Os exemplos incluem rastrear e armazenar métricas sobre dimensões e medidas a fim de observar tendências e mudanças, ou monitorar e aplicar o esquema no estágio de ingestão.

Estágio escalonável
: Equipes que tomam como base conceitos comprovados de DevOps para estabelecer um ambiente staging, componentes reutilizáveis para validação e/ou alertas críticos e de atenção para erros de dados. Com cobertura substancial dos dados críticos, a equipe pode resolver a maioria dos problemas antes que impactem os usuários downstream. Os exemplos incluem detecção de anomalias em todas as principais métricas, e ferramentas que possibilitam que cada tarefa e tabela sejam monitoradas e rastreadas quanto à qualidade.

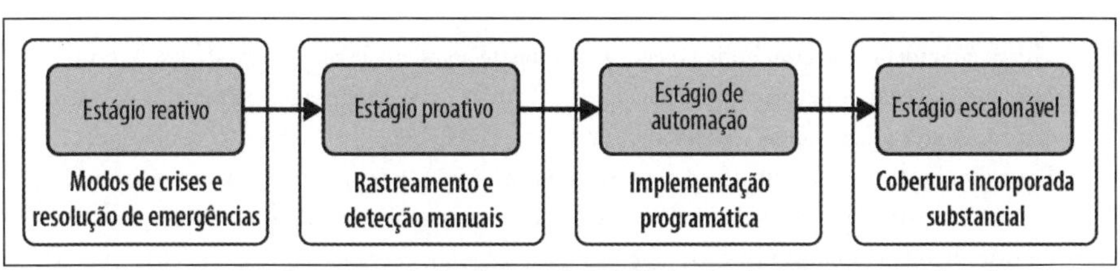

Figura 8-1. A curva de maturidade da confiabilidade de dados agrupa abordagens comuns para a qualidade de dados em quatro estágios distintos: reativo, proativo, de automação e escalonável.

Encontrar a estrutura adequada de equipe para a organização de dados

Obviamente, a estrutura da equipe tem enorme impacto na forma como a organização interage diariamente com os dados. Você tem uma equipe centralizada de dados que cuida de todos os aspectos do gerenciamento e da aplicação de dados? Ou tem analistas integrados em unidades de negócios, atendendo a necessidades específicas e ganhando experiência no domínio, mas tendo dificuldades com silos e com falta de governança coesa?

Empresas diferentes exigirão abordagens distintas, dependendo do tamanho e das necessidades de negócios, mas muitos líderes de dados com quem conversamos alcançaram os melhores resultados com um modelo hub and spoke. Nessa estrutura, uma equipe centralizada de plataforma de dados cuida da infraestrutura e da qualidade de dados, ao passo que analistas e engenheiros descentralizados e integrados lidam com camadas semânticas e aplicam dados ao negócio. Caso sua organização esteja crescendo rápido e precise agir de imediato, esse modelo funciona bem. Agora, sem o devido alinhamento com a equipe centralizada de dados, esse modelo pode resultar em retrabalho e empenhos repetitivos por parte dos analistas.

Greg Waldman, diretor sênior de business intelligence da Toast, especializada em softwares PDV para restaurantes, liderou sua equipe rumo a uma evolução organizacional de 5 anos, que incluiu mudanças de modelos centralizados para descentralizados e modelos hub and spoke. Quando conversamos com Greg, ele aconselhou os líderes de dados de empresas em crescimento a seguirem um princípio fundamental de gerenciamento de produtos: permanecerem ágeis:

> Resumindo, quando penso em equipes de dados, quero que todos agreguem o máximo de valor de negócio possível. Estamos muito abertos a mudanças e a tentar coisas diferentes. Entendemos que o que funciona com 200 pessoas não vai funcionar com 500 nem com 1000 pessoas, pois elas não respondem da mesma forma. E está tudo bem. Parece um tanto óbvio quando chegamos a esses momentos decisivos e precisamos tentar algo novo.

Para Jessica Cherny, a vantagem dos analistas e dos engenheiros descentralizados é sua capacidade de compreender a verdadeira necessidade de negócio que motiva as solicitações de dados:

> Quero entender como criar entregáveis que realmente atendam às suas necessidades. Aconteceu há pouco tempo, quando uma pessoa trabalhando em uma iniciativa estratégica me pediu para obter um conjunto específico de dados imediatamente. Eu disse: "Espere um pouco. Preciso mesmo usar esse método complexo de clusterização para responder a essa pergunta? Qual é a verdadeira necessidade disso? Assim, não preciso largar tudo que estou fazendo e posso atendê-la de forma oportuna e útil." E acabamos reorganizando completamente a pergunta dela, porque consegui entender melhor a necessidade de negócio que motivou a pergunta e como responder de uma forma simples e fácil de entender.

Mais uma vez, cada empresa tem cenários culturais e desafios diferentes a enfrentar. Apesar disso, um modelo hub and spoke pode ajudar as equipes em crescimento a avançar com agilidade para satisfazer as necessidades do negócio sem abrir mão da propriedade da qualidade e da governança de dados. Tratar os dados como produto não é apenas uma tendência do momento. É uma mudança intencional de mentalidade que leva a resultados significativos: aumento da democratização de dados e da capacidade de autoatendimento, melhora da qualidade de dados a fim de que as decisões possam ser tomadas adequada e confiantemente e escala do impacto geral dos dados em toda a organização.

Construindo Confiança Em Sua Plataforma de Dados

Agora que já entendemos melhor o que significa tratar os dados como produto, como podemos implementar essa abordagem na prática? No Capítulo 2, analisamos o que é necessário para desenvolver uma plataforma de dados. Mas como podemos estabelecer os alicerces para assegurar que (1) sua equipe use a plataforma e para que (2) as partes interessadas confiem nos resultados? Em outras palavras, como podemos garantir que tratem sua plataforma de dados como produto? Independentemente de estar apenas começando ou em processo de escalar sua plataforma, adotar as seguintes práticas recomendadas não só o ajudará a evitar as armadilhas comuns, como também a construir confiança em sua plataforma de dados.

Alinhe os Objetivos do Seu Produto Com os Objetivos de Negócio

Durante décadas, as plataformas de dados foram consideradas como um meio para atingir um fim e não como "o fim", como o produto principal que você está criando. Na verdade, ainda que impulsionem muitos serviços, gerando insights valiosos sobre os aplicativos que comandam nossas vidas, as plataformas de dados não eram devidamente valorizadas e nem dignas de atenção até pouco tempo.

Ao criar ou escalar sua plataforma de dados, a primeira pergunta a fazer é: *como os dados são mapeados conforme os objetivos de negócio?* Para responder a essa pergunta, é necessário assumir o papel de gerente de produto da plataforma de dados. Ao contrário dos gerentes de produtos específicos, um gerente de produtos da plataforma de dados deve entender o panorama quando comparado aos objetivos específicos da área, já que os dados atendem às necessidades de todas as outras equipes funcionais, desde marketing e recrutamento até desenvolvimento de negócios e vendas. Por exemplo, se o objetivo de negócio é aumentar a receita (é tudo ou nada!), como os dados o ajudam a atingir esse objetivo? Para este experimento, considere as seguintes perguntas:

- Quais serviços ou produtos impulsionam o crescimento da receita?
- Quais dados esses serviços ou produtos coletam?
- O que precisamos fazer com os dados antes de conseguirmos usá-los?
- Quais equipes precisam desses dados? O que farão com eles?
- Quem terá acesso a esses dados ou aos insights analíticos que eles geram?
- Com que rapidez os usuários precisam acessar esses dados?
- Quais verificações de compliance ou de governança, se houver, a plataforma precisa abordar?

Ao responder a essas perguntas, é possível ter melhor entendimento de como priorizar o roadmap de produto, assim como para quem você precisa criar (geralmente, os engenheiros) *versus* para quem fazer o design (os usuários diários da plataforma, incluindo analistas). Além do mais, essa abordagem holística para o desenvolvimento de KPIs e estratégia de execução prepara sua plataforma para impacto mais escalável em todas as equipes.

Obtenha Feedback e Adesão das Partes Interessadas Adequadas

Desnecessário dizer que obter adesão antecipada e feedback iterativo durante todo o processo de desenvolvimento do produto são componentes essenciais da jornada da plataforma de dados. O que não fica amplamente compreendido é com quais opiniões devemos nos preocupar.

Sim, precisamos da aprovação final do CTO ou do vice-presidente de dados sobre o produto final, mas, em geral, nossas decisões são embasadas pelos consultores de confiança: engenheiros da equipe, gerentes de programas técnicos e outros profissionais de dados do dia a dia. Enquanto desenvolvia um sistema novo de catalogação de dados, um gerente de produto de uma importante transportadora com quem conversamos passou três meses tentando convencer a vice-presidente sobre a ideia de sua equipe, apenas para o responsável pela equipe desaprová-la em um único e-mail.

Estude diferentes táticas levando em consideração o DNA de sua empresa. Sugerimos adotar as seguintes três etapas simultâneas:

1. Convença a liderança sobre a ideia.
2. Convença os usuários sobre os detalhes práticos e os casos de uso diários.
3. Aplique uma abordagem centrada no cliente, não importa com quem esteja dialogando. Apresente a plataforma como um meio de capacitar diferentes tipos de personas no ecossistema de dados, incluindo sua equipe de dados (engenheiros e cientistas de dados, analistas de dados e pesquisadores) e os consumidores de dados (gerentes de programas, executivos, desenvolvimento de negócios e vendas, exemplificando algumas categorias).

Uma excelente plataforma de dados viabilizará que os usuários técnicos trabalhem com facilidade e com eficiência, além de possibilitar que pessoas com conhecimento menos técnico utilizem insights valiosos ou criem visualizações com base em dados, sem muita assistência por parte dos engenheiros e dos analistas.

É necessário considerar uma variedade de personas de dados (Figura 8-2) ao criar uma plataforma de dados para sua empresa, desde engenheiros a cientistas de dados, gerentes de produto, usuários com papéis de negócios e gerentes-gerais.

No final das contas, é importante que essa experiência promova uma comunidade de entusiastas de dados que criem, compartilhem e aprendam juntos. Como uma plataforma tem potencial para atender toda a empresa, todos devem se engajar com seu sucesso, mesmo que signifique fazer algumas concessões durante o processo.

Figura 8-2. Quando estamos obtendo a adesão para criar uma plataforma de dados — ou simplesmente para escalá-la — ter a opinião dos principais usuários e das partes interessadas de toda a empresa ajuda. Fonte: Imagem cortesia de Atul Gupte.

Priorize a Viabilidade e o Crescimento Duradouros Em Vez de Ganhos Temporários

Ao contrário de outros tipos de produtos, as plataformas de dados não alcançam sucesso simplesmente por serem "first to market [pioneiras do mercado, em tradução livre]". Visto que as plataformas de dados são quase exclusivamente ferramentas internas, descobrimos que as melhores plataformas de dados são desenvolvidas tendo a viabilidade em mente, em vez de ganhos específicos temporários de features. Lembre-se: o cliente é a sua empresa e o sucesso da sua empresa é o seu sucesso. Não significa que seu roadmap não mudará diversas vezes (mudará, sim), mas quando fazemos mudanças, precisamos ter em mente o crescimento e o amadurecimento.

Por exemplo, a plataforma de big data da Uber (*https://oreil.ly/Cb5AG*) foi desenvolvida ao longo de 5 anos, evoluindo sistematicamente conforme as necessidades de negócio; o produto principal de análise de dados do Pinterest (*https://oreil.ly/Rh9QV*) passou por inúmeras interações; e liderando essa lista, temos o LinkedIn (*https://oreil.ly/UFXhk*) cuja plataforma de dados segue em desenvolvimento e passa por iterações desde 2008!

Nossa sugestão: escolha soluções que façam sentido no contexto de sua organização ao longo do tempo (Figura 8-3) e alinhe o planejamento com essas expectativas e prazos. Em geral, soluções de dados que consideram a usabilidade a curto prazo são mais fáceis de implementar, mas, com o tempo, acabam por ser mais dispendiosas do que as plataformas criadas tendo em mente a viabilidade. Às vezes, resultados rápidos como parte de uma estratégia mais ampla de desenvolvimento de produtos podem ajudar a alcançar adesão interna, desde que não sejam imediatistas. Roma não foi construída em um dia, nem sua plataforma de dados.

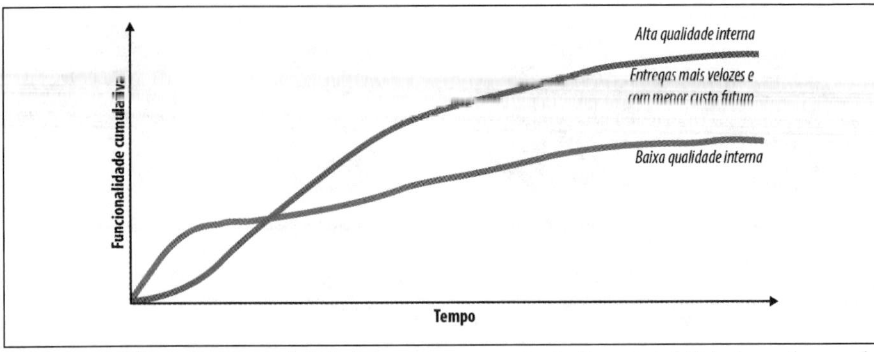

Figura 8-3. Não raro, a usabilidade a curto prazo prejudica a viabilidade ao longo do tempo.

Valide Métricas de Referência Para os Dados e Como Mensurá-las

Não importa o nível de excelência de sua plataforma de dados se não pudermos confiar nos dados. No entanto, qualidade de dados tem significado distinto para diferentes partes interessadas. Por isso, a plataforma de dados não terá sucesso se você e as partes interessadas não estiverem alinhados quanto ao significado. Para resolver isso, é importante definir expectativas básicas para a confiabilidade de dados. Ou seja, a capacidade da organização de fornecer alta disponibilidade e integridade de dados durante todo o ciclo de vida dos dados. Definir objetivos de nível de serviço (SLOs) e indicadores de nível de serviço (SLIs) claros para a confiabilidade de aplicações de software é indiscutível. As equipes de dados devem fazer o mesmo com os pipelines de dados.

Não significa que diferentes partes interessadas terão o mesmo ponto de vista do que são "dados bons"; na verdade, é bem provável que não tenham, e tudo bem. Em vez de forçar soluções incompatíveis, é importante criar uma métrica de referência para a confiabilidade de dados e, assim como o desenvolvimento de uma feature nova da plataforma, obter validação para o menor denominador comum. Sugerimos escolher uma medição nova, como SLAs específicos para períodos de tempo de inatividade de dados (conforme analisamos no Capítulo 6) ou uma métrica para as ocorrências semanais de problemas de qualidade de dados, que ajudará os profissionais de dados em toda a empresa a se alinharem com as métricas de referência de qualidade.

Saiba Quando Criar Versus Quando Comprar

Uma das primeiras decisões que devemos tomar é se criaremos ou não a plataforma do zero ou compraremos a tecnologia (ou diversas tecnologias de suporte) de um fornecedor. Ainda que empresas como — sim, adivinhem só — Uber, LinkedIn e Facebook tenham optado por criar as próprias plataformas de dados, não raro, com base em soluções open-source, isso nem sempre faz sentido para suas necessidades. E mesmo que não exista uma fórmula mágica que nos diga se devemos criar ou comprar, percebemos que existem vantagens em comprar, desde que estejamos convencidos de que:

- O produto precisa operar com informações confidenciais/sigilosas (por exemplo, registros financeiros ou médicos) que não podem ser compartilhadas com fornecedores externos por motivos regulatórios.
- O produto precisa de customizações específicas para que funcione bem, além de outras ferramentas/sistemas internos, sendo tão especializadas que um fornecedor pode não priorizá-las.
- Existe algum outro valor estratégico em criar versus comprar (ou seja, vantagem competitiva para o negócio ou para a contratação de talentos).

Normalmente, para desafios técnicos maiores e amplamente reconhecidos (ou seja, data warehouses, data lakes ou ferramentas de visualização de dados), faz mais sentido comprar. Quando se trata de resolver problemas de nicho, porém críticos para o negócio (por exemplo, agregar dados de GPS em rodovias), provavelmente precisaremos criar.

A boa notícia para as equipes de dados: a engenharia de dados está vivenciando um renascimento que lembra a ascensão marcante da engenharia de software no início da década de 2010. Isso significa maior inovação e investimento em ferramentas que resolvem necessidades mais complexas e granulares. (ETL reverso, workbooks de ciência de dados, análise comportamental e até mesmo feature stores de AM vêm à tona como tecnologias de nicho que estão ganhando ampla adoção. Vimos essas ferramentas e outras no Capítulo 7.)

Criar sua plataforma de dados como produto o ajudará a assegurar maior consenso em relação às prioridades de dados, padronizar a qualidade de dados e outros KPIs importantes, promover maior colaboração e, como resultado, agregar valor à sua empresa. Além de servir como instrumento para gerenciamento eficaz de dados, confiabilidade e democratização, as vantagens de criar uma plataforma de dados como produto incluem:

- Conduzir iniciativas de vendas (fornecendo insights sobre em que lugar concentrá-las com base em como os clientes em potencial estão respondendo)
- Impulsionar roadmaps de produtos de aplicações
- Melhorar a experiência do cliente (ajuda as equipes a identificar quais são os pontos problemáticos do serviço, o que funciona e o que não funciona)
- Padronizar medidas de governança e de compliance de dados em toda a empresa (Lei Geral de Proteção a Dados Pessoais [LGPD], Regulamento Geral Sobre a Proteção de Dados [RGPD], California Consumers Protection Act 2018 [Lei de Privacidade do Consumidor da Califórnia] [CCPA] etc.)

Por mais que criar uma plataforma de dados possa parecer assustador, com a abordagem adequada para garantir e escalar a qualidade de dados, sua solução tem o potencial de se tornar uma força motriz multiplicadora em toda a organização. Agora que salientamos "o que" cria uma cultura que prioriza a qualidade de dados, é hora de abordar "quem" deve estar envolvido. A seguir, analisaremos algumas das personas responsáveis de dados por garantir a qualidade de dados em nível multifuncional e compartilharemos as melhores práticas para atribuir propriedade durante o processo.

Atribuindo Propriedade Para a Qualidade de Dados

Na organização moderna de dados, existem muitas respostas para o problema da propriedade da qualidade de dados, e isso, de fato, varia dependendo do tamanho da empresa e das necessidades de negócio. Nas ocorrências de problemas de qualidade de dados e de tempo de inatividade de dados, apesar de muitos profissionais de dados serem rápidos em culpar alguém, poucos estão preparados para o sucesso quando se trata de resolver os problemas e comunicar o impacto downstream.

Quando falamos de dados, essa esfera crescente de impacto é frequentemente chamada de raio ou zona de impacto (conforme mostrado na Figura 8-4) e refere-se à dimensão do tempo de inatividade experienciado pelas partes interessadas downstream quando os dados falham. Em toda a organização, quando os dados falham, temos diversas partes interessadas envolvidas, desde o chief data officer até o engenheiro interno de dados. Em uma empresa, o tempo de inatividade de dados afeta todos que dependem dos dados e do analytics, e o impacto da baixa qualidade de dados só aumenta à medida que os dados migram pelo pipeline.

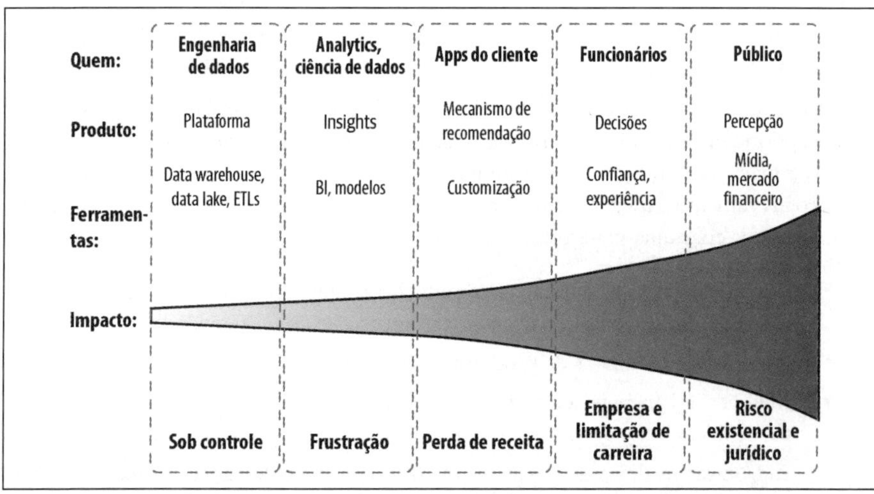

Figura 8-4. Raio de impacto causado pelo tempo de inatividade de dados.

Explicaremos detalhadamente como é a confiabilidade de dados em uma organização fictícia de dados e abordaremos os principais papéis quando se trata de garantir a qualidade de dados para o restante da empresa. Além de apresentarmos esses papéis, focaremos suas esperanças, sonhos e medos e compartilharemos nossa abordagem para conquistar a confiabilidade de dados em sua empresa.

Chief Data Officer

Conheça Ophelia, nossa CDO. Mesmo que, provavelmente, não esteja gerenciando os pipelines de dados ou os dashboards do Looker de nossa empresa, o impacto de Ophelia está atrelado à consistência, acurácia, relevância, interpretabilidade e confiabilidade de dados que a equipe dela fornece.

Ophelia acorda todos os dias e faz duas perguntas a si mesma. Primeiro, os diferentes departamentos estão obtendo os dados de que precisam para trabalharem com eficácia? E segundo, estamos efetivamente gerenciando os riscos relacionados a esses dados? Se tivesse uma visão panorâmica clara, mostrando que o ecossistema de dados está operando como deveria, ela dormiria com mais facilidade. Afinal, se o CEO, as partes interessadas ou quaisquer outros consumidores de dados receberem dados ruins, ela terá que arcar com as consequências.

Analista de Business Intelligence

Betty, líder de business intelligence ou analista de dados, quer um dashboard categórico e elucidativo que possa compartilhar com suas partes interessadas de marketing, de vendas e de operações para responder às diversas perguntas sobre o desempenho de seus papéis de negócios. Em nível profissional, quando as coisas dão errado, Betty é a primeira a ser acionada. Para garantir dados confiáveis, ela precisa responder às seguintes perguntas:

- Estamos convertendo os dados em métricas e insights significativos para o negócio?
- Estamos seguros de que os dados são confiáveis e significam o que pensamos que significam?
- É fácil para os outros acessarem e entenderem esses insights?

Valores null e registros duplicados são arqui-inimigos de Betty, pois ela é fã de qualquer coisa que possa impedir que o tempo de inatividade de dados comprometa sua paz de espírito. Ela vive cansada, pois as partes interessadas da empresa sempre lhe pedem para investigar um valor curioso em um relatório — é um processo trabalhoso pesquisar os dados upstream e validar se estão corretos!

Engenheiro de Analytics

Conheça Anna, a engenheira de analytics. Ela trabalha na interseção das equipes de negócios, análise e engenharia de dados, sendo a principal responsável por garantir que as partes interessadas possam acessar e usar os dados necessários para suas necessidades específicas. Anna domina o dbt, a ferramenta de transformação dados, e se orgulha de ser capaz de encontrar soluções de modelagem para quase todo tipo de desafio. Isso até que uma mudança inesperada de esquema cause uma falha súbita em suas transformações. Quando ocorre um tempo de inatividade, Anna fica responsável por explicar por que e como os dados falharam, em geral, colaborando com as equipes de engenharia de dados e de plataforma de dados para identificar a causa-raiz. Como resultado, a observabilidade de dados é sua melhor amiga.

Cientista de Dados

Sam, o cientista de dados, cursou engenharia florestal, mas decidiu migrar para TI a fim de pagar seus empréstimos estudantis. Em algum lugar entre linhas de código Python e visualizações de dados, ele se apaixonou pela ciência de dados. E o que aconteceu depois, todos sabem.

Para trabalhar com eficácia, Sam precisa saber (1) de que lugar se originam os dados e (2) se são confiáveis, pois, se não forem, os testes A/B de sua equipe não funcionarão e todos os consumidores downstream (analistas, gerentes, executivos e clientes) serão prejudicados. A equipe de Sam dedica aproximadamente 80% do seu tempo corrigindo [data scrubbing], limpando e entendendo o contexto dos dados. Por isso, precisam de ferramentas e de soluções que possam facilitar suas vidas.

Líder de Governança de Dados

Tutor orgulhoso de um cachorrinho de sete meses, Gerald é o primeiro especialista em governança de dados da empresa. Ele começou na equipe jurídica e depois, quando o RGPD e a CCPA entraram em vigor, acabou focando seus esforços exclusivamente no compliance de dados. É um papel novo que está se tornando cada vez mais importante à medida que a organização cresce. Quando se trata de confiabilidade de dados, Gerald se preocupa com (1) definições unificadas de dados e métricas em toda a empresa e (2) entender quem tem acesso e visibilidade a quais dados. Para Gerald, dados ruins podem gerar multas regulatórias, processos judiciais e minar a confiança do cliente. Apesar da criticidade de seu papel, ele às vezes brinca que é como trabalhar com contabilidade: "Só lembram que eu existo quando algo dá errado."

Engenheiro de Dados

Quando se trata de confiabilidade de dados, Emerson, a engenheira de dados, representa o fator determinante da equação. Emerson começou como desenvolvedora full-stack em uma startup de comércio eletrônico. No entanto, à medida que a empresa crescia, suas necessidades de dados também cresciam. Antes que percebesse, ela era responsável não apenas por criar o produto de dados, como também por integrar as fontes de dados nas quais a equipe confia para tomar decisões sobre o negócio. Agora, ela é especialista em Snowflake, guru do PowerBI e especialista em ferramentas gerais de dados.

Emerson e sua equipe são a força coesiva que mantém o ecossistema de dados da empresa integrado. Eles implementam tecnologias que monitoram a confiabilidade de dados da empresa e, se algo der errado, é ela quem recebe uma mensagem da equipe de analytics às 03h para solucionar o problema. Como Betty, ela perdeu inúmeras horas de sono por causa disso. Para ser bem-sucedida em suas tarefas, Emerson tem que lidar com muitas coisas, incluindo:

- Desenvolver uma solução escalável de plataforma de dados
- Garantir que a ingestão de dados seja confiável
- Fazer com que a plataforma seja acessível a outras equipes
- Conseguir solucionar com agilidade o tempo de inatividade de dados quando acontece
- Acima de qualquer outra coisa, viabilizar o analytics para toda a organização de dados

Gerente de Produto de Dados

Apresentamos Peter, o gerente de produtos de dados. Peter começou como desenvolvedor back-end, mas há alguns anos migrou para a área de gerenciamento de produtos. Como Gerald, ele é o primeiro contratado da empresa para esse papel, o que é, ao mesmo tempo, empolgante e desafiador. Ele está por dentro de todas as soluções mais recentes de engenharia de dados e de analytics e, não raro, é acionado para tomar decisões sobre quais ofertas sua organização precisa investir para ser bem-sucedida. Ele sabe, por experiência própria, como a automação e as ferramentas de autoatendimento fazem toda a diferença quando se trata de entregar um produto de dados acessível e escalável.

Todas as outras partes interessadas em dados, desde analistas a gerentes de redes sociais, dependem dele para criar uma plataforma que ingira, unifique e faça com que dados de uma infinidade de fontes sejam acessados por consumidores de toda a empresa. Ah, e já mencionamos que esses dados devem estar em conformidade com RGPD, CCPA e outras regulamentações do setor? É um papel desafiador, pois é difícil deixar todo mundo feliz, visto que, não importa o que se desenvolva ou implemente na plataforma, parece que sempre falta atender *alguma* necessidade de BI.

Quem É Responsável Pela Confiabilidade de Dados?

Mas quem em sua organização de dados é o proprietário da parte de confiabilidade de dados do ecossistema de dados?

Como se pode imaginar, a resposta não é simples. Do CDO da empresa aos engenheiros de dados, todo mundo é responsável por assegurar a confiabilidade de dados. E, embora quase todos os departamentos de todas as organizações de todas as empresas dependam de dados, nem todas as equipes de dados têm a mesma estrutura e diversos setores têm requisitos diferentes. Por exemplo, é regra que instituições financeiras contratem equipes inteiras de especialistas em governança de dados, mas em uma startup as coisas não são bem assim. E para as startups que contratam — parabéns!

Na Tabela 8-1, delineamos nossa abordagem para mapear as responsabilidades dos dados, desde a acessibilidade até a confiabilidade, em toda a organização de dados usando as diretrizes da matriz RACI (*https://oreil.ly/waboH*). RACI quer dizer Responsible, Accountable, Consulted e Informed. Em português, o uso comum é o Responsável, a Autoridade, o Consultado e o Informado. A matriz RACI para personas de dados viabiliza uma maneira clara de entender quem é proprietário do que na organização moderna de dados.

Tabela 8-1. Matriz RACI para propriedade em uma organização moderna de dados.

	CDO	Business Intelligence	Engenheiro de Analytics	Ciência de Dados	Engenharia de Dados	Governança de Dados	Gerente de Produto
Favorecer a Acessibilidade de Dados	A[a]	R	A	C	R	C	R
Facilitar as Interpretações de Dados	A	R	C	R	C	I	C
Impulsionar Insights e Recomendações com Base em Dados	A	R	R	R	C	C	C
Assegurar o Compliance de Dados	A	I	I	I	I	R	C
Manter Alta Qualidade de Dados	A	C/I	A	R	R	C	R
Entregar Confiabilidade de Dados	A	C/I	R	C	R	I	R

a R = Responsável, A = Autoridade, C = Consultado e I = Informado

Em empresas que ingerem e transformam terabytes de dados — como Netflix (*https://oreil.ly/7kuDl*) ou Uber (*https://oreil.ly/oG0pW*) — descobrimos que é comum que engenheiros de dados e gerentes de produtos de dados assumam a responsabilidade de monitorar e de emitir alertas sobre problemas de confiabilidade de dados. Com exceção desses gigantes, a responsabilidade geralmente é dos engenheiros de dados e dos gerentes de produto. Eles devem conciliar a demanda de dados da organização com o que pode ser fornecido de forma confiável. Em especial, o fardo de quaisquer escolhas erradas, não raro, é suportado pelos analistas de BI, cujos dashboards podem acabar tendo informações incorretas ou podem falhar devido a mudanças não comunicadas. Nas primeiras organizações de dados, esses papéis costumam ser atribuídos a um profissional de dados pau para toda obra ou a um gerente de produto.

Criando Accountability Para a Qualidade de Dados

Repita comigo: engenheiros de dados não são catálogos de dados. Seria difícil encontrar na descrição do cargo de alguém a tarefa de "responder a diversas mensagens no Slack toda semana sobre quais tabelas são adequadas para determinado relatório", mas, ainda assim, isso acontece. Analistas de dados não são videntes. No entanto, eles com frequência se encontram na posição de ter que intuir se os dados que estão sendo enviados são fidedignos. Essa falta de alinhamento surgiu à medida que as equipes de dados são pressionadas a trabalharem com mais rapidez, integrando-se ao data mesh (*https://oreil.ly/446YT*) e viabilizando cada vez mais plataformas de autoatendimento de dados.

Quando se trata de equipes de dados, seria o equivalente aos problemas clássicos de controle de versionamento de documentos que têm afligido os profissionais de conhecimento por décadas. O que começa como um simples pitch deck evolui para:

- Um milhão de pessoas criando e compartilhando slides específicos
- Ajuste do conteúdo desses slides até que se torne apenas um eco de sua intenção original
- Criação de cópias como *V6_Final_RealFinal*

A mesma coisa acontece em toda a equipe de dados. Todo mundo está tentando fazer a coisa certa (ou seja, apoiar as partes interessadas, gerar insights, receber mais dados etc.), mas todo mundo também está trabalhando com rapidez. Um dia você acaba percebendo que tem seis modelos diferentes com pequenas variações que fazem basicamente a mesma coisa, e ninguém sabe qual deles está mais atualizado ou mesmo qual campo usar. Isso cria verdadeiros problemas operacionais downstream, incluindo:

- Ciclos ineficientes de "controle de tráfego" redundante
- Baixa qualidade de dados
- Tempo gasto na resolução de problemas, criados por analistas que usam dados impróprios/problemáticos
- Menor confiança de dados em toda a organização
- Aumento do tempo de inatividade de dados

Quando não confiamos nos dados ou temos baixa confiabilidade de dados, em geral, as organizações aumentam as margens de erros de suas estimativas. Como ressaltado pela recente paralisação da produção da Peloton (*https://oreil.ly/0EnK1*), estimativas instáveis podem ser extremamente problemáticas durante uma pandemia, quando a incerteza em relação à demanda, às cadeias de suprimentos e ao ambiente geral de negócios atinge um pico histórico.

Conciliando a Acessibilidade de Dados Com a Confiança

Conforme analisado no Capítulo 2, a descoberta de dados é uma abordagem nova e importante para compreender a integridade dos ativos de dados distribuídos em tempo real e é parte essencial da pilha moderna de dados. A descoberta de dados (representada na Figura 8-5) fornece compreensão dinâmica e específica do domínio de dados com base em como estão sendo ingeridos, armazenados, agregados e usados por um conjunto de consumidores específicos. A descoberta pode substituir o catálogo moderno de dados, fornecendo insights distribuídos e em tempo real sobre dados em diferentes domínios, ao mesmo tempo que respeita um conjunto centralizado de padrões de governança.

Assim como ocorre em um catálogo de dados, padrões e ferramentas de governança são federados em todos os domínios (viabilizando maior acessibilidade e interoperabilidade), mas, ao contrário de um catálogo de dados, a descoberta de dados apresenta compreensão em tempo real do estado atual dos dados em vez de seu estado ideal ou "catalogado".

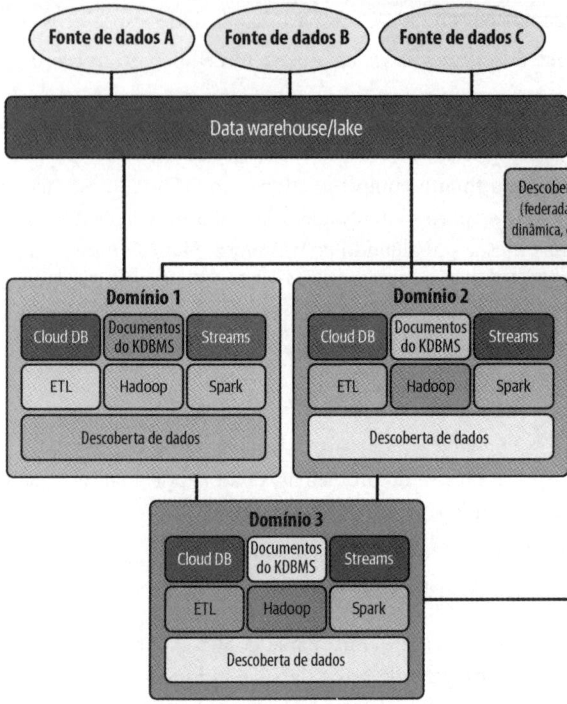

Figura 8-5. A descoberta de dados fornece insights em tempo real sobre dados em diferentes domínios.

É extremamente útil quando as equipes adotam uma abordagem distribuída de governança que responsabiliza diferentes proprietários de dados por seus dados como produtos, possibilitando que usuários experientes em dados em toda a empresa se autoatendam a partir desses produtos.

Contudo, à medida que os dados se tornam mais acessíveis, como as partes interessadas downstream podem determinar quais conjuntos de dados foram disponibilizados, transformados e aprovados pela equipe de dados de determinado domínio? Como um domínio pode ter certeza de que um conjunto comum de padrões de qualidade de dados, de propriedade e de processos de comunicação está sendo respeitado em toda a organização? Para muitas equipes, a resposta reside nos processos de data certification [certificação de dados].

Atestando a Validação dos Dados Via Data Certification

Data certification é o processo pelo qual os ativos de dados são aprovados para uso em toda a organização, após terem atendido aos SLAs (*https://oreil.ly/lZtE5*) mutuamente acordados para qualidade e observabilidade de dados, propriedade/accountability, resolução de problemas e comunicação.

Parecido com os conceitos de qualidade de dados, validação de dados ou verificação de dados, o data certification cria processos críticos que alinham pessoas, frameworks e tecnologia às políticas centrais de negócios. Os requisitos de data certification variam segundo as necessidades de negócio, a capacidade da equipe de engenharia de dados e a disponibilidade dos dados, mas normalmente integram os seguintes recursos:

- Verificações automatizadas de qualidade para atualização, volume, esquema e distribuição
- SLAs de entrega com tempo de atividade definido
- Proprietários de dados responsáveis por investigar alertas
- Alertas encaminhados para o Slack (ou por e-mail)
- Definição de processo de comunicação na ocorrência de indisponibilidades

Sete Etapas Para Implementar Um Programa de Data Certification

Os programas de data certification aumentam a escalabilidade ao utilizar uma abordagem consistente aplicada em múltiplos domínios. Além disso, aumentam a eficiência, facilitando trocas de informações mais fidedignas entre domínios com canais óbvios de comunicação. Vejamos como funciona.

Etapa 1: desenvolva suas capacidades de observabilidade de dados

A implementação da observabilidade de dados — a capacidade de uma organização compreender totalmente a integridade de dados em seu sistema — é o primeiro passo importante no processo de data certification. Não precisamos apenas de insights sobre nosso desempenho atual para definir um ponto de partida, como também de uma abordagem sistêmica integral para descoberta, alerta e triagem proativa de incidentes, conforme mostrado na Figura 8-6. Impulsionado pela observabilidade, um dashboard de incidentes de dados apresenta automaticamente anomalias, mudanças de esquema, tabelas deletadas e violações de regras. Se *algo* dentro do pipeline falhar — e falhará — você será o primeiro a saber. Com essa vantagem inicial, aliada à compreensão detalhada do ecossistema de dados, reduzimos o tempo de detecção e de resolução, identificando em que local ocorrem os erros.

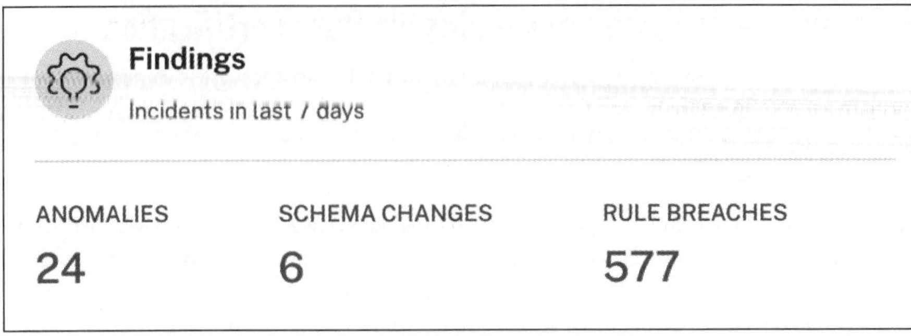

Figura 8-6. Dashboard de incidentes de dados.

Saber quais sistemas e quais conjuntos de dados têm tendência de criar os maiores ou mais frequentes problemas downstream também ajuda a embasar o processo de elaboração de SLAs eficazes de dados (Etapa 4). Além disso, entender as dependências upstream de tabelas ou dos relatórios mais importantes ajuda as equipes de dados a compreender quais dados priorizar. O resultado final é que uma tabela ou um conjunto de dados deve ser monitorado com atenção para que anomalias (de preferência aprendendo e evoluindo continuamente por meio do aprendizado de máquina) sejam consideradas certificadas.

Etapa 2: atribua seus proprietários de dados

Cada ativo certificado de dados deve ter uma parte responsável por todo o seu ciclo de vida, desde a ingestão até a camada de analytics, conforme ilustrado na Figura 8-7. Ferramentas modernas de gerenciamento de metadados possibilitam que os proprietários de dados sejam atribuídos a tabelas com outras tags, ajudando-os a acompanhar de perto a confiabilidade de conjuntos críticos de dados.

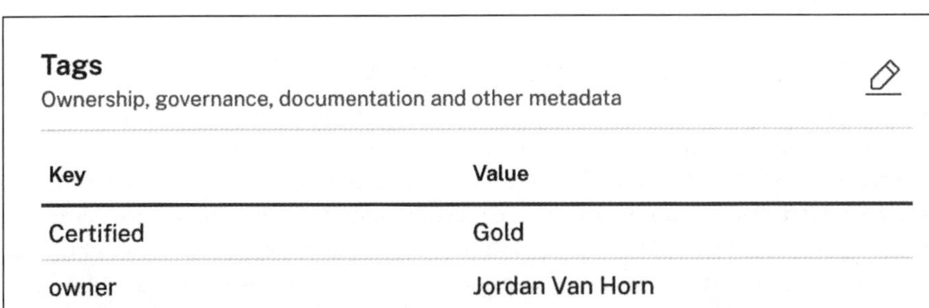

Figura 8-7. Partes responsáveis devem ser atribuídas para cada camada.

Algumas equipes de dados podem optar por implementar uma matriz RACI; outras podem criá-la diretamente no SLA específico, com os procedimentos de comunicação e de prazos esperados de resolução.

Etapa 3: entenda o que significa "dados bons"

Ao perguntar às partes interessadas de sua empresa "quem, o quê, quando, onde e por quê", é possível entender qual é o significado de qualidade de dados para elas e quais dados são imprescindíveis. Isso possibilita desenvolver indicadores-chave de desempenho, como:

- Atualização
  - — Os dados serão atualizados diariamente às 08h (ótimo, pois há casos em que o CEO ou outros executivos importantes verificam seus dashboards às 08h30).
  - — Os dados nunca terão mais de X horas.
- Distribuição
  - — A coluna X nunca será null.
  - — A coluna Y será sempre única.
  - — O campo X será sempre igual ou maior que o campo Y.
- Volume
  - — A Tabela X nunca diminuirá de tamanho.
- Esquema
  - — Nenhum campo será deletado dessa tabela.
- Linhagem
  - — 100% dos dados que preenchem a tabela X terão fontes upstream e ingeridores downstream mapeados, incluindo os metadados relevantes.
- Tempo de inatividade de dados (ou disponibilidade)
  - — O número de incidentes multiplicado por (tempo de detecção + tempo de resolução). Um exemplo de SLA de tempo de inatividade de dados poderia ser a tabela X que terá menos de Y horas de tempo de inatividade por ano.
  - — SLAs que medem cada um dos componentes do tempo de inatividade de dados podem ser mais acionáveis. Os exemplos incluem: reduziremos nossos incidentes em X%, o tempo de detecção em X% e o tempo de resolução em X%.
- Velocidade de query
  - — Nossos amigos da Locally Optimistic sugerem (*https://oreil.ly/tSNhm*): "O tempo médio de execução de uma query é um bom ponto de partida, mas talvez, seja necessário criar uma métrica mais detalhada, por exemplo, X% das queries terminam em <Y segundos)."
- Ingestão (ótimo para atribuir responsabilidade aos parceiros externos)
  - — Os dados serão recebidos do parceiro Y todos os dias até às 05h.

Esse processo também viabiliza configurar regras granulares de alerta adaptadas ao que é mais importante para o negócio.

Etapa 4: defina SLAs, SLOs e SLIs claros para os conjuntos mais importantes de dados

Conforme salientado no Capítulo 6, definir SLAs para o pipeline de dados é passo importante para aumentar a confiabilidade de dados, sendo vital para um programa de data certification. Os SLAs devem ser específicos, mensuráveis por um SLO e por um SLI, e ser viáveis. SLAs não apenas descrevem um padrão de serviço acordado, como também definem o relacionamento entre as partes. Em outras palavras, descrevem quem é responsável pelo quê durante as operações normais, bem como quando ocorrem problemas.

Conversando com Brandon Beidel (*https://oreil.ly/1nKQN*), cientista sênior de dados da Red Ventures, ele sugeriu que um SLA eficaz é realista. A afirmação "disponibilizar dados confiáveis o tempo todo" é muito vaga para servir de alguma coisa; em vez disso, sugere Brandon, as equipes deveriam definir SLAs focados: "Bons SLAs são específicos e detalhados. Elencam por que determinada coisa é importante para o negócio, quais são as expectativas, quando essas expectativas precisam ser atendidas, como serão atendidas, em que local estão os dados e quem é impactado por eles."

Beidel inclui em seus SLAs como a equipe deve responder caso o mesmo não seja cumprido. Por exemplo, "dados da tabela X serão atualizados todos os dias às 08h" passará a ser "A equipe Z garantirá que os dados na tabela X sejam atualizados todos os dias às 08h. Em até duas horas após um alerta de anomalia, a equipe verificará, comunicará às partes afetadas e iniciará uma análise de causa-raiz do problema. Até um dia útil, um ticket será criado e toda a equipe será atualizada sobre o progresso da resolução". Para conquistar esse nível de especificidade e de organização, as equipes devem se alinhar desde o início — e com frequência — com as partes interessadas a fim de compreenderem o que elas consideram como dados bons. Isso inclui a equipe de dados e a de negócio. Um bom SLA deve ser pautado pelas realidades de como a empresa opera e de como seus usuários consomem os dados.

Beidel adota uma abordagem ligeiramente distinta e diferencia o que considera como SLA e SLO. Por exemplo, o SLA "A tabela X será atualizada até as 08h" e o SLO "Nosso objetivo será cumprir esse SLA 99% das vezes". Independentemente da abordagem que escolher, ele recomenda que evite tentar resolver tudo de uma vez só. A maioria dos clientes de Beidel está implementando programas de data certification com foco no futuro e, em uma segunda etapa, fazem a limpeza de ativos mais antigos.

Na verdade, muitas das melhores equipes de dados começarão a certificar as tabelas e conjuntos de dados mais críticos: aqueles que agregam mais valor ao negócio têm maior atividade de query, número de usuários ou de dependências. Algumas também estão implementando níveis de certificação — bronze, silver, gold — que representam diferentes níveis de serviço e de suporte.

Etapa 5: desenvolva processos de comunicação e de gerenciamento de incidentes

Em que local e como os alertas serão enviados para a equipe? Como os próximos passos e o progresso serão comunicados interna e externamente? Ainda que sejam quesitos básicos esperados, precisamos de comunicação clara e transparente, pois isso é essencial para promover uma cultura de accountability. Muitas equipes escolhem receber alertas e discutir sobre triagem de incidentes no Slack, no PagerDuty ou no Microsoft Teams. Isso possibilita coordenação rápida, ao mesmo tempo que fornece total transparência à equipe como parte de um fluxo de trabalho saudável de gerenciamento de incidentes, conforme analisado no Capítulo 6.

É importante também considerar como comunicar indisponibilidades significativas ao resto da organização. Por exemplo, se um alerta estiver comunicando uma indisponibilidade substancial em produção, como o engenheiro de plantão informa o restante da empresa? Em que lugar notificam isso e com que frequência fornecem atualizações?

Etapa 6: determine um mecanismo para taguear os dados como certificados [certified]

Nesta etapa, já foram criados SLAs com objetivos mensuráveis, propriedade transparente, processos de comunicação clara e fortes expectativas de resolução de problemas. Você tem as ferramentas e medidas proativas para viabilizar o sucesso das equipes. A etapa final é certificar e apresentar os ativos de dados aprovados às partes interessadas.

Recomendamos descentralizar o processo de certificação. Afinal, o processo de certificação foi arquitetado para ajudar as equipes a serem mais rápidas e escaláveis. Regulamentos centralizados, adotados em nível de domínio, alcançarão esses objetivos e evitarão burocracia excessiva. Para o processo de certificação, as equipes de dados taguearão, pesquisarão e utilizarão adequadamente as tabelas, recorrendo às soluções de descoberta de dados, uma ferramenta desenvolvida internamente ou alguma outra forma de catálogo de dados.

Etapa 7: treine a equipe de dados e os consumidores downstream

Logicamente, não é porque as tabelas têm a tag *certified* que temos a garantia de que os analistas não violarão as regras. A equipe precisará ser treinada nos procedimentos adequados, que deverão ser implementados conforme necessário. Ajustar o nível de alertas e de comunicação também é importante.

Não tem problema em receber de vez em quando alertas que não exigem ações. Por exemplo, uma tabela pode crescer significativamente em tamanho, mas isso era esperado porque a equipe adicionou uma fonte nova de dados. Nada falhou nem precisa ser corrigido, mas a equipe precisa saber disso. Afinal, o que é considerado por uma pessoa como comportamento "esperado" pode ser visto por outro membro da equipe — ou até mesmo por outro domínio — como digno de nota e crítico. No entanto, a fadiga de alerta é real. Se a equipe começar a ignorar os alertas, pode ser um sinal de que é hora de otimizar sua abordagem, seja modificando seus alertas ou dividindo os canais de comunicação para destacar melhor as informações mais importantes.

Quando se trata dos consumidores de dados, não se acanhe! Você implementou um sistema extremamente robusto para qualidade de dados alinhado às necessidades deles. Ajude-os a passar da compreensão subjetiva para a compreensão objetiva do desempenho de sua equipe e comece a lhes fornecer a terminologia adequada para fazerem parte da solução.

O processo de data certification pode ser impressionante quando visto na prática. O engenheiro de dados tagueia a tabela como *certified* com o proprietário do conjunto de dados e a disponibiliza no data warehouse para que um analista a colete e a use em seu dashboard. E pronto! Sem mais (ou bem menos) tempo de inatividade de dados. Fundamentalmente, o data certification evidencia que, sem os devidos processos e cultura implementados, é extremamente difícil certificar a confiabilidade e construir confiança organizacional em seus dados. A tecnologia nunca substituirá uma boa higienização de dados, mas com certeza ajuda.

Além da implementação de um programa de data certification com SLAs claros, o modo mais eficaz para as equipes modernas de dados driblarem obstáculos culturais e organizacionais da qualidade de dados é priorizar uma estrutura de equipe que aproveite os pontos fortes e atenda às necessidades de seus negócios.

Estudo de Caso: a Jornada da Toast A Fim de Encontrar a Estrutura Adequada para Sua Equipe de Dados

Quanto à mortalidade, Hamlet de Shakespeare disse uma vez: "Ser ou não ser, eis a questão." Quanto à sua equipe de dados, um sábio chefe de dados de uma startup disse certa vez: "Centralizar ou descentralizar, eis a questão." É uma questão fundamental. Vejamos como alguns dos melhores líderes de dados aplicam a metodologia ágil para construir organizações de dados que escalam à medida que suas empresas crescem.

À medida que startups investem cada vez mais em dados para impulsionar a tomada de decisões e potencializar os produtos digitais, os líderes de dados têm a tarefa de escalar suas equipes — e rapidamente. Desde saber quais papéis contratar (e quando) até definir SLAs para os dados, os atuais líderes de dados são responsáveis por, literalmente, garantir que suas empresas tomem decisões baseadas em insights valiosos em cada etapa da jornada.

Independentemente da etapa em que você esteja nessa maratona, um dos maiores desafios é determinar a estrutura adequada de como sua equipe de dados deve se reportar. Conforme as necessidades de dados aumentam, também aumentam os gargalos impostos pelas equipes centralizadas de dados — assim como a complexidade e o retrabalho introduzidos pelas equipes descentralizadas. E justamente quando achamos que descobrimos o paradigma *perfeito* (ou seja, uma equipe central de engenharia de dados, analistas distribuídos de dados e alguns engenheiros de analytics para integrar os processos ou um grupo de analistas de dados que se reporta ao COO com engenheiros de dados liderados pelo CTO), nossa estratégia vai por água abaixo quando as prioridades mudam. Então, o que um líder de dados deve fazer?

Para entender melhor como algumas das melhores equipes abordam esse problema, conversamos com Greg Waldman, diretor sênior de business intelligence da Toast — empresa de capital aberto de software PDV para restaurantes — a fim de discutir a evolução de sua equipe de dados e compartilhar suas experiências em driblar o eterno cabo de guerra entre estruturas centralizadas e descentralizadas.

Nos últimos cinco anos, Greg tem liderado a equipe de dados da Toast que, de início, tinha somente um analista (o próprio Greg) e cresceu para uma organização com mais de vinte pessoas, evoluindo de um modelo centralizado para um modelo híbrido descentralizado — e vice-versa. Continue lendo para saber como a equipe de Greg permite que as necessidades de negócios conduzam a estrutura da equipe de dados, como ele sabia quando era necessário fazer mudanças e o profissional crucial que ele gostaria de ter contratado muito antes.

No Início: Quando Uma Equipe Pequena Tem Dificuldades Para Atender às Demandas de Dados

Em 2016, quando Greg começou a trabalhar na Toast, a empresa já tinha 200 funcionários, mas nenhuma equipe dedicada de analytics. Apesar da escassez de talentos especializados, a empresa sempre priorizou o uso de dados para a tomada de decisões. Segundo Greg:

> Nossa equipe inicial era muito perspicaz. O pessoal administrava a empresa com base em documentos Excel, mas, posteriormente, quando chegaram 200 pessoas, sabiam que essa abordagem não escalaria. Quando cheguei, me pediram basicamente: "Temos muitas reuniões em que uma pessoa acha que o resultado é 5 e a outra acha que é 4, e então elas ficam discutindo sobre isso o tempo todo. Faça com que isso pare de acontecer.

Imediatamente, Greg investigou e começou a desenvolver ferramentas, processos e um programa básico de dados. Durante o primeiro ano, a equipe de dados da Toast triplicou — agora contavam com três pessoas. E a empresa continuava a usar os dados para impulsionar sua cultura e a tomada de decisões. "Todo mundo diz que tem uma cultura baseada em dados, mas já trabalhei em lugares suficientes para saber a diferença e vejo a comparação direta com a Toast", afirma Greg. "Todo mundo da empresa — ainda mais nossa liderança — recorre aos dados antes de tomar decisões importantes."

Mas enquanto a pequena equipe de dados triplicou, a própria Toast dobrou de tamanho. Em 2018, a empresa tinha 400 funcionários. A equipe centralizada de dados não conseguia acompanhar as demandas de toda a organização, obcecada por dados e em rápido crescimento. Greg ainda afirma: "Tínhamos uma demanda enorme. O interesse desenfreado por dados era maior do que éramos capazes de atender. E acredito que isso foi um momento decisivo para nós. Porque se não conseguirmos descobrir uma forma de atender a essa necessidade, a empresa pode começar a operar de maneira diferente. Se não conseguirmos obter os dados necessários, a empresa fica menos orientada a dados."

Apoiando o Hipercrescimento Como Operação Descentralizada de Dados

A mudança para uma estrutura descentralizada começou a tomar forma naturalmente à medida que os departamentos encontravam formas de atender às próprias necessidades de dados. "Mais cedo ou mais tarde, pequenos núcleos de analytics surgiram em outras partes da empresa, como vendas e customer success", disse Greg. "Ainda mais porque nossa equipe pequena simplesmente não conseguia atender às necessidades do negócio em crescimento. E assim o pessoal começou a montar as próprias equipes, e isso meio que deu certo!"

Em 2018, a equipe descentralizada com 10 profissionais de dados trabalhava em unidades de negócio, atendendo às necessidades de dados e apoiando a trajetória vertiginosa da Toast, à medida que a empresa quase duplicava novamente de tamanho, passando a ter 850 funcionários. Greg e sua equipe também repaginaram a pilha tecnológica de dados, migrando de uma plataforma abrangente de dados para uma pilha distribuída e moderna, incluindo S3, Airflow, Snowflake, Stitch e Looker.

Analistas dedicados que trabalhavam em unidades de negócios ainda colaboravam estritamente com a equipe central de analytics de Greg, fornecendo à Toast uma hibridização entre estrutura totalmente centralizada e descentralizada de equipe de dados. No entanto, à medida que a organização continuou a escalar — chegando a 1.250 funcionários em 2019, dentre eles, 15 analistas de dados, cientistas e engenheiros de dados — esse modelo híbrido começou a gerar problemas. A consistência de dados era uma preocupação. "Em toda a organização, existiam diversos graus de rigor no que diz respeito ao que constituem bons dados. Quando se é pequeno, você é determinado e trabalha com o que tem, está crescendo e qualquer quantidade de dados é melhor do que nenhum dado. Mas, acabamos chegando a uma escala em que sabíamos que dados sem acurácia poderiam ser prejudiciais."

E mesmo com dados de acurácia técnica, Greg sabia que uma comunicação sólida entre analistas, líderes técnicos e partes interessadas downstream era fundamental quando se tratava de estabelecer um padrão de observabilidade e de confiança de dados em toda a empresa. "À medida que o negócio fica maior e mais complicado, precisamos de analistas para começar a enxergar o negócio como um todo", disse Greg. "Mesmo com um modelo descentralizado, é necessário garantir que os analistas trabalhem em estreita colaboração com outros analistas e líderes técnicos quando se trata de definir os padrões de desempenho e de operabilidade."

Reagrupando, Recentralizando e Reorientando a Confiança de Dados

Assim, a Toast mobilizou os analistas que trabalhavam em suas respectivas equipes de customer success e go-to-market para o âmbito de analytics, conforme ilustrado na Figura 8-8. Ao avaliar como estruturar sua equipe de dados, Greg sempre pondera três opções: centralizada, descentralizada e híbrida. A equipe experimenta todas elas em termos de tamanho ao longo do tempo. Por fim, como trabalhavam bastante com analytics, ele descobriu que o modelo híbrido era mais eficaz para o tamanho e para o escopo de sua equipe.

"Acabamos centralizando e uma vantagem discutida, ainda que menosprezada, foi o quanto as pessoas da equipe aprenderam umas com as outras", disse Greg. A equipe agora faz parte do departamento de finanças & estratégia. Mas ele sabe que a estrutura centralizada pode não ser a solução duradoura para a Toast.

"Resumindo, quando penso em equipes de dados, quero que todos agreguem o máximo de valor de negócio possível. Estamos muito abertos a mudanças e a tentar coisas diferentes. Entendemos que o que funciona com 200 pessoas não vai funcionar com 500 nem com 1000 pessoas, pois elas não respondem da mesma forma. E está tudo bem. Parece um tanto óbvio quando chegamos nesses pontos decisivos e precisamos tentar algo novo."

	Centralizada	Híbrida	Descentralizada
Prós	• Padrões e expectativas consistentes para analistas • Maior colaboração levando a mais orientação e crescimento mais rápido • Simples de movimentar recursos quando necessário • Os analistas enxergam com mais facilidade o negócio como um todo • Redução de retrabalho	• Possibilidade do melhor dos dois mundos • O hub central pode realizar tarefas mais desafiadoras, enquanto as equipes do spoke podem fazer o básico (Modelo hub and spoke)	• Analistas com perspectiva de "pés no chão" • A velocidade de produção é alta e pode variar de acordo com o negócio • As equipes podem alocar facilmente diferentes quantidades de recursos de anaytics • Alinhamento direto de OKR
Contras	• Velocidade normalmente lenta • As coisas se perdem com facilidade devido à falta de perspectiva "pés no chão" • Disputar recursos pode ser desafiador • Alinhamento de OKR é mais complexo	• Pode existir confusão entre as responsabilidades do hub central e do spoke • Governança: talvez respostas diferentes venham de lugares distintos	• Padrões e expectativas inconsistentes para analistas • Crescimento técnico mais difícil • Os analistas têm dificuldades em enxergar o negócio como um todo • Retrabalho • Analistas podem ser motivados por noções preconcebidas baseadas na estrutura a quem se reportam

Centralizada
Analytics é um papel próprio. Os analistas e/ou equipes podem estar dedicados a diferentes departamentos ou unidades de negócios (BUs), ou se reportarem indiretamente, mas se reportam a um hub central.

Híbrida
Analytics é um papel próprio, complementado por analistas e/ou equipes dedicados integrados em alguns departamentos ou BUs. Talvez as equipes tenham que se reportar a um hub de analytics. A maioria das empresas opera nesta estrutura, mas o que isso significa pode variar bastante.

Descentralizada
Departamentos e BUs têm o próprio papel de analytics. Em geral, analistas e equipes se reportam aos líderes de seus departamentos ou BU.

Figura 8-8. Três possíveis estruturas de equipes de dados. Fonte: Adaptado de uma imagem de Greg Waldman e da Toast.

No final das contas, o importante é atender às necessidades do negócio — independentemente do que isso signifique para a estrutura de como sua equipe se reporta — e ao mesmo tempo garantir que os líderes técnicos sejam facilitadores e não gargalos para os analistas.

Ponderações ao Escalar Uma Equipe de Dados

Por fim, a equipe de Greg optou por uma estrutura centralizada de equipe de dados com alguns elementos distribuídos, proporcionando-lhes maior propriedade e governança em relação aos seus produtos de dados e a capacidade de construir uma pilha modular e escalável de dados. Greg compartilha alguns conselhos arduamente conquistados com líderes de dados que enfrentam desafios semelhantes em empresas com hipercrescimento, mas todas as suas táticas remetem ao princípio de focar a abordagem que melhor atende às necessidades de negócios da sua empresa e que, provavelmente, mudará com o tempo. Em resumo, ele sugere que os líderes devem permanecer ágeis e as equipes devem estar dispostas a adaptar-se às necessidades de negócio. Vejamos como fazer isso.

Contrate generalistas de dados, não especialistas — com uma exceção

Segundo Greg, o primeiro especialista que se deve contratar é um engenheiro de dados:

> De início, contratamos basicamente profissionais versáteis [data athlete] de dados que podiam fazer de tudo um pouco. Tínhamos esses profissionais atuando como analistas/engenheiros de dados. E eu tinha uma vaga aberta de gerente sênior e uma engenheira de dados se candidatou, mas ela não tinha nenhum interesse em gerenciar. Quando conversei com ela, ficou óbvio o quanto precisávamos do conjunto dedicado de habilidades de engenharia de dados na equipe. E, pensando bem, eu deveria ter procurado alguém assim um ano antes, visto a nossa trajetória de crescimento.

Com muita frequência, as equipes de dados ficam de mãos atadas pela falta de suporte técnico necessário para criar e manter pipelines de ETL, bem como para garantir que a infraestrutura fundamental de dados possa ser escalada de acordo com as necessidades de analytics da empresa. Greg constata: "Mesmo que eu ainda acredite na contratação de profissionais versáteis de dados, que possam fazer de tudo um pouco, a exceção que foge a essa regra são os engenheiros de dados. Após contratar alguns analistas, contrate logo um engenheiro de dados."

Priorize uma equipe diversificada de dados desde o início

Desnecessário dizer, mas quando se trata de estruturar uma equipe para o sucesso duradouro, é necessário investir (desde o início) em candidatos com experiências e com capacitação profissional multifacetadas. A homogeneidade é impedimento à inovação e não permite que analistas e engenheiros de dados compreendam as perspectivas e as necessidades de todos os consumidores de dados. No entanto, quando estamos progredindo com rapidez e em escala, pode ser difícil lembrar disso — a menos que implementemos um conjunto óbvio de KPIs de contratação e de crescimento que retratem esse objetivo.

Conforme sugere Greg, "considere a diversidade desde o início, porque, especialmente em equipes pequenas de dados, se não tomarmos cuidado, acabamos com um monte de gente com ideias e experiências semelhantes. E não é bom ter um monte de pessoas iguais — precisamos de diferentes pontos de vista". Uma coisa é falar, "Precisamos montar uma equipe diversificada", outra coisa é fazer. Então, quais seriam os primeiros passos para os líderes de dados? Vejamos algumas sugestões:

- Colabore com executivos e com a equipe de RH para elaborar descrições de cargos que incluam diferentes experiências e capacitações profissionais (ou seja, evite linguagem excessivamente masculina e favoreça a linguagem neutra em termos de gênero).

- Monte grupos diversificados de contratação (mesmo que não sejam da equipe de dados) para representar a equipe que você está buscando montar.
- Expanda a rede para recrutar candidatos que talvez não tenham cargos ou funções tradicionais na área de dados; é um campo em evolução constante!
- Implemente um processo de candidatura sem distinção de gênero e raça que seja avaliado com base em qualificações e em experiências.
- Talvez seja mais difícil montar uma equipe diversificada em fases mais avançadas da jornada inicial, já que pessoas com diferentes experiências e capacitações querem entrar em uma equipe que também tenha pessoas com o mesmo perfil multifacetado. Se não levarmos isso em conta desde o início, as coisas podem ficar mais desafiadoras.

Comunicação reforçada é fundamental para o gerenciamento de mudanças

A comunicação é ainda mais pertinente em nosso mundo de acesso remoto, em que muitas equipes trabalham em casa e a comunicação reforçada por e-mail, Slack e pombo-correio (brincadeirinha!) são partes necessárias de qualquer trabalho. Segundo Tomasz Tunguz, diretor-geral da Redpoint Ventures, as empresas devem reiterar (suas principais propostas de valor) para os clientes de forma constante, mesmo que pareça desnecessário (*https://oreil.ly/dR7YP*). O mesmo vale para os líderes de dados quando se trata de comunicar o trabalho e quaisquer mudanças de equipe às partes interessadas nos dados.

Por exemplo, caso seu analista descentralizado de customer success passe a se reportar ao chefe de analytics após trabalhar três meses para o chefe de customer success, é necessário não somente comunicar a ocorrência dessa mudança, como também reiterar que esse ajuste não muda a natureza do resultado da equipe. As partes interessadas podem ficar na expectativa de análises acuradas e oportunas que mapeiem os principais objetivos do negócio, mesmo que a equipe não esteja mais distribuída. É inevitável que esse nível de mudança não impacte consideravelmente a natureza do relacionamento entre as partes interessadas (a equipe funcional) e o provedor de serviços (a equipe de dados). No entanto, o processo de formalizar, comunicar e reforçar como essa transição não afetará os KPIs levantados ajudará os grupos multifuncionais a enfrentar e cooperar com a mudança.

Como Greg sugere, "Se os seus analistas estão respondendo aos líderes de negócios, garanta que tenham autonomia para contestar com base nos dados que estão vendo. Do contrário, pode ser uma dinâmica complicada, na qual são incentivados a mostrar dados que respaldam hipóteses anedóticas. Quando realocamos essas equipes para área de analytics, os analistas aprendem uns com os outros, mas influenciar outros departamentos pode ser um desafio." Há pouco tempo, a Toast tem operado um modelo de analytics amplamente centralizado, que teve bom desempenho e atendeu às necessidades de negócio durante os últimos 18 meses.

Não superestime uma "única fonte de verdade"

O conceito de "única fonte de verdade" ou dados de referência [golden data] é muito importante — por um bom motivo. Trabalhar em prol do alinhamento de métricas e de dados consistentemente limpos pode ajudar as empresas a confiar que os dados lhes fornecem as informações adequadas. Apesar disso, como líder de dados em uma startup de hipercrescimento, você será alocado para atuar em muitos experimentos e em projetos a qualquer momento — desde que tenha observabilidade direcional na confiança de dados (ou seja, essa tabela está atualizada? Eu sei quem é o proprietário desse conjunto de dados? Por que 50 linhas se transformaram em 500?), a necessidade de uma "única fonte de verdade" não é tão premente.

"Sempre digo às pessoas para não superestimarem o conceito de 'única fonte de verdade'", disse Greg. "Como perfeccionista, levei muito tempo para aprender isso. Existem ocasiões em que precisamos estar 100% certos e existem outras em que não precisamos. Às vezes, a acurácia direcional é algo bom e desperdiçamos recursos tentando ser perfeitos. A regra 80/20 é fundamental."

Dados são sempre caóticos e raramente perfeitos. Se priorizarmos uma visão completa da integridade e da acurácia dos dados em vez de controle mais granular, conseguimos avançar mais.

O último conselho de Greg para os líderes de dados?

"Contrate pessoas boas com habilidades sólidas de comunicação e todo o resto ficará mais fácil. Pessoas boas farão você conhecer pessoas excelentes. Podemos contratar as pessoas mais inteligentes do mundo, mas se não forem capazes de comunicar suas análises às pessoas menos técnicas, elas simplesmente não terão sucesso."

Aumentando a Alfabetização de Dados

Por mais que tenhamos analisado "o quê" e "quem" para democratizar a qualidade de dados, "como" efetivamente construímos uma cultura de qualidade de dados? Para muitas organizações, tudo começa com a alfabetização de dados, ou seja, a capacidade de ler, de escrever e de dialogar sobre dados de uma forma que gere valor e impacto para a organização. Afinal, como podemos entender o valor da qualidade de dados se nem mesmo entendemos o valor dos dados? Ou, aliás, se nem mesmo sabemos como usá-los?

Uma boa estratégia de alfabetização de dados obterá adesão top-down e adoção bottom-up, fazendo com que os dados fiquem mais acessíveis e mais fáceis de trabalhar, alavancando ferramentas de autoatendimento e educação para membros da equipe menos técnicos. Para que as iniciativas de dados sejam bem-sucedidas além dos limites do setor de dados e sejam impactantes para a organização como um todo, precisamos atender as partes interessadas nos dados conforme o nível de entendimento delas.

Há alguns anos, no MIT CDO Symposium [Congresso de CDO do MIT, em tradução livre], Barr conversou com um CDO que criou uma função chamada "Head of Data Literacy [Chefe de Alfabetização de Dados]", atendendo a todo o negócio. Ele era a pessoa responsável por garantir que cada unidade de negócios na organização com aproximadamente 10 mil funcionários fosse "fluente em dados".

Por exemplo, um scorecard é criado para cada unidade de negócios a fim de medir o desempenho do papel em termos de habilidades de dados, como Excel, SQL, R, Python etc. Em seguida, ajuda-se cada papel a definir metas relacionadas às suas aspirações de alfabetização de dados (ou seja, quais habilidades cada pessoa deve conhecer e em que nível de detalhamento e abrangência); treinar/educar as equipes para ajudar os membros a melhorar suas habilidades; e, em geral, ficar mais "fluentes em dados" como organização. É de suma importância ter um único interlocutor na organização cuja accountability é fazer com que toda a empresa seja alfabetizada em dados de forma mais concreta e mensurável.

Contudo, para se conquistar a "fluência de dados" é importante que os gerentes de dados priorizem a alfabetização de dados e a educação das partes interessadas a respeito do valor da qualidade de dados. Afinal, de que adianta saber como trabalhar e interpretar dados se não se pode confiar neles para fornecer insights com acurácia? Em nossas conversas com Wendy Turner-Williams, Chief Data Officer da Tableau, ela afirmou:

> Simplificar e disponibilizar os dados para quem precisa, quando precisa, é extremamente importante. Além do mais, a alfabetização é igualmente importante e envolve diversos aspectos: como educar as pessoas dentro de sua empresa para usar os dados, e a compreensão de como eles são utilizados entre as equipes para fornecer informações sobre o que podemos fazer com esse recurso e gerar valor a partir deles quando confiáveis.

Muitos líderes de dados com quem conversamos ao longo dos anos afirmam que o principal obstáculo em termos de viabilidade duradoura de suas iniciativas de qualidade de dados (e do sucesso de suas equipes de dados) é a falta de documentação. Não raro, as equipes dependem de conhecimento tácito e de páginas wiki desatualizadas para acompanhar os dados, e isso simplesmente não é escalável ou viável.

Ao entrevistarmos Amy Smith, analista de negócios da equipe da Intuit, ela nos disse que a melhor forma de garantir que toda sua equipe de dados esteja falando a mesma língua é por meio do compartilhamento de conhecimento, desde o início e com frequência: "Boa parte do sucesso inicial de um cientista de dados é entrar em uma equipe que está disposta a mobilizar tempo para documentar seus conhecimentos. Fazer com que o conhecimento coletivo de uma equipe esteja em um formato que alguém novo possa ler e ficar a par das coisas é de extrema importância." Em termos mais específicos, a falta de informações sólidas referentes a dados e a metadados é um problema espinhoso para as equipes, mas pode ser resolvido. Vejamos algumas soluções que facilitam o acesso a esses insights:

Catálogos de dados
: Equipes menores (2 a 5 pessoas) conseguem se virar com uma planilha Excel. No entanto, à medida que a pilha de dados amadurece, considere investir em uma solução interna, de terceiros ou até mesmo open-source (mais informações na próxima seção, "Priorizando a Governança e o Compliance de Dados").

Sistema de gerenciamento de banco de dados (SGBD)
: Um SGBD é uma aplicação ou um pacote de software arquitetado para gerenciar dados em um banco de dados, incluindo o formato dos dados, nomes de campos, estrutura de registros

e estrutura de arquivos. Ainda que não substitua um catálogo de dados em termos de contexto, ajudará a manter os dados organizados para fácil acesso.

Ferramentas de modelagem de dados
: As ferramentas de modelagem de dados fornecem às equipes a capacidade de descobrir e de visualizar ativos de dados. Além do mais, são produtos que podem ajudar as equipes a entender o relacionamento entre diversos elementos da pilha de dados.

Dashboards operacionais de analytics
: O conhecimento de dados só tem alguma serventia se os dados forem confiáveis. Ainda que dashboards operacionais de analytics referentes à plataforma de dados resolvam diversos dos mesmos problemas que catálogos de dados, SGBDs e ferramentas de modelagem de dados, também fornecem insights sobre como os dados estão sendo usados e quais deles são mais importantes para o negócio com base no consumo, número de conjunto de regras de qualidade de dados e outros indicadores-chave da relevância do conjunto de dados.

Além do mais, as equipes que querem avançar com a transferência de conhecimento e com a acessibilidade podem priorizar o desenvolvimento de suas operações de dados com informações ausentes e outros contextos. Nesse sentido, os líderes de dados devem incentivar seus analistas a adicionar dimensões ausentes aos dados quando percebidas, e não apenas quando necessário. Não é porque você não está usando as dimensões de dados no momento que outro colega ou você mesmo não as usaram mais tarde.

Priorizando a Governança e o Compliance de Dados

Quando discutimos de forma mais abrangente sobre qualidade de dados, talvez não exista nenhum tópico dessa discussão que suscite tanta confusão e raiva quanto a governança de dados. Ou seja, o gerenciamento de dados dentro e fora de uma organização. A governança de dados é prioridade para muitos líderes de dados, especialmente levando em consideração a LGPD, o RGPF, CCPA, IPOs, Covid-19 e uma miríade de outras siglas que elencam a crescente importância do compliance e da privacidade quando se trata de gerenciar os dados de sua empresa.

Tradicionalmente, a governança de dados se refere ao processo de manutenção da disponibilidade, usabilidade, proveniência e segurança de dados e, como um líder de dados nos disse uma vez, existe "para evitar que o seu CFO tenha problemas com a justiça". Ainda assim, a Gartner sugere que mais de 80% das iniciativas de governança de dados falharam em 2022 (*https://oreil.ly/v5kJn*). Em nossa opinião, a governança de dados tem péssima reputação, especialmente porque as abordagens tradicionais não conseguem escalar com as necessidades das pilhas de dados baseadas em nuvem. Nos últimos anos, os catálogos de dados surgiram como ferramenta poderosa para a governança de dados. À medida que as empresas se digitalizam e as suas operações de dados são democratizadas, é importante que todos os elementos da pilha de dados, desde data warehouses a plataformas de business intelligence e, agora, catálogos, adotem as melhores práticas de compliance.

Priorizando Um Catálogo de Dados

Quando pensamos em governança de dados, muitas vezes vêm à mente os catálogos de dados. Recordando o Capítulo 2, tradicionalmente, os catálogos de dados serviram como alicerce para a capacidade da equipe de dados de armazenar e de organizar metadados sobre o uso e a localização dos dados. Semelhantes aos catálogos físicos de bibliotecas, os catálogos de dados (*https://oreil.ly/QgJf3*) servem como inventário de metadados e fornecem aos investidores as informações necessárias para avaliar a acessibilidade, a integridade e a localização de dados.

Como os catálogos de dados fornecem uma única fonte de verdade sobre as fontes de dados de uma empresa, é muito fácil aproveitá-los para gerenciar os dados em seus pipelines. Os catálogos de dados podem ser usados para armazenar metadados que fornecem melhor compreensão às partes interessadas sobre a linhagem de uma fonte específica, instilando maior confiança nos dados propriamente ditos. Além disso, facilitam rastrear onde as informações pessoais identificáveis (PII) podem ser armazenadas e disseminadas em downstream, assim como quem na organização tem permissão para acessá-las em todo o pipeline.

Tradicionalmente, os catálogos manuais de dados e as plataformas de gerenciamento de metadados têm sido a abordagem amplamente utilizada para lidar com a governança de dados, porém, à medida que os sistemas evoluem, consideramos essa abordagem insuficiente para acompanhar o ritmo do crescimento e a distribuição de dados em domínios distintos. Felizmente, muitos fornecedores estão se conscientizando sobre essa nova necessidade, adotando aprendizado de máquina e tecnologias baseadas em grafos de conhecimento para tornar a governança mais acessível e escalonável. Atualmente, o mercado disponibiliza três tipos principais de catálogos automatizados de dados, como soluções in-house, ferramentas de terceiros ou tecnologias open-source.

Soluções in-house

Algumas empresas B2C — estamos falando dos Airbnbs (*https://oreil.ly/emuHa*), Netflixs (*https://oreil.ly/mFcaA*) e Ubers (*https://oreil.ly/Q4bNQ*) do mundo — criam os próprios catálogos de dados para garantir o compliance de dados com as regulamentações estaduais, nacionais e até mesmo da união econômica (por exemplo, RGPD). A maior vantagem das soluções in-house é a capacidade de criar rapidamente dashboards customizáveis, destacando os campos que sua equipe mais precisa.

Mesmo que ferramentas in-house (como o Databook da Uber, representado na Figura 8-9) possibilitem rápida customização, com o tempo, essas soluções podem levar à falta de visibilidade e de colaboração, sobretudo quando se trata de compreender a linhagem de dados. Na verdade, um líder de dados com quem conversei em uma startup de delivery de comida observou que o que estava claramente faltando em seu catálogo in-house de dados era uma "interface unificada". Se ela tivesse uma única fonte de verdade que pudesse fornecer insights sobre como as tabelas de sua equipe estavam sendo usadas por outras partes do negócio, seria fácil garantir o compliance.

Além dessas ponderações táticas, dedicar tempo e recursos tecnológicos na criação de um catálogo de dados multimilionário simplesmente não faz sentido para a grande maioria das empresas.

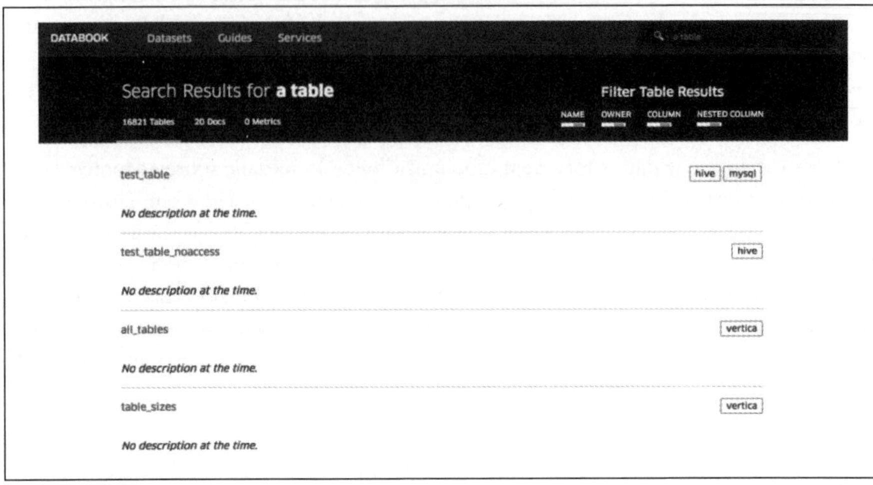

Figura 8-9. O Databook da Uber possibilita que os cientistas de dados pesquisem facilmente tabelas e outros ativos essenciais em todos os domínios de negócios.

Ferramentas de terceiros

Segundo os padrões tradicionais, os catálogos de dados eram gerenciados de forma manual e controlados em silos, exigindo muitas vezes retrabalho entre diferentes analistas e equipes de ciência de dados. Hoje em dia, o mercado disponibiliza uma miríade de catálogos de dados baseados em AMAMAM, que se adaptam à governança distribuída, muitos com fluxo de trabalho pay-for-play e integração de gerenciamento de compliance orientada a repositórios. Alguns provedores de nuvem, como Google, AWS e Azure, também fornecem integração de ferramentas de governança de dados a um custo adicional.

Ao conversarmos com líderes de dados, um dos aspectos das soluções legadas surgiu repetidas vezes: a usabilidade. Ainda que quase todas essas ferramentas tenham sólidas funcionalidades de colaboração, um vice-presidente de engenharia de dados com quem conversei mencionou especificamente a interface de usuário não intuitiva de seu catálogo de terceiros. Se as ferramentas de dados não são fáceis de usar, como podemos esperar que os usuários entendam ou até mesmo se importem com o compliance delas?

Tecnologias open-source

Em 2018, a Lyft se tornou líder do setor ao disponibilizar seu mecanismo de descoberta de dados e de metadados, Amundsen (*https://oreil.ly/1cBOl*), em homenagem ao famoso explorador da Antártida, como open-source (Figura 8-10). Outras ferramentas open-source, como Apache Atlas (*https://oreil.ly/eWI1V*), Magda (*https://oreil.ly/iDseP*) e CKAN (*https://oreil.ly/Bmow9*), fornecem funcionalidades semelhantes e todas as três facilitam para equipes experientes em desenvolvimento segmentar uma instância do software e começar a trabalhar.

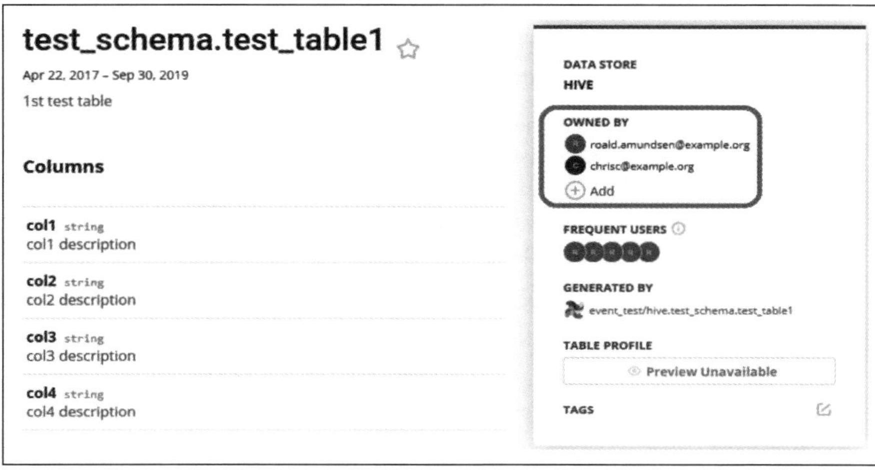

Figura 8-10. O Amundsen, catálogo de dados open-source, fornece aos usuários informações sobre a propriedade do conjunto de dados.

Apesar de ferramentas como o Amundsen possibilitarem que as equipes tagueiem metadados (*https://oreil.ly/jgbMo*) a fim de controlar o acesso do usuário, trata-se de um processo intensivo e muitas vezes manual, que a maioria das equipes simplesmente não tem tempo para lidar. Na verdade, um gerente de produto de uma transportadora líder de mercado compartilhou que sua equipe optou especificamente por não usar um catálogo open-source de dados, pois não tinha suporte imediato para todas as fontes de dados e para ferramentas de gerenciamento de dados em sua pilha, tornando a governança de dados ainda mais desafiadora.

Além dos Catálogos: Implementando a Governança de Dados

À medida que as organizações de dados amadurecem, os catálogos de dados por si só não conseguem acompanhar os requisitos dos programas modernos de governança de dados. Para começo de conversa, mitigar as lacunas de governança é tarefa hercúlea, sendo impossível priorizá-las sem entendimento completo de quais ativos de dados estão sendo acessados pela sua empresa. A linhagem e a observabilidade de dados ajudam a preencher essas lacunas, conforme analisado no Capítulo 2.

A acessibilidade e a segurança de dados também são características importantes da governança de dados, sobretudo para organizações com equipes de analytics distribuídas ou que trabalham com informações confidenciais de terceiros. Como resultado, os programas de governança de dados também devem incorporar a aplicação de políticas automatizadas e distribuídas (sejam desenvolvidas internamente ou adquiridas de um fornecedor terceiro) para gerir a identificação de PII e dos controlos de acesso.

Ainda assim, mesmo com catálogos de dados, plataformas de observabilidade, linhagem e controles de acesso a dados, é impossível obter adesão à governança (e a toda a qualidade de dados) sem uma cultura de dados que priorize os processos e os fluxos de trabalho adequados para tornar os dados confiáveis e seguros em escala. Conversamos com Zosia Kossowski, gerente de produto do grupo de business intelligence da HubSpot, e ela reconheceu que não é tarefa fácil construir uma cultura que priorize a governança, especialmente em escala:

> Do ponto de vista cultural, isso é desafiador para uma comunidade, principalmente quando uma empresa cresce rapidamente e está habituada a ter certo nível de autonomia em geral, e não falo apenas dos dados. À medida que sua empresa cresce, precisamos implementar mais processos e regulamentações para garantir que todos estejam alinhados e compreendem os obstáculos que a falta de governança e de alinhamento pode provocar.

Zosia reconhece que, para a maioria das organizações, a governança de dados também é uma mudança cultural:

> Se está em uma empresa orientada a dados e a prioridade é que os dados estejam limpos e utilizáveis quando se tem a release de um produto que faz parte dos critérios de aceitação, as coisas ficam mais fáceis do que se os dados fossem consequência ou reflexão tardia problemáticas, quando precisamos procurar uma equipe de engenharia e pensamos: "Isso está errado." Minha recomendação é fazer com que os líderes de engenharia e qualquer pessoa envolvida na produção de dados façam parte das conversas sobre governança de dados desde o início, para que também entendam os obstáculos ocasionados.

Construindo Uma Estratégia de Qualidade de Dados

Nas últimas seções, examinamos os requisitos técnicos, orientados a processos, e organizacionais necessários para escalar uma cultura de qualidade de dados. Agora, juntaremos todas as peças desse quebra-cabeça e estabeleceremos as bases para construir uma estratégia de qualidade de dados do zero. Vejamos as etapas fundamentais que os líderes de engenharia de dados e de analytics devem adotar ao empreender uma iniciativa de qualidade de dados em sua empresa.

Responsabilize a Liderança Pela Qualidade de Dados

Antes de começar a tentar garantir a liderança e a adesão das partes interessadas, é importante ser transparente sobre o estado atual da estratégia de qualidade de dados. Considere como pode responder às seguintes perguntas:

- Como a qualidade de dados dos ativos que sua empresa coleta e armazena é mensurada?
- Quais são os principais KPIs ou metas pelos quais você responsabilizará sua estratégia de qualidade de dados?
- Existe envolvimento multifuncional de liderança e de usuários de dados em outras partes da empresa?

- Na empresa, quem será responsável pelo cumprimento dos KPIs e metas da sua estratégia?
- Quais verificações e equilíbrios são necessários para garantir que os KPIs sejam medidos corretamente e que as metas possam ser cumpridas?

Da mesma forma que a visibilidade dos pipelines de dados facilita a garantia de alta qualidade de dados, a transparência da estratégia e do progresso incremental será fundamental quando se trata de manter todos conscientes e responsáveis.

Defina KPIs de Qualidade de Dados

Antes de abordar SLAs de dados (conforme analisado no Capítulo 6), é fundamental compreender e alinhar cada parte do ciclo de vida dos dados e como os dados agregam valor à empresa. O resultado de cada fase desse processo determinará seus SLAs e medições de qualidade de dados correspondentes. Por exemplo, os dados brutos ingeridos pelo data lake ou pelo data warehouse precisam atender a requisitos diferentes dos dados transformados e renderizados em um data warehouse. Evite focar as medições de qualidade de dados. Ao contrário, simplifique as coisas. Avalie métricas tangíveis (*https://oreil.ly/gSexv*) como integridade, atualização, acurácia, consistência e validade (*https://oreil.ly/Ov530*), em vez de scores dúbios de "acurácia" ou outras medições desenvolvidas internamente. Posteriormente, à medida que os SLAs mudaram para atender às prioridades da empresa, esses frameworks apenas instaurarão o caos.

Lidere Um Programa de Governança de Dados

Se um programa de qualidade de dados for lançado, mas ninguém na empresa souber dele (incluindo a liderança), ele terá algum impacto? Provavelmente não. Com exceção de algumas empresas conhecidas, a governança de dados nem sempre é uma função formalizada, ainda mais no contexto da engenharia de dados. Para garantir que os usuários de dados em toda a empresa estejam cientes do motivo pelo qual a qualidade de dados é importante, sugerimos o desenvolvimento de um programa para que os defensores da qualidade liderem o caminho e orientem outros por meio das melhores práticas de acesso, de uso e de armazenamento de dados. Facilite e torne acessíveis a participação e o evangelismo. Assegure a comunicação de como a qualidade de dados afeta as áreas funcionais, do marketing às vendas, e facilite o compartilhamento e a implementação com as equipes. Foque os ganhos rápidos ou de curto prazo para conquistar aceitação enquanto promove e implementa uma estratégia duradoura.

Automatize as Ferramentas de Linhagem e de Governança de Dados

Com medidas de compliance cada vez mais exigentes em relação ao acesso a dados e a aplicações, a abordagem manual para monitoramento da qualidade de dados como meio para a governança de dados não é suficiente. O monitoramento manual da qualidade de dados não é somente tedioso e demorado, visto que esses tipos de ferramentas não conseguem acompanhar a velocidade da inovação em todo o resto da pilha de dados (pense: modelagem de dados com AM, dashboards rápidos de analytics e data mesh). Em vez disso, sugerimos investir em ferramentas automatizadas que possam validar, monitorar e alertar rapidamente sobre problemas de qualidade de dados à medida que ocorrerem. Adicione a capacidade de definir regras customizadas e essas tecnologias conseguirão desencadear o potencial dos dados em sua organização.

Crie um Plano de Comunicação

Agora que já montamos todas as peças do quebra-cabeça, a etapa final é elaborar um plano robusto e abrangente de comunicação em nível de programa, de modo que a liderança fique informada, as partes interessadas também fiquem alinhadas com o progresso do projeto e os data stewards saibam as instruções que devem seguir. Um bom plano de comunicação será bidirecional e manterá todos os envolvidos atualizados sobre o status dos resultados relevantes. Um ótimo plano de comunicação gerará confiança até mesmo nas pessoas mais céticas de que a equipe está no comando da situação, independentemente da distância em relação aos objetivos.

No final das contas, o objetivo da estratégia de qualidade de dados será garantir que as equipes de toda a empresa se sintam seguras para usar dados confiáveis. Na prática, uma estratégia robusta e abrangente de qualidade de dados faz toda a diferença quando se trata de fazer basicamente qualquer coisa com dados, desde escalar uma equipe eficaz de dados até desenvolver uma excelente plataforma de dados.

Recapitulando

Conquistar a democratização de dados é um processo técnico e cultural. Independentemente de onde esteja na matriz RACI de personas de dados, é provável que a qualidade de dados desempenhe papel fundamental na sua capacidade de sucesso como profissional de dados. Democratizar a qualidade de dados exige as seguintes etapas críticas:

- Tratar dados com a diligência de um produto de software de produção
- Montar uma equipe de dados que possa priorizar a qualidade de dados na fonte
- Priorizar a alfabetização de dados
- Adotar processos e tecnologias que possam escalar a governança de dados

Em nossa opinião, as conversas mais significativas que tivemos sobre esse assunto decorrem da experiência: pipelines de dados corrompidos, descuidos acidentais de compliance e dashboards desatualizados. Afinal, sem passar pela dificuldade pessoalmente, pode ser difícil mobilizar a energia tecnológica e os recursos técnicos para priorizá-la. Felizmente, as coisas estão mudando. Cada vez mais, as empresas contratam engenheiros de confiabilidade de dados, especialistas em observabilidade de dados e responsáveis pela alfabetização de dados para liderar iniciativas e facilitar aos engenheiros e aos analistas de dados a aplicação das melhores práticas de qualidade de dados em seus trabalhos diários.

CAPÍTULO 9

Qualidade de Dados No Mundo Real: Conversas e Estudos de Caso

Em teoria, é ótimo falar sobre qualidade de dados, mas, na prática, como funciona? Nos últimos capítulos, examinamos o que é necessário para alcançar a confiabilidade de dados em escala, desde como elaborar um fluxo de trabalho de DataOps até testes SQL comuns para determinar o volume e a atualização dos ativos de dados. Apresentamos com parcimônia uma dose de estudos de caso do mundo cotidiano, mas, como todos sabemos, não se alcança a qualidade de dados por meio de um livro, e obter "dados confiáveis" depende de múltiplos outros elementos relacionados à análise e à engenharia de dados. À medida que as tecnologias progridem e as empresas ficam mais dependentes dos dados, precisamos analisar como outras tecnologias e processos definidores do setor afetam nossa habilidade de melhorar a confiabilidade de dados.

Neste capítulo, examinaremos cinco tópicos que são prioridade para muitos dos atuais líderes de dados e compartilharemos como a qualidade de dados desempenha papel determinante:

- Data mesh e a integração da qualidade de dados
- O papel da qualidade de dados na jornada da pilha de dados em nuvem
- Grafos de conhecimento como elemento-chave para dados mais acessíveis
- Descoberta de dados para arquiteturas distribuídas de dados
- Quando começar com a qualidade de dados

Nos últimos anos, esses cinco tópicos, tecnologias e tendências se tornaram cada vez mais comuns, não raro, fornecendo às organizações a vantagem necessária para lidar com a confiabilidade de dados de forma mais escalável e repetível. Mãos à obra.

Criando o Data Mesh Para Maior Qualidade de Dados

Na era do business intelligence de autoatendimento (*https://oreil.ly/QnfLP*), quase todas as empresas se veem como organizações que priorizam os dados, mas nem todas tratam a arquitetura de dados com o nível de democratização e de escalabilidade que merecem.

Por exemplo, sua empresa enxerga os dados como um impulsionador da inovação. Seu chefe foi um dos primeiros no setor a ver o potencial do Snowflake e do Looker. Talvez, seu CDO tenha liderado uma iniciativa multifuncional para educar equipes sobre as melhores práticas de gerenciamento de dados e, talvez, seu CTO tenha investido em um grupo de engenharia de dados. No entanto, mais importante ainda, toda sua equipe de dados gostaria que houvesse uma maneira mais fácil de gerenciar as necessidades crescentes de sua organização, desde o fluxo interminável de queries pontuais até a organização de fontes discrepantes de dados por meio de um pipeline central de ETL.

Fundamentando esse desejo de democratização e de escalabilidade está a percepção de que a atual arquitetura de dados (em muitos casos, um data warehouse em silos ou um data lake com algumas capacidades limitadas de stream em tempo real) pode não estar atendendo às suas necessidades. Para lidar com as limitações de infraestruturas em silos, muitas equipes estão migrando para um modelo mais distribuído de "governança federada". O data mesh.

Do mesmo modo que as equipes de engenharia de software migraram de aplicações (*https://oreil.ly/fue6i*) monolíticas para arquiteturas de microsserviços, o data mesh é, em muitos aspectos, a versão da plataforma de dados de microsserviços. Conforme definido pela primeira vez por Zhamak Dehghani, consultora da Thoughtworks e criadora do termo, data mesh é um tipo de arquitetura de plataforma de dados que assume a onipresença dos dados na empresa, alavancando um design de autoatendimento orientado a domínio.

O conceito de data mesh recorre à teoria de design orientado a domínios de Eric Evans, paradigma flexível e escalável de desenvolvimento de software que combina a estrutura e a linguagem do seu código com seu domínio de negócios correspondente. Ao contrário das infraestruturas monolíticas tradicionais de dados que lidam com o consumo, armazenamento, transformação e saída de dados em um data lake central, um data mesh suporta usuários de dados distribuídos e específicos de domínio e visualiza os "dados como produto", em que cada domínio gerencia os próprios pipelines de dados. O tecido que conecta esses domínios e seus ativos de dados associados é uma camada de interoperabilidade universal que usa a mesma sintaxe e padrões de dados. Em vez de reinventar a roda diligentemente construída de Zhamak, resumiremos a definição de data mesh em alguns conceitos-chave e destacaremos como a arquitetura se diferencia das arquiteturas tradicionais de dados.

Se ainda não leu, recomendamos a leitura do artigo pioneiro de Zhamak, *How to Move Beyond a Monolithic Data Lake to a Distributed Data Mesh* ["Como Ir Além do Data Lake Monolítico Para o Data Mesh Distribuído, em tradução livre] (*https://oreil.ly/Y6zGO*). Confira seu livro recente sobre o assunto ou assista à palestra técnica de Max Schulte sobre por que a Zalando fez a transição para o data mesh (*https://oreil.ly/zvpjo*). Você não se arrependerá.

Em alto nível, um data mesh (Figura 9-1) é composto por três componentes separados: fontes de dados, infraestrutura de dados e pipelines de dados orientados a domínios gerenciados por proprietários funcionais. Sob a arquitetura de data mesh está uma camada de interoperabilidade universal, retratando os padrões agnósticos de domínio, bem como observabilidade e governança. O data mesh fornece às equipes a capacidade de operacionalizar dados em domínios funcionais, com capacidade de padronizar a governança (e a qualidade de dados) nesses domínios.

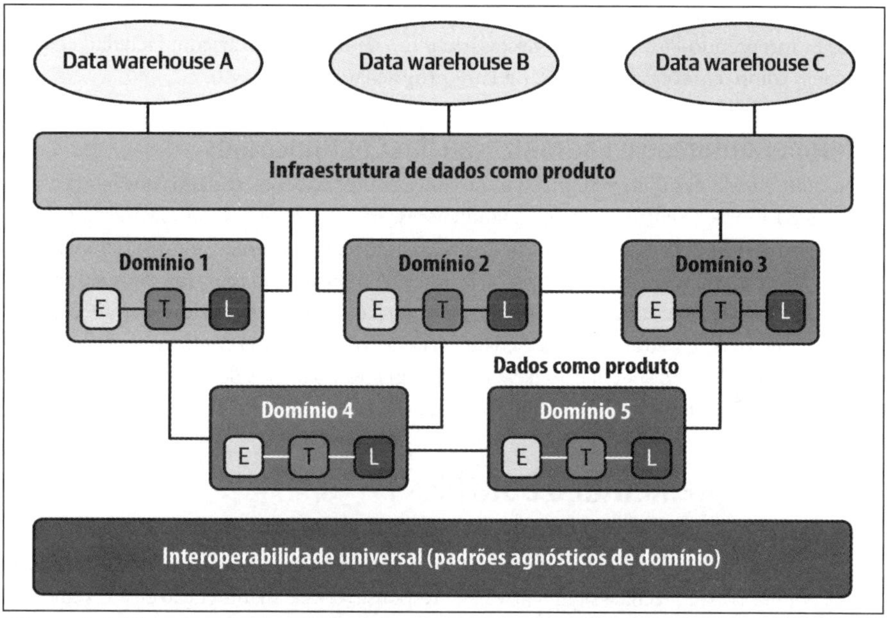

Figura 9-1. Visualização do data mesh.

Proprietários de Dados e Pipelines Orientados a Domínio

Data meshes federam a propriedade de dados entre os proprietários de dados de domínio, responsáveis por fornecer dados como produtos, ao mesmo tempo que facilitam a comunicação entre dados distribuídos em diferentes locais. Embora a infraestrutura de dados seja responsável por fornecer a cada domínio as soluções para processá-los, os domínios são encarregados de gerenciar a ingestão, a limpeza e agregação de dados, gerando ativos que podem ser usados por aplicações de business intelligence. Mesmo que cada domínio seja responsável pela propriedade de seus pipelines de ETL, usa-se um conjunto de capacidades em todos os domínios visando armazenar, catalogar e manter os controles de acesso para os dados brutos. Após os dados terem sido disponibilizados e transformados por determinado domínio, os proprietários de domínio podem então usá-los conforme suas necessidades analíticas ou operacionais.

Funcionalidade de Autoatendimento

Data meshes utilizam princípios de design orientado a domínio para fornecer uma plataforma de autoatendimento de dados que possibilita aos usuários abstrair a complexidade técnica e focar casos individuais de uso de dados. Conforme ressaltado por Zhamak, um dos principais problemas do design orientado a domínio é o retrabalho e as competências necessárias para manutenibilidade de pipelines de dados e de infraestruturas em cada domínio. Para resolver isso, o data mesh coleta e extrai capacidades de infraestrutura independente de dados de domínio em uma plataforma central, que lida com os mecanismos de pipeline de dados, armazenamento e infraestrutura de stream. Nesse meio tempo, cada domínio é responsável por utilizar esses componentes para executar pipelines customizados de ETL, fornecendo-lhes o suporte necessário a fim de disponibilizar com facilidade os dados, bem como a autonomia necessária para propriedade do processo.

Interoperabilidade e Padronização das Comunicações

Subjacente a cada domínio está um conjunto universal de padrões de dados que ajuda a viabilizar a colaboração entre domínios quando necessário — e muitas vezes é. É inevitável que alguns dados (fontes brutas e conjuntos de dados limpos, transformados e disponibilizados) sejam valiosos para mais de um domínio. A fim de viabilizar a colaboração entre domínios, o data mesh deve padronizar formatação, governança, capacidade de descoberta e campos de metadados, entre outras features de dados. Além do mais, assim como um microsserviço individual, cada domínio de dados deve definir e aprovar acordos de nível de serviço e medidas de qualidade que eles "garantirão" aos seus consumidores.

Por que Implementar o Data Mesh

Até pouco tempo, muitas empresas utilizavam um único data warehouse conectado a inúmeras plataformas de business intelligence. Um pequeno grupo de especialistas, sobrecarregados por uma dívida técnica significativa, era responsável pela manutenção dessas soluções.

Em 2020, a arquitetura popular era um data lake com disponibilidade de dados em tempo real e processamento de fluxo, com o objetivo de ingerir, de enriquecer, de transformar e de disponibilizar dados a partir de uma plataforma centralizada de dados. Para muitas organizações, esse tipo de arquitetura é insuficiente em alguns aspectos:

- Com um pipeline central de ETL, as equipes têm menos controle sobre volumes crescentes de dados.
- À medida que cada empresa se torna uma empresa de dados, casos diferentes de uso de dados exigem tipos distintos de transformações, sobrecarregando a plataforma central.

Data lakes assim resultam em produtores incoerentes de dados, em consumidores de dados impacientes e, o pior de tudo, em uma equipe sobrecarregada de dados com dificuldade para acompanhar as demandas de negócio. Em contrapartida, as arquiteturas de dados orientadas a domínios, como os data meshes, possibilitam às equipes o melhor dos dois mundos: um banco centralizado de dados (ou um data lake distribuído) com domínios (ou áreas de negócios) responsáveis por lidar com os próprios pipelines. Como argumenta Zhamak (*https://oreil.ly/ZCWaS*), as arquiteturas de dados podem ser escaladas com facilidade se forem divididas em componentes menores e orientados a domínio.

Os data meshes fornecem uma solução para as limitações dos data lakes, possibilitando maior autonomia e flexibilidade aos proprietários de dados, propiciando maior experimentação e inovação de dados e, ao mesmo tempo, diminuindo a sobrecarga das equipes de dados para atender às necessidades de cada consumidor de dados por meio de um único pipeline.

Além do mais, a infraestrutura de autoatendimento de data mesh como plataforma fornece às equipes de dados uma abordagem universal, agnóstica de domínio e, em geral, automatizada para padronização de dados, linhagem de produtos de dados, monitoramento de produtos de dados, alertas, registros em log e métricas de qualidade de produtos de dados (em outras palavras, coleta e compartilhamento de dados). Em conjunto, esses benefícios proporcionam vantagem competitiva quando comparados às arquiteturas tradicionais de dados que, geralmente, são prejudicadas pela falta de padronização de dados entre ingestores e consumidores.

Ser Data Mesh ou Não Ser? Eis a Questão

Hoje em dia, parece que todos os profissionais de dados se dividem em dois grupos: aqueles que compreendem o data mesh e aqueles que não. Fique tranquilo: caso esteja em qualquer um dos grupos, tem mais gente na mesma situação!

Raras vezes, na memória recente, um assunto revolucionou tão profundamente o mundo dos dados, gerando uma comunidade próspera, centenas de artigos em blogs e suspiros de alívio de líderes de dados em todos os setores que sofrem com a democratização e com a escalabilidade. No entanto, com essa adoção nova surgem oportunidades para equívocos relacionados à verdadeira natureza do data mesh — e como construí-lo. As equipes que lidam com grande quantidade de fontes de dados e precisam experimentá-los (em outras palavras, transformar os dados em um ritmo acelerado) deveriam considerar o uso do data mesh.

Calculando Seu Score de Data Mesh

Elaboramos um cálculo simples a fim de determinar se faz sentido para sua organização investir no data mesh. Responda a cada pergunta a seguir com um número e some-os para obter um total. Ou seja, seu score de data mesh.

- Quantidade de fontes de dados: quantas fontes de dados sua empresa tem?
- Tamanho da equipe de dados: quantos analistas e engenheiros de dados e gerentes de produto (se houver) fazem parte de sua equipe de dados?
- Número de domínios de dados: quantas equipes funcionais (marketing, vendas, operações etc.) dependem de fontes de dados para orientar a tomada de decisões, quantos produtos sua empresa tem e quantas features baseadas em dados estão sendo desenvolvidas? Some o total.
- Gargalos de engenharia de dados: com que frequência a equipe de engenharia de dados é um gargalo para a implementação de produtos novos de dados, em uma escala de 1 a 10, sendo 1 "nunca" e 10 "sempre"?

- Governança de dados: qual é o grau de prioridade da governança de dados em sua organização, em uma escala de 1 a 10, sendo 1 "Pouco importa" e 10 "Nem consigo dormir por causa disso"?

Em geral, quanto maior o score, mais complexos e exigentes serão os requisitos de infraestrutura de dados da sua empresa e, por sua vez, maior será a probabilidade de sua organização colher frutos com o data mesh. Caso seu score tenha sido acima de 10, implementar algumas práticas recomendadas de data mesh talvez faça sentido. Caso seu score tenha sido acima de 30, sua organização está no ponto ideal para implementar o data mesh e seria prudente aderir à revolução dos dados.

Vejamos os scores detalhadamente:

- 1–15: Considerando o tamanho e a unidimensionalidade do seu ecossistema de dados, talvez o data mesh não seja necessário.
- 15–30: Sua organização está amadurecendo de forma rápida e pode até estar em um impasse em termos de efetivamente se tornar orientada a dados. Sugerimos a implementação de algumas práticas e conceitos recomendados de data mesh para que uma migração posterior seja mais fácil.
- 30 ou mais: sua organização de dados é um impulsionador de inovação para sua empresa. Logo, o data mesh suportará quaisquer iniciativas atuais ou futuras para democratizar os dados e fornecer analytics de autoatendimento em toda a empresa.

À medida que os dados ficam mais onipresentes e as exigências dos consumidores de dados continuam diversificadas, prevemos que os data meshes se tornarão cada vez mais comuns para empresas em nuvem com mais de 300 funcionários.

Conversando com Zhamak Dehghani: O Papel da Qualidade de Dados No Data Mesh

Enquanto escrevíamos este livro, conversamos com Zhamak Dehghani (*https://oreil.ly/TMJva*) para discutirmos tudo sobre data mesh. Durante nossa conversa, Zhamak esclareceu muitos dos maiores equívocos, incluindo se o data mesh era ou não uma tecnologia independente, quem deveria (ou não) estar desenvolvendo um, e se o data mesh é apenas outro termo para virtualização de dados (dica: não é).

Vejamos as principais lições que aprendemos.

É Possível Criar Um Data Mesh a Partir de Uma Única Solução?

Zhamak define o data mesh como uma "mudança sociotécnica — uma abordagem nova de como coletamos, gerenciamos e compartilhamos dados analíticos". O data mesh *não* é uma solução técnica ou mesmo um subconjunto de tecnologias — é um paradigma organizacional de como gerenciamos e de como operacionalizamos os dados, composto por diversas tecnologias diferentes, sejam elas open-source ou SaaS.

Não se pode construir uma arquitetura de microsserviços apenas com um banco de dados. E também não conseguimos criar um data mesh apenas com um data warehouse ou com uma ferramenta de BI. Pelo contrário, o data mesh pode ser parcialmente operado com o auxílio dessas tecnologias — e diversas outras.

Resumindo, uma arquitetura de dados é um data mesh se englobar os quatro elementos básicos seguintes:

- Distribuição da propriedade de dados de uma equipe centralizada para pessoas mais aptas e adequadas que possam controlá-la — muitas vezes, os domínios de negócios a partir dos quais se originam os dados.
- Atribuição de accountability de longo prazo a estas equipes e favorecimento do product thinking necessário para tratar os dados como produto.
- Capacitação das equipes com uma infraestrutura de autoatendimento de dados.
- Solução de problemas novos que possam surgir com um novo modelo de governança federada de dados.

Embora seja fácil se perder nos detalhes e esquecer do panorama, aplicar essa metodologia pode garantir que seu data mesh comece com o pé direito.

O Data Mesh É Outra Palavra Para Virtualização de Dados?

Na comunidade de dados, as coisas ficam confusas quanto ao funcionamento da propriedade descentralizada de dados. Conforme aponta Lena, alguns técnicos questionam se o conceito de propriedade descentralizada de dados se relaciona com o conceito de virtualização de dados (*https://oreil.ly/Yf9JR*). Ou seja, uma abordagem de gerenciamento de dados que possibilita que uma aplicação acesse e manipule dados em muitos silos. Segundo Zhamak, antes era comum que a virtualização se estabelecesse em uma camada superior ao sistema OLTP e aos seus microsserviços ou bancos de dados operacionais, expondo os dados em seu estado atual e com transformações mínimas. E quando se trata de integrar isso ao data mesh, não é uma ideia nada inteligente. Ela explicou que:

> Seja lá um data mesh ou uma base de API, estamos tentando expor um banco de dados, otimizado para propósitos transacionais com usos analíticos. E a análise preditiva ou a modelagem de tendências históricas exigem uma perspectiva totalmente diferente dos dados. Caso esteja pensando em usar virtualização em seu banco de dados de microsserviços e expô-los, e chamar isso de data mesh é uma péssima ideia.

Cada Equipe de Produto de Dados Gerencia os Próprios Data Stores Separados?

De acordo com Zhamak, a resposta a essa pergunta é não. E temos que concordar: se cada equipe de produto de dados gerenciar o próprio data store, a oportunidade de duplicação — e de baixa qualidade de dados — será exponencialmente maior. E ainda nem estamos falando do custo:

> Eu diria que, com o data mesh, como desenvolvedora de produtos de dados, eu gostaria de ter autonomia — ter todos os elementos estruturais, o armazenamento e o processamento, o sistema de query e todas as coisas que possibilitam fornecer meus dados aos cientistas de dados. Mas não significa que agora preciso ter minha camada de armazenamento separada por localização geográfica. Na verdade, se o data mesh fosse um setup interorganizacional com um provedor de nuvem, provavelmente não faríamos isso. E podemos ter uma única camada de armazenamento. No entanto, são esquemas independentes, gerenciamento independente de permissões de acesso, modelos tenancy independentes que possibilitam que o produto de dados seja implantado de forma autônoma.

Em geral, a manutenibilidade de um data store é feita por uma equipe central de engenharia ou de infraestrutura de dados, responsável por garantir que o data mesh seja funcional e operacionalizado para cada domínio. Ainda que analistas e cientistas de dados em cada domínio sejam responsáveis pela criação e manutenção de produtos (por exemplo, dashboards, modelos e relatórios) em uma camada superior ao data mesh, não são eles que gerenciam a infraestrutura que possibilita o analytics, a ciência de dados e o AM.

Uma Plataforma de Autoatendimento de Dados É a Mesma Coisa Que um Data Mesh Descentralizado?

Organizações de grande porte já estão implementando plataformas de autoatendimento para gerenciamento de infraestrutura, mas, de acordo com Zhamak, o aspecto de autoatendimento do data mesh é ligeiramente diferente:

> Atualmente, a maioria das plataformas de serviços ou de dados são arquitetadas para equipes centralizadas de dados — são criadas para ajudar os especialistas de dados a lidar com seu backlog com mais rapidez. Foram desenvolvidas para atender a uma equipe centralizada que está tentando otimizar a ingestão de todos os lugares possíveis.

Em geral, as atuais plataformas de dados são otimizadas para um propósito diferente do data mesh. Plataformas de dados desenvolvidas com o intuito de suportar o data mesh devem ser otimizadas para fornecer autonomia às equipes de domínio e viabilizar aos tecnólogos generalistas a capacidade de criar produtos de dados. Resumindo, as plataformas de dados devem viabilizar que as equipes gerenciem integralmente seus dados, disponibilizando-os diretamente aos consumidores de dados: analistas e cientistas de dados, e usuários finais.

Todas as Equipes de Dados Podem Usar o Data Mesh?

Embora cada vez mais organizações estejam começando a adotar ou explorar o data mesh, Zhamak acredita que o modelo "em termos evolutivos, é bastante incipiente". As organizações que enfrentam o problema de escalar a confiabilidade de dados são aquelas em que a adoção do data mesh faz mais sentido. Os adotantes iniciais costumam focar a tecnologia e estão abertos a investir "no desenvolvimento e na aquisição, porque nem todos os elementos estão disponíveis para compra", afirma Zhamak.

Segundo ela, caso suas partes interessadas estejam com dificuldades de encontrar e de usar os dados adequados, e caso seu ciclo de inovação esteja desacelerando, talvez seja a hora de explorar o data mesh.

Uma Pessoa da Sua Equipe É "Proprietária" do Data Mesh?

Implementar o modelo de data mesh exige mais do que apenas tecnologia. É necessário adesão cultural em toda a organização. "Acredito que os dados e todas as iniciativas orientadas a dados, e investimentos em plataformas de dados são extremamente perceptíveis e políticos nas organizações, ainda mais nas organizações de grande porte. É necessário apoio e evangelismo top-down", elenca Zhamak.

Ela afirma que, quando as organizações têm um chief data officer ou um chief data analytics officer que se reporta diretamente ao CEO, em geral, a adoção do data mesh em escala é mais eficaz. Apesar disso, espera-se que os domínios assumam a propriedade dos próprios dados e, assim sendo, precisam apoiar a iniciativa, seja por meio de recursos dedicados ou de apoio interorganizacional ativo. Zhamak ainda afirma que, "se os domínios não estiverem integrados, tudo que faremos é arquitetar excessivamente a distribuição de dados entre uma equipe centralizada".

Caso esteja tentando aumentar a adoção do data mesh em sua organização, as equipes devem ter de um a três domínios alinhados com a perspectiva do data mesh. Assim, podem desempenhar o papel de incentivadores que estimulam o planejamento e a implementação. Normalmente, não é difícil convencer as equipes de infraestrutura — os profissionais e os engenheiros —, já que normalmente são eles que seguram o rojão.

O Data Mesh Gera Conflitos Entre Engenheiros e Analistas de Dados?

E mais uma vez, a resposta é não. Na verdade, é o contrário! Como o data mesh exige a descentralização da propriedade de dados, não raro, adotar um modelo distribuído e orientado a dados resulta na reconciliação positiva de áreas em que, historicamente, havia conflitos.

Por exemplo, quando as organizações têm uma equipe de engenharia responsável pelos pipelines e um grupo de engenharia de dados que modela os dados downstream e, em seguida, analistas mais downstream que consomem os dados, em geral, os incidentes levam a atribuições de culpa. Contudo, o padrão universal de governança de dados do data mesh garante consenso da qualidade de dados, da descoberta de dados, do esquema do produto de dados e de outros elementos essenciais da integridade e da compreensão de dados.

Segundo Zhamak, as capacidades inerentes de autoatendimento de qualquer data mesh bom incluem:

- Encriptação para dados em repouso e em movimento
- Versionamento de produtos de dados
- Esquema de produto de dados
- Descoberta de produtos de dados, registry de catálogo e publicação

- Governança e padronização de dados
- Linhagem de produção de dados
- Monitoramento, alerta e log de produtos de dados
- Métricas de qualidade dos produtos de dados

Juntas, essas funcionalidades e padronizações fornecem uma camada robusta de observabilidade — e de confiança. Zhamak explica:

> A evolução que vimos no mundo operacional começou com nosso próprio registro pontual de logs, que já fazíamos como boa prática de engenharia de software. Espero mesmo que, com linhagem, métricas e SLOs, desenvolvamos alguns padrões abertos que possamos usar para comunicar os tipos de métricas de qualidade, como matriz de confiança, ou rastrear a linhagem de forma padronizada e criar um ecossistema saudável de ferramentas em uma camada de alto nível.

Em nossa opinião, estruturas organizacionais como o data mesh possibilitam, na verdade, o tipo certo de autonomia e de discussão relacionadas à governança, forçando a equipe a responder a perguntas como: Quando e como os dados devem ser usados? Quais são os padrões com os quais nos preocupamos e que queremos que todos tenham? Ou mesmo: quais responsabilidades cada domínio deve ter?

Independentemente de sua opinião sobre o data mesh, não restam dúvidas de que o assunto inspirou conversas sobre o que significa ser um profissional de dados e o que é necessário para evangelizar e operacionalizar efetivamente os dados em escala e em sua organização. Na verdade, muitas empresas com quem conversamos já usam o conceito de data mesh há mais tempo do que imaginam; elas simplesmente não tinham palavras para descrevê-lo.

Estudo de Caso: Jornada da Pilha de Dados da Kolibri Games

É raro ter a oportunidade de conversar com um líder de dados para analisar toda a evolução da estratégia de dados de uma empresa. Ainda mais raro é quando esse líder de dados foi responsável pelo desenvolvimento da pilha de dados de sua empresa desde a primeira iteração. António Fitas, ex-chefe de engenharia de dados da Kolibri Games (*https://oreil.ly/vK3OI*), com sede em Berlim, é um desses líderes de dados. A empresa teve uma trajetória impressionante: era uma startup em uma república estudantil em 2016, e, como cresceu exponencialmente, foi adquirida pela Ubisoft em 2020, aquisição com direito a manchetes de jornais.

Ainda que muita coisa tenha mudado em 5 anos, uma coisa não mudou: o compromisso da empresa em construir uma cultura orientada a insights. Com lançamentos semanais, seus jogos para dispositivos móveis mudam constantemente e geram quantidades colossais de dados — 100 milhões de eventos por dia, sendo 40 tipos de eventos diferentes, alguns com centenas de triggers.

Em sua jornada, a organização de dados da empresa passou de uma equipe com um analista de marketing para mais de 10 engenheiros, analistas e cientistas responsáveis por garantir que suas operações de dados sejam confiáveis, escaláveis e de autoatendimento. A fim de promover esse crescimento explosivo, a equipe está desenvolvendo uma arquitetura de data mesh respaldada por uma cultura orientada a dados que muitas empresas mais maduras morreriam de inveja.

A história da Kolibri Games é fascinante e serve como excelente exemplo para aqueles que estão começando sua jornada de data mesh. Nesta seção, abordaremos como a organização de dados de António evoluiu em cada etapa, incluindo qual tecnologia foi usada, quais membros da equipe foram contratados e os desafios de dados enfrentados.

Primeiras Necessidades de Dados

Em 2016, os fundadores da Kolibri Games começaram a desenvolver um jogo em sua república estudantil, no Instituto de Tecnologia de Karlsruhe, na Alemanha. Eles conquistaram sucesso inicial com o primeiro jogo para celular, Idle Miner Tycoon (*https://oreil.ly/R3W2W*), e estabeleceram algumas metas e objetivos básicos relacionados aos dados.

O objetivo principal era estabelecer relatórios básicos de negócio para determinar se o jogo estava funcionando adequadamente e se a empresa estava ganhando dinheiro, partindo de:

- Relatório de receita de compras no app
- Relatório de receita de anúncios
- Relatório de KPIs específicos do jogo
- Relatório de falhas e de bugs

Como startup enxuta, os fundadores dependiam inteiramente de ferramentas de terceiros (Figura 9-2), incluindo:

- Facebook Analytics
- Ad partners
- Firebase (para ajudar a corrigir falhas e bugs do app)
- GameAnalytics (para KPIs no jogo, como retenção)

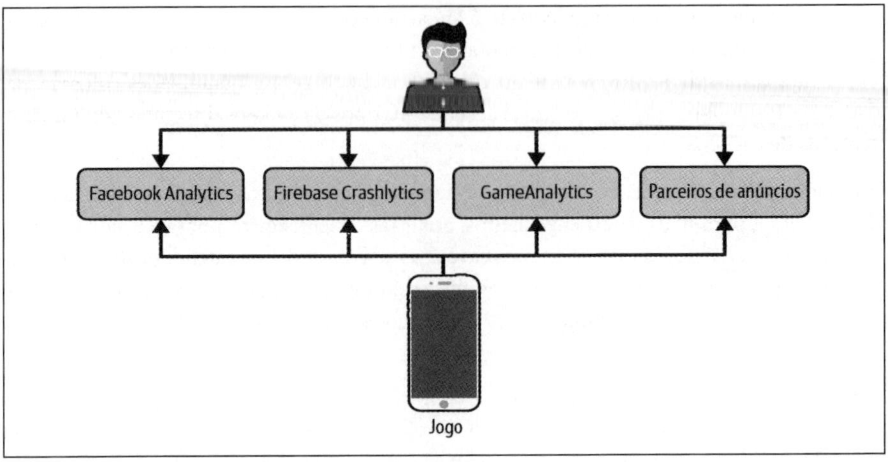

Figura 9-2. A primeira pilha de dados da Kolibri.

A qualidade de dados não era a primeira prioridade da equipe da Kolibri, e isso era evidenciado pelos inúmeros desafios futuros:

- Analytics distribuído em diferentes ferramentas
- Nenhuma transparência sobre como os KPIs eram calculados
- Relatos de inconsistências entre diferentes ferramentas
- Problemas técnicos devido a integrações do SDK
- Limitações tecnológicas, como análise detalhada de métricas e falta de flexibilidade

"Nossa abordagem estava longe de ser perfeita, mas essas coisas eram as primeiras que pretendíamos solucionar", disse António. "Tivemos sorte por conseguirmos muitos jogadores devido ao alcance orgânico, só que queríamos mais. Para isso, seria ideal intensificar nossas operações de marketing e de aquisição de usuários — com dados".

Focando o Marketing de Performance

À medida que a popularidade do Idle Miner Tycoon crescia, o mesmo acontecia com a equipe (Figura 9-3) necessária para administrar a empresa — a empresa mudou da república estudantil para um escritório adequado em Karlsruhe. E conforme a organização focava a aquisição de novos clientes, a equipe definiu capacidades de dados para medir e para melhorar o marketing de performance.

Figura 9-3. A primeira "equipe de dados" da Kolibri, com um único gerente de marketing.

Nesse estágio, o principal objetivo da equipe de António era potencializar o marketing de performance a fim de atrair mais jogadores e, ao mesmo tempo, identificar quais as campanhas publicitárias eram lucrativas:

- Cálculo do retorno em relação aos gastos com publicidade para campanhas
- Predição simples do valor da vida útil do jogador
- Criar um script de lance em anúncios pagos para otimizar o desempenho de campanhas publicitárias

Para obter insights sobre o retorno da empresa relacionado aos gastos com publicidades e o valor da vida útil dos jogadores, a equipe adicionou uma ferramenta terceirizada de parceiros de medição mobile, a AppsFlyer, plataforma SaaS de analytics e mobile marketing ao seu arsenal, conforme ilustrado na Figura 9-4. A ferramenta ajudou o gerente de marketing a saber quais campanhas de aquisição de usuários estavam apresentando bom desempenho e quanto custavam, assim como quanta receita os jogadores recém-adquiridos estavam gerando. A AppsFlyer também evidenciava os scripts que estavam sendo executados localmente para otimizar as operações de gerenciamento de lances.

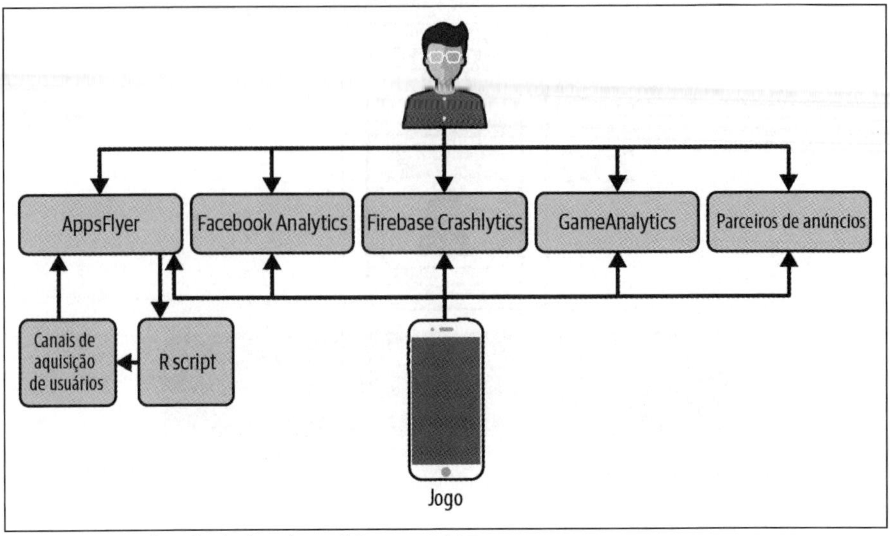

Figura 9-4. Pilha de dados da Kolibri em 2017.

Os principais desafios de dados neste momento da jornada incluíam:

- Falta de transparência
- Propensão a erros
- Nada de controle de versionamento
- Dados ainda mais distribuídos

"Nas operações, estávamos às cegas", disse António. "Não usávamos nenhum controle de versionamento ou práticas recomendadas para o código que estávamos executando e que definiria nossos lances." Ainda assim, a Kolibri Games terminou seu segundo ano com uma receita anual de 10 milhões de euros.

2018: Profissionalização e Centralização

Em seu terceiro ano, a jovem empresa se mudou para Berlim, contratou mais programadores e designers — e António, que começou a trabalhar no momento em que o pessoal estava comemorando ostensivamente 50 milhões de downloads. Com outro engenheiro de dados e a equipe de marketing, uma organização profissional de dados começou a tomar forma.

O objetivo principal era centralizar os dados e profissionalizar o marketing de performance, criando uma ferramenta para concentrar todas as informações, fornecer transparência e possibilitar análises mais detalhadas de dados:

- Investimento em uma solução proprietária para centralizar os dados
- Coleta de dados brutos

- Criação de um data warehouse central
- Definição de dashboards

Em 2018, a Kolibri aumentou sua equipe com engenheiros de dados, papel essencial que viabilizou maior escalabilidade e flexibilidade para a arquitetura de dados. António e mais um engenheiro de dados (Figura 9-5) trabalharam para criar a pilha tecnológica inicial, enquanto um analista de marketing focou o desenvolvimento de dashboards a fim de viabilizar o marketing de performance.

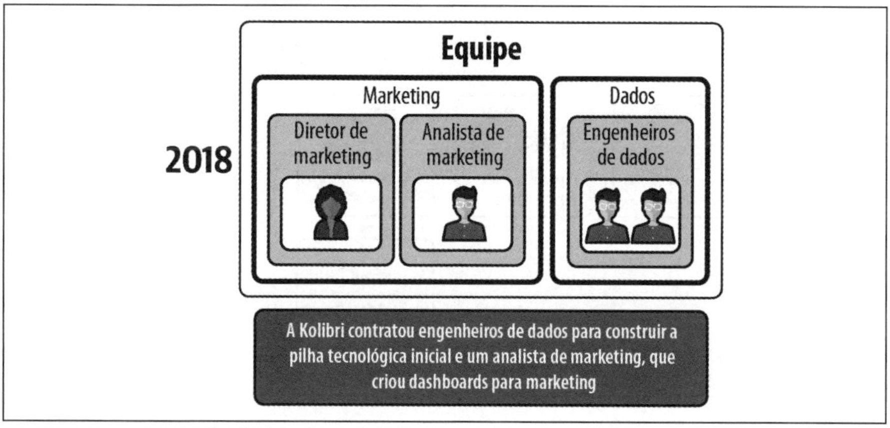

Figura 9-5. Equipe de dados da Kolibri que cresceu em 2018.

À medida que António e a sua equipe desenvolviam a primeira iteração da plataforma de dados (Figura 9-6), eles recorreram ao Azure para quase todos os serviços. Eles criaram a telemetria de eventos que gerava pontos de dados para eventos ou para ações específicas em um jogo, definiram tarefas em lote para integrar dados de APIs em data lake e fizeram a primeira mudança tecnológica: migraram do Power BI para o Looker com o intuito de obter outra camada de manipulação de dados e features prontas para uso, como controle de versionamento. Agora, a plataforma de dados incluía os seguintes componentes:

- Data factory (Azure)
- Event hubs (Azure)
- Stream analytics (Azure)
- Data lake analytics (Azure)
- Power BI, depois Looker
- Banco de dados SQL

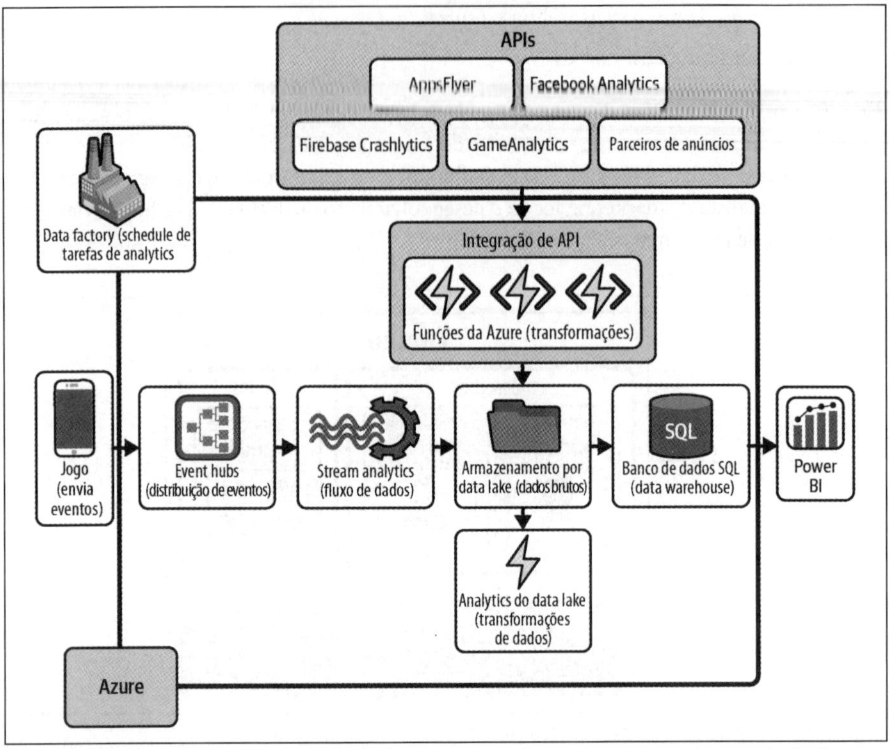

Figura 9-6. Em 2018, a equipe de dados começa a investir em tecnologias de dados em nuvem.

Mesmo assim, Antônio e a sua equipe estavam enfrentando alguns obstáculos importantes para se tornarem verdadeiramente orientados a dados, incluindo a confiabilidade geral de sua pilha:

> Nosso banco de dados SQL estava se tornando uma limitação. Simultaneamente, as tarefas integravam e gravavam os dados ao mesmo tempo que nossos dashboards estavam sendo executados ou quando um analista estava fazendo uma query pontual. Os serviços começaram a ficar imprevisíveis e muito lentos. E começamos a perceber que algumas de nossas tarefas estavam falhando bastante, nossos alertas e monitoramento eram limitados. Decidimos ser orientados a dados e começar a resolver alguns dos problemas que tínhamos.

Tornando-se Direcionado Pelos Dados

Com outro lançamento bem-sucedido de jogo, reformulação de marca e reconhecimento global, a Kolibri Games entrou em 2019 preparada para crescer ainda mais. Em julho do mesmo ano, a empresa teve duas conquistas notáveis: 100 milhões de downloads e 100 funcionários. Com mais jogadores e mais produtos, surgiram mais dados brutos, e Antônio e a sua equipe sabiam que estavam apenas vendo a ponta do iceberg de como os dados poderiam impulsionar a empresa. Neste ponto, as metas incluíam a criação de insights para jogos, ao entender o comportamento dos jogadores, realizar experimentos baseados em dados e amadurecer a pilha tecnológica de dados por meio de:

- Desenvolvimento de um dashboard de monetização para mostrar quanto a empresa estava ganhando com ofertas, lojas e anúncios.
- Criação de dashboards de progressão e de engajamento para compreender como os jogadores estavam interagindo com os jogos (quando paravam de jogar e como interagiram com determinados recursos)
- Execução de testes A/B
- Aumento do desempenho do data warehouse e da capacidade de manutenibilidade dos pipelines de dados

António sabia que precisava de mais pessoas (Figura 9-7) para que o volume colossal de dados pudesse ser útil. A empresa contratou um chefe de dados de jogos e dois desenvolvedores de BI para a equipe de plataforma de dados. Os engenheiros de dados trabalharam em estreita colaboração com a infraestrutura — mantendo sistemas, integrando ferramentas novas e mantendo casos de uso de fluxo — enquanto desenvolviam frameworks para os desenvolvedores de BI trabalharem com integração e com modelagem de dados, e visualização de banco de dados.

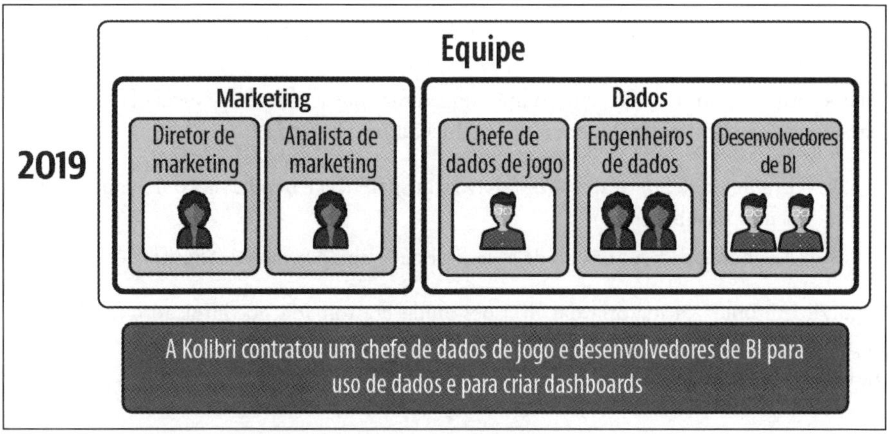

Figura 9-7. A equipe de dados da Kolibri em 2019.

A crescente equipe de dados precisava de mais flexibilidade e de colaboração mais fácil, por isso, António substituiu alguns serviços da Azure pelos serviços da Databricks (Figura 9-8). A equipe até tentou usar o Spark para alavancar o data lake como data warehouse, mas descobriu que as pessoas que trabalhavam na plataforma preferiam Python e SQL — e não obtiveram o desempenho que esperavam no Looker ao usar o Spark. Desse modo, António e a sua equipe acabaram substituindo seu banco de dados SQL pelo Snowflake, que se tornou o principal mecanismo de processamento de analytics.

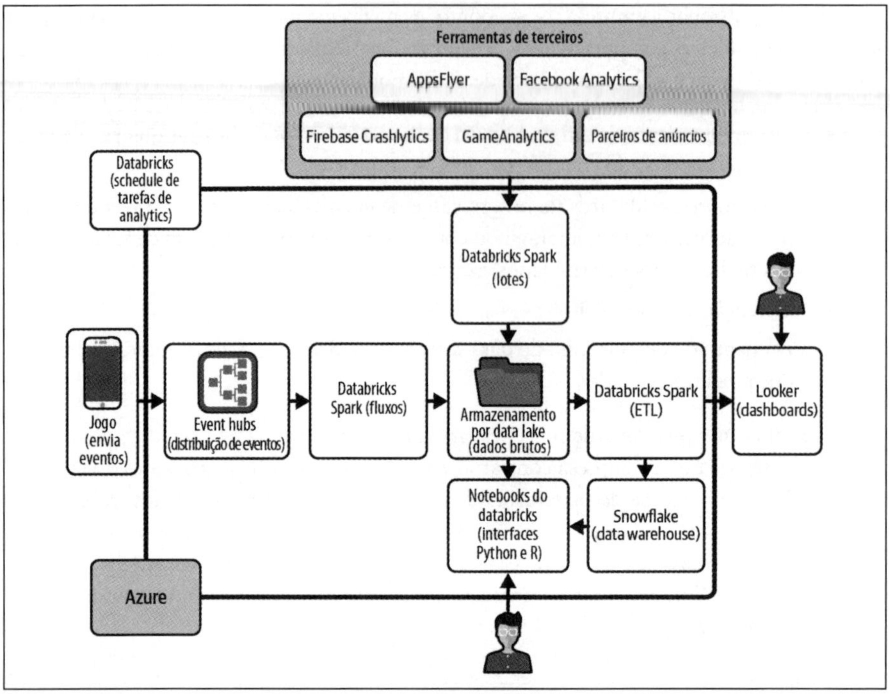

Figura 9-8. A arquitetura da equipe de dados da Kolibri em 2019.

Apesar disso, alguns desafios importantes impediram que a pilha fosse escalada o suficiente para atender às demandas das equipes de ciência de dados e de BI:

- Era difícil definir testes A/B, faltava transparência e não havia como criar ou apresentar dashboards.
- Nenhuma decisão orientada a dados estava aparecendo nos jogos.

Segundo António, "a maioria das decisões ainda era tomada por intuição e feedback da comunidade. Continuamos a gerar ainda mais dados, mas sabíamos que poderíamos utilizá-los de forma melhor e construir mais casos de uso de dados".

Tornando-se Orientado a Dados

No início de 2020, a Kolibri Games foi adquirida pela gigante francesa de jogos Ubisoft (*https://oreil.ly/KPH3s*). Com mais recursos, a equipe de António continuava crescendo, estratificando em camadas capacidades de aprendizado de máquina em sua plataforma e buscando inspiração em conversas sobre arquitetura de data mesh e propriedade específica de dados de domínio. Para começar a construir uma cultura orientada a dados, a equipe introduziu acordos específicos de nível de serviço (*https://oreil.ly/m43vX*) para dados e concentrou-se em aumentar o acesso de autoatendimento aos dados. Uma iniciativa importante de 2019 foi facilitar a tomada de decisões orientada a dados das equipes que não trabalhavam com dados, de modo a ocasionar o potencial máximo dos jogos da empresa, especificamente gerentes de produtos para ajudar a rastrear:

- 90% de todas as decisões sobre o Idle Miner Tycoon precisavam ser respaldadas por dados.
- O tempo para obter insights precisava ser inferior a uma hora para 90% das perguntas.
- 90% de todas as mudanças precisavam ser validadas com analytics.

Para alcançar esses objetivos, a equipe de plataforma de dados teria que:

- Melhorar o processo de teste A/B para ajudar a tomar decisões embasadas em features e em mudanças a serem implementadas.
- Melhorar a customização criando configurações de jogo para segmentos de jogadores.
- Usar analytics preditivo para predizer o valor da vida útil e a rotatividade, ajustando adequadamente o jogo.
- Possibilitar que as pessoas respondessem a perguntas relacionadas a dados sem precisar consultar um analista de dados.

Como a organização de dados (Figura 9-9) focava a propriedade específica de dados de domínio, fazia sentido contratar novos analistas para a equipe de produto. Assim, eles poderiam trabalhar em estreita colaboração com os gerentes de produto para entender as necessidades e alinhar prioridades a fim de representar o que o produto de fato precisava. Um terceiro engenheiro de dados e dois cientistas de dados entraram na equipe de plataforma de dados para trabalharem especificamente com algoritmos de AM e com pipelines de dados de teste A/B.

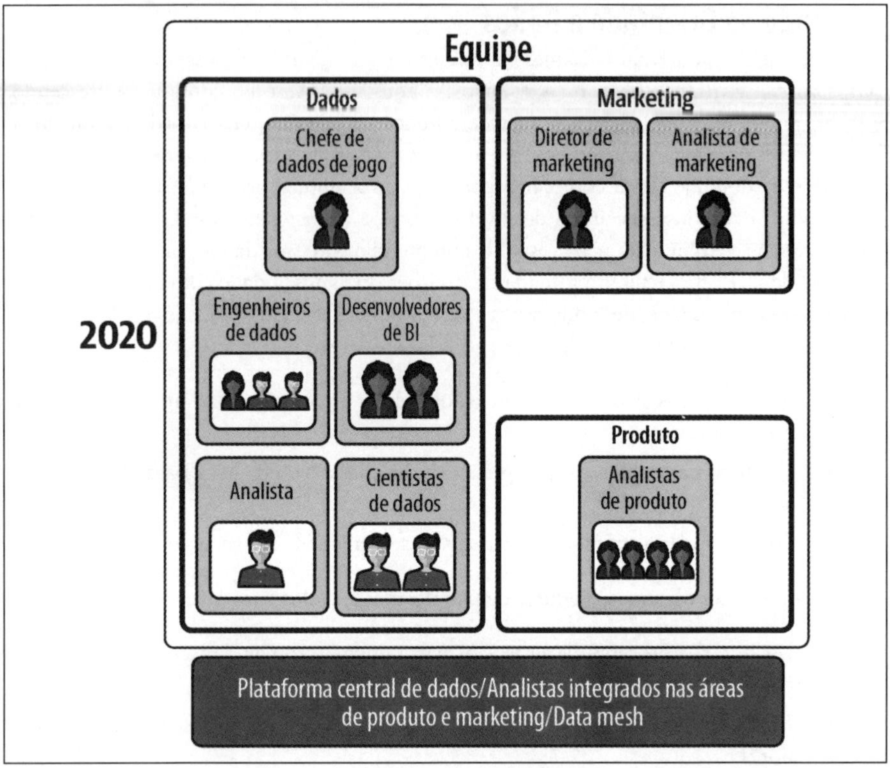

Figura 9-9. Em 2020, a equipe de dados tinha nove pessoas (incluindo dois cientistas e analistas).

Como a empresa já não estava mais nos estágios iniciais, António e sua equipe precisavam de uma limpeza mais rápida e de uma transformação mais fácil, agora diretamente no data warehouse. A equipe de António adicionou arquitetura de data warehouse ao Snowflake, definindo melhor em que local estava aplicando a lógica de negócios (Figura 9-10). Além disso, a equipe migrou do ETL para ELT, fazendo limpeza e transformação diretamente no Snowflake. Eles combinaram tudo isso com o dbt, ferramenta de transformação de dados. Assim, todos que trabalhavam com a plataforma teriam colaboração, aumentando a transparência e a visibilidade.

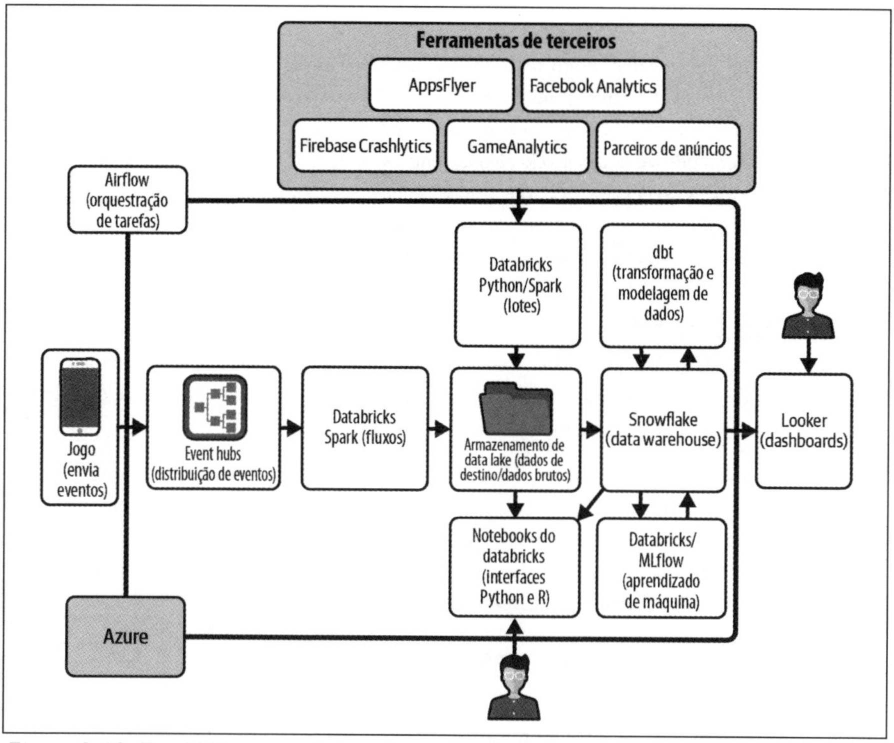

Figura 9-10. Em 2020, a arquitetura da equipe de dados continuava expandindo.

A equipe de engenharia de dados também focou a abstração de pipelines de dados, de modo que os analistas de produtos pudessem basicamente controlar o design e a definição de eventos novos de dados com uma equipe de desenvolvimento de jogos. Ao seguir as diretrizes definidas pelos engenheiros de dados, a equipe agora poderia inserir os dados no data warehouse e modelá-los, sem a necessidade de um engenheiro de dados. António e sua equipe também adotaram o Airflow como principal orquestração para integrações de dados, todos os modelos dbt e validações de dados.

Neste estágio da jornada da plataforma de dados, alguns dos desafios principais eram:

- Confiança de dados
- Estabilidade do software
- Customização de escala

António explica:

> Acho que foi um trabalho muito bom quando tentamos medir “Estamos usando mesmo dados para o desenvolvimento de nossos produtos?” Obter esses KPIs relacionados as nossas perguntas e medir essas coisas ajudou as pessoas a refletirem mais sobre isso e a se empenharem mais. Acho que foi um exercício efetivamente proveitoso em termos de fazer com que mais pessoas pensassem sobre os dados... Mas o que aconteceu foi que estávamos obtendo muito mais dados, muitos casos novos de uso de dados e um monte de modelos novos — estava ficando difícil monitorar tudo isso e garantir que tudo estivesse adequado.

Criando Um Data Mesh

No decorrer de 2021, António e a sua equipe focavam a criação da confiança e da confiabilidade de dados — determinante para sua missão de obter uma arquitetura de data mesh com propriedade específica de dados de domínio.

Em 2021, os objetivos da equipe eram ajudar a empresa a escalar com dados confiáveis ao mesmo tempo que desenvolviam a arquitetura de data mesh, aumentando a velocidade de desenvolvimento e de mitigação de incidentes, reduzindo o número de incidentes e potencializando a customização dos jogadores com analytics mais sofisticados. António e sua equipe planejaram alcançar esses objetivos por meio de:

- Aumento das capacidades de teste
- Criação de um processo comum de release e de desenvolvimento
- Implementação de mais monitoramento e de alertas
- Foco de analytics sofisticados
- Colaboração para ampliar as capacidades da plataforma de dados em relação ao monitoramento de dados e às melhores práticas do setor
- Criação de equipes multifuncionais de domínio

Inspirada pelo conceito de data mesh, a empresa planejou expandir as equipes de domínio (Figura 9.11) integradas ao produto e ao marketing, contratando gerentes de projeto que ajudariam a definir o trabalho de sua equipe e dos desenvolvedores de BI, ajudando a integrar novas fontes de dados e manter as existentes. A equipe central de plataforma de dados continuaria focando a criação de soluções, de frameworks, de manutenção de infraestrutura e de analytics sofisticados.

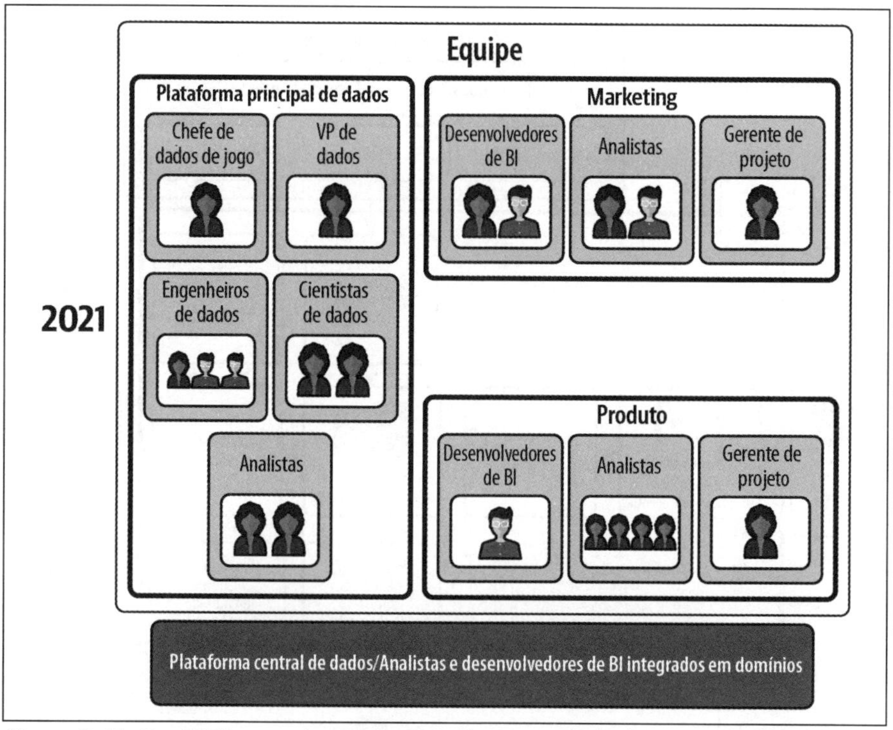

Figura 9-11. Em 2021, a equipe de António fica mais alinhada com as equipes de produtos e de marketing em constante crescimento.

Em 2021, a equipe de dados se esforçou para centralizar os processos de desenvolvimento e de release (Figura 9-12), de modo que as equipes de plataforma de dados, de marketing e de produto seguissem as mesmas solicitações de merge e de release nos processos de produção. A pilha tecnológica de dados da Kolibri investiu em dbt e em observabilidade de dados a fim de possibilitar maiores benefícios da camada de metadados para transformações mais elaboradas e maior visibilidade da qualidade de dados.

E, por fim, para resolver a questão da qualidade de dados, a empresa decidiu investir em uma solução de monitoramento que englobasse todos os ativos de dados em seu data warehouse, fornecendo capacidades extras sobre compreensão completa da linhagem de dados para agilizar a resolução de problemas e de incidentes.

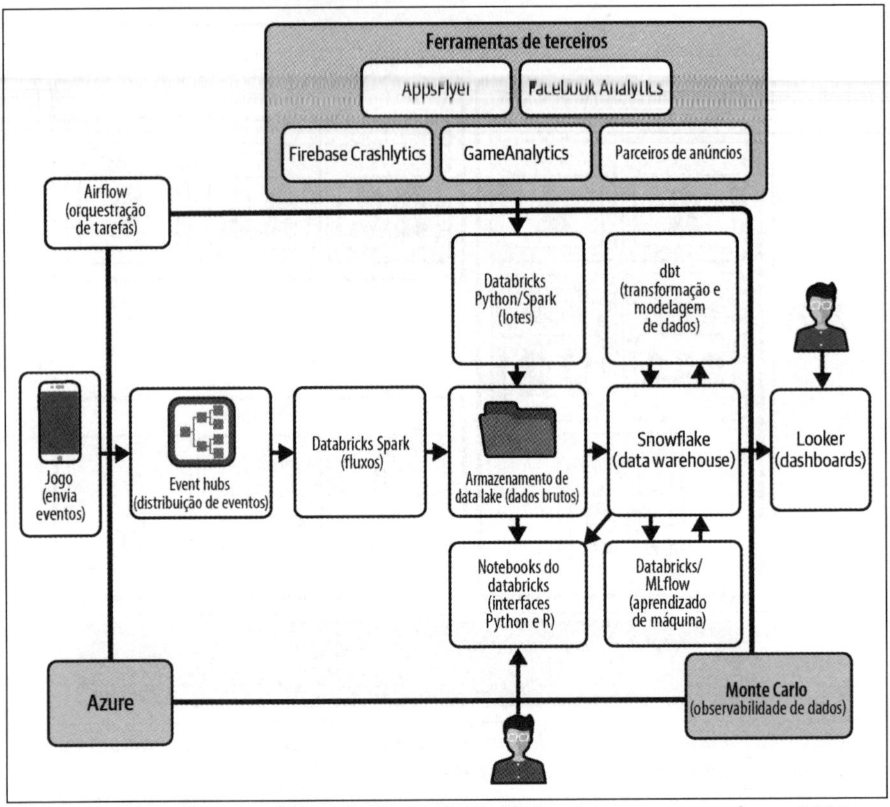

Figura 9-12. A pilha tecnológica de dados da Kolibri continuou crescendo em 2021.

As Cinco Principais Lições de Uma Evolução de Dados de Cinco Anos

Idealizar uma empresa orientada a dados é uma jornada, não um sprint.

Para António, implementar a arquitetura data mesh e alcançar a confiança integral de dados foi o ápice da jornada de sua equipe. Vejamos as principais lições aprendidas quando se trata de definir uma equipe de dados (não importa o formato ou tamanho) para o sucesso em cada fase de sua evolução:

- "Desenvolver a própria pilha de dados vale a pena, pois fornece todas as capacidades necessárias e possibilita orientação a dados no desenvolvimento de seu produto ou do trabalho com sua equipe."
- "Como já passamos por muitas iterações com nossa plataforma de dados, precisamos fazer escolhas e ser capazes de entender quando é o momento adequado para mudar de tecnologia, conforme a quantidade adequada de dados e para o processo em execução."

- "É imprescindível ter maior grau de observabilidade de dados caso queira implementar a confiança de dados. É importante que se consiga compreender um problema e consiga sinalizá-lo com facilidade."
- "O importante é fazer bem o básico antes de avançar para aplicações de dados mais avançadas. Em nosso caso, deveríamos ter contratado primeiro os analistas para que os dados fossem melhor usados."
- "Mesmo que seja muito importante uma cultura orientada a dados, às vezes, mais importante ainda é desenvolver a pilha tecnológica adequada."

À medida que mais organizações adotam o data mesh e as arquiteturas distribuídas, a oportunidade de inovação, de eficiência e de escalabilidade nunca foi tão grande. Apesar disso, quando se trata de implementar o data mesh e mobilizar uma equipe distribuída de dados, é fundamental reconhecer que tecnologia e processos são úteis até certo ponto. No final das contas, tornar-se orientado a dados sempre começa — e termina — com a cultura. Agora, vejamos como usar todos esses dados para aprimorar o negócio.

Metadados Trabalhando Para o Negócio

Na última década, as equipes de dados se tornaram cada vez mais competentes na coleta de grandes quantidades de dados. Ainda que isso tenha o potencial de impulsionar a inovação digital e a tomada de decisões mais inteligentes, também desencadeou uma enxurrada de dados (*https://oreil.ly/KLoyW*) que as empresas não compreendem nem podem utilizar. Não raro, organizações ansiosas para se tornarem orientadas a dados não conseguem enxergar o panorama geral porque focam demais os detalhes: os dados sem aplicação ou caso evidente de uso nada mais são do que um arquivo em um banco de dados ou uma coluna em uma planilha.

Nos últimos anos, temos visto o aumento substancial de dados: as empresas estão coletando cada vez mais dados sobre seus dados, ou seja, metadados. Em termos gerais, o entusiasmo referente aos metadados é uma grande vitória para o setor. Soluções ETL, como o dbt, facilitam o rastreamento e o uso de metadados, enquanto os provedores de nuvem tornam a interoperabilidade de metadados mais integrada entre soluções de dados em sua pilha.

Ainda assim, à medida que ficamos mais dependentes dos metadados, é importante lembrar de não repetir os mesmos erros. Assim como os dados sem contexto nada mais são do que um monte de números, os metadados sozinhos não servem de nada — são apenas mais informações sobre outras informações. Colete tudo o que quiser, mas sem um caso prático de uso, os metadados são insignificantes.

Por exemplo, a linhagem, um tipo de metadados que rastreia relacionamentos entre dependências upstream e downstream nos pipelines de dados. Ainda que notável (cores vibrantes! nós! linhas nítidas!), a linhagem sem contexto é apenas um atrativo visual, excelente para demonstração aos executivos — mas, sejamos sinceros, não tem muita utilidade além disso. O valor da linhagem não se origina do simples fato de tê-la (Figura 9-13), e sim em sua relevância para um caso de uso ou aplicação específica de negócio.

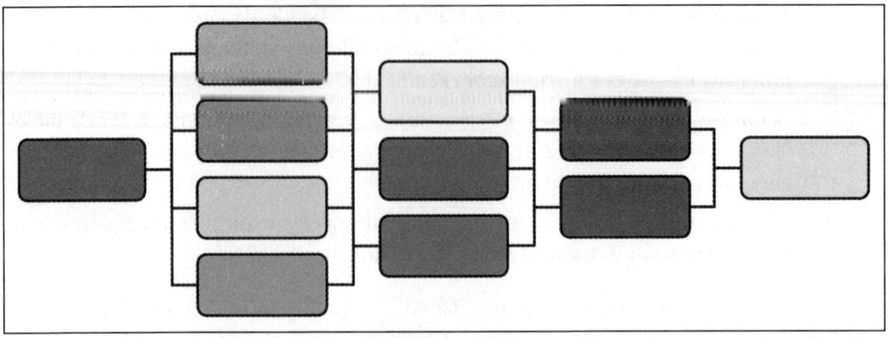

Figura 9-13. Sem contexto e sem metadados, a linhagem é apenas um atrativo visual.

Onde a linhagem pode ser efetivamente útil? Além de parecer elegante em uma demonstração sofisticada ou em uma apresentação em PowerPoint, a linhagem de dados pode ser uma ferramenta poderosa para:

Como entender as mudanças nos dados que impactarão os consumidores e determinar o melhor plano de ação para resolver o caso de uso em questão

Por exemplo, suponha que você queira fazer uma mudança em um campo específico. Sem linhagem, provavelmente essa mudança será feita às cegas — esperando que não tenha consequências downstream (você pensa: "Vou torcer para que nenhum consumidor downstream fique surpreso com essa mudança!"). Ao usar a linhagem em nível de campo e de tabela, podemos ver quais tabelas, relatórios e, o mais importante, quais usuários específicos, que consomem esses ativos, serão afetados pela mudança.

Como solucionar a causa-raiz de um problema quando os ativos de dados falham

Em outro cenário, você pode receber uma mensagem no meio da noite sobre um dashboard comprometido que sua equipe deveria apresentar aos executivos na manhã seguinte. É preciso entender com rapidez o que falhou a upstream e inutilizou completamente seus grafos do Tabelau. Mas qual é exatamente a causa-raiz desse problema? Quais das 100 mil tabelas em seu data warehouse precisará de correção? Com a linhagem, é possível identificar imediatamente os ativos upstream que contribuem para o tempo de inatividade de dados e determinar a causa-raiz.

Como comunicar o impacto de dados comprometidos aos consumidores

E, por último, digamos que ocorram data breaks (como costuma acontecer) — especificamente, uma tarefa de ETL foi concluída, mas os dados da coluna agora são 80% null — uma falha silenciosa. Como essa falha silenciosa impacta os usuários de dados?

Como saber quem será afetado e deve ser notificado sobre isso? A linhagem fornece uma maneira rápida e fácil de comunicar o que aconteceu e onde, de modo que as partes interessadas sejam informadas enquanto você soluciona o problema. Em última instância, a linhagem e os metadados têm o potencial de serem imensamente valiosos para equipes de dados e empresas em geral, mas somente quando aplicados diretamente ao negócio.

No final, os metadados (incluindo, mas não se limitando à linhagem) devem responder mais do que o básico "quem, o que, onde, quando, por quê?" sobre os dados (Figura 9-14).

Devem capacitar os clientes (internos ou externos) com respostas atualizadas e precisas a perguntas relacionadas aos pontos problemáticos e aos casos de uso deles, incluindo:

- Os dados são relevantes?
- O que eles representam?
- São relevantes e importantes para minhas partes interessadas?
- Posso usá-los de forma segura e segundo as regras de compliance?
- De onde vem a resposta a essa pergunta?
- Quem depende desse ativo quando estou fazendo uma mudança nele?
- Podemos confiar nesses dados?

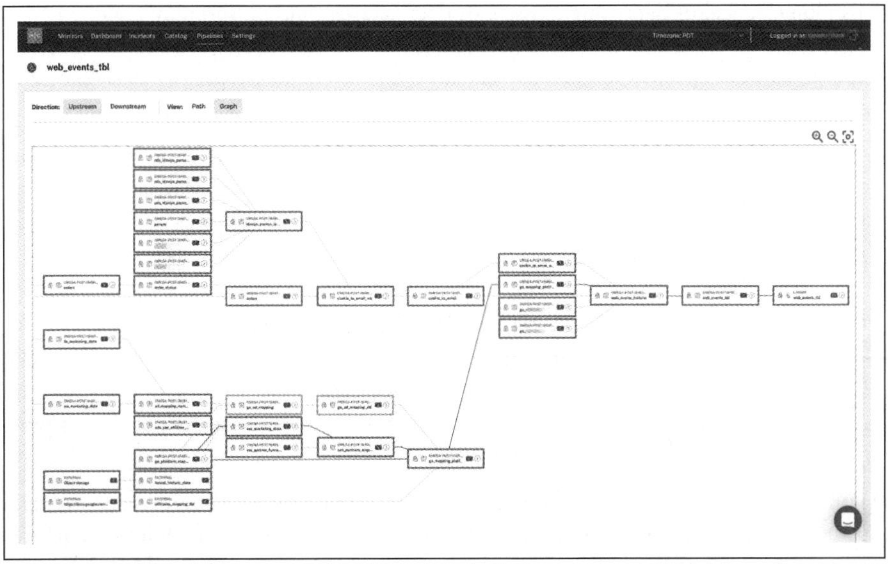

Figura 9-14. Quando capturados de forma holística e no contexto de aplicações de negócios, os metadados têm o potencial de servir como força multiplicadora motriz em toda a empresa.

Muitas equipes de dados tentam responder a essas perguntas por meio de uma variedade de soluções, como APIs que se conectam a ferramentas de modelagem e de transformação de pipeline, catálogos de dados, documentação e linhagem. Todas elas possibilitam insights valiosos sobre os dados, mas falta uma peça essencial nesse quebra-cabeça: como aplicá-las ao negócio. Metadados sem um caso de uso são como um elefante andando de bicicleta: interessantes e incríveis, mas sem muita serventia (a menos que você esteja administrando um circo).

O efetivo poder dos metadados reside em que local, quando e como os utilizamos — especificamente, como os aplicamos a um problema específico e oportuno que estamos tentando resolver. Além de coletar metadados e criar soluções de metadados, as equipes de dados também precisam se perguntar:

- Qual o propósito desses metadados?
- Como posso usá-los para resolver problemas reais e relevantes do cliente?

Na próxima seção, examinaremos uma abordagem nova para entender e utilizar os metadados considerando o valor de negócio.

Evidenciando o Valor dos Metadados Com a Descoberta de Dados

Nos últimos anos, os data warehouses e os data lakes em nuvem surgiram como componentes essenciais para a pilha moderna de dados. No entanto, ainda que as tecnologias que impulsionam o nosso acesso e análise de dados tenham amadurecido, os procedimentos para compreender os dados em um ambiente distribuído não avançaram no mesmo ritmo.

É nesse ponto que os catálogos de dados deixam a desejar e as ferramentas de descoberta de dados (ou catálogos federados) podem ajudar a garantir que ambientes de dados não se transformem em um data swamp. Para orientações técnicas mais robustas sobre como criar e usar um catálogo, reveja o Capítulo 2.

Ponderações Sobre Data Warehouses e Data Lakes

Uma das primeiras decisões que as equipes de dados devem tomar ao criar uma plataforma de dados (perdendo apenas talvez para "Por que estamos construindo isso?") é se devem escolher um data warehouse ou um data lake para fornecer a infraestrutura necessária para armazenamento e processamento de analytics.

Mesmo que os data warehouses forneçam estrutura facilitadora às equipes de dados para operacionalizar os dados de modo eficiente (ou seja, extrair insights analíticos e suportar capacidades de aprendizado de máquina), essa estrutura pode torná-los inflexíveis e caros para determinadas aplicações. Por outro lado, os data lakes são imensamente flexíveis e customizáveis, suportando uma ampla variedade de casos de uso, mas essa maior agilidade é acompanhada por uma série de outras questões relacionadas à organização e à governança de dados.

Como resultado, as equipes de dados que adotam o data lake ou até mesmo um data lakehouse (*https://oreil.ly/KvCRz*) geralmente têm dificuldades para responder a perguntas críticas sobre dados, como:

- Em que lugar estão meus dados?
- Quem tem acesso a eles?
- Como posso usar esses dados?

- Eles estão atualizados?
- Como esses dados estão sendo usados pela empresa?

E à medida que as operações de dados amadurecem e os pipelines de dados se tornam cada vez mais complexos, os catálogos tradicionais de dados geralmente não atendem às expectativas do que se espera de uma ferramenta de descoberta de dados para responder a essas perguntas. Vejamos por que algumas das melhores equipes de engenharia de dados estão repensando sua abordagem para criar catálogos de dados — e quais tipos de ferramentas de descoberta de dados os data lakes precisam.

Catálogos de Dados Podem se Afogar em Data Lakes — Até Mesmo em Data Meshes

Os catálogos de dados servem como um inventário de metadados e fornecem informações sobre a integridade, acessibilidade e localização de dados. Eles ajudam as equipes de dados a responder a perguntas sobre em que lugar procurar os dados, o que os dados representam e como podem ser usados. Mas se não soubermos como esses dados são organizados, até mesmo nossos planos mais meticulosos (ou pipelines, em vez disso) não terão nenhuma serventia.

À medida que adotam data lakes, as empresas geralmente comprometem a organização e a ordem implícita no armazenamento de dados no data warehouse. Os data warehouses forçam as equipes de engenharia de dados a estruturar, ou, pelo menos, semiestruturar os dados, facilitando a catalogação, a pesquisa e o acesso com base nas necessidades dos usuários de negócios.

Ao longo dos anos, muitas empresas têm usado catálogos de dados com o intuito de implementar padrões de qualidade e de governança de dados, pois, tradicionalmente, dependem de equipes de dados para inserir e atualizar de forma manual as informações do catálogo à medida que os ativos de dados evoluem. Nos data lakes, os dados são distribuídos, dificultando documentá-los conforme evoluem ao longo do seu ciclo de vida.

Os dados não estruturados são problemáticos no que se refere aos catálogos de dados, pois não estão organizados e, caso estejam, não são muitas vezes declarados como organizados. Talvez isso possa funcionar para dados estruturados ou semiestruturados, organizados em um data warehouse, mas, no contexto de um data lake distribuído, implementar de forma manual a governança de dados à medida que evoluem não é escalonável sem alguma medida de automação.

Do mesmo modo, os dados armazenados em catálogos tradicionais têm dificuldade de escalar — e evoluir — para atender às demandas de arquiteturas distribuídas de dados, como o data mesh. Como analisado anteriormente neste capítulo, o data mesh postula que dados analíticos são processados e transformados em ambientes distribuídos, com uma camada universal de governança federada e de descoberta em todos os domínios. Devido à sua natureza manual, os catálogos de dados geralmente têm problemas em atualizar e adaptar-se a informações novas, dificultando a compreensão do estado atual dos dados em qualquer fase do seu ciclo de vida.

Migrando de Catálogos de Dados Tradicionais Para a Descoberta Moderna de Dados

Compreender os relacionamentos entre ativos de dados discrepantes conforme evoluem no tempo é uma dimensão fundamental, porém muitas vezes ausente, nos catálogos tradicionais de dados. Embora as arquiteturas modernas de dados, incluindo data lakes, sejam normalmente distribuídas, em geral, os catálogos não são, pois tratam os dados como uma entidade unidimensional. Os dados não estruturados não têm o tipo de modelo predefinido do qual a maioria dos catálogos de dados depende para realizar o trabalho, sendo necessário diversas transformações para serem utilizáveis.

Ainda assim, as empresas precisam saber em que local estão seus dados e quem pode acessá-los, e ser capazes de mensurar sua integridade geral, mesmo quando armazenados em um data lake em vez de em um data warehouse. Sem essa visibilidade da linhagem de dados a partir de uma ferramenta de descoberta de dados, as equipes continuarão desperdiçando tempo valioso na resolução de incidentes emergenciais e de problemas quando enfrentarem desafios downstream de dados.

Não raro, os catálogos tradicionais de dados podem atender às demandas de dados estruturados em um data warehouse, mas e os engenheiros de dados que se desviam dos obstáculos nas águas turbulentas de um data lake? Apesar de muitos catálogos de dados terem um fluxo de trabalho focado de UI, os engenheiros de dados precisam de flexibilidade para interagir com catálogos de forma programática. Eles usam catálogos para gerenciar esquemas e metadados e precisam de uma abordagem orientada a API, de modo que possam realizar uma ampla variedade de tarefas de gerenciamento de dados.

Além do mais, os dados podem ser inseridos em um data lake a partir de diversos pontos de entrada, e os engenheiros precisam de um catálogo que possa se adaptar e considerar cada um desses pontos. E, ao contrário dos data warehouses, em que os dados serão limpos e processados antes da entrada, os data lakes absorvem os dados brutos sem qualquer suposição de integridade completa.

Com um data lake, o armazenamento de dados tem baixo custo e é flexível, mas é um verdadeiro desafio saber quais dados temos e como estão sendo usados. Os dados podem ser armazenados em diferentes formatos, como JSON ou Parquet, e os engenheiros de dados interagem com eles de formas distintas, dependendo do trabalho a ser realizado. Eles podem usar o Spark para tarefas de agregação ou o Presto para relatórios ou queries pontuais. Ou seja, as oportunidades para dados ruins ou que falham são muitas. Sem uma ferramenta de descoberta de dados e linhagem de dados, pode ser difícil e confuso de identificar as falhas em um data lake.

Em um data lake, os dados podem interagir de diversas maneiras, e um catálogo deve ser capaz de fornecer compreensão do que está sendo usado e do que não está. Quando os catálogos tradicionais são insuficientes, podemos considerar as ferramentas de descoberta de dados como um caminho.

Dito de outro modo, a descoberta de dados, um catálogo federado de dados, é uma abordagem nova fundamentada na arquitetura distribuída e orientada a domínios, proposta pelo modelo de data mesh de Dehghani. Neste framework, os proprietários específicos de dados de domínio são responsáveis pelos seus dados como produtos e por facilitar a comunicação entre dados distribuídos em domínios. Ao adotar as seguintes práticas, as ferramentas modernas de descoberta de dados atendem as necessidades que os catálogos de dados não conseguem:

Automação para escalar data lakes
: Com aprendizado de máquina, as ferramentas de descoberta de dados automatizam o rastreamento da linhagem em nível de tabela e de campo, mapeando dependências upstream e downstream. À medida que seus dados evoluem, as ferramentas de descoberta de dados garantem que a compreensão de dados e de como estão sendo usados também evolua.

Visibilidade em tempo real sobre a integridade de dados
: Diferente de um catálogo tradicional de dados, as ferramentas de descoberta de dados fornecem visibilidade em tempo real do estado atual dos dados, ao contrário de seu estado "catalogado" ou ideal. Visto que a descoberta contempla como os dados estão sendo ingeridos, armazenados, agregados e usados pelos consumidores, é possível obter insights, como quais conjuntos de dados estão desatualizados e obsoletos, se determinado conjunto de dados tem qualidade de produção ou quando determinada tabela foi atualizada pela última vez.

Linhagem de dados para entender o impacto de negócio dos dados
: Essa flexibilidade e esse dinamismo tornam as ferramentas de descoberta de dados perfeitamente adequadas para integrar a linhagem de dados aos data lakes, possibilitando identificar as informações corretas no momento certo e estabelecer conexões entre as inúmeras entradas e saídas possíveis. Com a linhagem de dados é possível resolver problemas com mais rapidez quando os pipelines de dados falham, já que problemas frequentemente despercebidos, como mudanças de esquema, serão detectados e as dependências relacionadas serão mapeadas.

Descoberta de autoatendimento em todos os domínios
: As ferramentas de descoberta de dados também viabilizam o autoatendimento, possibilitando que as equipes utilizem e entendam com facilidade os dados, sem uma equipe de suporte dedicada. Para garantir que esses dados sejam confiáveis, as equipes também devem investir na observabilidade de dados, que recorre ao aprendizado de máquina e a regras customizadas a fim de fornecer alertas e monitoramento em tempo real quando alguma coisa dá errado no data lake ou nos pipelines downstream.

Garantia de governança e de otimização em todo o data lake
: Ferramentas modernas de descoberta de dados possibilitam que as empresas entendam não apenas quais dados estão sendo usados, consumidos, armazenados e obsoletos ao longo de seu ciclo de vida, mas também de que forma, essencial para a governança de dados e para fornecer insights, que podem ser usados para otimizações em todo o data lake.

Da perspectiva de governanıça, a consulta e o processamento de dados nos data lakes geralmente ocorrem por meio de uma variedade de ferramentas e de tecnologias (Spark no Databricks para tal coisa, Presto no EMR para outra coisa etc.) e, como resultado, não existe uma única fonte confiável de verdade para leituras e gravações (como um data warehouse fornece). Uma ferramenta adequada de descoberta de dados pode servir como fonte de verdade. Da perspectiva de otimização, as ferramentas de descoberta de dados também podem facilitar às partes interessadas a identificação dos ativos de dados mais importantes (aqueles que são constantemente consultados!), bem como aqueles que não são usados, sendo que ambos podem fornecer insights para as equipes otimizarem os pipelines.

À medida que as empresas continuam intensificando a ingestão, o armazenamento e a utilização de dados, a tecnologia que facilita maior transparência e descoberta será fundamental. Cada vez mais, alguns dos melhores catálogos se encontram em camadas distribuídas e específicas de descoberta de domínio, proporcionando às equipes a visibilidade necessária para confiar totalmente e usar os dados em todas as fases do seu ciclo de vida. Pessoalmente, não poderíamos estar mais entusiasmados com o futuro das ferramentas de descoberta de dados que se descortina. Será que, com a abordagem adequada, podemos finalmente deixar de lado trocadilhos como "data swamp"?

Apesar disso, não importa o grau "descobrível" dos dados se eles não forem confiáveis. Muitas vezes, quando as equipes estão desenvolvendo uma plataforma de dados, mesmo que a qualidade de dados não seja o primeiro quesito a ser considerado (afinal, precisamos conseguir ingeri-los, armazená-los e processá-los), priorizá-la, logo no início da jornada de dados de sua empresa, ajuda a prevenir crises desnecessárias — e inconvenientes — de tempo de inatividade de dados.

Na próxima seção, analisaremos quando faz sentido começar a priorizar a qualidade de dados e como as tecnologias e metodologias modernas de dados — como ferramentas de descoberta de dados e arquiteturas de data mesh — têm mais sucesso com iniciativas de qualidade de dados implementadas.

Decidindo Quando Começar a Usar Qualidade de Dados em Sua Empresa

Neste ponto do livro, você já está familiarizado com as tecnologias, os processos e as métricas que as equipes devem adotar para alcançar maior qualidade de dados em escala. Além disso, vimos também histórias reais de sucesso de confiabilidade de dados, com equipes de dados de empresas líderes como Fox, Toast e Blinkist, que tiveram resultados promissores. No entanto, ainda não abordamos o "quando". Na verdade, uma das perguntas mais frequentes que ouvimos dos líderes de dados com quem conversamos é: "Quando faz sentido investir na qualidade de dados?"

Provavelmente, sua primeira preocupação ao criar uma plataforma de dados não é "Posso confiar nesses dados?". É bem possível que sua preocupação seja somente promover a adoção e fazer a operação funcionar. Portanto, quando se trata de entender quando você deve investir na qualidade de dados, a resposta é "depende". Na realidade, o desenvolvimento de uma plataforma de dados é uma jornada com múltiplos estágios, sendo necessário que as equipes conciliem dezenas de prioridades conflitantes. A observabilidade de dados pode não fazer sentido para uma empresa com alguns dashboards conectados a um banco de dados local.

Por outro lado, muitas organizações com as quais conversamos aumentaram o investimento no desenvolvimento de sua plataforma de dados sem testemunharem aumento correspondente na adoção e na confiança de dados. Caso sua empresa não use ou não confie nos próprios dados, seus planos mais minuciosos para o sucesso de uma plataforma de dados não passarão de ilusão. Para responder a essa pergunta, apresentaremos agora sete indicadores principais de que é hora de investir na qualidade de dados para sua plataforma de dados.

Você Migrou Recentemente para a Nuvem

Independentemente de sua organização estar no processo de migração para um data lake ou entre plataformas de nuvem (por exemplo, Amazon Redshift para Snowflake), manter a qualidade de dados deve ser tarefa prioritária da equipe de dados.

Afinal, você provavelmente está migrando por um dos três motivos:

- Sua plataforma atual de dados está desatualizada e, como resultado, a confiabilidade de dados é baixa e ninguém confia nos dados.
- Sua plataforma atual não pode escalar com os negócios ou suportar necessidades complexas de dados sem uma tonelada de intervenção manual.
- Sua plataforma atual tem custo alto de operação e a plataforma nova, quando mantida corretamente, tem custo menor.

Não importa o motivo da migração, é essencial que sua plataforma de dados inspire confiança e, ao mesmo tempo, mantenha a velocidade. Você deve dedicar mais tempo criando pipelines de dados e menos tempo escrevendo testes para evitar a ocorrência de problemas.

Para a AutoTrader UK, investir na observabilidade de dados foi componente crítico da migração inicial do banco de dados em nuvem (*https://oreil.ly/dEP6n*). "À medida que migrávamos sistemas locais confiáveis para a nuvem, os usuários desses sistemas mais antigos precisavam acreditar que as novas tecnologias em nuvem eram tão confiáveis quanto os sistemas que sempre usaram", afirma Edward Kent, principal developer da AutoTrader UK.

Sua Pilha de Dados Está Escalando com Mais Fontes de Dados, Mais Tabelas e Mais Complexidade

A escala do seu produto de dados não é o único critério para investir na qualidade de dados, apesar de importante. Como uma engrenagem complexa, quanto mais componentes tivermos, mais suscetível a falhas ela será, a não ser que se invista seriamente na engenharia de confiabilidade.

Mesmo que não existam regras incontestáveis sobre quantas fontes de dados, pipelines ou tabelas sua organização deve ter antes de investir em observabilidade, uma boa diretriz é ter mais de 50 tabelas. Dito isso, caso tenha menos tabelas, mas a gravidade do tempo de inatividade de dados de sua organização seja crítica, a observabilidade de dados ainda será um investimento muito sensato.

Outra consideração importante é a velocidade com que a pilha de dados cresce. Por exemplo, a plataforma de publicidade Choozle sabia que deveria investir na observabilidade de dados, pois previa a expansão das tabelas com a atualização da nova plataforma.

"Quando nossos anunciantes se conectam ao Google, Bing, Facebook ou outra plataforma externa, a Fivetran acessa o data warehouse e os insere na pilha de relatórios de forma totalmente automatizada. Não sei quando um anunciante cria um conector", disse Adam Woods, CTO da Choozle (*https://oreil.ly/nnhb8*). "Isso gerou expansão, proliferação e fragmentação das tabelas. Precisávamos de monitoramento e alertas de dados para garantir que todas as tabelas estivessem sincronizadas e atualizadas, caso contrário, os clientes começariam a reclamar."

Sua Equipe de Dados Está Crescendo

A novidade positiva é que sua organização valoriza os dados. Ou seja, contrata mais profissionais de dados e adota ferramentas modernas para sua pilha de dados. No entanto, isso geralmente resulta em mudanças nas estruturas da equipe de dados (de centralizada para descentralizada), adoção de processos novos e ao conhecimento concentrado entre alguns dos integrantes mais velhos da equipe de dados.

Se sua equipe de dados estiver enfrentando algum desses problemas, está na hora de investir em uma abordagem proativa para manter a qualidade de dados. Caso contrário, a dívida técnica gradualmente se acumulará e a equipe de dados investirá grande parte do tempo na resolução de problemas de dados.

Por exemplo, um de nossos clientes foi questionado pelo que chamamos de problema "Você Está Usando Essa Tabela?!". À medida que as plataformas de dados aumentam, fica mais difícil para os analistas de dados discernir quais tabelas estão sendo gerenciadas ativamente e quais estão obsoletas.

Programas de data certification e linhagem integral de dados podem ajudar a resolver esses problemas. É importante observar que, embora uma equipe de dados em crescimento seja um sinal para investir na qualidade de dados, mesmo uma equipe de dados composta por uma única pessoa pode se beneficiar muito com abordagens mais automatizadas.

Sua Equipe Está Dedicando Pelo Menos 30% do Tempo Resolvendo Problemas de Qualidade de Dados

Quando fundamos nossa empresa, a Monte Carlo, entrevistamos mais de 100 líderes de dados a fim de compreender suas dificuldades de gerenciamento de sistemas de dados. Mais de 60% deles afirmaram que estavam nos estágios iniciais de sua jornada de confiabilidade de dados e suas equipes dedicavam a primeira metade do dia resolvendo problemas urgentes de qualidade de dados.

Inúmeros estudos do setor comprovam: os engenheiros de dados estão gastando muito do seu (valioso!) tempo consertando, em vez de inovando. Durante nossa pesquisa, também descobrimos que as equipes de engenharia de dados gastam de 30% a 50% de tempo lidando com pipelines comprometidos, modelos errôneos e dashboards obsoletos. Até mesmo as organizações — que estão em estágios mais avançados do processo de desenvolvimento interno de sua plataforma de qualidade de dados — estão descobrindo que as equipes dedicam muito tempo criando e atualizando a plataforma, e as falhas persistem.

Sua Equipe Tem Mais Consumidores de Dados do que Há Um Ano

Sua organização está crescendo rapidamente, o que é incrível. Os dados estão impulsionando suas decisões de contratação, features de produtos e análises preditivas. Porém, na maioria dos casos, o crescimento rápido leva a um aumento do número de partes interessadas nas empresas que dependem de dados, de necessidades de dados mais diversificadas e, em última análise, de mais dados, e dados excelentes são acompanhados de grandes responsabilidades, pois a probabilidade de dados incorretos entrarem no ecossistema de dados aumenta.

A ironia é justamente essa: as organizações mais orientadas a dados terão mais consumidores de dados para detectar qualquer erro que surgir. Por exemplo, na AutoTrader UK, mais de 50% de todos os funcionários fazem login e interagem com dados no Looker todos os meses, incluindo produtos complexos de dados e de maior relevância, como relatórios financeiros. Normalmente, o aumento das necessidades de dados das partes interessadas é bom indicativo de que precisamos antecipar proativamente os problemas de qualidade de dados, visando garantir a confiabilidade de dados para os usuários finais.

Sua Empresa Está Migrando Para Um Modelo de Analytics de Autoatendimento

Você está migrando para um modelo analytics de autoatendimento a fim de que a equipe de engenharia tenha mais tempo e para possibilitar que cada usuário de negócio acesse e interaja diretamente com os dados. Sua equipe de dados está entusiasmada porque não precisa mais atender a solicitações pontuais de usuários de negócio. Do mesmo modo, suas partes interessadas estão satisfeitas, pois o gargalo no acesso aos dados foi eliminado.

Ainda que isso seja interessante para sua equipe de dados, as partes interessadas precisam confiar nos dados. Se não confiarem, não usarão os dados para a tomada de decisões. E, em último caso, se os usuários finais não confiarem nos dados, isso anula o propósito de migrar para um modelo analytics de autoatendimento. Existem dois tipos de problemas de qualidade de dados: aqueles que conseguimos predizer (incógnitas conhecidas) e aqueles que não conseguimos predizer (incógnitas desconhecidas). À medida que os dados se tornam cada vez mais essenciais para as operações diárias das organizações orientadas a dados, a necessidade de dados confiáveis só aumenta.

Os Dados São Parte Fundamental da Proposta de Valor do Cliente

Em breve, cada aplicativo se tornará uma aplicação de dados. Como líder de dados, é incrível quando sua empresa identifica um caso novo de uso para dados, ainda mais se for voltado para o cliente. Pessoalmente, ficamos muito entusiasmados com isso.

A Toast, empresa de software PDV, que já vimos, se diferencia de seus concorrentes, pois toma como base insights de negócios que fornece aos seus clientes. Por causa da empresa, os restaurantes têm acesso a centenas de pontos de dados, como o desempenho de negócios ao longo do tempo, o comparativo de vendas e quem são seus principais clientes. Segundo Noah Abramson (*https://oreil.ly/bgNQA*), gerente de engenharia de dados da Toast, "nossos clientes são todos funcionários da Toast. Nossa equipe atende todas as solicitações internas de dados, desde o produto até a entrada no mercado (a equipe go-to-market), passando pelo suporte ao cliente e pelas operações de hardware".

Embora isso represente um enorme valor agregado, também faz com que a pilha de dados seja voltada ao cliente. Ou seja, a pilha deve ser tratada com os mesmos padrões de confiabilidade e tempo de atividade que seu produto principal. Quando a qualidade de dados não é priorizada, a equipe de dados — e seus clientes — acabam sofrendo as consequências.

A Qualidade de Dados Começa com Confiança

Assim como as empresas de combustível precisam confiar diariamente em suas plataformas petrolíferas para fornecer gás e petróleo aos consumidores, as organizações precisam confiar em seus dados para fornecer dados limpos e confiáveis às partes interessadas. Ao adotar uma abordagem proativa em relação à qualidade de dados, sua equipe pode ser a primeira a saber sobre os problemas de qualidade de dados, bem antes das mensagens urgentes do Slack, dos e-mails curtos e grossos e de outros indicadores tardios de tempo de inatividade dos dados.

Do contrário, sua equipe de engenharia desperdiçará um tempo valioso resolvendo ocorrências urgentes de tempo de inatividade de dados. Seus empenhos para se tornar uma empresa orientada a dados serão prejudicados com o tempo e os usuários de negócio perderão a confiança nos dados. Apesar de cada situação variar de acordo com o seu negócio, é melhor incorporar a qualidade de dados à sua plataforma de dados o mais rápido possível.

Recapitulando

Neste capítulo, por meio de uma nova perspectiva, examinamos algumas das tecnologias e tópicos mais essenciais para alcançar a alta qualidade de dados, incluindo o data mesh e as ferramentas de descoberta de dados. Analisamos também como uma startup enxuta, a Kolibri Games, foi capaz de criar uma pilha de dados do zero e abordar retroativamente as questões de confiabilidade de dados com soluções mais inteligentes e automatizadas, bem como uma abordagem orientada a domínio para gerenciar dados.

Finalizamos o capítulo com uma análise prática sobre sete indicações principais de que sua equipe deveria investir na qualidade de dados — mais cedo ou mais tarde. Obviamente, cada organização terá um cenário diferente no que diz respeito às necessidades de dados, mas recomendamos que você não menospreze essas considerações ao elaborar sua estratégia de dados em escala.

No Capítulo 10 — nosso capítulo final — recapitularemos alguns aprendizados importantes, compartilharemos uma nova e poderosa abordagem para justificar o empenho e os recursos necessários para fornecer a devida diligência à qualidade de dados. Além do mais, compartilharemos nossas predições para o futuro da confiabilidade de dados à medida que se relacionam com tendências mais abrangentes do setor.

CAPÍTULO 10

O Futuro Pioneiro de Sistemas de Dados Confiáveis

Se este livro, *Fundamentos da Qualidade de Dados*, lhe ensinou alguma coisa a respeito do cenário mais amplo da análise e da engenharia de dados, é provável que os dados, como setor, estejam passando por uma mudança radical, colossal e irreversível.

Há apenas cinco anos, não era incomum que os dados ficassem em silos, acessados de forma pontual somente por equipes funcionais para tarefas discretas, a fim de entender como os sistemas internos estavam sendo usados, por exemplo, ou talvez consultar dados sobre o uso recorrente de aplicações. Hoje em dia, os dados analíticos estão se transformando na moeda essencial e competitiva dos negócios modernos. Não é mais uma questão de se sua empresa depende de dados, mas de quanto e para quais casos de uso.

Apesar disso, simplesmente não basta coletar mais dados; é necessário confiar neles. Soluções como data warehouses e data lakes em nuvem, catálogos de dados, frameworks open-source de teste de código e soluções de observabilidade de dados estão desenvolvendo recursos e funcionalidades adicionais, de modo que a confiabilidade de dados seja o foco das discussões. Data warehouses como Snowflake e Redshift facilitam a extração de métricas de qualidade de dados para atualização e volume, ao passo que ferramentas open-source como dbt e Great Expectations viabilizam que os profissionais testem com rapidez seus conjuntos de dados mais críticos. Até mesmo catálogos como Alation e Collibra podem fornecer alguns insights sobre a integridade e a descoberta de dados em pontos estáticos do tempo. Apesar de essas tecnologias novas e revolucionárias terem proporcionado às equipes de engenharia de dados maior vantagem, quando se trata de solucionar e escalar a confiança de dados, novos recursos e ferramentas chamativas só podem ajudar as equipes de dados até certo ponto: o agora. No final das contas, a qualidade de dados começa e termina com uma boa cultura, processos robustos e adesão das partes interessadas.

Ao entrevistarmos Shane Murray, ex-vice-presidente sênior de dados e de analytics do *New York Times*, ele chegou ao ponto de afirmar que as iniciativas de qualidade de dados devem geralmente ser priorizadas antes de projetos como catálogos e descoberta de dados. Murray, que trabalhou no *jornal* mais de oito anos, conhece bem efeitos colaterais do tempo de inatividade de dados.

"No final das contas, se não soubermos que os dados que estamos usando — para criar produtos, impulsionar analytics e ajudar as partes interessadas a tomar decisões mais inteligentes estão atualizados ou têm acurácia, temos dificuldades em encontrar valor na pilha", ele nos disse. "Uma vez que os dados estão sendo compartilhados com as partes interessadas, é necessário garantir que sejam confiáveis."

A confiança de dados é determinante para qualquer iniciativa bem-sucedida de engenharia de dados ou de analytics, porém, não raro, é difícil de se alcançar e ainda mais difícil de se manter. Como diz Michael Segner, um de nossos colegas: "É difícil desenvolver confiança de dados, mas é fácil perdê-la." E como ocorre com qualquer novo processo ou iniciativa, promover a adoção, os recursos e o orçamento para a qualidade de dados pode ser ainda mais difícil. Consequentemente, e apesar das advertências de líderes experientes como Murray, do *New York Times*, e de outros especialistas mencionados no decorrer deste livro, é mais fácil defender o investimento na qualidade de dados do que fazê-lo: a menos que se consiga mensurá-lo. Infelizmente, a maioria das organizações não começa a priorizar a qualidade de dados até que o caos esteja instalado: uma mudança de esquema, que faz com que um relatório downstream gere resultados inconsistentes; uma anomalia de atualização, que envia dados sem acurácia sobre o comportamento do usuário para canais importantes de marketing; ou até mesmo um modelo DBT com falha, fazendo seu CEO duvidar e questionar a validade de seu trabalho analítico.

No Capítulo 5, apresentamos uma equação para calcular o tempo de inatividade de dados. Assim, conseguimos entender aproximadamente seu impacto. O cálculo do tempo de inatividade de dados se resume ao número de incidentes de dados multiplicado pelo tempo médio de detecção e pelo tempo necessário para resolvê-los:

$$DDT = N(TTD + TTR)$$

Em que DDT é o tempo de inatividade de dados, N é o número de incidentes, TTD é o tempo de detecção e TTR é o tempo de resolução.

Esse cálculo informará o período de tempo necessário para identificar e resolver um incidente de qualidade de dados — ainda que isso ajude a entender o custo do tempo de inatividade, como, de fato, avaliamos o valor da boa qualidade de dados de forma que possamos argumentar mais facilmente a favor dela? Salvo qualquer desastre de inatividade de dados, como você defende a qualidade de dados? Como qualquer equipe de engenharia ou de desenvolvimento de produto afirmará, adotar novos processos e cultura é uma jornada, não um sprint. E com engenheiros e analistas de dados conciliando um milhão de solicitações de uma quantidade cada vez maior de partes interessadas, talvez seja difícil alocar tempo para medidas proativas.

Seja Proativo, Não Reativo

Para entender por que arquitetar a confiabilidade de dados — em vez de abordá-la de forma reativa — o mais cedo possível é fazer uso inestimável de sua equipe, basta considerarmos o incidente de inatividade de dados de maio de 2022 da Unity Technologies, empresa de software para jogos.

No dia 11 de maio de 2022, as ações da Unity despencaram 36% (*https://oreil.ly/EyfVH*), após notícias de que dados desatualizados estavam sendo usados na ferramenta de monetização de anúncios da empresa há mais de um trimestre. Agravando-se ao longo de diversos trimestres, o incidente de qualidade de dados custou à empresa US$110 milhões em receitas perdidas. Se nem mesmo algumas das empresas mais inovadoras e experientes em tecnologia não conseguem evitar o tempo de inatividade de dados, quem dirá o resto de nós: a urgência se torna ainda maior. Ainda que se lembrar de um incidente de dados como esse possa colocar lenha na fogueira quando se trata de priorizar a confiança de dados, vale a pena ser proativo.

Como o sucesso de Neil Diamond de 1978, *Forever in Blue Jeans*, "Money doesn't talk, it walks [O dinheiro não fala, vai embora, em tradução livre]", a canção com certeza também se aplica à qualidade de dados. Somente quando o dinheiro "vai embora" como consequência de dados ruins é que fica evidente o valor dos dados bons. Assim sendo, o primeiro passo para defender a qualidade de dados é mensurar o impacto financeiro da confiabilidade de dados em seus negócios.

Para que seja mais fácil defender a qualidade de dados e adotar uma abordagem proativa a fim de evitar o tempo de inatividade de dados, criamos um cálculo anual do custo de mão de obra. Em outras palavras, qual é o custo aproximado de lidar com problemas de qualidade de dados para sua empresa? O cálculo se resume a: o número de engenheiros de dados × 1.804 × US$62 × horas de tempo de inatividade de dados.

Primeiro, é necessário calcular o número de horas anuais que sua empresa dedica para lidar com problemas de qualidade de dados. Como exemplo concreto, a equipe da Monte Carlo descobriu que, anualmente, 1 em cada 15 tabelas é afetada por um incidente de dados em qualquer ambiente e em um grupo de aproximadamente 150 empresas. Complementando essas informações, uma pesquisa de 2022, realizada pela Wakefield Research (*https://oreil.ly/2AfGC*) entrevistou mais de 300 engenheiros de dados, e a maioria deles afirmou que dedica 4 horas ou mais com tempo de detecção. E quando o problema é identificado, leva-se 9 horas para resolvê-lo.

Pode demorar dias ou mesmo semanas até que muitos problemas de dados sejam identificados. Nesse ponto, as equipes de dados iniciam um demorado processo de análise de causa-raiz com várias etapas, incluindo a verificação da linhagem (se existir), o código, os dados, o ambiente operacional e conversa com os colegas. Para o cálculo, vamos estimar o TTD e o TTR médios como sendo 8 horas para equipes com baixa maturidade de qualidade de dados, 6 horas para equipes com maturidade média de qualidade de dados e 4 horas para equipes com alta maturidade de qualidade de dados. Nosso cálculo limita o resultado do tempo de inatividade de dados em 8.760 horas, quantidade total de horas em um ano. Caso sua organização tenha mais de 16.425 tabelas importantes *e* com baixa maturidade de qualidade de dados, o tempo de inatividade de dados (o período em que os dados estão incompletos, incorretos, ausentes ou sem acurácia) persistirá durante todo o ano.

O cálculo
: (Tabelas / 15) × (TTD + TTR). O valor não pode exceder 8.760.

As variáveis
: Oito horas para baixa maturidade de qualidade de dados, 6 horas para qualidade média de dados, 4 horas para alta maturidade de qualidade de dados.

A justificativa
: Conversas com clientes, pesquisa independente e experiência aprofundada no processo de análise de causa-raiz.

Nosso cálculo para o impacto financeiro do tempo de inatividade de dados — ou seja, o custo monetário de um incidente de dados em sua empresa — varia entre 20%, 35% e 50% do tempo de um engenheiro de dados, com base no fato de uma organização ter baixa, média ou alta maturidade de qualidade de dados. Isso é então multiplicado pelo número de engenheiros de dados que trabalham na empresa, multiplicado pelo número médio de horas trabalhadas anualmente, segundo as estatísticas do Labor Department [Departamento de Trabalho dos EUA] de fevereiro de 2022 (1.804) (*https://oreil.ly/i6n4Y*) e pelo salário médio de um engenheiro de dados de acordo com o Glassdoor (US$62 por hora) (*https://oreil.ly/b25H5*):

O cálculo
: Número de engenheiros de dados × 1.804 × US$62 × % de tempo de qualidade de dados.

As variáveis
: Cinquenta por cento para baixa maturidade qualidade de dados, 35% para maturidade média de qualidade de dados, 20% para alta maturidade de qualidade de dados.

A justificativa
: Mais de 150 conversas formais com líderes de dados, estudos de caso publicados, a pesquisa da Wakefield Research e inúmeros estudos do setor.

Suponha, para fins de explicação, que tem 5.000 tabelas, higienização média de qualidade de dados (você limpa e testa seus dados o suficiente, mas não usa fio dental todas as noites), 5 engenheiros de dados e TTD e TTR médios de 8 horas. Por essa lógica, o tempo de inatividade de dados seria de 2.664 horas por ano, com um *custo de US$279.620 em mão de obra*. Lembre-se de que esse cálculo nem sequer considera o custo de oportunidade (ou seja, o preço pago por tomar decisões erradas com dados sem acurácia). À medida que o setor amadurece, prevemos algoritmos mais inteligentes do que nós, capazes de gerar predições de custo desses problemas para os negócios.

Predições para o Futuro da Qualidade e da Confiabilidade de Dados

Quando se trata de tempo de inatividade de dados, criar práticas seguras de dados para uma organização envolve mais que ser proativo. Compreender o rumo que o setor está tomando e gerenciar proativamente os objetivos e a estratégia de sua organização também é fundamental. À medida que empresas e funcionários democratizam cada vez mais o acesso aos dados e tornam o analytics parte essencial de todas as funções, é evidente que requisitos e abordagens para abordar a qualidade de dados evoluem naturalmente. Especificamente, predizemos quatro tendências principais que impactarão o futuro da qualidade de dados nas equipes de todo o mundo.

Fusão Entre Data Warehouses e Data Lakes

Nossa primeira predição diz respeito ao alicerce dos sistemas modernos de dados: a camada de armazenamento. Durante décadas, data warehouses e data lakes viabilizaram que as empresas armazenassem (e, às vezes, processassem) grandes volumes de dados operacionais e analíticos. Enquanto data warehouses armazenam dados em um estado estruturado, por meio de esquemas e de tabelas, data lakes armazenam essencialmente dados não estruturados.

No entanto, à medida que as tecnologias amadurecem e as empresas procuram "vencer" as guerras de armazenamento de dados, empresas como AWS, Snowflake, Google e Databricks estão desenvolvendo soluções que combinam o melhor dos dois mundos, confundindo as fronteiras entre as arquiteturas de data warehouse e de data lake. Além do mais, cada vez mais empresas estão adotando data warehouses e data lakes, seja como uma solução ou como uma miscelânea de diversas soluções.

Tradicionalmente, a qualidade de dados é mais fácil de manter em data warehouses, em que é mais simples rastrear nativamente o esquema, o volume e a atualização. Alguns data warehouses até se encarregam da extração, da limpeza e da transformação. Em contrapartida, os data lakes são compostos por diversos pontos de entrada, ou seja, camadas em que os dados são ordenados e alinhados para uso operacional. Apesar de proporcionarem maior flexibilidade e casos de uso, os data lakes também introduzem complexidade adicional no pipeline e mais formas de data break.

A fim de acompanhar basicamente a concorrência, os principais fornecedores de data warehouse e data lake estão desenvolvendo novas funcionalidades que aproximam uma solução da outra em termos de equivalência. Ao mesmo tempo que softwares de data warehouse abrangem casos de uso de ciência de dados e aprendizado de máquina, as empresas de data lake estão aprimorando suas ferramentas para ajudar as equipes de dados a compreender melhor os dados brutos.

Mas o que isso significa para a qualidade de dados? Em nossa opinião, essa convergência de tecnologias é, em última análise, uma boa notícia. Mais ou menos.

Por um lado, uma forma de operacionalizar melhor os dados com menos ferramentas significa que, em teoria, existem menos oportunidades para data break em produção. Lakehouses exigem maior padronização de como as plataformas de dados funcionam. Desse modo, abre-se as portas para uma abordagem mais centralizada à qualidade e à observabilidade de dados. Frameworks como ACID (atomicidade, consistência, isolamento, durabilidade) (*https://oreil.ly/6TTFJ*) e Delta Lake (*https://oreil.ly/lsmgM*) facilitam o gerenciamento de contratos de dados e o gerenciamento de mudanças em escala.

Nossa predição é que essa convergência será boa para os consumidores (em termos financeiros e de gerenciamento de recursos), mas, provavelmente, também introduzirá complexidade adicional nos pipelines de dados. Ainda que a centralização do poder computacional e do processamento de dados em formatos de arquivo SQL e não SQL aborde casos de uso de BI e de AM, uma adoção mais ampla significa mais usuários de dados que, em geral, leva a mais duplicação de dados, erros e ocorrências emergenciais downstream.

Surgimento de Papéis Novos Na Equipe de Dados

Em 2012, a *Harvard Business Review* elegeu a profissão "cientista de dados" como a mais sexy do século XXI (*https://oreil.ly/wfts3*). Pouco tempo depois, em 2015, DJ Patil, PhD e ex-líder de ciência de dados do LinkedIn, foi contratado como o primeiro Chief Data Scientist [cientista-chefe de dados] dos Estados Unidos. E em 2017, Maxime Beauchemin, o criador do Apache Airflow, previu o "declínio do engenheiro de dados" (*https://oreil.ly/ERFIT*) em uma postagem canônica de blog. Já se foram os dias dos administradores ou dos analistas de banco de dados que trabalham em silos. Os dados estão surgindo como organização própria em toda a empresa, com papéis próprios, como cientistas de dados, analistas de dados e engenheiros de dados. Nos próximos anos, predizemos que surgirão ainda mais especializações para lidar com ingestão, limpeza, transformação, tradução, análise, produtização e confiabilidade de dados.

Claro que essa onda de especialização não se restringe aos dados. A especialização é comum a quase todos os setores e sinaliza maturidade indicativa de mercado da necessidade de escala, de maior velocidade e desempenho. Independentemente do papel que possa desempenhar, no entanto, a qualidade de dados deve continuar a ser prioridade, pois sua capacidade de usar e confiar nos dados influencia diretamente o que você faz com eles de forma responsável.

Predizemos os seguintes papéis para a organização de dados na próxima década:

Gerente de produto de dados

O gerente de produtos de dados é responsável por gerenciar o ciclo de vida de determinado produto de dados e geralmente é responsável por gerenciar partes interessadas multifuncionais, roadmaps de produtos e outras tarefas estratégicas.

Engenheiros de analytics

O engenheiro de analytics, termo popularizado pelo dbt Labs, fica entre um engenheiro de dados e um analista de dados, e é responsável por transformar e modelar os dados, de modo que as partes interessadas possam ter a capacidade de confiar neles e usá-los. Os engenheiros de analytics são simultaneamente especialistas e generalistas, assumindo propriedade de diversas ferramentas e lidando com muitas tarefas técnicas e menos técnicas.

Engenheiro de confiabilidade de dados

O engenheiro de confiabilidade de dados se dedica a criar pilhas mais resilientes de dados, principalmente por meio de observabilidade de dados, de testes e de outras abordagens comuns. Em geral, os engenheiros de confiabilidade de dados têm habilidades e experiência em DevOps, que podem ser aplicadas diretamente aos seus papéis novos.

Data designer

Data designers trabalham em estreita colaboração com analistas para ajudá-los a contar histórias sobre dados por meio de visualizações de business intelligence ou de outras frameworks. Os data designers são mais comuns em organizações maiores e normalmente têm experiência com design de produtos. Data designers não devem ser confundidos com designers de banco de dados, papel ainda mais especializado que, na verdade, modela e estrutura dados para armazenamento e produção.

Mas como o aumento de papéis especializados de dados — e equipes de dados maiores — afetará a qualidade de dados?

À medida que a equipe de dados se diversifica e os casos de uso aumentam, o mesmo acontece com as partes interessadas. Equipes de dados maiores e mais partes interessadas significam que mais pessoas estão analisando dados. Como diz um dos nossos colegas, Prateek Chawla, engenheiro e fundador da Monte Carlo: "Quanto mais as pessoas usam uma coisa, maior é a probabilidade de se queixarem dela." Ainda que contrate um engenheiro de confiabilidade de dados, isso não "resolverá" o problema da qualidade de dados. No entanto, ajudar diferentes membros da equipe e partes interessadas a entender como trabalhar com dados de maneira que evite falhas e possibilite colaboração sem dificuldades é um passo na direção certa.

Progresso da Automação

Pergunte a qualquer engenheiro de dados: em geral, mais a automação é algo positivo. A automação reduz o trabalho manual, escala processos repetitivos e faz com sistemas de grande escala sejam mais tolerantes a falhas. Quando se trata de melhorar a qualidade de dados, existem diversas oportunidades de automação para abordar as deficiências em que testes, catalogação e outros processos mais manuais falham. Nos próximos anos, estimamos que a automação será cada vez mais aplicada a diversas áreas diferentes da engenharia de dados que afetam a qualidade e a governança de dados:

Pipelines hardcoded de dados

As soluções de ingestão automatizada facilitam e agilizam a ingestão de dados e o envio deles para o data warehouse ou data lake para armazenamento e processamento. Em nossa opinião, um engenheiro não deve desperdiçar seu tempo migrando SQL bruto de um arquivo CSV para seu data warehouse.

Testes unitários e verificações de orquestração

O teste unitário é um problema clássico de escala, e a maioria das organizações não consegue cobertura integral para os pipelines — ou mesmo ter um teste pronto que atenda todas as formas possíveis pelas quais os dados podem ser comprometidos. Uma empresa para a qual Ryan trabalhou tinha pipelines importantes que iam diretamente para alguns clientes estratégicos. Eles monitoravam cuidadosamente a qualidade de dados, instrumentando mais de 90 regras em cada pipeline. Algo deu errado e, de repente, faltaram 500.000 linhas — tudo sem acionar um alerta. No futuro, prevemos que as equipes recorrerão a mecanismos mais automatizados para testar dados e para orquestrar circuit breakers em pipelines comprometidos.

Movendo dados de ambientes de teste para ambientes de produção
: Vejamos o seguinte cenário ilustrativo: Temos dados em fluxos que gravamos no S3. Para disponibilizá-los em nosso ambiente Snowflake, precisamos fazer login manualmente no Snowflake e definir a tabela externa que aponta para os dados S3. Às vezes criávamos o fluxo, mas esquecíamos de criar a tabela no Snowflake. Ou tínhamos um erro manual que comprometeria as tarefas. Imagine um mundo em que a tabela Snowflake é criada automaticamente quando o fluxo é criado. Essa abordagem proativa evitaria quebras de esquema downstream e pushes mais confiáveis para a produção.

Análise de causa-raiz
: Não raro, quando os dados são comprometidos, a primeira medida que muitas equipes tomam é contatar de imediato o engenheiro de dados com mais conhecimento organizacional e esperar que ele já tenha visto esse tipo de problema antes. A segunda medida é verificar manualmente milhares de tabelas. Ambos são desagradáveis. Esperamos um futuro em que as equipes de dados possam executar automaticamente análises de causa-raiz como parte do fluxo de trabalho de confiabilidade de dados com uma plataforma de observabilidade de dados ou outro tipo de ferramenta DataOps. De preferência, uma solução capaz de agregar metadados sobre o incidente, que as equipes poderiam usar para ter um panorama do que aconteceu e, a partir daí, resolver o problema.

Documentação, catalogação e descoberta de dado
: Uma das próximas fronteiras da pilha de dados é a camada semântica ou descritiva. No Capítulo 2, analisamos as vantagens e os desafios dos catálogos tradicionais de dados, mas seja por meio do uso de um catálogo, da descoberta de dados ou de outra ferramenta, é necessário algum tipo de processo automatizado para documentar conjuntos de dados. Agora temos décadas de evidências para mostrar que, se a documentação de dados não for automatizada, ela não acontece — pelo menos, não na escala necessária. Por isso, temos o problema "Você está usando *essa* tabela?!?!" e estamos tratando os engenheiros de dados como catálogos de dados, contatando-os insistentemente via Slack sobre qual tabela usar. Precisamos automatizar a geração de contexto para nossos dados, além da linhagem upstream e downstream.

Embora essa lista seja apenas a ponta do iceberg das áreas em que a automação pode beneficiar nossa busca por melhor qualidade de dados, achamos que é um começo decente.

Ambientes Mais Distribuídos e o Advento dos Domínios de Dados

Conforme analisado no Capítulo 1, paradigmas distribuídos de dados, como o data mesh, facilitam o acesso de grupos funcionais em toda a empresa, de modo que utilizem os dados para casos específicos de uso. O potencial da propriedade orientada a domínio, quando aplicada ao gerenciamento de dados, é alto (acesso mais rápido aos dados, maior democratização de dados, partes interessadas mais embasadas etc.), mas a possibilidade de possíveis complicações também é alta. As equipes de dados não precisam ir além da arquitetura de microsserviços para ter uma prévia do que está por vir, após a euforia do data mesh passar e as equipes começarem a implementá-lo com seriedade. Quando se trata de aplicar a governança de dados, abordagens distribuídas exigem mais disciplina, em níveis técnicos e culturais.

De modo geral, a extração de componentes técnicos pode aumentar os problemas de qualidade de dados. Por exemplo, uma mudança de esquema em um domínio pode ocasionar um problema urgente em outra área do negócio. A duplicação de uma tabela crítica, atualizada ou aprimorada regularmente para uma parte do negócio, pode causar um pandemônio se usada por outra. Sem consciência proativa e criação contexto sobre como trabalhar com os dados, pode ser um desafio escalar a abordagem do data mesh.

Ainda que o data mesh evangelize uma camada de federação universal (em outras palavras, governança agnóstica) entre domínios, as equipes devem cumprir contratos específicos e usar APIs dedicadas, o que pode resultar em complexidade e em confusão. Por isso, as empresas que decidem migrar para o data mesh devem ponderar se serão capazes de promover a adoção entre organizações e evitar as armadilhas de rollouts incompletos de microsserviços.

Qual Caminho seguir a Partir Daqui?

Nossa predição é que, nos próximos anos, conquistar a qualidade de dados será mais fácil e, ao mesmo tempo, mais difícil para as organizações de todos os setores. Esperamos que esta obra tenha preparado os leitores para enfrentarem os desafios à medida que promovem estratégia do seu negócio. Sistemas cada vez mais complexos e grandes volumes de dados geram complicações; inovações e progressos tecnológicos de engenharia de dados significam maior automação e maior capacidade de "assegurar todos os aspectos", por assim dizer, quando se trata de evitar tempo de inatividade de dados. Independentemente de como você os divide, buscar uma medida de confiabilidade de dados se tornará aposta obrigatória até mesmo para as equipes de dados mais inexperientes.

Prevemos que os líderes de dados começarão a mensurar a qualidade de dados como vetor de maturidade de dados (caso ainda não estejam fazendo isso) e, no processo, trabalharão para desenvolver sistemas mais confiáveis, usando muitas das tecnologias e abordagens descritas neste livro.

Nos próximos meses e anos, esperamos ver mais organizações de dados priorizarem a confiabilidade de dados como aspecto fundamental das arquiteturas de dados, dos fluxos de trabalho e da cultura de equipe. E quando fizerem isso, nossos leitores estarão prontos e preparados. Até lá, desejamos que nenhum de nossos leitores enfrentem o tempo de inatividade de dados!

Índice

E

F

Sobre os Autores

Barr Moses é a CEO e cofundadora da Monte Carlo, empresa especializada em data reliability [confiabilidade de dados, em tradução livre]. Com uma carreira de uma década na área de dados, Barr já serviu como comandante de uma unidade de inteligência de dados na Força Aérea de Israel, já trabalhou como consultora da Bain & Company e já foi vice-presidente de operações da Gainsight, em que criou e liderou uma equipe de dados e de analytics. Instrutora do primeiro curso da O'Reilly sobre data observability [observabilidade de dados, em tradução livre], disciplina emergente na engenharia de dados, Barr trabalhou com centenas de equipes de dados que enfrentavam muitos problemas. Inspirada pelo tempo que passou nas trincheiras analíticas, ela está desenvolvendo um produto dedicado a identificar, resolver e prevenir o que chama de "data downtime [tempo de inatividade de dados, em tradução livre]", períodos de tempo em que os dados estão ausentes, errôneos ou são imprecisos. Dito de outro modo: bad data [dados ruins, em tradução livre]. Neste livro, ela compartilha suas experiências e aprendizados sobre como as organizações atuais de dados podem alcançar alta qualidade de dados em escala por meio de práticas tecnológicas, organizacionais e culturais melhores.

Lior Gavish é CTO e cofundador da Monte Carlo. Antes de cofundar a Monte Carlo, Lior cofundou a startup de cibersegurança Sookasa, adquirida pela empresa de cibersegurança em nuvem Barracuda, em 2016. Na Barracuda, Lior foi vice-presidente sênior de engenharia, lançando produtos premiados com aprendizado de máquina para prevenção de fraudes. Lior tem MBA de Stanford e mestrado em ciência da computação pela Universidade de Tel Aviv.

Molly Vorwerck é a chefe de conteúdo da Monte Carlo. Antes de trabalhar na Monte Carlo, Molly foi editora-chefe do blog *Uber Engineering* e liderou o principal programa da equipe de marca técnica da Uber, em que passou inúmeras horas ajudando engenheiros, cientistas de dados e analistas a escrever e editar o conteúdo sobre seus trabalhos técnicos e experiências. Liderou também as comunicações internas do diretor de tecnologia da Uber e a estratégia do programa de revisão de pesquisa do Uber AI Labs. Em seu tempo livre, trabalha como freelancer para o *USA Today*, se informa sobre as últimas tendências em dados e é voluntária da California Historical Society.

Cólofon

O animal na capa do *Fundamentos da Qualidade de Dados* é o Macaco Verde Africano (*Chlorocebus aethiops*)

Membro da família *Cercopithecidae* de Macacos do Velho Mundo, o Macaco Verde Africano é parente mais próximo dos primatas de grande porte do que dos macacos do Novo Mundo, como lêmures e társios. No entanto, ao contrário dos primatas de grande porte, o Macaco Verde Africano tem uma cauda; também é menor do que a maioria dos primatas de grande porte.

Com grande capacidade de adaptação a diversos ambientes rurais e urbanos, essa espécie habita principalmente as florestas e savanas do Sudão, da Etiópia, da Eritreia e do Djibuti, na África Oriental. Embora comuns em toda essa área, costumam ser encontrados próximos dos rios, dos quais dependem durante a estação seca.

Os Macacos Verdes Africanos são quadrúpedes e terrestres, movimentam-se com os quatro membros, alimentam-se e caçam no solo durante o dia e, geralmente, sobem nas árvores apenas à noite para dormir. Enquanto forrageiam, usam as bolsas das bochechas para armazenar comida até que possam ir para um local seguro e comer.

Como a maioria dos primatas, são bastante sociais, vivem em grupos hierárquicos que normalmente variam de seis a vinte indivíduos. Eles têm um amplo repertório de comunicação e estreitam os laços sociais por meio de comportamentos como higiene e brincadeiras. Podem viver até trinta anos.

Curiosamente, os Macacos Verdes Africanos têm uma longa história de associação com os humanos: são uma das cinco espécies de macacos conhecidas no Antigo Egito e foram retratados como animais de estimação em túmulos. Hoje, apesar da pouca perda de habitat adequado devido à agricultura em grande escala e ao crescimento urbano, foram classificados pela IUCN (União Internacional Para a Conservação da Natureza) como sendo de menor preocupação.

A ilustração da capa é de Karen Montgomery, baseada em uma gravura antiga chamada *Mammalia*. As fontes da capa são Gilroy Semibold e Guardian Sans. A fonte do texto é Sabon LT Std; a fonte do cabeçalho é Adobe Myriad Condensed; e a fonte do código é o Lekton.